William Collins Donahue, Georg Mein, Rolf Parr (eds.)
andererseits – Yearbook of Transatlantic German Studies

andererseits – Yearbook of Transatlantic German Studies | Volume 9/10

The yearbook is edited by William Collins Donahue, Georg Mein and Rolf Parr.

William Collins Donahue (Prof. Dr.) teaches courses in the humanities, on German literature and film, and on European studies at University of Notre Dame, Indiana, USA.
Georg Mein (Prof. Dr.) teaches in the fields of contemporary German literary studies, cultural and media studies at Université du Luxembourg.
Rolf Parr (Prof. Dr.) teaches German literature and media studies at Universität Duisburg-Essen.

William Collins Donahue, Georg Mein, Rolf Parr (eds.)
**andererseits –
Yearbook of Transatlantic German Studies**
Vol. 9/10, 2020/21

[transcript]

Publication is made possible in part by the University of Notre Dame College of Arts & Letters, the University of Duisburg-Essen, Faculty of Humanities, and the University of Luxembourg, Faculty of Language and Literature, Humanities, Arts and Education.

The online edition of the Yearbook is available at: http://andererseits.library.duke.edu

Bibliographic information published by the Deutsche Nationalbibliothek
The Deutsche Nationalbibliothek lists this publication in the Deutsche Nationalbibliografie; detailed bibliographic data are available in the Internet at http://dnb.d-nb.de

© 2022 transcript Verlag, Bielefeld

All rights reserved. No part of this book may be reprinted or reproduced or utilized in any form or by any electronic, mechanical, or other means, now known or hereafter invented, including photocopying and recording, or in any information storage or retrieval system, without permission in writing from the publisher.

Cover concept: Kordula Röckenhaus, Bielefeld
Proofread: Dr. Wolfgang Delseit, Köln
Typeset: Tiesled Satz & Service, Köln
Printed by Majuskel Medienproduktion GmbH, Wetzlar
Print-ISBN 978-3-8376-6128-6

Printed on permanent acid-free text paper.

Inhalt

Vorwort | 11

CREATIVE WRITING / KREATIVES SCHREIBEN

Far From Home | 15
ANABEL BÜSCHER

UNDERGRADUATE RESEARCH / STUDENTISCHE FORSCHUNG

Transatlantic German Studies in the US College Classroom | 21
Student Voices on Race, Complicity and Ideology via Short German Films
WILLIAM COLLINS DONAHUE

ACADEMIC NOTES / AKADEMISCHE BEITRÄGE

Unsilencing Voices | 35
David P. Boder's Transatlantic Holocaust Project,
Multilingual Memory, and Intermedia Studies
JULIA FAISST

Thoughts on Trauma and Representation in Lanzmann's *Shoah* | 43
MIMI ASH

Paul Celan, Ossip Mandelstam und der Segen von Babel | 51
STEPHEN D. DOWDEN

Wolfgang Borchert's *Nachts schlafen die Ratten doch* | 61
A Study in Responding to Injury
VERA B. PROFIT

Abbruch der Gespräche | 75
Monika Maron, der S. Fischer Verlag und die Herausforderung
der Meinungsfreiheit
TIM LÖRKE

»Eine interessante, tiefe Frau« und »ein völlig unbedeutender junger Professor« | 85
Unveröffentlichte Korrespondenz zwischen Ingeborg Bachmann und Henry Kissinger. Ein Archivbericht
LEO A. LENSING

Die Onlinezeitschrift *literaturkritik.de* 1999-2020 | 105
Ein Werkstattbericht
VERA K. KOSTIAL

»Du bist mir ans Herz gebaut.« | 115
Provokation, Tabubruch und ihre narrative Funktion am Beispiel von Lars von Triers NYMPHOMANIAC und Rammsteins Filmmusik
ANDREAS BECKER

Der *Witz* der Urteilskraft | 129
Zur politischen Dimension des Humors
GEORG MEIN

FORUM ON PEDAGOGY / FACHDIDAKTIK

Mit Kollektivsymbolen politisch intervenieren | 153
Theoretische Ausgangspunkte, methodisches Vorgehen, exemplarische Analysen
ROLF PARR

TRANSLATION THEORY / ÜBERSETZUNGSTHEORIE

The Translation and Localization of the 2020 Pandemic Response | 167
A Transatlantic Lexicon
SPENCER HAWKINS

SPECIAL SECTION / SCHWERPUNKT: MEDIA, MEMORY AND THE CITY

Media, Memory and the City | 185
Introduction
JENS MARTIN GURR / ROLF PARR

»City of Conscience« | 188
Fragments, Empty Spaces, and the Psychogeography of Detroit
in Kristin Palm's *The Straits*
JULIA SATTLER

»Routine« versus »Event« | 203
Media, Memory and the City in B. S. Johnson's *The Unfortunates*
LENA MATTHEIS / JENS MARTIN GURR

Media, Memory and the City in Multimedia Docufiction | 217
Notes and Layers from 2001 to 2021
NORMAN M. KLEIN

res·o·nant | 227
light / sound / public
A contextual relational concept for the Jewish Museum Berlin
(November 2017 – September 2019)
MISCHA KUBALL

»Seinszustände« und ihre »Dokufabeln« | 239
Norman M. Klein und das Medial-Imaginäre der Städte
ROLF PARR

»Share a Luna Park Memory ... and Make a New One!« | 247
Memorializing Coney Island
FLORIAN FREITAG

Workspacization of the City | 265
The New Capitalist Reappropriation of the Urban Realm
ALEXANDER GUTZMER

ALFRED DOPPLER ZUM 100. GEBURTSTAG

Selbstgespräch mit Alfred Doppler über Freude, Freiheit und Dialog | 283
Festrede zum 100. Geburtstag am 12. Juni 2021
CHRISTOPH KÖNIG

Doppler-Effekte | 287
Der sanfte Germanist aus Innsbruck
WILLIAM COLLINS DONAHUE

REVIEWS / REZENSIONEN

Muttersprache und Mördersprache | 297
Wolfgang Emmerich gibt erschöpfende und zugleich verstörende Auskunft über Paul Celan und die Deutschen
JOCHEN VOGT

Freiheitskampf im verheißenen Land | 303
Ladislaus Ludescher präsentiert reichhaltiges Material zur deutschsprachigen Rezeption der Amerikanischen Revolution
CHRISTOPHER MEID

Authors / Autorinnen und Autoren | 309

andererseits – Yearbook of Transatlantic German Studies

Editors
William Collins Donahue, University of Notre Dame
Georg Mein, Université du Luxembourg
Rolf Parr, Universität Duisburg-Essen

Editorial Board
Tobias Boes, University of Notre Dame
Alexander Fischer, Universität Basel
Rüdiger Görner, Queen Mary University of London
Jens Martin Gurr, Universität Duisburg-Essen
Vittorio Hösle, University of Notre Dame
Suzanne L. Marchand, Louisiana State University
Ansgar Mohnkern, Universiteit van Amsterdam
Tanja Nusser, University of Cincinnati
Thomas Pfau, Duke University
Mark W. Roche, University of Notre Dame
David E. Wellbery, University of Chicago

Section editors
Creative Writing/Kreatives Schreiben & Undergraduate Research/Studentische Forschung:
Denise Della Rossa, University of Notre Dame

Peer-Reviewed Articles/Referierte Artikel:
Wilhelm Amann, Université du Luxembourg

Forum on Pedagogy/Fachdidaktik:
Steffen Kaupp, Goethe-Institut Hanoi

Special Sections/Schwerpunkte & Academic Notes/Akademische Beiträge:
William Collins Donahue, University of Notre Dame
Georg Mein, Université du Luxembourg
Rolf Parr, Universität Duisburg-Essen

Reviews/Rezensionen:
Stefan Hermes, Universität Duisburg-Essen

Editorial Assistant
Thomas Küpper, Universität Duisburg-Essen

Peer Review Policy

Submissions may be in English or German and should be sent by email (WORD documents preferred) to *andererseits* (andererseits@uni-due.de). Submissions must be original contributions and should not be under consideration for any other journal or scholarly anthology at the same time.

Articles should include an abstract including the title of the paper, name(s) and affiliation(s) of the author(s), and keywords (3–5 keywords organized alphabetically); length of abstract: 150–200 words. Submitted articles may range from 4000 to 8000 words; well-founded exceptions are possible.

When a new submission is received, it is assigned to the section editor and one of the three executive editors, who read the paper, consult and decide whether it should be sent for peer review based on the editorial criteria of *andererseits* of novelty, soundness, and scholarly significance.

If the decision is not to send a submission for review, the section editor will contact the author(s) with that decision.

If the editors decide to accept a submission for peer review, they will contact two scholars with relevant expertise for each submission. Referees are not identified to the authors, except in cases when a referee particularly requests this.

Referees submit brief reports to the section editor, usually within eight weeks – often sooner. The editorial team discusses the reports and makes the final decision.

Finally, the peer reviewed section editor contacts the author(s) with one of the following decisions: A – Accepted without changes. B – Accepted pending minor revisions. C – Invitation to resubmit pending significant revisions. D – Not accepted for publication.

Vorwort

Mit dieser Ausgabe begeht *andererseits* ein kleines Jubiläum. Begründet 2010 von Jochen Vogt und William Collins Donahue und mit den drei ersten Bänden im Universitätsverlag Rhein-Ruhr erschienen, seit 2015 dann im transcript-Verlag, kann auf zehn Jahrgänge mit mehr als 2100 Druckseiten, gut 200 Artikeln und einigen Dutzend Autorinnen und Autoren beiderseits des Atlantiks und darüber hinaus zurückgeblickt werden. Das zeigt uns, dass dieses Projekt eines transatlantischen Jahrbuchs, das als eine seiner Besonderheiten ein breites Spektrum an Beitragstypen abdeckt (von ersten studentischen Forschungsarbeiten über kürzere akademische Beiträge bis hin zu den einem Peer-Review-Verfahren unterzogenen Texten etablierter Wissenschaftlerinnen und Wissenschaftler, von kreativem Schreiben über Didaktik und Übersetzungsfragen bis hin zu Rezensionen), weiterhin auf Interesse stößt.

Das Konzept scheint sich ebenso bewährt zu haben wie seit 2015 die Aufnahme von thematischen Schwerpunkten als »Special Sections«, unter anderem zu Barbara Honigmann, Margarethe von Trotta, Wim Wenders, zu *Geschichte als intermedialem Narrativ* und – in dieser aktuellen Ausgabe – zu *Media, Memory and the City*, einem Schwerpunkt, der aus einem Workshop am Essener Kulturwissenschaftlichen Institut (KWI) mit dem amerikanischen Stadthistoriker, Medienwissenschaftler und Romanautor Norman M. Klein, Professor an der School of Critical Studies des California Institute of the Arts (Santa Clarita), hervorgegangen ist.

Die »Academic Notes« bringen auch diesmal ein breites Spektrum an literatur-, kultur- und medienwissenschaftlichen Beiträgen, innerhalb derer mit den Artikeln von Julia Faisst zu David P. Boders intermedialem Projekt über den Holocaust, von Mimi Ash zu Claude Lanzmanns *Shoa*-Film und von Stephan D. Dowden zu Ossip Mandelstam sich ein kleiner Schwerpunkt im Bereich der German Jewish Studies zeigt.

Den Auftakt des Bandes bildet ein Werkstattbericht »Transatlantic German Studies in the US College Classroom« von William Collins Donahue und seinen Studierenden.

Und als sollte das Programm von *andererseits* als eines transatlantischen Jahrbuchs noch einmal unterstrichen werden, berichtet Anabel Büscher von ihren ersten Erfahrungen als deutsche Gaststudentin an der Indiana State University.

*

Auch diese Ausgabe von *andererseits* ist nicht ohne die Unterstützung einer ganzen Reihe von Kolleginnen und Kollegen zu realisieren gewesen. Wir danken allen Sektionseditorinnen und -editoren und ganz besonders Thomas Küpper

(Universität Duisburg-Essen), der die editorischen Fäden zusammengehalten hat. Für das umsichtige Lektorat und den Satz ist einmal mehr Wolfgang Delseit (Köln) zu danken.

Im Herbst 2021 William Collins Donahue (Notre Dame/USA)
Georg Mein (Esch-Belval/Luxemburg)
Rolf Parr (Essen/Deutschland)

Creative Writing
Kreatives Schreiben

Far From Home

Anabel Büscher

Am 5. Januar 2021 begann meine Reise über den Großen Teich in das Land der Freiheit, der Träume und der frittierten Hähnchenschenkel. Dass die Vereinigten Staaten von Amerika so viel mehr zu bieten haben als nur Fast Food, lernte ich dann aber schnell. In Form eines Erfahrungsberichts versuche ich im Folgenden, mein Leben mit den kleinen wie auch größeren Neuheiten und Eigenarten in Orten und mit Menschen, die ich in den letzten sieben Monaten kennenlernen durfte, ein wenig zu beschreiben.

Die USA sind ein riesiges Land – mit wesentlich mehr Festland pro Einwohner/-in als in Europa. Da ist es keine Überraschung, dass Roadtrips schon mal mehr als 30 Stunden dauern und Wanderungen locker zehn weitere beanspruchen können. Die Amerikaner/-innen haben also Durchhaltevermögen. Wieso dann aber niemand in der Lage ist, auch nur 500 Meter zu Fuß zu gehen, ist mir immer noch ein Rätsel. Durch das Angebot an Wandermöglichkeiten ist die Bewegung mit Beinen und Füßen doch offensichtlich bekannt; Fahrräder sind ebenfalls vorhanden, man sieht sie nur äußerst selten in Aktion. Es scheint fast unmöglich zu sein, kurze Strecken ohne motorisierten Untersatz zu bestreiten. Hinzufügen sollte man, dass man ganz ohne Auto trotzdem ziemlich aufgeschmissen wäre, denn mit öffentlichen Transportmitteln sieht es in kleineren Städten so aus wie in Deutschland auf dem Dorf: Der einzige Bus fährt einmal in der Stunde.

Die Klimaanlage, so habe ich mittlerweile in Erfahrung gebracht, ist neben dem Auto und den Nationalflaggen ein weiterer Kultgegenstand, auf den in den USA nur ungern verzichtet wird. Für mich als Deutsche ist der ständige Wechsel zwischen 35 Grad Celsius Außentemperatur und 15 Grad Celsius Innentemperatur dann doch gewöhnungsbedürftig. Von der permanenten Schnupfnase mal abgesehen, wird mein nächstes Problem sein, mich wieder an die sehr heißen Sommer ohne Linderung durch kühle Innenräume in Deutschland zu gewöhnen.

Ich habe schon von singenden Toiletten in Japan und gendernneutralen WCs inklusive Waschbecken in Schweden gehört. Die öffentlichen Toiletten in Deutschland sind zugegebenermaßen auch nicht die Crème de la Crème der stillen Örtchen, aber immerhin reichen die Türen und Wände über die Köpfe fast aller Menschen über 1,90 Meter. Man ist zum Großteil nur in der Lage, die Schuhe der Kabinennutzer/-innen zu erspähen. Die Vereinigten Staaten bevorzugen anscheinend einen anders gearteten Aufbau der öffentlichen Örtchen. Der Abstand, den die Kabinentür zum Boden hat, ebenso wie die Wände an beiden Seiten, vermitteln mir das Gefühl, dass selbst Amateur-Limbotänzer/-innen eine gute Chance hätten, einen Blick zu erhaschen. Ganz abgesehen von den Kleinkindern und Hunden, welche, den gesamten Toilettenbereich auf Ellbogen und Knien durchrobbend, fremde Kabinen frequentieren. Selbst wenn man weder drunter noch drüber herschauen muss, kann ein unbeabsichtigter *peak* doch manchmal gar nicht vermieden werden. Der Grund dafür ist der ausgesprochen breite Spalt an beiden Seiten von Tür und Angel. Man kann sich also beim Besuch des stillen Örtchens schon ein wenig beobachtet fühlen.

Wie bei allen solchen und weiteren Dingen in anderen Ländern gewöhnt man sich auch an diese, sagen wir ›interessante‹ Innenarchitektur. Sehr positiv kann man allerdings anmerken, dass die Seifenspender immer gut aufgefüllt und funktionsfähig sind. Davon könnte sich Deutschland eine Scheibe abschneiden.

Auch wenn es noch sehr viele andere kuriose wie auch neue und wunderschöne Dinge gibt, wie einen Wanderort namens Turkey Run, der sehr an die Baumberge im westfälischen Coesfeld erinnert, oder die verschiedenen Roadtrips, bei denen man viel vom Land sehen kann und sich dabei doch bewusst sein muss, dass es nur ein winzig kleiner Teil ist, soll es hier doch um meine Universitätserfahrungen gehen. Was dabei zu Beginn zu beinahe stressbedingten Nervenzusammenbrüchen für mich geführt hat, hat sich, wie so vieles, als Überreaktion herausgestellt. An deutschen Universitäten ist viel zu tun. Während des Semesters wie auch in den Semesterferien. Das ist jedoch kein Vergleich zu den »Assignments«, mit denen man hier zu Lande wöchentlich überhäuft wird. Zum Vergleich: Die Inhalte, die in Deutschland über fünf Monate Stück für Stück mit zusätzlicher Semesterferienzeit bearbeitet werden, sind hier bisweilen in weniger als der Hälfte der Zeit besprochen.

Ich bin jemand, der es unglücklicherweise schafft, das Schreiben von Hausarbeiten über den ganzen Zeitraum der Semesterferien zu strecken. Daher hätte ich es nicht für möglich gehalten, dass man dies auch in eineinhalb Wochen erledigen kann; zusätzlich zu den weiterlaufenden Seminaren, Vorlesungen und Assignments, versteht sich. Ich kann guten Gewissens sagen, dass man Hausarbeiten mit allen Facetten auch in drei Tagen schaffen kann, jedenfalls dann, wenn der Prokrastination schließlich doch noch die Motivation folgt.

Bevor nun der Eindruck entsteht, dass amerikanische Universitäten Folteranstalten und keine Bildungseinrichtungen seien, möchte ich die Lesenden doch beruhigen: Der Grund für die lange Bearbeitungszeit der Hausarbeiten in Deutschland ist die Bewertung ihrer Qualität. Dadurch, dass die Arbeit 100 Prozent der Note ausmacht, bekommt diese Bewertung ein ganz anderes Gewicht als in den Staaten, wo prozentuale Anteile auf verschiedene Arbeiten, Examina und Projektarbeiten verteilt sind. Damit soll nicht behauptet werden, dass Qualität an amerikanischen Universitäten keine so große Rolle spielt, sondern, dass quantitativ anders verteilt wird. Man muss nicht wie in Deutschland in einer 20-seitigen

Arbeit jedes Wort dreimal umdrehen, damit ein hoffentlich perfekter Abschnitt entsteht. Hier wird Studierenden viel mehr Raum dazu gelassen, etwas zu erarbeiten, zu forschen und das Ergebnis aufs Papier zu bringen. Das führt zu Resultaten, die vielleicht nicht immer perfekt sind, aber durch die man seine eigenen Interessen für Forschungsbereiche weiterentwickeln und besser kennenlernen kann als im deutschen Universitätssystem. Für mich führt die Quantität der stärker forschend-selbstverantworteten »Assignments« zu einer stärkeren Anerkennung des akademischen Selbst – aber natürlich nur solange man früh genug mit der Arbeit beginnt und dem inneren Schweinehund nicht die Oberhand lässt.

In Deutschland kann man in kleineren Seminaren und Studiengängen Glück haben, dass die Dozierenden wissen, dass man zu ›ihren‹ Studierenden gehört. Ansonsten sind sich alle durchaus bewusst, dass man lediglich eine Matrikelnummer im System ist und weniger als Individuum zählt; rühmliche Ausnahmen gibt es. Nicht so in den Staaten. Die Professor/-innen kennen ihre Studierenden beim Namen und die Seminare sind oft wesentlich offener und aktiver angelegt. Neben Sprechstunden hat man hier auch den zusätzlichen Vorteil, eine(n) persönliche(n) Berater/-in aus der Fakultät zugewiesen zu bekommen. Diese(r) kann helfen, zu belegende Kurse für jedes Semester auszuwählen, sodass keine Komplikationen mit den Credit Points entstehen und man sich im letzten Semester nicht in der ungünstigen Situation wiederfindet, dass man irgendwo doch noch notwendige Studienleistungen auf der Strecke gelassen hat und nun noch einmal Zeit sowie Geld investieren muss.

Der Campus an sich, im Vergleich zu den Campus, die ich in Deutschland kennengelernt habe, hat wesentlich mehr zu bieten als nur eine Liegewiese. Hier gibt es ein sehr gut ausgestattetes Sportcenter, zu dem Studierende kostenfreien Zutritt haben, diverse Food-Courts, die natürlich einen Starbucks und einen *PizzaHut* beinhalten, eine Wasserfontäne für die Ästhetik, sehr gut gepflegte Blumenbeete und Rasenflächen sowie außen gelegene Sitz- und Lernmöglichkeiten. All das bietet genügend Raum zur Entspannung und Entfaltung des Körpers und Geistes und ebenfalls wunderbare Möglichkeiten, sich mit Freund/-innen und Kommiliton/-innen zu treffen. ›Kommiliton/-innen‹ ist das Stichwort, das mich zum nächsten Kriterium führt, welches die deutsche Universitätskultur von der amerikanischen unterscheidet: der legere Kleidungsstil. Dass man mal mit Jogginghose zur Vorlesung erscheint, ist zwar auch in Deutschland keine Seltenheit, aber den Titel für den besten Look von ›gerade aus dem Bett gerollt‹ nimmt den amerikanischen Unis so schnell keiner ab! Die karierten Fleecepyjamas, die zerzausten Haare und die pinken Plüschschuhe sind ja doch noch einmal ein ganz anderes Level. Auf eine gewisse Art und Weise trägt dieser Stil jedoch gleichzeitig zu einer entspannten Atmosphäre im Seminarraum bei – ich kann es im Endeffekt also nur empfehlen. Am Essener Campus findet man den Stil sportlich-kasual eher unter den Sportstudierenden, wobei diese im Vergleich zu den USA in ihrem Studienfach und ihrem sportlichen Talent wesentlich zu kurz kommen. Das, was den Studierenden an amerikanischen Unis an Möglichkeiten, von Trainingsplätzen und Arenen bis zu Stipendien, zur Verfügung steht, ist etwas, was den meisten deutschen Studierenden in diesem Ausmaß gar nicht bekannt ist und oft nur in Filmen bewundert werden kann. So wie die Amerikaner/-innen ihren Football, Baseball, Basketball und Hockey lieben, so sehr lieben die Deutschen ihren Fußball. Augenscheinlich wissen die USA jedoch viel mehr mit den sportlichen Potenzialen anzufangen.

Vom Superbowl zur Abschlussfeier, das Motto der Amerikaner/-innen lautet ganz klar: »Go big or go home.« Während man in Deutschland per E-Mail benachrichtigt wird, dass das Bachelorzeugnis zur Abholung bereit liegt und ohne großes Tamtam in einem Umschlag überreicht wird, so hat man in den USA schließlich vier Jahre Universität hinter sich gebracht und weiß das auch mit Trompeten und Fanfaren sowie Feuerwerk zu feiern. Zwar wurde mir berichtet, dass man unter Umständen ein zweites Outfit bereithalten sollte, da man auf jeden Fall eines unter den dicken Polyesterroben durchschwitzt, so freue ich mich dennoch ungemein auf die Möglichkeit, ein filmreifes Erlebnis für meinen Masterabschluss genießen zu können. Mal ganz abgesehen von den vielen zukünftigen Erfahrungen, die die nächsten 18 Monate hier noch für mich bereithalten.

Anabel Büscher studiert zurzeit an der Indiana State University. Zuvor hat sie ihren BA-Abschluss an der Universität Duisburg-Essen in Kommunikationswissenschaft und Anglophone Studies gemacht und ihren Master in Literatur- und Medienpraxis/ Anglophone Studies begonnen.

**Undergraduate Research
Studentische Forschung**

Transatlantic German Studies in the US College Classroom
Student Voices on Race, Complicity and Ideology via Short German Films

WILLIAM COLLINS DONAHUE

It is a little like listening to a beautiful eulogy that, by definition, the deceased will never hear. That is the feeling I sometimes have when I read insightful student work that never finds another reader apart from me. There is an unspoken futility to this, both for the student and the teacher. The excitement of discovery ignites briefly, but dissipates far too quickly. A discerning observation or intuitive perspective fades from view, typically subordinated to the allegedly larger task of good writing, which is ironic since most of our students, even if they study abroad, will never write German professionally. Whereas a problem set or case study in other courses can more plausibly be extrapolated to the »real world« of subsequent professional practice – and thus might enjoy a richer resonance – the typical undergraduate humanities essay, which is as much about self-reflection as aesthetic analysis, often lacks as compelling a rationale for application beyond the classroom. Or so it seems.

But if it is somehow less obviously relevant – or appears so to those who reflexively prioritize vocational utility over broader liberal arts aspirations – perhaps it is in part due to our own failure to highlight undergraduate achievements in the humanities, allowing our students, in their own words, to make the case. There is nothing like the thrill of a student's fresh insight, challenging claim, candid personal reflection, witty apercu, or original point. I'm not speaking here merely of accurately re-stating material that was taught in class – admirable in its own right – but rather of creatively building upon such to say something new and interesting. Whenever this happens one feels a surge of energy in the room; the student becomes the teacher; and a true learning community comes into being – often challenging the participants (and especially the instructor) to move beyond prepared material and routine activities to think and speak extemporaneously. Interpreting a work of art together cannot help but produce such moments, it seems to me. It is what makes teaching in the humanities so rewarding, and learning so memorable. In the presence of such happy experiences, we feel expanded in our very being; and the humanities, as it were, virtually sell themselves.

The point, however, is not to play one legitimate goal off of another, once more pitting the professions against the humanities. Far from it. In fact, among the contributions included below are brief essays penned by a rising engineer, an accountant, and a future lawyer. At an institution such as our own – the University of Notre Dame – with eight semesters of undergraduate study (not six, as in Europe) leading to the Bachelor's degree; a plethora of required humanities courses; and a tradition of multiple, simultaneous courses of study (»supplementary majors,« minors, concentrations, certificates, etc.), this is simply not a zero-sum game.

Yet it remains a challenge, even in this setting of relative curricular luxury, to uphold and illustrate those two key elements of the humanities essay as valuable life-skills worthy of dogged pursuit: the cultivation of critical self-reflection, and the practice of interpreting and negotiating semiotic ambiguity. In the German and German Studies classroom (but not only here) our mistake may be to race to the generic rather than attend to the particular: We are told (and tell ourselves) that the specific subject matter is of little consequence; it is, rather, all about »critical thinking« and good writing and speaking skills. In a non-discipline as disparate as German Studies, it is understandable to see colleagues gravitate to standards that transcend the sometimes-bewildering variety of subject matter. While such overarching criteria may provide a useful purview as well as the possibility of generating comparative data (amalgamating otherwise incommensurate subject matter), they tend by their very nature to obscure the content of our enterprises. Thus, we may fail to ask how students in a senior seminar on medieval sagas respond to notions of selfhood, society, and love that radically differ from today's, preferring instead to focus on their linguistic achievement as measured by the Common European Framework of Reference (CEFR) or the ACTFL (American Council on the Teaching of Foreign Languages) standards. It is a natural tendency, encouraged by the need to speak quickly across disciplines and to university administration officials focused on numeric evaluation. But we should be aware that, despite its utility, this numeric abstraction tends to reduce us in their eyes to the status of a mere service provider (language instruction) and purveyor of generalized transfer skills (which, by the way, can easily be had elsewhere), while separating us ever further from the core humanities enterprise of promoting critical self-cultivation, which never occurs in the abstract.

We know, however, that this is a false dichotomy, and that we really can have it both ways. While the brief essays presented below are offered as a modest corrective to this impulse toward reductive abstraction, it is with this caveat: Of course, I care deeply about my students' linguistic production as well, and am proud of their accomplishment. We learn language with the world, as Wittgenstein insisted; the former is not epiphenomenal to the latter, even if that sounds counterintuitive in the context of second language acquisition.

The course from which these essays emerged, a senior-level (fourth year) seminar for our most advanced students, is called simply, *Great German Short Films*. The German subtitle is *Gesellschaft und Geschichte im Spiegel des deutschen Kurz-*

films; a highly abbreviated syllabus is provided below to give interested readers further context. (Despite its designation as a »senior seminar,« not all students are actually in their final year of study; sometimes it includes advanced Sophomores and frequently a few Juniors. None of our students are »first majors,« meaning that for them German is a course of study taken in addition to a primary major in another field entirely.) If there was a special sense of community among this small, seven-student group this time around (fall semester, 2020) it was probably due to the COVID pandemic. Unlike most universities, Notre Dame held most classes in person, face to face, and ours was no exception. Coming to class was one of the few social occasions of my life at the time (with social distancing and masking, needless to say), and I remain grateful for the palpable sense of community, solidarity and mutual support we enjoyed. When the COVID-19 infection rate spiked early in the fall, the entire university transitioned to online instruction for two weeks, after which we reverted to in-person teaching.

But it was not just a horrible plague, as in Boccaccio's *Decameron*, that drew our community more closely together. Our semester, which began early that year, commenced just weeks after the murder of George Floyd and the international wave of protests that ensued. The selection of essays below reflects this raw sensitivity to racial conflict that, I think, persists for many to this day. We were somewhat surprised to observe that early responses in Germany to the Floyd murder extended beyond critique of systemic racism in the United States to indict anti-Black racism in Germany itself. I recall hearing about a decade ago solemn assurances from colleagues in Germany that anti-Black racism in Germany is a chimera, a projection of well-meaning Americans onto a society that simply had too few Blacks to sponsor such racism. »It can't happen here,« in other words, was the thinking. But the *Kebekus Brennpunkt zum Thema »Rassismus«* tells a starkly different story. Made just a few weeks after the Floyd murder, this short documentary features testimonials by leading Black cultural figures in Germany who have suffered profound acts of discrimination. We are asked at the end of the short film: »Kam Ihnen das zu langatmig vor?« – and are then chillingly reminded that the testimonial portion of the film lasts exactly eight minutes and forty-six seconds, the length of time that then policeman Derek Chauvin knelt on George Floyd's neck while the latter suffocated to death.

In the first group of essays below, students take as their points of departure this film from the *Carolin Kebekus Show*,[1] Pepe Danquart's well-known *Schwarzfahrer* (1992), as well as an essay that I published in the Berlin *Tagesspiegel* on the »cultural racism« I experienced – and shared in – as a child growing up in Mich-

---

[1] | *Die Carolin Kebekus Show* | Comedy & Satire im Ersten, 4 Juni 2020, Folge 3: *Der Kebekus-Brennpunkt zum Thema »Rassismus«*. Moderation: Shary Reeves, online at www.youtube.com/watch?v=5wlvvH-gJFk (alle Internetverweise wurden vor der Drucklegung auf ihre Richtigkeit überprüft).

igan.[2] They talk about themselves, their evolving experiences of race and racism, and of course the films. Andrew Fulwider leads off with what appears to be a resumé of the *Kebekus Brennpunkt* film. But his point, I think, is to contrast it to the fictional (and in some sense more »entertaining«) *Schwarzfahrer*, and to clarify some of the shocking real-life acts of discrimination that may have been lost on classmates less able to dissect this linguistically dense short film. It should be noted that students prepared these short contributions *before* class discussion of the respective film; the ideas are their own.

Brigid Meisenbacher and Naya Tadavarthy examine *Schwarzfahrer* itself, encouraging us to look beyond the more obvious and sensational verbal racism of the old woman to notice how Danquart raises questions about the silence and passivity of the »Mitfahrer,« by which they mean both the fellow commuters in the streetcar as well as viewers of the film. Mary Gorski offers a personal reflection on a childhood friendship, concluding – in agreement with Naya Tadavarthy – that childhood experiences of racism, far from being harmless play solely attributable to the bigotry of the parents, may actually foster the normalization of »othering« as well as other kinds of unconscious bias well into adulthood. Attentive readers will notice a brief reference to another film we screened early in the course, *Tsunami oder: Die maximale Mitmenschlichkeit* (2006, dirs. Connie Walther and Matthias Schwelm), in which a young boy sings with apparent innocence the racist children's song, *Das Lied vom Häuptling* (also known as *Negeraufstand ist in Kuba*).

The second group of essays emerge from two films produced in the GDR-era Hochschule für Film und Fernsehen Konrad Wolf. *Flammen* (1967, dir. Konrad Weiß) tells the story of the Herbert Baum resistance group, albeit from a particular ideological perspective, while *Memento* (1966, dir. Karlheinz Mund) commemorates Jews murdered in the Nazi period while simultaneously consigning them to the past. Matthew Twargoski argues that propaganda (with its fundamental need for a straightforward message) cannot in the end be so clearly delineated from art (usually characterized by greater ambiguity and open-endedness). Naya Tadavarthy – our most prolific contributor – looks closely at what one might call the »replacement« strategy of *Flammen* (whereby the GDR is portrayed as a wholly different successor state to Nazi Germany). Despite the director's use of close-ups to individualize members of the *Freie Deutsche Jugend*, thereby differentiating the GDR youth group from its Hitler Youth predecessor, one senses in the end, she argues, more of a similarity than a clear distinction. Or perhaps a bit of both.

---

2 | William Collins Donahue: Das schleichende Gift der Segregation. Neben dem schreienden Unrecht im heutigen Amerika darf man die kulturelle Vorgeschichte nicht vergessen. Eine Erinnerung. In: Der Tagesspiegel, June 9, 2020, No. 24 204, p. 19 (Kultur). Published also online as »Der kleine Rassismus. High School-Erinnerungen aus Michigan.« In: Der Tagesspiegel, June 9, 2020 at www.tagesspiegel.de/kultur/high-school-erinnerungen-aus-michigan-der-kleine-rassismus/25897774.html.

Ours was a writing-intensive seminar culminating in a final twenty-page film handbook (see syllabus). Leading up to that larger task students wrote two short essays per week. The minimal expectation for these was 150 words each, but it was open-ended, and as is evident from the contributions below, essays frequently ran to 250-300+ words. It is from these more modest assignments (rather than the longer final project) that the following selection was made, drawing upon work only from those students who expressed an interest in this publication project. I corrected only major errors using a correction key (rather than offering line-editing) in the hopes that this would encourage longer term language learning (i. e. the avoidance of similar errors in the future). Students were offered the opportunity to submit a rewrite at any time and occasionally were required to do so. I edited the final drafts that appear here principally by adding in a sentence or phrase here and there to provide context that would have been evident to those privy to seminar discussions. No attempt was made to render their distinctive voices as those of native speakers of German. In class our procedure was fairly constant: we began the discussion of each film with ekphrastic description (often in smaller groups of two or three) and then moved to larger interpretive questions. The first phase included careful observation of camera angle, lighting, juxtaposition (as in a jump-cut), mise-en-scene, dialogue and sound, etc., and sometimes involved the explication of intertexts, as in the case of the Heine poem (and Schumann *Lied*) cited so prominently in Fatih Akin's *Die alten bösen Lieder* (2004). The essays below, it is hoped, bear some traces of this didactic approach.

Regarding the controversial use of the »n-word«: we decided to avoid using it in its full, explicit form in the context of analysis, but to retain it when actually quoting racists. To clean up the latter usage would, we felt, obscure and possibly sanitize the very bigotry that needs to be identified and confronted.

COURSE SYLLABUS – ABBREVIATED

Great German Short Films. Gesellschaft und Geschichte im Spiegel des deutschen Kurzfilms. GE 43405 01 (CRN 30559)

N. B. this course runs as the German Studies Seminar (43300-01) in Fall 2020

Course description and learning goals: Given their brevity, short films present manageable works of art that can both challenge us aesthetically and effectively promote the learning of language, culture and society. They can teach us about film aesthetics, serving as miniatures for the examination, appreciation, and study of film in its other, more familiar forms. Short films (usually under 30 minutes) can be commercial (the genre has its roots in advertising in cinemas); »essayistic« (without much of a plot); or experimental in nature. The short film is not only briefer in duration, but often aims to do something fundamentally different than the more familiar conventional narrative film. Though it does not, by definition, have the capacity to tell a long or involved story, the short can achieve depth and nuance in other ways. In its very brevity, the short film can tell a story of some kind – often one of imagined (or real) revenge, reversal, or comeuppance. The spectrum is broad indeed, including silent, animated, action, surreal, and other incarnations of the genre. This course examines a wide range of such films, deploying them also for what they have to tell us about German language, history, society, and culture, as well as for their value in grappling with larger issues in hermeneutics (the art of interpretation), representation, and film criticism.

* * *

Teil 1. Ein kritischer Blick auf die (deutsche) Gesellschaft. Fragen nach deutscher Identität, nach nationaler bzw. ethnischer Zugehörigkeit; Behandlung und Darstellung von »Außenseitern«, Nichtdeutschen, Zugezogenen und Geflüchteten. Gesellschaftliche Erwartungen bezüglich Weiblichkeits- und Männlichkeitsbildern sowie der Sexualität. Diese Gesellschaftskritik wurzelt in Deutschland, ist aber nicht unbedingt auf die Bundesrepublik bzw. die Deutsche Demokratische Republik zu beschränken.

Teil 2. Auseinandersetzung mit Aspekten der deutschen Zeitgeschichte (Zweiter Weltkrieg, Holocaust, Dresden, DDR, Studentenbewegung). Hier wird Geschichte nicht nur thematisiert und berichtet, sondern auch reflektiert. Fragen nach der Geschichtsschreibung, nach Perspektivierung und Verdrängung.

A useful source in this section is the German Historical Center (Washington, DC), which sponsors a superb online archive called »Deutsche Geschichte in Dokumenten und Bildern«: German History in Documents and Images (GHDI). All documents are available in the original German and in English translation. I have linked to some of these documents and images in the syllabus below.

Also: Lebendiges Museum Online (LeMO) (Deutsches Historisches Museum): LeMO - Lebendiges Museum Online.

Teil 3: Filme gedreht oder unterrichtet von den Seminarmitgliedern. Student presentations last about 30-40 minutes each. Please discuss your choice with me no later than October 6, 2020.

So unschuldig ist dieser Spaß nicht
Andrew Fulwider

Rassismus ist ein tief greifendes, andauerndes Problem in der weltweiten Gesellschaft. In den Vereinigten Staaten wird dieses Problem vielleicht noch mehr diskutiert als in anderen Ländern (wie z. B. in Deutschland), was aber nicht heißt, dass es in diesen Ländern kein wichtiges Problem ist. Rassismus äußert sich öfters ziemlich deutlich, wie in der Hasstirade der alten Frau in *Schwarzfahrer*, aber er ist häufiger etwas subtiler – nicht so schwarz/weiß. Wie man aus den Anekdoten von schwarzen (aber auch aus denen von anderen) Menschen in dem *Kebekus Brennpunkt zum Thema »Rassismus«* lernt, können kleinere, weniger merkbare Kommentare genauso schmerzvoll empfunden werden. Man hört jedoch – wie im *Kebekus Brennpunkt* zitiert – manchmal immer noch deutliche Äußerungen von Rassismus, z. B.: »Verpiss dich zurück in die Heimat!« oder »Neger, Neger, halt eine Rede«, aber man hört auch ganz oft verschleiertere bzw. indirektere Äußerungen wie »Ich wollte schon immer eine Mulattin ficken« oder »Ihr könnt hier nicht klauen; ich habe Kameras«. Man sieht auch manchmal Menschen, die solche Äußerungen machen und danach ihre Sprüche als »unschuldigen Spaß« entschuldigen, aber so einfach ist es natürlich nicht. Man kann nie etwas als »Spaß« bezeichnen, wenn es überhaupt kein Spaß – sondern vielmehr eine Beleidigung – für den Empfänger ist. Egal, ob es vom Täter bemerkt wird oder nicht, sind solche Äußerungen schmerzhaft für die schwarzen Menschen, die sie hören und ertragen müssen, aber schädlich auch für die Mehrheitsgesellschaft, die so etwas duldet und als Spaß entschuldigt. Malcolm Ohanwe will genau dies klarmachen: »Ich will, dass sie wissen«, sagt er am Ende des *Brennpunktes*, »dass ich darunter leide.«

Der Zuschauereffekt in Pepe Danquarts *Schwarzfahrer*
Brigid Meisenbacher

Wenn man den sozialkritischen Inhalt dieses Filmes beachtet, denkt man sofort an das hässliche Benehmen der alten offensichtlich bigotten Frau. Aber das ist in einem Sinne irreführend. Obwohl der Fokus scheinbar auf dem Konflikt zwischen der rassistischen alten Frau und dem schwarzen Mann liegt, betonen die Kameraeinstellungen alles, was von den herumsitzenden bzw. -stehenden Fahrgästen nicht getan wird, als ebenso wichtig wie der offensichtliche Rassismus der Frau. Am Anfang des verbalen Missbrauchs zeigen die Nahaufnahmen, dass die mitfahrenden Menschen in der Tram die Frau weder angesprochen noch aufgehalten haben. Während die Frau weiterspricht, sehen wir einen subjektiven Kameraschwenk und eine Montage von Köpfen und Augen, die das wachsende Unbehagen, aber auch die anhaltende Stille der Zuschauer schildern. Das Ende, nachdem der Mann seine Revanche bekommt, kann als Metapher für die Rolle der Zuschauer in dieser Situation verstanden werden. Die Frau wird für ihre Taten »bestraft«, indem sie die Tram wegen Schwarzfahrens verlassen und vermutlich eine Geldstrafe bezahlen muss. Aber wie sie selbst betont: »Sie haben alles gesehen.« Sie meint dies natürlich als Verteidigung; sie rechnet mit der Unterstützung der Fahrgäste, die ja gesehen haben müssen, dass der Schwarze ihre Fahrkarte geschluckt hat. Aber das »Sie« ist hier mehrdeutig, denn die Zuschauer in der Tram sowie die Zuschauer des Films sind mitgemeint. Wie die alte Frau behauptet, »Sie haben alles gesehen«, und wie der Regisseur zeigt, sie fahren alle einfach weiter. So kommentiert der Film die Grauzone der Untätigkeit in Situationen der Ungerechtigkeit.

Mitschuldige Mitfahrer in *Schwarzfahrer*
Naya Tadavarthy

Trotz des Happyends enthält *Schwarzfahrer* auch eine ernste Sozialkritik der Umstehenden. Am Ende beklagt sich die rassistische Frau bei dem Fahrscheinkontrolleur: »Die haben es doch alle gesehen ... ich verstehe es nicht ... sie haben es gesehen«, als er ihrer Geschichte über den schwarzen Mann, der ihre Karte angeblich gegessen hat, nicht glaubt. Aber ihre Aussage gilt auch für die Untätigkeit der Fahrgäste, die während ihrer rassistischen Hasstiraden nichts sagen. Der Schnitt betont diesen Bystandereffekt, indem ihr Monolog durch Einstellungen von den anderen Fahrgästen bewusst begleitet wird: Man sieht nicht nur sie, sondern auch die komplett uninteressierten Passagiere und hört gleichzeitig ihre alarmierende Rede. Die Vorherrschaft ihrer unüberhörbaren Sprache demonstriert auch die Untätigkeit und das Schweigen der anderen, denn außer einem jungen türkischen Mann unterbricht niemand sie. Aber dieser Mann mischt sich anscheinend nur deswegen ein, weil sie auch die Türken beleidigt; und dieser kleine Moment vermittelt einen weiteren Aspekt dieses Problems der Umstehenden: Allzu oft nehmen wir rassische und ethnische Vorurteile nur dann wahr, wenn sie uns selbst betreffen. Die gemeinsame Art der öffentlichen Verkehrsmittel, die der Drehort des Films sind, suggeriert hingegen, dass alle sich an Rassismus mitschuldig machen, sogar die – und vielleicht besonders die –, die schweigen. Trotzdem kann gerade dieser Aspekt auf eine Lösung hinweisen, weil jeder etwas gegen Rassismus unternehmen kann.

Ein System der Gewalt hat keine »unschuldigen« Bestandteile
Rassismus in der eigenen Familie
Mary Gorski

Als ich aufwuchs, war meine beste Freundin eine Schwarze. Sie ist immer noch meine beste Freundin und sie ist natürlich immer noch eine Schwarze. Ich schäme mich zuzugeben, dass ich trotz dieser sehr engen Beziehung »unschuldigen« Rassismus während meiner Kindheit bis zum Gymnasium akzeptiert und begangen habe. Als Kind sah ich grobe rassistische Darstellungen von Schwarzen in alten Zeichentrickfilmen wie *Bugs Bunny* und *Fantasia* und dachte nichts dabei, selbst wenn meine Freundin neben mir auf dem Teppich saß und mit mir zusah. Ich genoss den Film *Holiday Inn* und sah, wie Bing Crosby einem weißen Publikum in *Blackface* ein Lied vorsang, und fand es lustig. Dies waren Bilder, die in meinem Elternhaus nie besprochen wurden. Es würde über ein Jahrzehnt dauern, bis ich erfuhr, was »Blackface« eigentlich ist und warum es traumatisierend wirkt.

Ich betrachte mich als gesegnet mit dieser Freundin, u. a. weil sie so geduldig mit mir ist. Aufgrund unserer Beziehung wurde mir ein Einblick in ihre Erfahrung der Blackness geboten, die mir als Weiße ohne diese Beziehung niemals zuteilgeworden wäre. Ich verstehe jetzt, dass Karikaturen und Schwarzgesicht nicht nur beleidigend sind, sondern auch traumatisierende Erinnerungen an die Entmenschlichung, die schwarze Menschen täglich erleben, auch heute noch, auslösen. In der heutigen Zeit sind die meisten Menschen – so scheint es mir wenigstens – bereit zu akzeptieren, dass Karikaturen und Schwarzgesicht schädlich sind, aber viele sehen sie nicht als Teil eines Entmenschlichungs*systems*, das seit den Anfängen der Sklaverei in den USA betrieben wird. Jede »unschuldige« rassistische Sache wird als Teil der langjährigen Tradition begangen, BIPOC-Minderheiten auf ihre Hautfarbe zu reduzieren. Darüber hinaus werden diese Klischees gerade gegen diejenigen verübt, die aus erster Hand verstehen, dass sie in einem System leben, das sie seit Jahrhunderten als untermenschlich behandelt.

Eine *Confederate battle flag* – eine in dem US-Sezessionskrieg Mitte des 19. Jahrhunderts aufgekommene Flagge – auf einem Lastwagen bedeutet für sich genommen vielleicht wenig. Im größeren Kontext der amerikanischen Gesellschaft jedoch ist es eine Erinnerung an die jahrhundertelange Sklaverei, die Vorfahren schwarzer Amerikaner haben erdulden müssen. Dies bedeutet auch, dass die Person, die die Flagge hisst, möglicherweise zu diesen Zeiten zurückkehren möchte. Dies ist extrem, und die meisten Menschen, die die Flagge halten, betrachten sie bloß als Symbol des »südlichen Erbes« (was auch immer das sein mag) oder sind einfach unwissend. Aber scheint es zu weit hergeholt, zu glauben, dass manche Menschen sich immer noch die Unterwerfung der Schwarzen herbeiwünschen? Wenn schwarze Männer auf der Straße ersticken (bzw. erstickt werden, wie George Floyd) und schwarze Frauen im Bett erschossen werden (wie Breonna Taylor), wirkt die Geschichte von Lynchings und Sklaverei dann tatsächlich vergangen? Der Vater meines Großvaters lebte in den 1860er-Jahren und mir wurden Geschichten über ihn noch in meiner Kindheit oft erzählt. Er existierte sozusagen in lebendiger Erinnerung, genau wie die Sklaverei. Aus diesem Grund kann es keinen »unschuldigen« Rassismus geben. Es ist immer eine potenzielle Retraumatisierung für Mitglieder unterdrückter Klassen, die auf diese Weise an ihren langjährigen Status als »weniger menschlich« erinnert werden.

Mein Beispiel ist spezifisch für Schwarze in den USA, kann aber auf die Welt erweitert werden, wo Kolonialisierung und Unterwerfung fast einheitlich die Geschichte von weißen Unterdrückern und schwarzen oder braunen Unterdrückten bestimmen. Aus diesem Grund repräsentiert das Kind im Kurzfilm *Tsunami* einen schädlich-unschuldigen Rassismus, unschuldig wegen seines Alters und seiner Unwissenheit, aber trotzdem schädlich für die Mitwelt, weil er rassistisches Kulturgut weitergibt und, egal wie unwissend, Menschen diesem Hass aussetzt.

Die Folgen des »unschuldigen Spaßes«
Naya Tadavarthy

In Bezug auf den Rassismus gibt es keinen kulturellen »unschuldigen Spaß«, sowohl im direkten Beisein von schwarzen Menschen als auch in Abwesenheit von ihnen. In dem *Kebekus Brennpunkt zum Thema »Rassismus«* beschreibt Schauspieler und Comedian Aurel Mertz eine Weihnachtsfeier, auf der ein bekannter Produzent ihn mit dem »N-Wort« aufforderte, eine Rede zu halten. Mertz erklärt, dieses rassistische Erlebnis habe ihn nicht nur emotional angegriffen, sondern auch negative wirtschaftliche Folgen für ihn gehabt. Aber rassistische Wörter und Taten, die nicht »ernst« gemeint werden, verletzen auch Minderheiten, die sie nicht direkt erleben. Ihre Abwesenheit ist sogar fester Bestandteil des »Othering«-Prozesses.

Zum Beispiel erinnert sich William Collins Donahue daran, dass seine Schule eine *Confederate flag* beim Jubeln hisste und dass die Stadt, in der aufwuchs, eifrig an einem *de facto*-System der Segregation teilnahm. Er schreibt: »Wenn wir jemals von einem Lehrer oder Elternteil ermahnt worden wären, hätten wir sicher darauf bestanden, dass alles nur Spaß war.« Aber diese Tradition mit der Fahne hätte nur von einer Schülerschaft stammen können, die schwarze Kinder ausschloss und dadurch deren wirtschaftliche, kulturelle und pädagogische Möglichkeiten blockierte. Ähnlich singt ein unwissendes Kind in *Tsunami* ein rassistisches Lied während der Nachklappe, ein Lied, das das »N-Wort« verwendet und schwarze Leute als exotisch, brutal und unmenschlich darstellt. Obwohl das Kind die Bedeutung des Liedes wahrscheinlich nicht völlig versteht, kann es sehr wohl seine Meinung von schwarzen Menschen als »Other« beeinflussen. Rassismus in der Kindheit ist keineswegs als ungefährlich oder gar vergangen zu betrachten.

Flammen: Propaganda als Kunstwerk
Matt Twargoski

Sowohl *Flammen* als auch *Memento* bezeichnen sich als Dokumentarfilme und sie erzählen beide eine Geschichte über Juden als Widerstandskämpfer gegen die Nazis. Es ist auch klar, dass diese beiden Filme versuchen, eine Erzählung zu schaffen, die für den kommunistischen Widerstand günstig und auf diese Weise für die DDR brauchbar ist. Aber diese Einsicht schließt nicht aus, dass die Filme auch einen unbestreitbaren Kunstwert besitzen. Propaganda ist eine Kunstform (oder kann eine sein) und ein erfolgreicher Propagandafilm macht davon Gebrauch, um das beabsichtigte Publikum zu erreichen. Um diesen Wert zu sehen, muss man die Verbindung zwischen Bildern und Ton beobachten. In *Flammen* ist die Szene mit der Rede Adolf Hitlers ein gutes Beispiel dafür. Die Stimme, die alle erkennen sollten, spricht von der Notwendigkeit, Kinder aus dem Elternhaus zu entfernen, um sie dann zu Nationalsozialisten zu machen. Während dieser langen Rede wiederholt der Film eine Reihe Bilder von »unschuldigen« Kindern zusammen mit jungen Nazis. Die Botschaft ist klar: Die Kinder wurden ihrer Familien durch die Nazis »beraubt« und zu Nazis gemacht, ohne dass sie darin haben einwilligen können. Es ist eine Art Freispruch gerade für die Erwachsenen der »zweiten Generation« in der DDR. In *Memento* hören wir die Wehklagen eines Rabbiners bzw. eines Kantors, während Bilder zerstörter Synagogen und jüdische Grabsteine gezeigt werden. In beiden Fällen stellen die Filme eine klare Quelle des Bösen dar und schlagen gleichzeitig eine Brücke zwischen uns (den Zuschauern) und ihnen. Es waren die Nazis, nicht die DDR-Bürger, die Kinder von ihren Familien getrennt und das Leben der Juden zerstört haben. Und deshalb haben die DDR-Bürger keine Schuld daran. All das wird gezeigt ohne explizite Aussage. Das ist keine leichte Aufgabe. Es erfordert eine meisterhafte Präsentation – ein Kunstwerk nämlich –, um Millionen von dieser vermeintlichen Wahrheit zu überzeugen. Die mühevoll aufgebaute geschichtliche Botschaft wird allerdings teilweise untergraben, und zwar wieder von eindrucksvollen Bildern ohne viel Kommentar. Es sind nämlich die Bilder der Freien Deutschen Jugend am Ende von *Flammen,* die den Zuschauer gezwungenermaßen an die Hitlerjugend erinnern und auf diese Weise die unbeabsichtigte Frage aufkommen lassen: Wie anders waren diese zwei Regime am Ende?

Die schwelenden Flammen der Nazizeit
Naya Tadavarthy

Konrad Weiß zeigt die offizielle ostdeutsche Erzählung des Zweiten Weltkrigs in *Flammen,* aber sein Dokumentarfilm demonstriert auch unbeabsichtigt die Elemente der Nazizeit, die noch in der DDR weiterexistieren, aber nicht erkannt werden. Schon in der ersten Einstellung gemahnt die Nazibuchverbrennung einen daran – ohne die zwei Regimes gleichzusetzen –, dass man auch in der DDR keine Freiheit der Meinungsäußerung hat. Trotzdem will Weiß in Übereinstimmung mit der sozialistischen Regierung die Deutsche Demokratische Republik von der Nazizeit deutlich entfernen. Durch die Parallelmontage der Hitlerjugend und ein Foto der unschuldigen Kinder, die von einer Hitlerrede über die staatliche Kontrolle der Jugend begleitet wird, versucht Weiß, die (ost-)deutschen Überlebenden des Krieges von der Schuld loszusprechen. Dieses Bild passt sehr gut zum Gründungsmythos der DDR, der den Westen als alleiniges Erbe der Nazis darstellte. Aber die Einstellungen der »Gedenkveranstaltung der Freien Deutschen Jugend für die Widerstandskämpfer« untergraben diese Idee des starken Unterschieds und verraten die ähnlichen Aspekte der Nazizeit und der DDR. Weiß verwendet Nahaufnahmen, die auf die Gesichter der Kinder fokussieren, um die Menge der Freien Deutschen Jugend zu vermenschlichen und zu individualisieren, im Gegensatz zu den früheren Totalen der Hitlerjugend und der jungen Soldaten. Trotz dieses Versuchs kann ein Bild von marschierenden Kindern in gleichen Uniformen nicht unterlassen, einen Sinn für einen autoritären Staat zu vermitteln, und auf diese wohl unbeabsichtigte Weise wird das nazistische Erbe Ostdeutschlands zum Vorschein gebracht.

Academic Notes
Akademische Beiträge

Unsilencing Voices
David P. Boder's Transatlantic Holocaust Project, Multilingual Memory, and Intermedia Studies

JULIA FAISST

Little did I know, when my dissertation advisor mentioned that he would have a postdoctoral project for me, right before I handed in my doctoral thesis to Harvard's Comparative Literature Department, that I would live with the voices of Holocaust survivors in my head for the two and a half years to come. »I came across this book published in the U.S. in 1949,« Werner Sollors said. »It contains the earliest interviews ever done with survivors of the Holocaust, many conducted in German, by this American language psychologist David Pablo Boder. It's never been published in Germany. Would you like to take on such a first German edition with me and Alan Rosen, a colleague from Israel?«

I sure did. And so we embarked upon a journey of unsilencing the voices of survivors from a great variety of European countries who had walked out of the camps and shared their raw impressions of their everyday lives – inside and outside of the camps – with Boder. The result was *Die Toten habe ich nicht befragt*.[1] We began excavating the survivors' memories in 2009, as Boder had unearthed them in 1946. His project became an international editing cooperation of our multinational trio, living, at the time, in the United States, Israel, and Germany, respectively. In his distinct representation of the Holocaust, Boder presented us with what was, in fact, a multilingual challenge. It seemed significant to us that, via his collected interviews, we were confronted with a case of early Holocaust memory that was not solely captured in the English language (as it mostly was postwar) but with memories that had been multilingual and international from the start. That the interviews had never seen light in Germany had been Boder's great chagrin during his lifetime. So from the beginning, our project was one marked by belatedness. For this reason, however, the project seemed even more pressing. The way we experience trauma, of course, often happens in a belated manner. The belatedness of this book about people's traumatic experiences seemed to make somewhat sense. But did it? Let me begin by recounting how this intermedia project by Boder – for it was not simply a book – originally came into being.

---

1 | David P. Boder: Die Toten habe ich nicht befragt. Ed. by Julia Faisst, Alan Rosen, and Werner Sollors. Heidelberg 2011. The second edition appeared in 2012.

In 1946, the 60-year old American psychologist David P. Boder visited refugee camps in France, Switzerland, Italy, and Germany for nine weeks. He schlepped along a piece of brand-new technology, a state-of-the-art wire recorder, as well as 200 spools of steel wire. With that technology, Boder recorded 130 first-hand testimonies in nine languages: mostly with Jewish, but also non-Jewish, survivors of Nazi terror, concentration camps, and unspeakable acts of violence. As far as we know, he was the only researcher who undertook such a wide-reaching project at the time. As I mentioned, his recordings represent the earliest known oral histories of the Holocaust. The people whom he interviewed spoke about the cruel experiences they were forced to endure mostly for the first time as well. Boder recorded the 120 hours of interviews in Paris, Geneva, Tradate (Italy), the reinstated synagogue in Wiesbaden (the state capital of Hesse), and the Funkkaserne in Munich, which served as a transit camp for displaced persons – the so-called DPs.

As Rosen puts it, Boder's

goals were straightforward. First of all, he wanted to preserve an authentic record of wartime suffering. Second, he was professionally interested as a psychologist in the impact of extreme suffering on personality. Third, he wanted to increase the knowledge of a post-war American public who knew little about what happened to the victims in the ghettos and in the concentration camps. And finally, he hoped that the DPs' stories could be effective in advocating on their behalf for immigration to America.[2]

What is probably most important, today, is not that *I Did Not Interview the Dead* necessarily changes »our idea of what the Holocaust is, or was.« The value of its testimonies lies in what they »teach us about the history and nature of Holocaust testimony,«[3] and in what they teach us about the vagaries of memory and forgetting. What is so unusual about them is their focus on the acoustics of memory, rather than the visuals that, in the words of Frank Mehring, »have become fundamental for memorializing the Holocaust.«[4] Just think of the plethora of liberation footage of concentration camps used for newsreels in the U. S. and Great Britain, which did not come with live sound recordings, but rather overlaid commentaries and background music.

---

2 | Alan Rosen: David Boder. Early Postwar Voices: David Boder's Life and Work, online at http://voices.iit.edu/david_boder.
3 | Alan Rosen: The Wonder of Their Voices: The 1946 Holocaust Interviews of David Boder. Oxford 2010, p. ix.
4 | Frank Mehring: The 1946 Holocaust Interviews: David Boder's Intermedia Project in the Digital Age. In: Amerikastudien/American Studies 58 (2013), No. 1, pp. 139-150, here p. 140.

Fig. 1: Courtesy of Professor Yair Aharonowitz.

After recording the interviews, Boder transcribed seventy of them onto more than 3,100 pages. Simultaneously, he dictated the English translations in an off-handed manner. Eventually, he published eight of the interviews in English in 1949, in a book entitled *I Did Not Interview the Dead*. The title of the book possibly refers to Mary McCarthy, criticizing John Hersey, who had published *Hiroshima*, a landmark report on the bombing and its aftermath in 1946, for not having spoken with the dead.[5] The eight interviews Boder chose for the volume describe the worst kind of life experiences from the 1930s and 1940s. For instance, the 34-year old Polish Jewish woman Anna Kovitzka (who, in real life, was called Anna Kaletska; Boder slightly changed the names) described how Nazi extermination policies were carried out, the suffering in Grodno Ghetto, in Auschwitz, and, with a shaking voice, her liberation by the Americans during a death march that was supposed to lead to Bergen-Belsen.

---

5 | Werner Sollors: Ethnic Modernism. Cambridge/London 2008, p. 232.

The grueling experiences, which Boder recorded so meticulously, had not yet been given names at the time. Terms such the »Holocaust« were coined only in the mid-1950s. Another interviewee, Abe Mohnblum, who was only 18 at the time, and is probably the most haunting voice in the collection, called the death marches he was forced to undertake as a teenager variously »trips« or »journeys.« So did Boder. In other words, Boder (with the help of his interviewees) investigated the Holocaust before it was even known as the »Holocaust.«

Mohnblum spent a quarter of his life in concentration camps, was separated from his mother in Sosnowitz, and found himself in Buchenwald at the end of the war. His memories, because they are so fresh, are still entirely raw. This emotional rawness distinguishes the interviews from those which were recorded later. Boder succeeds not only in capturing his interviewees' experiences – as of yet unprocessed – in precise ways, but also the stirring emotions that accompany them at every turn. It is these emotions, coming out of the desperate attempt to make sense of what made absolutely no sense, which probably affect us most when we read the interviews today. »What is man?« – »Was ist ein Mensch?« – is the quintessential question Mohnblum poses, while recollecting how he was not able to recognize himself anymore, nor others. When he looked into faces, he says with a tremble in his voice that shakes the listener, too, he looked into »eyes like reflectors,« seeing nothing.

The people whom Boder interviewed witnessed murder, forced deaths of family members and dear friends. They experienced violence, cruelty, abuses, displacement in freight trains, and the barbarity of forced labor and concentration camps. Boder often interrupts the narratives in order to get at more precise details, dates, and geographical information, or simply to drive the narrative forward. In at least one case, he has a dispute with one of his interviewees about the role of psychology.

In the introduction to his book, Boder developed a short theory of trauma, with which he tried to understand what he called the systematic »deculturation« of the victims with the help of a traumatic index. It is fascinating – and terrifying – how the traumatic traces of the experiences are indeed inscribed into the disturbing language of the interviews. Given Boder's trauma theory, and the various remediations the book underwent, *I Did Not Interview the Dead* can be viewed as an unusually early attempt at research into the nature of memory, as well as a form of intermedia studies before its day.

Boder, who was born in Latvia in 1886, grew up in a Jewish household. He studied in Vilnius, Leipzig, and at the Psycho-Neurological Research Institute in St. Petersburg (which gained world fame through Ivan Pavlov). Boder served in the First World War in the Russian Army, left Russia in 1919 and emigrated via Siberia and Japan, first to Mexico, where he taught at the National University, until he could immigrate into the U.S. in 1926. Here, he obtained a Master's degree in language psychology at the University of Chicago, received his PhD at Northwestern University, and then taught psychology at the Lewis Institute in Chicago (later renamed Illinois Institute of Technology), where he also co-founded the Museum of Psychology. Boder had turned into an international migrant, if not an outright refugee, himself – more or less fluent in German, Yiddish, and Russian, as well as in Latvian, Lithuanian, Polish, French, English, and Spanish: all the languages in which the interviews would be conducted.[6]

Boder was interested, as I have already alluded to, in a »precise record« of recent memories: in the very voice and, even more importantly, in the mother tongue of each particular witness. Let us not forget that inmates of concentration camps were often neither allowed to speak in their mother tongue, nor to read books in it. At the same time, inmates were exposed to the confusion of a multitude of languages and dialects they did not understand. In many ways, therefore, they had to re-learn to speak and familiarize themselves with their own voices once the war had ended – to ultimately feel »at home« in their own language. I take their condition of speechlessness, and sheer bewilderment, when it came to the telling of their former internment and oppression, as one of the main reasons why some of them grapple so much with their own tongue in the interviews. Their trauma is inscribed in their frequent non-standard use of language, uncommon use of idioms, sentence structure, even the discrepancies of place and time.

Boder, who, as a psychologist, was particularly interested in language, and had done research about the varying use of verbs and adjectives by women and men before the Second World War, did not want to erase the linguistic traces of the traumatic experiences from the interviews or make them invisible in the English translations. He was also hoping for a later publication of the testimonies in those languages in which they had been conducted. In particular, he believed that a German edition of these interviews was of great importance. Boder died in 1961. But only in 2011, fifty years after his death, the first German edition saw the light of day.

I Did Not Interview the Dead is a pioneering work of oral history, which not only collects but also analyzes autobiographical testimonies based on wire recordings. In 1946, Boder's work with the wire recorder was groundbreaking. Of the eight interviews collected in the book, five were original recordings and transcriptions in German; apart from Boder's preface, only the two Yiddish and the Russian interviews had to be translated – or so we thought. For the translations, both the archival transcriptions and the English translation of 1949 served as a basis. Quickly, however, it became clear that almost all the texts needed some kind of »translation« – or »re-translation.« As it turned out, Boder, and those who had helped him with his transcriptions, had in fact inserted quite a variety of mistakes (based on non-native ears), as well as smoothed out, after all, the

---

6 | See http://voices.iit.edu/explore_by?by=interview_language. 70 interviews were conducted in German, 32 in Yiddish, 22 in Russian, 15 in English, and smaller numbers in the other languages.

language, so as to make it more »readable.« Our aim was to carefully reconstitute the originals as much as possible, and thereby re-gain all those features that might irritate, confuse, or even annoy its contemporary reader, but that speak most authentically to the nature of the fresh memories that were, back then, only in the making. What is more, the aural »fissures and break-ups« of the interviews »prevents [them] from aestheticizing the events«.[7] We exchanged many an email with the publisher, Andreas Barth from Universitaetsverlag Winter in Heidelberg, in order to discuss how many grammatical inconsistencies and, even more importantly, misremembered dates, places, and events on part of the interviewees could be asked of the German reader. As it finally turned out, to our relief, very many.

The edition that ensued is marked by the kind of inconsistencies that have since become a major component of trauma studies. We supplemented the book with three different kinds of footnotes, a critical apparatus that consisted of detailed annotations: first, those taken over from the English edition; second, those supplied mostly by Rosen (who also provided an afterword); and third, those of our translators (mostly enthusiastic fellow German Americanists). Taken together, these footnotes provide much of the historical background that had been misremembered in the interviews. In that sense, the book is also a critical edition of Boder's work. The challenges that came with formatting three different systems of footnotes are another story. But what mostly kept me up many a night were the voices of the survivors. I listened to them again and again, headphones on, to get each passage as ›right‹ – that is as literal – as possible, re-transcribing the voices as I kept listening for hours on end – luckily, at some point, with the tireless help of another German Americanist colleague, Holger Droessler. The voices and their peculiar way of speaking (often unidiomatic, often laden with emotions) lodged themselves in my mind; it felt almost as if they asked me to continue to write forth the texts they had provided me with. We relied on Boder's archive held at the Illinois Institute of Technology, where the less and less audible wire recordings had been digitized between 1998 and 2002. They now form a major part of the collection's online presence, called *Voices of the Holocaust*.[8]

To be sure, *I Did Not Interview the Dead* is significant as an early psychological contribution to Holocaust and trauma studies. Six of the eight interviews are dedicated to Holocaust survivors. The German edition fulfilled Boder's long-standing

---

7 | Mehring: The 1946 Holocaust Interviews, p. 147. He refers here to Frank Kelleter: Als Begriffe für das Grauen noch fehlten. In: Frankfurter Allgemeine Zeitung. November 30, 2011, online at www.faz.net/aktuell/feuilleton/buecher/rezensionen/sachbuch/david-p-boder-die-toten-habe-ich-nicht-befragt-als-begriffe-fuer-das-grauen-noch-fehlten-11546727.html.

8 | Voices of the Holocaust. Paul V. Galvin Library. Illinois Institute of Technology 2009, online at http://voices.iit.edu.

wish of publishing at least some of his interviews in that language in which they had originally been conducted – since, for language psychologist Boder, the linguistic nuances of the testimonies were almost as important as the sad content, which they transmit exclusively from the perspective of the victims.

However, Boder's project has also always been one of forgetting. The wire recordings, which Boder brought back to the U.S., had been lost for a long time. That the historical significance of the interviews – at least in Germany – was not recognized after the Second World War, might be due to the general amnesia Holocaust testimonies faced at the time. What was especially disconcerting for us, however, was how difficult it turned out to win over a German publisher for the project. Over the course of many months, University Presses told us it was not academic enough. Trade presses told us it was too academic. Acclaimed publishing places said they could not believe it had never been published, but were too concerned with sales numbers. Was it a problem of genre? Was it that Boder's work was so hard to classify (and thus to put on the correct shelf in bookstores)? After all, were they interviews (some sounding almost ballad-like), testimonials, autobiography, or even spoken literature? As a scholar trained mostly in literature, I could not help wondering whether the book indeed was too literary, for its own sake and claim of authenticity. Boder himself thought of the »oral narratives« as a new form of »literature.«[9] Scholars like Mehring, too, point to the status of the interviews as »literary experiments,« given the »peculiar interdependence between aural recording, free speech and literary text.«[10] The question to what degree Holocaust testimonies can or should be called authentic today, or are always already infused with a good dose of fiction, remains a contested question in the field. At any rate, the book fell between the cracks, or as the Germans say, between all chairs (more than two stools for sure), until I met with the head of the Winter Publishing Company at the Frankfurt book fair in 2010. Without Andreas Barth's personal interest and belief in the importance of the subject matter, the book might never have been published. Ultimately, in 1949, Boder might not have interviewed the dead, yet – with the German edition, and sadly so, he did.

It was a moving moment when Gert Silver, previously Gert Silberbart, a survivor of Buchenwald and Auschwitz, who had talked with Boder in 1946 in Switzerland, got in touch via email from Australia after he had spotted an advertisement for the book. In the U.S., France, and Germany, the interest in Boder's work has significantly increased over the past dozen years. The United States Holocaust Memorial Museum has conducted new interviews with several of Boder's interview partners. In June 2007, a symposium took place at the Centre Marc Bloch in Berlin with American, Israeli, and European participants, who analyzed Boder's project in relation to later interviews with Holocaust survivors. Rosen examined Boder's work in several of his books, and a French translation of the

---

9 | See Rosen's afterword in Boder: Die Toten habe ich nicht befragt, p. 362.
10 | Mehring: The 1946 Holocaust Interviews, p. 142.

original Boder was published in Paris. Today, the material is discussed at academic conferences and workshops[11], has become the topic of an online research portal initiated by Axel Dossmann, »Displaced Persons 1946 in Interviews with David P. Boder« (which also includes a list of recent publications on Boder)[12], the weblog *Questions to Displaced Persons 1946 and Today*[13], supported by the Federal Agency for Civic Education, the Buchenwald and Mittelbau Dora Memorials Foundation and the University of Jena, and a dissertation by Daniel Schuch.[14] It is taught in high school and college classrooms around the world. Boder even made it into a novel as a fictionalized character, in Elliot Perlman's 2012 *The Street Sweeper*.[15]

Shortly after *Die Toten habe ich nicht befragt* came out, and Frank Kelleter's favorable review had appeared in the *Frankfurter Allgemeine Zeitung*, one of the major German dailies, the publisher called us. »Open a bottle of champagne,« he said, »Boder is selling 80–100 copies a day.« We were too humbled to open even a virtual bottle. The first edition sold out in three months, and was followed by a slightly revised edition in 2012. Maybe one or the other reader, too, will feel inspired by this essay to include the Boder interviews into her or his classes, put them on their research agenda, or even put in print those 15 interviews Boder conducted in English, and thus help to continue the work of unsilencing those early postwar voices.

---

11 | Such as, for instance, at a conference entitled *70 Jahre nach Boders Interviews: Erfahrungen nationalsozialistischer Verfolgung für die Gegenwart begreifbar machen*, which took place in Jena, Germany, in 2016. See www.hsozkult.de/event/id/event-81294.
12 | See www.gmoe.uni-jena.de/index.php?id=62.
13 | See www.dp-boder-1946.uni-jena.de.
14 | The dissertation is entitled *Transformationen der Zeugenschaft. Von der Wissensproduktion in David P. Boders Forschungsinterviews zur moralischen Sinngebung des Holocaust* and is currently being prepared for publication.
15 | Elliot Perlman: The Street Sweeper. New York 2012.

Thoughts on Trauma and Representation in Lanzmann's *Shoah*

Mimi Ash

Claude Lanzmann's *Shoah* (1985) remains one of the most radical and perhaps the most important cinematic representations of the Holocaust.

Before *Shoah*, most non-fiction films about the Holocaust were compilations of Nazi propaganda footage with an omniscient narrator and a specific agenda. The most prominent of these is Alain Resnais' *Night and Fog* (1955/56), which did not even mention the fate of the Jews explicitly, but promoted a universal message, while warning of future atrocities, clearly referring to the Algerian struggle for independence.

Lanzmann rejected the compilation genre, calling the Nazi propaganda images used in the films »images without imagination«[1]. Lanzmann also found the compilation genre tendentious, thus distorting the truth, declaring that »the voice-over imposes a knowledge that does not surge directly from what one sees ...The structure of a film must itself determine its own intelligibility. That is why I ... decided very early on that there would be no archival documents in the film.«[2]

Lanzmann's primary critique of Nazi propaganda footage was that, in his view, it showed nothing of what I would call the Holocaust's »heart of darkness«: the industrialized mass murder of Jewish men, women and children in the gas chambers. In this context it is important to point out that while Lanzmann did interview two members of the *Einsatzgruppen*, or »mobile killing units« who perpetrated the »Holocaust by Bullets« which preceded mass murder by gas, Lanzmann chose not to include excerpts from these interviews in Shoah, although, according to Sue Vice, he regretted this choice.[3]

---

1 | Marc Chevrie/Hervé Le Roux: Site and Speech: An Interview with Claude Lanzmann about Shoah. In: Stuart Liebman (ed.): Claude Lanzmann's *Shoah*: Key Essays. Oxford 2007, p. 40.
2 | Ibid., pp. 40-42.
3 | Sue Vice: Representing the Einsatzgruppen: The Outtakes of Claude Lanzmann's Shoah. In: Nicolas Chare/Dominic Williams (ed.): Representing Auschwitz. At the Margins of Testimony. London 2013, pp. 130 f., online at https://link.springer.com/chapter/10.1057/9781137297693_7.

Yet, while Lanzmann rejected archival footage, he declared, paradoxically, »If I had found an existing film – a secret film because filming was highly forbidden – shot by an SS-man, that shows how 3000 Jews, men, women and children die together, choking, in a gas chamber or crematorium, then not only would I not have shown it, I would have destroyed it. I cannot say why. It speaks for itself.«[4]

Whether or not Lanzmann would really have destroyed such a »secret film«, what is more important is that he would not have shown it, since it would be »a certain absolute kind of horror«[5] that »cannot be conveyed.«[6] Such a scene, shot by definition from the perpetrator POV, would be a radical desecration of the memory of the dead and the dying, as well as the ultimate in Holocaust pornography, arousing as much voyeuristic fascination as pity.

Lanzmann eschewed the dramatic genre as well, with great vehemence, as epitomized by his critique of the 1978 CBS TV miniseries *Holocaust*, as well as Spielberg's *Schindler's List* (1994) – two works which were showered with praise and industry awards, impacting millions around the globe. Some have linked the CBS miniseries *Holocaust* to the 1979 decision by the Bundestag to lift the statute of limitations on murder cases, including crimes committed by the Nazis[7]. In a similar vein, Spielberg is credited with changing the level and extent of global »holocaust awareness« in an unprecedented manner.

However, according to Lanzmann, in the CBS television series *Holocaust* »the characters [...] never lose their ›humanity‹, even in the gas chambers [...] to show what really happened would have been unendurable.«[8] This is coherent with Lanzmann's firm opposition to showing footage of murder in the gas chambers, should such footage ever come to light. He continues: »[...] because reality defies the resources of any fiction, *Holocaust* perpetrates a lie, a moral crime; it assassinates memory.«[9]

Lanzmann is equally condemnatory of *Schindler's List*. Regarding both *Holocaust* and *Schindler's List*, Lanzmann declares: »The series or the Hollywood film, they transgress because they trivialize, and thus they remove the holocaust's unique character.«[10]

---

4 | Claude Lanzmann: Why Spielberg has Distorted the Truth. In: Guardian Weekly, April 3, 1994.
5 | Ibid.
6 | Ibid.
7 | Elizabeth Pond: Why ›Shoah‹ didn't Shock W. Germany like Film ›Holocaust‹. The Christian Science Monitor, March 13, 1986, online at www.csmonitor.com/1986/0313/oshoah.html.
8 | Claude Lanzmann: From the Holocaust to ›Holocaust‹. In: Liebman, Claude Lanzmann's Shoah, p. 30.
9 | Ibid.
10 | Lanzmann: Why Spielberg has Distorted the Truth.

Having rejected the archive-based compilation film as well as the dramatic genre, Lanzmann felt compelled to create what he referred to as »a new form«, based on testimony, not just any testimony, but that of former members of the *Sonderkommando*, male Jewish prisoners of extermination camps forced to deal with the bodies of those who were gassed. This choice evolved, to a large extent, in conjunction with Lanzmann's decision to make the focus of *Shoah* the industrialized mass murder of Jewish men, women and children in the gas chambers.[11] Lanzmann explains: »In *Shoah* there is not a single personal story. The Jewish survivors in *Shoah* are not merely survivors, but people who were at the end of a chain of extermination [...]. *Shoah* is a film about the dead and not at all about survival.«[12] Or, as stated even more emphatically by Lanzmann towards the end of his life:

No one returned alive from the gas chambers [...]. Within three hours of arrival, 3000 people were murdered by gas without ever knowing where they had been, so that they were not conscious of their own death [...]. The gas chambers are the subject of *Shoah*, and the fact that no witnesses remained.[13]

The unique nature of Lanzmann's choice of subject as well as his means of representation cannot be overstated. No one else in the history of Holocaust film has succeeded in creating a monumental work of non-fiction about the »heart of darkness« of the Holocaust, in which ethical sensibilities determine aesthetic choices in the most powerful way.

But there is an inherent problem, referred to in the discourse about *Shoah* and the Holocaust in general, as »the impossibility of testimony«.

As Shoshana Felman and Dori Laub have pointed out, the Nazis wanted the annihilation of the Jews in the gas chambers to be »an event without a witness«; they were not only killing Jews, but, as a result, doing away with any eyewitnesses. We are reminded of Primo Levi, who wrote in *The Drowned and the Saved* that »the true witnesses, those in full possession of the terrible truth, are the drowned, the submerged, and the annihilated.« Those who survived »speak in their stead, by proxy.«[14] At the heart of Lanzmann's chosen mode of representation in *Shoah* is, therefore, a paradox involving the impossibility of witnessing and the necessity of witnessing.

At the core of the impossibility of witnessing even by those who speak »by proxy«, is the inscrutable and unrelenting nature of trauma itself: an experience that is so out of the ordinary, so terrifying and life-threatening, so unexpected, that it cannot be taken in all at once by the soul attempting to defend itself. Cathy

---

11 | Ibid.
12 | Ibid.
13 | Interview with Lanzmann in the documentary film *Spectres of the Shoah*, 2015, directed by Adam Benzine.
14 | Primo Levi: The Drowned and the Saved. London 1988, p. 64.

Caruth, inspired by her understanding of Freud's writings on trauma,[15] asserts convincingly that »[...] what returns to haunt the victim [...] is not only the reality of the violent event but also the reality of the way that its violence has not yet been fully known.«[16]

Caruth asks: »Is the trauma the encounter with death, or the ongoing experience of having survived it?«[17] Perhaps it is both: the shock, terror, and guilt of having suffered and witnessed atrocities, and, at the same time, of having remained alive. Yet if trauma is never fully integrated into the psyche, how can it be communicated to others?

This question arises as we see Simon Srebnik in *Shoah*, pacing slowly next to Lanzmann, at Chelmno, and then continuing on alone. Lanzmann has brought Srebnik back to this now pastoral setting where he, Srebnik, was forced to be part of a special unit of Jewish prisoners who dealt with the bodies of the dead. Chelmno was the first stationary facility where gas vans were employed in the mass murder of Jews, primarily from December 1941 until March 1943, and again, briefly, in June and early July of 1944.[18]

Lanzmann walks alongside Srebnik, as he tells him quietly and almost without affect – almost – because his facial expressions when he ceases speaking suggest a vague sorrow or confusion – about what happened here at this »non-site of memory«. »They burned people here [...] Yes, this is the place,« Srebnik affirms, »No one can describe it [...] and no one can understand it. Even I, here, now [...] I can't believe I'm here.«[19]

Soon after Srebnik has spoken these words, we see him from afar in an extreme long shot, crossing the vast, empty green field at Chelmno, as if he is headed towards the dense forest up ahead. Srebnik seems to be getting smaller and smaller (from our point of view) as he trudges on. What is striking is not only how peaceful the countryside is, how absolutely different from the inferno of mass murder that once lit up the skies here, but as we watch the diminishing Srebnik almost disappear into the landscape, with the immense forest before him, we realize how lost he is, still unable to comprehend what happened here.

Lawrence Langer's understanding of the impossibility of testimony (although he does not use this term) involves a distinction between chronological and durational time. To Langer's mind, the survivor-witness is caught up in »[...] the dura-

---

15 | Cathy Caruth: Unclaimed Experience: Trauma, Narrative and History. Baltimore (MD) 1996, pp. 3-5.
16 | Ibid., p. 6.
17 | Ibid., p. 7.
18 | The Holocaust Encyclopedia, USHMM, online at https://encyclopedia.ushmm.org/content/en/article/chelmno.
19 | Claude Lanzmann: Shoah: An Oral History of the Holocaust: The Complete Text of the Film. New York 1985, pp. 5f.

tion of Holocaust time, which is a constantly re-experienced time.«[20] He explains further: »It is clear [...] that durational time relentlessly stalks the memory of the witness, imprinting there moments immune to the ebb and flow of chronological time [...].«[21]

»Holocaust time«, then, is »constantly re-experienced«, so that it is a kind of eternal present. In a similar vein, Lanzmann has said on many occasions that *Shoah* is a film about the present: »The film is not made out of memories, I knew that right away [...] The film is the abolition of all distance between past and present; I relive this history in the present.«[22] The comment about memories might sound odd, since the mode of representation of *Shoah* is testimony, primarily of Jewish survivors. However, as we watch *Shoah* more attentively, we understand that though Lanzmann wants us to learn what happened, and, indeed, in great detail, his deeper focus is on the way the past determines the present, that is, how the survivor-witness lives with trauma.

In one of the most controversial sequences in *Shoah*, Lanzmann interviews Treblinka survivor Abraham Bomba, who was forced to cut women's hair at the camp before they were gassed. Lanzmann has placed him in a men's barber shop in a small Israeli town, and has directed him to give a man a haircut. Although he is cutting a man's hair, in Israel in the 1970's, this activity and this setting compel Bomba to play a role, as it were, and serve to clarify Lanzmann's statement that »*Shoah* is a fiction rooted in reality.«[23] By this Lanzmann means that in the film, he has staged what he calls a »fictional [...] or theatrical situation,«[24] in which witnesses become »actors«[25] who »recount their own history«.[26] This history is, of course, real, it is not a fiction, but, according Lanzmann, »They (the witnesses – MA) have to be put into a certain state of mind but also into a certain physical disposition [...] so that their speech can [...] become charged with an extra dimension.«[27]

What is the »extra dimension« for which Lanzmann strives?

In the sequence in the barbershop, after Bomba has explained that he was forced to cut the hair of women at Treblinka, Lanzmann asks him: »What did you feel the first time you saw all these naked women?«[28] Bomba avoids the question, and instead of answering it, describes, rather laconically, how he cut the wom-

---

20 | Lawrence L. Langer: Memory's Time: Chronology and Duration in Holocaust Testimonies. In: Idem (ed.): Admitting the Holocaust: Collected Essays. Oxford 1995, p. 14.
21 | Ibid., p. 22.
22 | Chevrie/Le Roux: Site and Speech, p. 45.
23 | Ibid., p. 44: »A fiction of reality« or »A fiction of the real«.
24 | Ibid.
25 | Ibid.
26 | Ibid.
27 | Ibid., p. 45.
28 | Lanzmann: Shoah, p. 114.

en's hair. Lanzmann goes along with him briefly, and then, firmly but gently asks again: »But I asked you, and you didn't answer: What was your impression the first time you saw these naked women arriving with children? What did you feel?«[29]

Bomba pauses, and then answers, »I tell you something [...] working there day and night [...] between bodies [...] your feeling disappeared, you were dead.«[30] At this point the camera moves into a medium closeup, revealing the mounting tension in Bomba's face. Bomba recounts how women he knew from his town (Czestochowa) were brought to the gas chamber one day, that they hugged and kissed him and asked what was going to happen to them. »What could you tell them?« He asks, and then repeats this chilling rhetorical question.[31]

After telling Lanzmann that, one day, a friend's wife and sister arrived in the gas chamber, Bomba suddenly shuts down. The camera is in a tight closeup, and Bomba, now mute, continues to testify, as it were, through his body language: his growing distress is transmitted through facial contortions; he perspires and wipes his brow, and begins pacing like a caged animal. Lanzmann asks him to continue but he refuses: his face is flooded with terror and anger, and he seems to mouth something, then shakes his head. Lanzmann entreats him, quietly: »You have to do it. I know it's very hard. I know and I apologize.«[32] Bomba replies: »Don't make me go on please.« He has tears in his eyes, he mumbles something unintelligible in Yiddish, perhaps a curse (I have listened to this passage many times and still cannot decipher what Bomba says at this crucial moment.) It sounds like he says (in Yiddish) »Just like the hateful ones, like the Germans too,« apparently referring to Lanzmann. He finally continues briefly but without ever answering Lanzmann's question about what he felt.

What happened to Bomba when he broke down and fell silent? According to Lanzmann, as quoted by Libby Saxton: »The past was resuscitated with such violence that all distance (between past and present – MA) collapsed, producing a pure present, the very opposite of recollection.«[33]

Why did Lanzmann trigger Bomba's trauma? Surely Lanzmann is neither a sadist nor a *provocateur*.

One of Lanzmann's greatest critics is historian Dominick LaCapra, who takes Lanzmann to task for »triggering trauma« in the case of Bomba as well as others in *Shoah*. And yet, when LaCapra brings citations from Lanzmann's writings in order to deconstruct them, he helps us to understand better what Lanzmann was

---

29 | Ibid., p.116.
30 | Ibid.
31 | Ibid.
32 | Ibid., p.117.
33 | Libby Saxton: Anamnesis and Bearing Witness: Godard/Lanzmann. In: Michael Temple/James S. Williams/Michael Witt (eds.): Forever Godard. London 2004, pp. 364-379 (Note: I do not have access to this book because of the pandemic so, unfortunately, I cannot cite the exact page on which this quotation occurs).

trying to do, since, to my mind, what an artist says about his or her creation is at least one of the most reliable readings if not the most reliable reading of it. One of the most the most striking examples of this is the following:

»The idea that always has been the most painful for me is that all these people died alone [...] A meaning for me that is simultaneously the most profound and the most incomprehensible in the film *(Shoah – Ma)* is in a certain way [...] to resuscitate these people, to kill them a second time, with me; by accompanying them.«[34]

What is Lanzmann saying here? Clearly, he does not want to kill anyone, including himself, but, rather, by guiding the witness back to the place (physical and psychological) of trauma, Lanzmann is creating the conditions for radical empathy with the witness. Lanzmann is not playing the role of the therapist, but, as an artist, he is displaying what Milan Kundera refers to as »emotional telepathy«,[35] that is, true compassion. Since the nature of compassion is in abundance, the attentive viewer of *Shoah* partakes of it as well, so that he or she connects not only with the survivor who bears witness, but with those who were murdered, in some way effacing their loneliness. This is not catharsis, but a deeper level of awareness and understanding. This is what marks *Shoah* as *sui generis*.

---

34 | Dominick LaCapra: Lanzmann's *Shoah*: »Here There Is No Why«. In: Critical Inquiry 23 (1997), p. 265.
35 | Milan Kundera: The Unbearable Lightness of Being. New York 1999: »[...] to have compassion (co-feeling) means not only to be able to live with the other's misfortune but also to feel with him any emotion – joy, anxiety, happiness, pain. This kind of compassion [...] therefore signifies the maximal capacity of affective imagination, the art of emotional telepathy. In the hierarchy of sentiments, then, it is supreme.« (P. 20)

Paul Celan, Ossip Mandelstam und der Segen von Babel

Stephen D. Dowden

Kann man Lyrik übersetzen? Im Prinzip? Bestimmt ist es möglich, etwa die Montageanleitung eines Möbelstückes von IKEA aus dem Schwedischen in verschiedene Sprachen erfolgreich zu übertragen. Aber auch das ist vielleicht nicht unproblematisch. Deshalb sind IKEAs Hinweise nur Bilder, ohne Sprache. Sprachskepsis reicht also erheblich tiefer in den Alltag, als es sogar Philipp Chandos erwartet hätte. Was sind denn die Chancen für die erfolgreiche Übertragung eines Gedichts? Lyrik ist Sprache in ihrer genauesten, ursprünglichsten Gestaltung. Robert Frost sagte einmal, das Lyrische wäre gerade das, was in der Übersetzung verloren geht. In seinem Aufsatz *Probleme der Lyrik* beteuert Gottfried Benn, dass es im Prinzip *nicht* möglich ist, Lyrik zu übersetzen, denn das Wort sei »national verwurzelt«. »Bilder, Statuen, Sonaten, Symphonien sind international – Gedichte nie. Man kann das Gedicht als das Unübersetzbare definieren.«[1] Das ist zugespitzt formuliert, aber es entspricht wohl der allgemeinen Einstellung zur Frage der Lyrik in der Übersetzung. Das übersetzte Gedicht gilt als Annäherung, ist aber nicht echt, sondern eine Art Falschgeld. Stellen Sie sich vor, Sie wollen einen Aufsatz über Mandelstam veröffentlichen, aber Sie kennen ihn nur in deutscher oder englischer Übertragung. Das reicht vielleicht für eine Tageszeitung, da die Lyrik dort eh nie allzu ernst genommen wird. Aber dort, wo es auf Wahrheit und Genauigkeit ankommt, etwa in einer literaturwissenschaftlichen Zeitschrift, kann ein übersetztes Gedicht nicht gelten. Das Übersetzte ist keine gültige Währung.

Umgekehrt gilt manchmal nur das Übersetzte. Ich denke jetzt an Ma Ferguson, Governor of Texas in den 1920er-Jahren. Es gab damals wie auch heute dort eine heiße Debatte um hispanische Schüler und den Ort von Spanisch im Schulunterricht. Ma Ferguson war eine übergroße Persönlichkeit und stemmte sich mit aller Macht dagegen. Englisch allein, meinte sie, soll die exklusive Sprache sein, in der Unterricht erteilt werden darf in den Schulen des Bundesstaates. Sie soll auch gesagt haben: »If the English language was good enough for Jesus

---

1 | Gottfried Benn: Probleme der Lyrik. In: Ders.: Gesammelte Werke in 4 Bdn. Bd. 1. Hg. von Dieter Wellershoff. Wiesbaden 1965, S. 510.

Christ, then it's good enough for the children of Texas.« Genau das ist die Übersetzungsfrage. *Ist* Englisch gut genug für Jesus Christus? Oder für die Tora? Für ein fremdsprachiges Gedicht? Ist Deutsch eine gültige Währung für die Gedichte Ossip Mandelstams?

Meine Anlehnung an die Metapher der Währung kommt nicht von ungefähr. In seinem Aufsatz *Dichtkunst und abstraktes Denken* bezeichnet Paul Valéry das dichterische Wort als den Goldstandard der Sprache. Der sprachliche Diskurs des Alltags ist eine Papierwährung, meint er, die auf einen Wert bloß verweist. Gold, das Gedicht, verweist nicht auf ein anderes. Es ist das, was es darstellt. Hier denke ich auch an Samuel Beckett, der zu James Joyces *Work in Progress* einmal schrieb, dass es nicht *über* etwas ist, sondern selber dieses etwas *ist*. Weder Beckett noch Valéry erörtert die Frage der Übersetzung, aber sie liegt diesem Gedankengang nahe. Kann die Übersetzung eines Gedichtes noch Gold sein? Oder ist es, als Übersetzung, notgedrungen Papiergeld oder auch Falschgeld, nur ein Hinweis auf das Echte und Wahre?

In der Lyrik ist der Goldstandard das, was der Dichter selbst geschrieben hat, *wie* er oder sie es geschrieben hat und nicht anders. Texttreue ist philologisches Grundprinzip. Aber Virginia Woolf stößt auf einen interessanten Gedanken. In *A Room of One's Own* erinnert sie sich an einen Aufsatz von Charles Lamb, der über die Handschrift von einem Gedicht, das John Milton geschrieben hat, sagt:

> It was »Lycidas« perhaps, and Lamb wrote how it shocked him to think it possible that any word in ›Lycidas‹ could have been different from what it is. To think of Milton changing the words in that poem seemed to him a sacrilege.[2]

Ein Sakrileg? Wir bewegen uns noch im Rahmen der Sprache unhinterfragbarer Authentizität und des Wahren. Zuerst Gold, und jetzt Heiligkeit. Die Heilige Schrift, das Wort Gottes, ist der Orientierungspunkt für den Dichter, der den Anspruch erhebt, Wahres in Schrift zu fixieren. Der Dichter, sagte Flaubert, ist »wie ein Gott im Universum« seines Romans. Das bedeutet u. a., der Herausgeber oder Verleger darf nicht mit dem Wortlaut oder der Interpunktion des Textes herumkleckern. Und der Übersetzer erst recht nicht. Heißt das wiederum, dass, wenn man etwa Ossip Mandelstam lesen möchte – wirklich lesen, ernsthaft und mit gebührender Aufmerksamkeit –, Russischkenntnisse unentbehrlich sind? Alles andere wäre bestenfalls Papiergeld oder auch Falschgeld, schlimmstenfalls Sakrileg. Oder hat Ma Ferguson doch recht? Vielleicht war Englisch gut genug für Jesus Christus. Englischsprachige Christen, auch Gebildete, empfinden die *King James Bible* als das wahre Wort Gottes, gleichsam die Goldmünze, wenn sie auch eine Übersetzung ist. Die *Lutherbibel* hat diesen Anspruch auch, und die Buber-Rosenzweig-Übersetzung der Tora zielt ebenfalls auf eine Erneuerung verloren gegangener Authentizität der *Lutherbibel*.

---

2 | Virginia Woolf: A Room of One's Own. San Diego 1989, S. 7.

Der biblische Urtext zur Übersetzungsproblematik ist *Bereshit* 11, 5–8, hier in *Die Schrift* von Franz Rosenzweig und Martin Buber verdeutscht:

Nun sprachen sie:
    Heran! Bauen wir uns eine Stadt und einen Turm, sein Haupt bis an den Himmel, und machen wir uns einen Namen,
        sonst werden wir zerstreut übers Antlitz aller Erde!
    ER fuhr nieder,
        die Stadt und den Turm zu besehen, die die Söhne des Menschen bauten.
    ER sprach:
    »Da, einerlei Volk ist es und eine Mundart in allen, und nur der Beginn dies ihres Tuns –
        Nichts wäre nunmehr ihnen zu steil, was alles sie zu tun sich ersännen.
    Heran! Fahren wir nieder und vermengen wir dort ihre Mundart,
        Daß sie nicht mehr vernehmen ein Mann den Mund des Genossen.«
    ER zerstreute sie von dort übers Antlitz aller Erde,
        daß sie es lassen mußten, die Stadt zu bauen.

Vielleicht gibt es von Babel aus eine Orientierung, die hilfreich sein könnte, das Übersetzen von Lyrik besser zu verstehen, als es Gottfried Benn kann, wenn er meint, sie sei nie international (und könne nie international sein). Normalerweise versteht man die Babelerzählung als Ausdruck menschlicher Hybris und göttlichen Zornes. Aber von Zorn kann nicht die Rede sein. Gott beobachtet das menschliche Geschlecht von weit oben. Die Entfernung wird im Textlaut betont: »er fuhr nieder«, um Stadt und Turm zu besehen. Die Entfernung muss sehr groß sein, wenn Gott eine Reise unternehmen muss, um diese Bauten überhaupt besichtigen zu können. Die angebliche Bedrohung von einer Stadt und von einem Turm, der bis in den Himmel ragen soll, scheint nicht ernsthaft zu sein. Zumal Gott nicht erzürnt ist. Von der Sprache her zu schließen ist er eher bedächtig: »Nichts wäre nunmehr ihnen zu steil, was alles sie zu tun sich ersännen.« So denken Eltern über ihre mutwilligen, nicht ganz zurechnungsfähigen Kinder. Und die Epitheta beschreiben sie auch so: als »Söhne des Menschen« bei Rosenzweig/Buber, Menschenkinder bei Luther, »human creatures« bei Robert Alter. Absicht der Turmbauer ist es, sich einen Namen zu machen, also Ruhm zu erlangen. Um solchem Unfug jetzt und in Zukunft vorzubeugen, entscheidet sich der Herr, ihre Sprache zu vermengen oder zu verwirren, damit keiner die Sprache des anderen verstehe. In diesem Augenblick entsteht die Aufgabe des Übersetzers.

    Aber bevor Walter Benjamin hinzugezogen wird, ist zu fragen, ob diese Verwirrung der Sprachen ein Fluch ist oder aber nicht. Auf einmal ist die Einheit des Menschlichen zu Ende, sprachlich, aber auch heimatlich, denn Adonai zerstreut die Menschen übers Antlitz der Erde, also ins Exil. Festzustellen ist, dass der Text kein Wort über Fluch oder gar Strafe fallen lässt. Es ist zumindest eine Möglichkeit, dass Gott auf diese Weise die Menschheit in Schutz nimmt. Hier fällt eine Ähnlichkeit zum Schicksal Kains auf. Auch Kain wurde aus seiner Heimat vertrieben, er ist ebenfalls ein Mann, der Städte baut, aber zusätzlich trägt er ein Zeichen auf dem Antlitz, scheinbar eine Strafe. Das Kainsmal wird normalerweise als Fluch aufgefasst, aber das ist ein Missverständnis. Das Kainsmal ist ein göttliches Zeichen, das Kain vor Gewalt schützt. Anscheinend seinem Vergehen zum Trotz gedeihen er und seine Nachkommenschaft, und zwar im Sinne von Genesis 9, 1, wo Gott das Gebot erlässt, »fruchtet und mehret euch und füllet die Erde«. Dem entspricht unser Gerechtigkeitssinn nicht. Kain erschlug seinen Bruder, eine schwere Sünde. Seine mutwilligen Erben, die die Metropole Babel gründen und den Turm errichten, wollen sich auf eigene Faust einen Namen machen – durch Technologie, also nicht im Bündnis mit Gott. Das ist keine Revolte gegen Gott – im Text steht kein Wort von einem Aufstand –, sondern es scheint eher ein Vergessen von Gott zu sein, eine narzisstische Selbstglorifizierung. Verglichen mit der Sintflut, reagiert Gott auf Kain und auf den Hochmut der Babelarchitekten mit Zurückhaltung, Milde und Liebe. Von Fluch oder harter Strafe kann keine Rede sein, da alles, was Gott unternimmt, zum Wachsen und Gedeihen der Menschheit führt. Verdrehterweise scheint die vermeintliche Strafe eher etwas wie eine Belohnung oder ein Geschenk zu sein – oder zumindest eine Korrektur, die einen Segen hervorbringt.

Wie steht es aber mit der Verwirrung der Sprachen? Ist dies nur als Strafe oder zumindest als Verbauung des Zugangs zum Mitmenschen aufzufassen? Könnte sie auch noch ein Segen sein? Den Turm und die Stadt kann man sicher als Sinnbild menschlicher Selbstherrlichkeit konstruieren, das Überschätzen menschlicher Fähigkeiten und das Übertreten menschlicher Grenzen. Es ist aber auch radikaler zu denken. Donatella Di Cesare, eine italienische Philosophin der Gegenwart, die den jüdischen Mythos von Auschwitz her neu denkt, versteht Babel und den Turm als eine totalitäre Konzentration der menschlichen Macht.[3] Die Konzentration der Menschheit in einer massiven Konurbation; die universelle Einheit einer einzigen und nur noch instrumentellen Sprache; die technologische Errungenschaft eines irdischen Turmes, der ins Überirdische vordringen soll. Die Aufgabe der Architektur ist es bestimmt, den Menschen Platz und Raum zu schenken, in denen man richtig leben und lieben kann – und nicht, sich einen Namen zu machen, der die Zeiten überdauern soll. Der Babelturm ist eine groteske Karikatur des wesentlich Menschlichen ins Überdimensionale, ins unmenschlich Abstrakte, vielleicht auch ins Überzeitliche, indem die Architektur gegen das fließende Wasser der menschlichen Zeit einen Damm errichtet. In Babel sind Maß und Richtung des Lebens – fern von Gott, fern von Natur, fern von menschlicher Endlichkeit – falsch geraten. Totalitarismus ist wohl kein zu starkes Wort für diese Falschheit. Der Turm erinnert einerseits an das Goldene

---

3 | Vgl. Donatella Di Cesare: Utopia of Understanding: Between Babel and Auschwitz. Albany 2012, insbes. S. 35-40.

Kalb. Und andererseits scheint der Spruch der Schlange, ihr werdet wie Gott sein, im Babelturm in Erfüllung gegangen zu sein. Die Zerstreuung der Völker und die Verschiedenheit der Sprachen lassen sich als Maßnahme dagegen verstehen. Das Gleichgewicht wird wiederhergestellt.

Totalitarismus und Lyrik sind Themen, die naheliegen, wenn man sich mit Celan und Mandelstam befasst. Ich möchte nun Celan und Mandelstam von Babel aus betrachten. Gottfried Benn sagt, das Gedicht sei eine rein persönliche oder auch nationale Angelegenheit, da die Sprache des Werkes monolithisch sei, eine Art Babelturm. Celan und Mandelstam waren aber selbst Übersetzer und Verfechter der Vorstellung, dass Lyrik ein kosmopolitisches, dialogisches Unterfangen ist. Und ich möchte in meinen Ausführungen jetzt das jüdische Element in ihrem Denken betonen, auch wenn das Jüdische keineswegs als ausschließend zu begreifen ist. Im Gegenteil: Das jüdische Moment ist es, was das Dialogische zwischen Menschen und Sprachen anspricht, und zwar besonders aus der Erfahrung des Exils und der Sprachenvielfalt her.

Auch Walter Benjamin hat hier Klärendes beizutragen: In seinem Aufsatz über *Die Aufgabe des Übersetzers* sagt er in Bezug auf die Vielfalt der Sprachen, die Übersetzung sei eine vorläufige Art, sich mit der Fremdheit der Sprachen auseinanderzusetzen. Und der Übersetzer habe sich nicht nur mit dieser Fremdheit auseinanderzusetzen, denn seine wichtigste Aufgabe ist es, die verborgene Sprache, die allen Sprachen der Welt zugrunde liegt, zu eruieren: »Denn das große Motiv einer Integration der vielen Sprachen zur einen wahren erfüllt seine Arbeit.«[4] Benjamin erwähnt Babel nicht in seinem Aufsatz, aber es klingt fast, als ob es die Aufgabe des Übersetzers sei, Gottes Gebot rückgängig zu machen: die verlorene wahre Sprache wiederzuentdecken und die zerstreuten Völker zu einer Einheit zu verschmelzen, also den Turm erneut zu errichten. Dieser Rückfall ins Totalitäre ist aber nicht gemeint. Denn es geht Benjamin nicht um allgemeine Verständlichkeit im üblichen Sinne einer Wiedergabe der Bedeutung eines Originals. Eine erfolgreiche Übersetzung kann auch sehr schwierig sein, wie etwa Hölderlins Sophokles-Übersetzungen. Aber die Übersetzung muss erstens das Original aus seiner Fremdheit trotzdem erlösen, ihm ein Fort- oder Nachleben in einer neuen Sprache verschaffen. Und zweitens, die Übersetzung muss die verlorene Ursprache nicht wiederherstellen, sondern sie indirekt bezeugen. Benjamin drückt diese Vorstellung so aus:

Wie nämlich Scherben eines Gefäßes, um sich zusammenfügen zu lassen, in den kleinsten Einzelheiten einander zu folgen, doch nicht so zu gleichen haben, so muß, anstatt dem Sinn des Originals sich ähnlich zu machen, die Übersetzung liebend vielmehr und bis ins Einzelne hinein dessen Art des Meinens in der eigenen Sprache sich

---

4 | Walter Benjamin: Die Aufgabe des Übersetzers. In: Ders.: Gesammelte Schriften. Hg. von Rolf Tiedemann und Hermann Schweppenhäuser. Frankfurt am Main 1991, Bd. IV, S. 9-21, hier S. 16.

anbilden, um so beide wie Scherben als Bruchstück eines Gefäßes, als Bruchstück einer größeren Sprache erkennbar zu machen. Eben darum muß sie von der Absicht, etwas mitzuteilen, vom Sinn in sehr hohem Maße absehen [...].[5]

Das kabbalistische Bild eines Gefäßes, das in Trümmern liegt, erinnert auch an Babel und den Zustand menschlicher Sprachen. Der Übersetzer, der die Scherben aufmerksam zusammenfügt, wird dieses Gefäß nicht wiederherstellen können. Aber die Arbeit ist immerhin *tikkun olam* (Reparatur der Welt), auch wenn Benjamin selbst diesen Ausdruck nicht gebraucht. Diese Arbeit ist nie zu Ende zu bringen. Anders gesagt, wir kehren nie aus unserem Exil in die verlorene Sprache, die verlorene Heimat zurück, auch wenn wir wissen – so Benjamin –, dass sie noch immer überall anwesend ist, wie eine messianische Verheißung. Der Babelmythos hat einen dreifachen Anklang:

1. Nach Babel wurden wir über alle Erde zerstreut – d.h., Exil und Heimatlosigkeit, Fremdheit und Entfremdung wurden zum Grund unseres Lebens.
2. Nach Babel verloren wir auch die ursprüngliche Beheimatung in einer gemeinsamen Sprache. Damit wurde die Sprache selbst entfremdet und dementsprechend unheimlich im wörtlichsten Sinne.
3. Nach Babel müssen wir bewusst daran arbeiten, den Anderen zu verstehen. Jedes Verstehen wird zum Übersetzen. Das verlangt eine neue Art Aufmerksamkeit.

In seiner Büchnerpreisrede widmet Paul Celan besondere Aufmerksamkeit der Frage der Aufmerksamkeit. Er drückt es so aus: »›Aufmerksamkeit‹ – erlauben Sie mir hier, nach dem *Kafka*-Essay Walter Benjamins, ein Wort von Malebranche zu zitieren –, ›Aufmerksamkeit ist das natürliche Gebet der Seele‹«.[6] Einerseits mutet Celans Aussage fast banal an. Von Kindheit an sagen uns alle – Eltern, Lehrer, Bosse, Kollegen, Behörden, Ehegatten –, wir müssen aufmerksamer sein, als wir es sind. Aber wenn Celan uns das sagt, ein Dichter, der selbst äußerst aufmerksam mit der Sprache umgeht, sind wir dazu berechtigt, vielleicht auch noch verpflichtet, doch wirklich – nun – mit besonderer Aufmerksamkeit fortzufahren.

In diesem Fall hängt das mit dem Verständnis von Lyrik zusammen. Die Sprache eines Gedichtes ist nicht die Alltagssprache, in welcher man bei Tisch um das Salz bittet oder eine Zeitung liest. Dichtung, sagte Ezra Pound, ist »language charged with meaning. Great literature is language charged with meaning to the

---

5 | Ebd., S. 18.
6 | Paul Celan: Der Meridian. Endfassung, Entwürfe, Materialien. Hg. von Bernhard Böschenstein und Heino Schmull unter Mitarbeit von Michael Schwarzkopf und Christiane Wittkop. Frankfurt am Main 1999, S. 9.

utmost possible degree.«[7] Eine solche Literatur ist aber oft schwierig oder auch unverständlich, und man liest schwer verständliche Gedichte vielleicht nicht allzu gern. Viele ziehen auch einfachere Gedichte den schwierigeren vor, wie etwa *Wanderers Nachtlied II*. Aber auch diese Schlichtheit täuscht,[8] wie Karl Kraus einmal bemerkt hat, denn das, worauf es ankommt, liegt hinter der scheinbaren Klarheit verborgen:

Das Unverständliche in der Wortkunst – in den anderen Künsten verstehe ich auch das Verständliche nicht – darf nicht den äußeren Sinn berühren. Der muß klarer sein, als was Hinz und Kunz einander zu sagen haben. Das Geheimnisvolle sei hinter der Klarheit. Kunst ist etwas, was so klar ist, daß es niemand versteht. Daß über allen Gipfeln Ruh' ist, begreift jeder Deutsche und hat gleichwohl noch keiner erfaßt.[9]

So Kraus. Das wirft ein klärendes Licht auf die befremdende Lyrik von Dichtern wie Celan und Mandelstam. Ihre Wortkunst tarnt sich nicht als ein unproblematischer Bericht oder die sinngemäße Wiedergabe einer Information, die man so leicht wie die Sprache einer Tageszeitung aufnimmt. Sie weist in die entgegengesetzte Richtung. Denn die Sprache nach Babel *ist* problematisch. Sie ist die mythische Inszenierung unseres wirklichen Exils, und es gibt kein Zurück – höchstens in der Übersetzung erhascht man einen flüchtigen Blick von der wahren, verborgenen, zerschmetterten Ursprache, wie es Benjamin behauptet. Das ist ein utopischer Zug der Dichtung. Der Mensch, die Kreatur, sagt Celan in *Der Meridian*, sind von der Utopie aus zu verstehen, also »im Lichte der U-topie«.[10] Das ist ein unheimliches Licht. Weder Celan noch Benjamin geht es um Verständlichkeit in der Lyrik. (»Nirgends erweist sich einem Kunstwerk [...] gegenüber die Rücksicht auf den Aufnehmenden für deren Erkenntnis fruchtbar«, schreibt Benjamin gleich am Anfang seines Aufsatzes zur Frage der Übersetzung.[11]) Die instrumentelle Dimension der Sprache ist nicht das entscheidende Moment. Man bewohnt eine Sprache, aber diese Wohnung, dieses Wohnen ist nie ganz sicher. Man soll sich auch in der Muttersprache nicht zu Hause fühlen, da auch sie nur eine ausgebaute Ruine ist, Bruchteil einer größeren Sprache. In diesem Sinne ist die Lyrik als unheimlich zu begreifen, denn sie erinnert daran, dass unsere Sprache keine Heimat sein kann, auch kein durchsichtiges Fenster auf die Wahrheit, sondern eine Einladung zu hermeneutisch

---

7 | Ezra Pound: The ABC of Reading [1934]. New York 1960, S. 28.
8 | Vgl. Franz Kafka: Die Bäume. In: Ders.: Die Erzählungen und andere ausgewählte Prosa. Hg. von Roger Hermes. Frankfurt am Main 2011, S. 9: »Denn wir sind wie Baumstämme im Schnee. Scheinbar liegen sie glatt auf, und mit kleinem Anstoß sollte man sie wegschieben können. Nein, das kann man nicht, denn sie sind fest mit dem Boden verbunden. Aber sieh, sogar das ist nur scheinbar.«
9 | Die Fackel 18 (1917), Nr. 445–453 vom 18. Januar 1917.
10 | Celan: Der Meridian, S. 10.
11 | Benjamin: Die Aufgabe des Übersetzers, S. 9.

verfeinerter Aufmerksamkeit. Ein Gedicht, schrieb Celan in einem Brief an Hans Bender, ist ein Geschenk »an die Aufmerksamen« (18. Mai 1960). Der Übersetzer ist der Aufmerksame, und die Übersetzung, als penibles Ringen um das erhellende-erlösende Wort, ist eine Schule der Aufmerksamkeit.

Als Übersetzer hat Celan seine Aufmerksamkeit Ossip Mandelstam, unter anderen, gewidmet – einem in vielen Hinsichten verwandten Geist. Als Juden war die Erfahrung des Exils für sie nicht nur eine Erbschaft ihrer Tradition, sondern auch ein leibliches Erlebnis in Stalins Russland und Hitlers Europa. Wie hängt das aber mit Sprache zusammen? Russisch war Mandelstams Muttersprache; Deutsch war Celans. Aber als Juden durften sie sich nicht in ihrem Heimatland und auch nicht in ihrer Sprache zu Hause fühlen. Ist ihr Unglück als Betriebsfehler der Geschichte zu betrachten? Hätten sie in besseren Zeiten ihre Muttersprachen als gegeben und selbstverständlich nehmen dürfen? Einem Dichter aber ist die Sprache das am allerwenigsten Selbstverständliche. (Ein Schriftsteller, sagt Tonio Kröger, ist jemand, »*dem das Schreiben schwerer fällt als allen* anderen Leuten«.) Auch das lyrische und essayistische Schaffen Celans und Mandelstams deuten darauf hin, dass etwas Wesentliches in der Unheimlichkeit einer jeden Sprache liegt. Wegen ihrer persönlichen Umstände als Außenseiter und Verfolgte haben sie das deutlicher sehen können als vielleicht ich in meiner gemütlichen Selbstzufriedenheit als *native speaker of English*. Wenn man von Haus aus Englisch spricht, ist es allzu leicht, faul zu werden, da überall, wo man in der Welt hinfährt, es einfach ist, Leute zu finden, die Englisch mit Begeisterung sprechen. Selbstverständlich spricht der Englisch, der weiterkommen will. Englisch wird allmählich zu einem Babelturm der globalen Ökonomie, weil Englisch zum ermöglichenden Instrument der Weltwirtschaft und des digitalen Zeitalters geworden ist. Viele kleine Sprachen, wie wir inzwischen wissen, sterben aus. Das ist Sprachdarwinismus. Eine Sprache, die über wenig instrumentellen Wert verfügt, wird sich nicht durchsetzen können. Stellen Sie sich eine Welt vor, in welcher nur noch die englische Sprache gesprochen wird oder nur Deutsch, dann leuchtet plötzlich der Segen vom Schicksal der Menschheit nach Babel ein. Der instrumentelle Wert von Lyrik ist ebenfalls gering, aber das ist ein Vorteil. Die Lyrik ist ihrer Natur nach eine kleine Insel des Widerstands. Denn Lyrik macht bei der Sprachtotalität nicht mit – jedes Gedicht in jeder Sprache ist eine Sprachscherbe – und dieses Nichtmitmachen ist wohl eine wichtigere politische Aussage oder Wirkung der Lyrik als die der wohlmeinendsten Parolen, die in Versen verfasst werden. Auch wo dessen Bedeutung unklar ist, und vielleicht besonders dort, wo das Gedicht befremdend und dunkel ist, sind Mandelstams lyrische Stimme und die Celans an sich bedeutend, jenseits jedweder Mitteilung oder entzifferten ›Klartextes‹.

In seinem Radioessay über Mandelstam macht Celan keinen Versuch, die Schwierigkeiten der Gedichte zu entfalten und zu erläutern. Denn auf diese wesentliche Fremdheit kommt es ihm an: »Die zwanzig Gedichte aus dem

Gedichtband ›Der Stein‹ befremden«,[12] und das sieht Celan als etwas durchaus Positives: Diese Gedichte und ihr Verfasser haben »etwas Befremdendes, nicht ganz Geheueres, etwas Ungereimtes«.[13] Das Mandelstam-Gedicht sei nicht Ausdruck einer impressionistischen Innenwelt, sondern sprachliche Gestaltung von Wahrheiten über die Welt. »Man wird als Schriftsteller die Erfahrung machen«, schreibt Adorno, »daß, je präziser, gewissenhafter, sachlich angemessener man sich ausdrückt, das literarische Resultat für um so schwerer verständlich gilt [...]«.[14] Das ist so, weil die Alltagssprache uns nicht die genaue Welt wiedergibt, sondern die allgemein rezipierte, die Welt, an die wir schon alle glauben, ob sie der Wahrheit entspricht oder nicht. Ein Gedicht ist ein Ort in der Sprache, wo es am intensivsten auf die Wahrheit ankommen muss, und das Resultat wird oft schwierig sein. Aufmerksamkeit schenken (es ist eine schöne Wendung im Deutschen, dass man die Aufmerksamkeit »schenkt«) – das ist nun laut Celan eine Art Andacht – und das Wahrgenommene (wahr-nehmen: schon wieder eine wahrheitsträchtige Wendung) auch noch in Worte fassen zu können, ist eine Seltenheit. Celan definiert das Gedicht so: »ein Sichrealisieren der Sprache durch radikale Individuation, d. h. einmaliges, unwiederholbares Sprechen eines Einzelnen.«[15] Auf seine krasse Weise sagt Pound Ähnliches: Literature is news that stays news, eben weil deren Wahrheit radikal spezifisch ist.

Der Übersetzer schenkt dem fremden Gedicht seine Aufmerksamkeit. Diese Anteilnahme ist eine Form der Andacht. Aber nicht, um das Fremde in Besitz zu nehmen, um es zu domestizieren. Der Übersetzer muss das Fremde als fremd anerkennen und sogar lieben. Auch das ist ein erkenntlich jüdisches Moment. »Darum sollt ihr auch die Fremdlinge lieben; denn ihr seid auch Fremdlinge gewesen in Ägyptenland« (5. *Moses* 10, 19 – *Lutherbibel*). Der Text ist wörtlich zu nehmen. Wer den Fremden liebt, nimmt sein Wort ernst, will dessen Fremdsein nicht ins Heimische verschlingen, sondern es sein lassen. »Man belasse dem Gedicht sein Dunkel«, schreibt Celan, »vielleicht – *vielleicht!* – spendet es, wenn jene Überhelle, die uns die exakten Wissenschaften schon heute vor Augen zu führen wissen, die Erbmasse des Menschen von Grund auf verändert hat, – vielleicht spendet es auf dem Grunde dieses Grundes den Schatten, in dem der Mensch sich auf sein Menschsein besinnt.«[16]

---

12 | Celan: Der Meridian, S. 69.
13 | Paul Celan: »Mikrolithen sinds, Steinchen«. Die Prosa aus dem Nachlaß. Hg. u. komment. von Barbara Wiedemann und Bertrand Badiou. Frankfurt am Main 2005, S. 196.
14 | Theodor W. Adorno: Minima Moralia. Reflexionen aus dem beschädigten Leben. Frankfurt am Main 1970, S. 112, § 64: »Moral und Stil«.
15 | Celan: »Mikrolithen sinds, Steinchen«, S. 148.
16 | Ebd., S. 142.

Wolfgang Borchert's *Nachts schlafen die Ratten doch*
A Study in Responding to Injury

VERA PROFIT

As *Die Küchenuhr, Nachts schlafen die Ratten doch* was published in *An diesem Dienstag* and belongs to the same sequence: »Und keiner weiß: wohin«.[1] Consequently, it was also penned between the fall of 1946 and the summer of 1947, Borchert's final year.[2] More precisely, Peter Rühmkorf maintains in his volume, *Wolfgang Borchert*, that the narrative was composed in January 1947 (the same month he wrote *Draußen vor der Tür*), before Borchert left for the Clara Hospital in Basel. Rühmkorf gleaned this information from a list the writer had compiled, while already in Switzerland and consequently in the final stages of his illness.[3] It may be recalled that Wolfgang Borchert died in Basel on 20 November 1947.[4] Rowohlt published *An diesem Dienstag* posthumously, i. e., in 1947, shortly after the author's death.[5]

As several Borchert stories, at slightly more than three, its pages are few. Therefore, the reader doesn't anticipate detailed character development or a wealth of artistic detail. The reader would be mistaken on both accounts. So reminiscent of the writer's style, the plot line couldn't be more straightforward. A nine-year old boy, mourning the recent death of his younger brother, anticipates reuniting with his parents, thanks to the intervention of a well-intentioned stranger. Though himself initially at a loss as to what he might do to mitigate the youngster's acute distress, the older man does ultimately chance upon a solution. It may not qualify as ideal, but it does hold promise. In a world as shattered as this one, in a world where children die and violently so, before their parents or even older siblings, one cannot hope to garner ideal; feasible will have to do.

---

1 | Wolfgang Borchert: Das Gesamtwerk. Reinbek bei Hamburg 1985, p. 4. All citations from *Nachts schlafen die Ratten doch*, refer to this edition, pp. 216–219; *Die Küchenuhr*, pp. 201–204.
2 | Ibid., p. 168.
3 | Peter Rühmkorf: Wolfgang Borchert in Selbstzeugnissen und Bilddokumenten. Reinbek bei Hamburg 1968, pp. 132–133.
4 | Borchert: Das Gesamtwerk, p. 323.
5 | Ibid., p. 168.

As is his wont, Borchert wastes no time in setting the scene in all its rampant desolation. The first paragraph of *Nachts schlafen die Ratten doch* leaves no doubt as to the desperate situation confronting this nine-year old. »Das hohle Fenster in der vereinsamten Mauer gähnte blaurot voll früher Abendsonne. Staubgewölke flimmerte zwischen den steilgereckten Schornsteinresten. Die Schuttwüste döste.« (216) The four personifications within these three lines infuse life into this utter destruction, this utter devastation. Though the sustained use of this literary device may be readily apparent at first glance, the significance of the sunlight, even if the receding light of sunset, may not be fully understood until somewhat later. For the moment, suffice it to say, that two of the verbs, »gähnte,« »döste,« are associated with sleeping, a theme already announced in the title and mentioned again when we see Jürgen for the first time; »Er hatte die Augen zu.« (216) This story lends itself to a multitude of interpretations, but one of its main themes indubitably revolves around a change of perspective, an altered way of seeing, in short, a conversion.

In contrast to *Die Küchenuhr*, it is not the bereaved, who seeks contact, rather the uninjured individual, the older man does so. But as in the earlier story, the ensuing dialogue involves strangers. Therefore, the fact that Jürgen's initial reaction to the man's approach constitutes fear does not come as unexpected. The older man seems to materialize suddenly out of nowhere. »Jetzt haben sie mich!« (216) Jürgen doesn't verbalize this response; to do so would require some measure of trust. Fear and trust cannot coexist. For the moment, Jürgen opts for the former. How can he be expected to do otherwise? »›Unser Haus kriegte eine Bombe.‹« (218) Cognizant of his situation, he can only expect more of the same, more pain and disillusionment, more loss and sadness. For the religiously inclined, this encounter epitomizes a moment of grace. It is the gift not only unearned, but thoroughly unanticipated.[6] Jürgen's eventual willingness to take the hand held out to him, as it were, to accept the man's ministrations, will eventually lead him home.

Given not only the challenging, but at times battered, nature of our lives, whether these injuries are self or other-inflicted or an admixture of both, occasionally we all wish to be led home. We wish to be welcomed into a place where even our subliminal needs are met, our wounds are bound up and we can speak our

---

6 | Robert Farrar Capon: Between Noon and Three: Romance, Law, and the Outrage of Grace. Grand Rapids (MI)/Cambridge (U. K.) 1997, pp. 290-295. Borchert did on occasion make judicious use of religious imagery as his *Die drei dunklen Könige* (Das Gesamtwerk, pp. 185-187) aptly demonstrates. In his essay *Das Gras und der alte Mann*, Alfred Andersch relates the following. A journalist, working for the Hamburger newspaper, *Die Welt*, asked Borchert during an interview, whether he considered himself a religious writer. »Natürlich bin ich ein religiöser Dichter«, antwortete Borchert. »Ich glaube an die Sonne, an den Walfisch, an meine Mutter und an das Gras. Genügt das nicht? Das Gras ist nämlich nicht nur das Gras.« (In: Frankfurter Hefte: Zeitschrift für Kultur und Politik [ed. by Eugen Kogon] 3 [1948], No. 3, p. 927.

minds or not; home is a place where we don't have to talk at all, if we don't feel like it. Explanations are not required. Most folks may remember Robert Frost's lines in his *The Death of the Hired Man*: »›Home is the place where, when you have to go there,/ They have to take you in.‹« Far fewer tend to recall his ensuing observation: »›[...] Something you somehow haven't to deserve.‹«[7] Surely Jürgen shouldn't have to earn reentry into what's left of his family.

All children deserve a loving home. It qualifies as their birthright. They should repeatedly be assured in both word and deed that they matter; this all-encompassing acceptance should reach into their very bones. »Care is a state in which something does *matter*; care is the opposite of apathy. Care is the necessary source of eros, the source of human tenderness.«[8] Rollo May continues to insist on this fact even more cogently in recounting a scene from the Vietnam war. A TV cameraman focuses on a soldier looking down at a bewildered child, »now beyond crying,«[9] much as the older man looks at Jürgen. »Der Mann sah von oben auf das Haargestrüpp.« (218) In reflecting on this encounter, Rollo May draws the following poignant conclusion.

[...] I think he only sees there another human being with a common base of humanity on which they pause for a moment in the swamps of Vietnam. His look is care. And the cameraman happens to see him – happens almost always now to see them so – and keeps his camera, trained on his face; a subconscious reaching-out only for human interest, rendering to us an unconscious expression of the guilt of us all. [...]

This is a simple illustration of care. It is a state composed of the recognition of another, a fellow human being like one's self; of identification of one's self with the pain or joy of the other; of guilt, pity, and the awareness that we all stand on the base of common humanity from which we all stem.[10]

Furthermore, Jürgen has not only incurred significant and sudden, but also multiple losses. Though he as well as his parents survived the blast, his younger brother and home did not. This totally understandable reaction marks the first of his five psychic developmental phases. (Let it be stated at the outset of this interpretation, these are not equivocal to nor representative of Kübler-Ross's five stages of mourning, as pervasive as these may have become in grief studies.)[11] Jürgen's initial reluctance to disclose his thoughts to the older man does not serve as the only sign of his acute apprehension. Several times in the course of

---

7 | Robert Frost: Collected Poems, Prose, & Plays. New York 1995, p. 43.
8 | Rollo May: Love and Will. New York 1969, p. 289.
9 | Ibid., p. 288.
10 | Ibid., pp. 288 f.
11 | Elisabeth Kübler-Ross/David Kessler: On Grief and Grieving. Finding the Meaning of Grief Through the Five Stages of Loss. New York 2005; Ruth Davis Konigsberg: The Truth About Grief. The Myth of Its Five Stages and the New Science of Loss. New York 2011.

the first two stages of his transformation, Jürgen grasps a stick firmly with both hands. »Er hielt die Hände fest um den Stock.« (216) Should he need to defend himself, he holds a weapon at the ready.

To make even some headway in reaching the youngster, the older man begins in asking him a series of questions. At this juncture, the burden of establishing and maintaining the exchange clearly rests upon the more mature individual. There it will remain for the preponderance of the narrative, as well it should. As evening draws near, it seems logical for him to wonder: »›Du schläfst hier wohl, was?‹, fragte der Mann.« (216) In the course of the nine-year old's initial developmental phase, the older man – we never learn his name – makes seven inquiries. Jürgen answers each of them, but his words as well as his tone of voice betray his heightened anxiety. To that first question, Jürgen replies emphatically to set the record straight: »›Nein, ich schlafe nicht. Ich muß hier aufpassen.‹« (216) A monosyllabic, a simple »›Ja‹« (216) constitutes the answer to the man's second question. And though the affirmation is clear and described as courageous (»mutig«) (216), obviously Jürgen still mistrusts this passer-by. »[Er] hielt den Stock fest.« (216) In total contradiction to his feelings, he attempts to project a brave image. To underscore that impression even further and to create distance between himself and the older man, Jürgen answers questions four and five affecting scorn at his suggestions. »›Nein, auf Geld überhaupt nicht‹, sagte Jürgen verächtlich.« (216) And some moments later: »›Pah, kann mir denken, was in dem Korb ist‹, meinte Jürgen geringschätzig, ›Kaninchenfutter.‹« (217) The man's seventh inquiry, asking Jürgen to multiply three by nine, elicits a response, which, while not projecting disdain, intends to convey a sense of authority, of control. »›Das ist ganz leicht […]. Das wußte ich gleich.‹« (217)

The older man's assertion that he owns exactly twenty-seven rabbits motivates Jürgen to set aside his false bravado and brings him to the threshold of the second stage of his change of heart. »Jürgen machte einen runden Mund […].« (217) Finally the man manages to pierce the boy's protective shell. He relaxes enough to allow his imagination free reign, to visualize this plethora of rabbits, and he simultaneously formulates his first question: »›Siebenundzwanzig?‹« (217) Intrigued he wishes to know more, permits himself to become attached, to believe. »[…] faith is the assurance of things hoped for, the conviction of things not seen.«[12] The older man immediately not only recognizes, but consequently capitalizes on Jürgen's interest and makes an offer a young boy might be reluctant to refuse. »›Du kannst sie sehen. Viele sind noch ganz jung. Willst du?‹« (217) Jürgen responds to this suggestion in repeatedly stating that he cannot leave, cannot abandon his post, not even at night. But even as he does so, his replies become more and more tentative. Gone are the bravado, the pseudo courage, he tried to convey earlier. »›Ich

---

12 | The New Oxford Annotated Bible with the Apocryphal/Deuterocanonical Books: An ecumenical Study Bible. Ed. by Bruce M. Metzger and Roland E. Murphy. Oxford/New York 1991, Hebrews 11, p. 1.

kann doch nicht. Ich muß aufpassen‹, sagte Jürgen unsicher.« (217) And again: »›Nachts auch. Immerzu. Immer. [...] Seit Sonnabend schon‹, flüsterte er.« (217) Though still addressing questions to Jürgen, the older man no longer focuses his attention exclusively on the multitude of rabbits, but rather on Jürgen's immediate physical needs: going home, eating, resting. The nine-year old answers each of these inquiries politely and reveals that he has evolved into someone far older than his chronological age suggests.

Amidst and perhaps due to his recent as well as grave losses, he has become rather self-sufficient. »To a child his or her parents are everything; they represent the world.«[13] Nine-year olds tend to assume that their parents will protect them, can mend the broken segments of their lives. Obviously, Jürgen has just learned that on a significant level this assumption has proven illusionary. In coping with this undeniable reality, he epitomizes so many children of the war and post war years, Borchert characterizes in his essay *Generation ohne Abschied*: »[...] unsere Jugend ist ohne Jugend.«[14] On the one hand, as adults we may concur with Sam Keen's observation in his *To a Dancing God*: »We become human on leaving Eden, mature in realizing that childhood is over.«[15] Nevertheless, we should never lose sight of the fact that Jürgen is only nine, and that the gravity of his losses left a nasty looking gash in his childhood. The wound is still fresh. The scar tissue has not yet had time to form.

Beneath a near-by stone lies half a loaf of bread to satisfy his hunger. When asked, whether he prefers a pipe to rolling cigarettes, his determined answer still bears witness not only to his anxiety, but also to his doubt in continuing his vigil. »Jürgen faßte seinen Stock fest an und sagte zaghaft: ›Ich drehe. Pfeife mag ich nicht.‹« (217) Perhaps the promise of all those rabbits begins ever so gently eclipsing the memory of his deceased brother and the final moments before his death. Jürgen may act older and be more aware than his scant years would suggest, but even he cannot hold two contradictory images in his mind simultaneously, cannot reconcile death and life. He must release one in order to embrace the other.

To this juncture the man has asked Jürgen thirteen questions. No one could fault him for lacking the perseverance to find a method, any method at all, to extricate this boy from his seemingly intractable predicament. No one, no matter how well-intentioned, can alter the youngster's dismal past, but now his immediate future also looks bleak. The older man concedes defeat. »›Schade‹, der Mann bückte sich zu seinem Korb, ›die Kaninchen hättest du ruhig mal ansehen können. Vor allem die Jungen. Vielleicht hättest du dir eines ausgesucht. Aber du kannst hier ja nicht weg.‹« (217) In summarizing the nine-year old's dilemma, he also makes

---

13 | M[organ] Scott Peck: The Road less Traveled. A new Psychology of Love, Traditional Values and Spiritual Growth. New York 1978, p. 48.
14 | Borchert: Das Gesamtwerk, p. 59.
15 | Sam Keen: To a Dancing God. Notes of a Spiritual Traveler. San Francisco 1990, p. 27.

his initial offer even more tempting. Jürgen's response tells us unequivocally that he ardently wishes he could choose one of the rabbits for his own. Doubtlessly, the bond has been forged between the rabbits and himself. His consistent negations, his intense sadness confirms that observation. »›Nein‹, sagte Jürgen traurig, ›nein nein.‹« (217) Sadness always implies loss.

Significant injuries cast very long shadows. Perhaps we no longer have whom or what we once cherished; we may well know neither again. We may also mourn the loss of something we never knew and now realize we will never know: a carefree childhood, reconciliation with a deceased family member or friend, a coveted position. Our present world looks fractured, looks dim and we cannot visualize, let alone begin to actualize, a meaningful, a fulfilling future.

The man retrieves his basket and turns to leave. He simply cannot fathom another method whereby this boy would agree to abandon both his dead brother and the ruins of his former home. He has simply run out of options. Or has he?

Phase three. Jürgen senses this man's good will, his steadfast, his undeniable concern, for just as he turns away, the nine-year old risks trusting him. »›Wenn du mich nicht verrätst‹, sagte Jürgen da schnell, ›es ist wegen den Ratten.‹« (217) At last the truth behind his tenacious vigil emerges. In fact, it spills out. For two reasons. The man has turned his back to him and proceeds to leave. If the youngster wishes to slow his departure, now would be the moment to speak up. The second motivation may be even more compelling. If Jürgen hadn't spoken quickly, he might not have spoken at all. There are times, when what, we might like to say, matters so much, that we either elect not to express it or we do so quickly. We dare not become fully conscious of our dread of being misunderstood. The pain of that disappointment would far outweigh our willingness to pay its price.

Not understanding the implication of what he just heard, the older man turns back and asks: »›Wegen den Ratten?‹« (218) Jürgen's detailed answer (by far the longest of the dialogue) proves telling on a number of levels. Though still assuming a sitting position, he is now totally engaged in this conversation and reveals his new-found trust with the simplest of gestures. To this juncture, he grasped his stick tightly on three occasions. »Jürgen faßte seinen Stock fest an [...]« (217). Now he sets this protective stance aside and uses the stick, as a pointer, to indicate the place his brother lies buried. »Jürgen zeigte mit dem Stock auf die zusammengesackten Mauern.« (218) Jürgen reveals that his teacher had indicated that rats eat carrion and that fact motivates him to guard his brother's body round the clock. All of sudden the older man, trying against formidable odds to help this youngster, chances upon a possible solution and poses question seventeen: »›Ja, hat euer Lehrer denn nicht gesagt, daß die Ratten nachts schlafen?‹« (218) If he cannot dissuade him from relinquishing his sentry duty during the day, perhaps he can at least persuade him to do so at night. Though not the most sophisticated of strategies, it may just work, even if it is an outright lie. Jürgen is only a fourth grader; perhaps, he will not yet be able to distinguish truth from fiction, at least not in this instance. Perhaps this »barmherzige Lüge,« as one critic called it,[16] will cast its spell just long enough for the healing of this nine-year-old soul to begin.

There are those, of course, who insist that even the youngest be told the truth, no matter how tragic the circumstances, and a case can be made for that suggestion.[17] Nevertheless, Jürgen does acknowledge his brother's death and does so without equivocation. The blatantly false assertion, that rats sleep at night, may work just long enough in order to foster the mending of his injured soul. This »constructive lying« intends »to redeem an otherwise impossible situation [...].«[18] Jürgen's continued vigil serves no reasonable purpose, does not facilitate his recovery.

Jürgen's reaction to the older man's statement in the guise of yet another question – »›Ja, hat euer Lehrer euch denn nicht gesagt, daß die Ratten nachts schlafen?‹« (218) – heralds the fourth phase of the youngster's psychic and eventual physical transformation. »›Nein‹, flüsterte Jürgen und sah mit einmal ganz müde aus, ›das hat er nicht gesagt.‹« (218) There's no way of knowing how long Jürgen has been keeping his vigil, but he has been there since Saturday. (Though this narrative is included in the collection, *An diesem Dienstag*, does that imply Jürgen has been keeping watch for three days?) Consequently, he could have shown his fatigue much sooner. Surely, he felt tired long before. Only now does he realize the uselessness of his actions. Only now does he allow exhaustion to overwhelm him, to gain the upper hand. Once we realize the futility of our pursuits, do we allow fatigue to overwhelm us. As long as we visualize our goal, desire, adrenaline fuel our efforts. If that motivation disappears, we surrender. That moment of surrender tells us not only, that Jürgen believes what the older man says, but also that he no longer agrees with his teacher's assertion. Either rats do or do not sleep at night. Both assertions cannot be correct. Switching allegiances, leaving outdated mental maps behind and reconciling conflicting assumptions require faith, insight as well as the willingness to adopt heretofore untried methods of being and doing. In other words, trust greatly facilitates a conversion or »a significant, sudden transformation of a person's loyalties, pattern of life, and focus of energy.«[19] He also has to abandon the premise that he can survive and do so successfully on his own. Jürgen must not only believe the older man, he has to trust his own judgement in doing so. Though indispensable to change, trust alone does not effect change. The desire, the willingness to strike out in a previously untested

---

16 | Ferdinand Piedmont/Hans Dieter Bohn: Kurz belichtet. New York 1973, p. 18.
17 | Kübler-Ross/Kessler: On Grief and Grieving, pp. 159-170.
18 | Gordon Burgess: The Life and Works of Wolfgang Borchert. Rochester (NY) 2003, p. 200.
19 | Lewis R. Rambo: Psychological Perspectives on Conversion. In: Pacific Theological Review 13 (1980), No. 2, p. 22.

direction, to take a risk, these also play a significant role. Is it any wonder Jürgen is exhausted? Many adults encounter considerable difficulty doing the same.[20]

Jürgen finds himself at a crossroads. In the final analysis, he must decide whom to believe: his teacher, whom he has known for some time, or this well-intentioned stranger, whom he has just met. But Jürgen's difficulties in choosing between alternatives don't end there. He can see the place where his brother died; no matter their number, he can only visualize the rabbits. Does he throw his weight, so to speak, with the known or the unknown? Particularly in a stressful situation, how many of us would not opt for the concrete, as flawed as it might be, rather than the abstract. This human predilection might also explain why Jürgen believes the older man rather than the teacher. The former stands in front of him; the latter does not. (In the conversion process, we tend to focus more on the belief we are trying to set aside rather than the ideal we wish to reach. »A man's conscious wit and will, so far as they strain towards the ideal, are aiming at something only dimly and inaccurately imagined.«)[21]

The older man senses the youngster's indecision and attempts to win him over for the duration in denigrating the teacher's version of events. »»Na‹, sagte der Mann, ›das ist aber ein Lehrer, wenn er das nicht mal weiß. Nachts schlafen die Ratten doch. Nachts kannst du ruhig nach Hause gehen. Nachts schlafen sie immer.‹«[22] (218) As if already anticipating the second offer he would make, he adds: »›Wenn es dunkel wird schon.‹« (218)

Though still sitting, Jürgen loosens his grip again and sets his stick in motion; through his gestures he reveals his thought process. »Jürgen machte mit seinem Stock kleine Kuhlen in den Schutt.« (218) Initially he visualizes these as beds: »Lauter kleine Betten sind das, dachte er, alles kleine Betten.« (218) And then again as pits or depressions in the soil, as graves, ultimately to see rabbits, to see life where once there had been only devastation. »Jürgen machte kleine Kuhlen in den Schutt. Lauter kleine Kaninchen. Weiße, graue, weißgraue.« (218) He still so unsure of his decision, still weighing his options. »›Ich weiß nicht‹, sagte er leise […] ›wenn sie wirklich nachts schlafen.‹« (218)

---

20 | Peck: The Road less Traveled, pp. 46-51.

21 | William James: The Varieties of Religious Experience. A Study in Human Nature. New York 1902, p. 209.

22 | Several sources indicate that Borchert's father was a teacher. Alexandre Marius de Sterio: Wolfgang Borchert: Eine literatursoziologische Interpretation. In: Wolfgang Borchert: Werk und Wirkung. Ed. by Rudolf Wolff. Bonn 1984, p. 12: »[…] ein feinfühliger, hochgebildeter Mann, Kunst und Wissenschaft zugeneigt.« Burgess, The Life and Works of Wolfgang Borchert, p. 10; Gordon J. A. Burgess: Wolfgang Borchert. In: Hamburger Bibliographien 24 (1985), p. 21; Rühmkorf, Wolfgang Borchert in Selbstzeugnissen und Bilddokumenten, p. 7: »Sein Vater war Lehrer an einer Volksschule in Hamburg-Eppendorf, ein zurückhaltender Mann, leise, duldsam, ein wenig verschlossen und von hoher Sensibilität.«

Phase five. The man leaves and from the street casts yet another aspersion at the supposed ineptitude of Jürgen's instructor: »›Natürlich‹, sagte er von da, ›euer Lehrer soll einpacken, wenn er das nicht mal weiß.‹« (218) That last criticism would seem to seal the youngster's decision for he arises from his seated position and asks not one, but two rather specific questions, concerning only the rabbits and nothing else: »›Wenn ich eins kriegen kann? Ein weißes vielleicht?‹« (219) Of course, the man now calling out to Jürgen assures him that he will do what he can.

Several critics point out that Borchert's stories frequently feature studies in contrasts; this particular scene serves as yet another example.[23] When the nine-year old and his visitor faced each other, they spoke softly or in a normal conversational tone and represented divergent points of view; now that they are of one mind, they practically shout. The more aligned their beliefs, the greater is the physical distance between them.

While departing the older man not only promises Jürgen that he will make every effort to fulfill his request, but in the same breath adds a specific request of his own, making the agreement doubly reciprocal, even more binding. Jürgen must wait till the man returns at dusk and accompanies him home. »›Ich muß deinem Vater doch sagen, wie so ein Kaninchenstall gebaut wird. Denn das müßt ihr ja wissen.‹« (219) Of course, Jürgen's parents know how to fashion a crate. The war time situation in which they are immersed has doubtlessly tested their ingenuity and resilience way beyond these basic parameters. And continues to do so still. This lie only serves as a cover for the one told earlier. We can assume Jürgen's parents attempted to persuade their son to forgo his exhausting vigil. The older man is wise enough to realize that if Jürgen comes home alone and consequently without a plausible explanation for his sudden return, inadvertently they may blurt out that everyone knows rats forage primarily under the cover of darkness. Therefore, Jürgen would rush back to resume his vigil immediately and forfeit his hard-won, if tentative, sense of security once more. If the older man accompanies the nine-year old, he will have time to explain just what he said to facilitate his return. In other words, this second lie will assure that the first one will have time to do its healing work.

Jürgen's mind is made up. He not only opts for life; he opts for a resurrection. He has been guarding his brother's corpse from Saturday to Tuesday; for him this salvific turn of events may legitimately represent a resurrection. Since time immemorial rabbits symbolize Easter. Though almost any young animal, e. g., kittens, puppies, would enthrall a nine-year old, Borchert deliberately chooses rabbits. Given Borchert's relentless, searing and ultimately lethal war time experiences, he cannot afford to remain only on the level of the religious symbol. Particular-

---

23 | Fulgentius Hirschenauer: Interpretationen zu Wolfgang Borchert. München 1966, p. 77; Hans-Gerd Winter: Wolfgang Borchert: Nachts schlafen die Ratten doch. In: Interpretationen. Klassische deutsche Kurzgeschichten. Ed. by Werner Bellmann. Stuttgart 2004, p. 48.

ly during and after the war, food proved a scarce commodity and rabbits served as a convenient source. A glance at his masterful vignette: *Das Brot*[24] suffices to underscore the point; even the most elementary form of sustenance could not be taken for granted. As so many Europeans, the French suffered under war-time deprivations as well.

Above all, Paris was a hungry city. It had become the largest country village in the world, and each morning it woke to the crowing of roosters [...]. It was a city in which little boys and old women crept out each morning to chop a few forbidden blades of grass in its parks for the rabbits they kept in their bathtubs.[25]

Yes, Jürgen opts to live. His body position tells us so as does the strength of his voice. No longer sitting, but rather standing, he calls out to the man three times now even further removed from him. »›Ja‹, rief Jürgen, ›ich warte. Ich muß ja noch aufpassen, bis es dunkel wird. Ich warte bestimmt.‹« He opts for building something from the rubble. »Und er rief: ›Wir haben auch noch Bretter zu Hause. Kistenbretter‹, rief er.« (219)

Among the many painful tasks awaiting the bereaved, (these vary not only from person to person, but also with the type of loss) one task can neither be circumvented nor suppressed. Portions of the former life must be left behind and new priorities of both time and space formed, in order to achieve even the most rudimentary recovery. Obviously when Jürgen resumes living with his parents, the rabbit will in some measure attempt to supplant the role of the four-year-old. Many parents would readily agree with Beverley Raphael's observation, concerning an older child's grieving process. »In losing a sibling the child loses a playmate, a companion, someone who is a buffer against the parents, someone who may love and comfort him [...].«[26] Play Jürgen will, but differently.

When we fall in love, the ground shifts beneath our feet, we lose our equilibrium and we wonder, if we will ever be able to restore it. The entire tapestry of our lives is torn into unmanageable, even if glorious, shreds.

When we love, we give up the center of ourselves. We are thrown from our previous state of existence into a void; and though we hope to attain a new world, a new existence, we can never be sure. Nothing looks the same, and may well never look the same again. The world is annihilated; how can we know whether it will ever be built up again? We give and give up, our own center; how shall we know that we will ever get it back? We wake up to find the whole world shaking; where or when will it come to rest?[27]

---

24 | Borchert: Das Gesamtwerk, pp. 304–306.
25 | Larry Collins/Dominique Lapierre: Is Paris Burning? London 1965, p. 16.
26 | Beverley Raphael: The Anatomy of Bereavement. New York 1983, p. 114.
27 | May: Love and Will, p. 101.

Paradoxically enough, when we must forfeit someone close to us and particularly when the loss occurs without warning, the same fate befalls us. The dizzying depths of sadness and despair replace the dizzying heights of happiness and wonder. We seem to pitch forward into a yawning abyss and, indeed, the ground beneath our feet not only shifts, it disappears. In both sorrow and joy, we tend to relinquish our orientation and, consequently, we ask the familiar, the bedrock question: how will I ever regain some measure of stability? Or more to the point, how will I manage to continue?

In mentally reaching for the rabbits and visualizing the building of their hutch, Jürgen sets about the arduous task of journeying out of the abyss. He takes some of the threads of his past life and attempts to weave them into a pattern, he has never seen before, would not have chosen and could not have anticipated. His life will never be, cannot be the same, but perhaps tenable after all. To phrase it another way, he will cross over from darkness into light.

It would be erroneous to assume that Jürgen's ascent begins only in the story's last paragraphs, even if paradoxically his dawn will begin at dusk. »›Ich muß ja noch aufpassen, bis es dunkel wird.‹« (219) Those words summarized his promise to the older man. However his awakening began in the second paragraph, when he dares to open his eyes just a bit. »Aber als er ein bißchen blinzelte, sah er nur zwei etwas ärmlich behoste Beine.« (216) That assertion is immediately followed with a statement telling the reader of this narrative's two major themes: the lie and the light. »Die standen ziemlich krumm vor ihm, daß er zwischen ihnen hindurchsehen konnte.« (216) German speakers would readily recognize the colloquial expression: er geht krumme Wege. That phrase conveys the image of someone engaging in dubious or even illegal activity. And as for the light, just a few sentences later, we are told what Jürgen sees when he looks through the man's bowed legs. »Jürgen blinzelte zwischen den Beinen des Mannes hindurch in die Sonne [...].« (216) In other words, through the means of a lie or two, the nine-year old will regain the light. Whether by way of a noun or pronoun, Borchert mentions the older man's legs no fewer than thirteen times in the course of this brief story. And each time, whether they are overtly entwined with the sunlight or not, this leitmotif reappears and sometimes more than once during every one of the five phases of Jürgen's psychic reentry into the world of the living.

As he is sitting when we first encounter the youngster, the man's well-worn trousers constitute Jürgen's immediate field of vision and consequently help him identify the stranger approaching him. »Aber als er ein bißchen blinzelte, sah er nur zwei etwas ärmlich behoste Beine. Die standen ziemlich krumm vor ihm, daß er zwischen ihnen hindurchsehen konnte. Er riskierte ein kleines Geblinzel an den Hosenbeinen hoch und erkannte einen älteren Mann.« (216) They are mentioned again when Jürgen reflects momentarily upon the number of rabbits the man has. »Und er sah durch die Beine des Mannes hindurch. ›Dreimal neun, nicht?‹« (217) They are cited once more when Jürgen abandons his pseudo courage and begins to visualize the promised rabbit. »Jürgen sah an den krummen Beinen hoch. ›Seit Sonnabend schon‹, flüsterte er.« (217) When finally he consents to trusting the man with his rationale for not abandoning his brother's remains even at night, the latter's return is indicated by an example of this leitmotif used as synecdoche: »Die krummen Beine kamen einen Schritt zurück [...].« (218) In phase four of Jürgen's change of heart, his moment of decision, when images of beds and rabbits supplant those of graves, the man's crooked legs are mentioned twice. First when Jürgen is still weighing his options and the man assures him of his return at dusk: »[...] seine krummen Beine waren ganz unruhig dabei [...].« (218) Perhaps his impatience threatens to get the better of him; perhaps he is simply wondering, how long Jürgen will believe the lie. A few moments later, Jürgen's focus on the man's legs signal the dubiousness of the just told lie: »›Ich weiß nicht‹, sagte er leise und sah auf die krummen Beine, ›wenn sie wirklich nachts schlafen.‹« (218) Finally in the fifth and final phase of Jürgen's development, the two principals in this dialogue strike the salvific deal and the man manages to leave. »Aber das hörte der Mann schon nicht mehr. Er lief mit seinen krummen Beinen auf die Sonne zu.« (219)

Much as the young man in *Die Küchenuhr* joined the strangers sitting on a bench with his old face, in this instance the older man races toward the ultimate light source with his legs. In both cases, synecdoche focuses our attention on the critical issue. To reinforce the juxtaposition of lie and light, Borchert adds: »Die waren schon rot vom Abend und Jürgen konnte sehen, wie sie durch die Beine hindurchschien, so krumm waren sie.« (219) However the resemblance with *Die Küchenuhr* doesn't cease with this example. As explained in the interpretation of *Die Küchenuhr*, when the twenty-year old rummages around for something to eat in the dark kitchen during the morning's wee hours, it is his mother, who turns on the light. Of course, she does. As the time-worn formula of a typical German birth announcement mentioned in the earlier interpretation states: »das Kind erblickte das Licht der Welt.« The twenty-year old's mother was the source of his life and consequently his light. In *Nachts schlafen die Ratten doch* Jürgen also connects the images of light and life in the third and consequently middle phase or apex of this conversation, this conversion. He tells the older man of his brother's death as a result of the bomb blast, using the simplest of metaphors. »Mit einmal war das Licht weg im Keller. Und er auch.« (218) With an older brother's compassion for the younger, hence more vulnerable sibling, he continues poignantly. »›Wir haben noch gerufen. Er war viel kleiner als ich. Erst vier. Er muß hier ja noch sein.‹« (218) In the manner of so many experiencing the earliest stages of mourning, he regresses somewhat and readily slips from the past into the present tense.[28] »›Er ist doch viel kleiner als ich.‹« (218) His emotions do not yet consistently mirror the irreversible reality his rational mind attempts to grasp so valiantly. Who would find fault with him?

---

28 | Raphael: The Anatomy of Bereavement, p. 46.

Aside from the sustained connection between the man's crooked legs and the fading sunlight, another set of recurring images bear witness to Jürgen's resurrection and they also begin with the second paragraph. In his *Waking the Tiger*, Peter Levine posits the theory that immobility characterizes one of the fundamental, one of the instinctual defense mechanisms to impending danger. Jürgen loses his home and his younger brother and now a stranger stands in front of him. How much more can he handle in such a short period of time? »Er hatte die Augen zu. Mit einmal wurde es noch dunkler.« (216) Why wouldn't he be afraid? Fight or flight are readily acknowledged as two possible responses to »inescapable or overwhelming threat.«[29] But the third – freezing or, in the vernacular, playing dead – does not always come to mind as quickly, though we share it with much of the animal kingdom. Perhaps because we share it with animals, we tend not to give its due. If it is a question of survival, the method employed to do so becomes irrelevant. Only survival matters.

Though acknowledging his fear only to himself as this older man stands in front of him, Jürgen dares to open his eyes just a bit. »Aber als er ein bißchen blinzelte [...].« (216) The movement of his eyes progresses to that of his mouth, while answering the man's questions, to the relaxation of his mouth in wonderment at the sheer number of rabbits and finally reaches his hands, as instead of holding onto the stick tightly, he uses it as a pointer. Ultimately his entire body arises in response to the man's offer. »Da stand Jürgen auf und fragte: ›Wenn ich eins kriegen kann? Ein weißes vielleicht?‹« (219) The transformation from virtual paralysis to joyful anticipation reaches completion as he calls out to the retreating older man. Or as Hans-Gerd Winter summarizes: »[...] es wird plötzlich eine kleine Zukunftsperspektive sichtbar, die ihn aus seiner Erstarrung löst.«[30]

Borchert concludes this resurrection narrative with some of the same literary devices he selected at its outset. Four personifications managed to lend some life to the initial scene's utter desolation. Jürgen's promising resumption of at least some aspects of his former life, requires only one. As the older man hastens to leave, of necessity his basket moves in his hand. »Und der Korb schwenkte aufgeregt hin und her.« (219) Motion spells life as the rabbits did and Jürgen's dream of them in all their wild profusion. If *Die Küchenuhr* spoke simply and yet eloquently of paradise lost, *Nachts schlafen die Ratten doch* suggests a parable of paradise regained, albeit at the price of a smudge or two. That last flawed aspect, its author readily acknowledges. »Kaninchenfutter war da drin. Grünes Kaninchenfutter, das war etwas grau vom Schutt.« (219) Even in this last line, Borchert never forgets that symbols must rest on a literal foundation. Given the whereabouts of this basket – »die Schuttwüste,« (216) while the older man and Jürgen converse

---

29 | Peter A. Levine: Waking the Tiger, Healing Trauma: The Innate Capacity to Transform Overwhelming Experiences. Berkeley (CA) 1997, p. 17.
30 | Winter: Wolfgang Borchert, p. 49.

and grow closer, the grasses, in their green vitality so emblematic of hope, would be covered in dust. Inevitably.

A multitude of reactions, of tasks await those experiencing the loss of someone close. One way or another, step by deliberate step, these injured psyches, these battered souls reach out for some mitigation of their pain, for some measure of healing. In this vignette, Borchert delineates five essential phases which tend to facilitate reentry into life, into reality, albeit an altered reality.

We manage more readily when facing a challenge, we have chosen, but the death or serious injury of someone close does not respect those parameters. Nor could the nine-year old Jürgen have anticipated the sudden death of his brother. Those two factors alone – severity of the loss and its unpredictability – render his eventual adjustment even more difficult. Gradually, ever so gradually, trust edges out fear, a debilitating apprehension; his visualization, his belief in a viable future begins to overshadow a single harrowing moment of the past; a verifiable self-assertion replaces both immobility and a tentative attitude; his considered decision, his willingness to try once more, to risk once more eventually override all inherent misgivings.

Amidst this promising, this life-giving shift in Jürgen's perspective, one critical, one underlying issue could easily be overlooked. Sometimes we tend to overlook the obvious. Jürgen may only be nine, but on an emotional as well as a rational level he realizes that to heal properly, he must mourn properly. Only in that manner can he fully acknowledge the significance of the sibling irretrievably lost to him and the role he played in his life. Only in that manner can he honor him, give him his due. Now Jürgen knows a way forward, a way out of his misery; consequently, he could opt to cut his vigil short. He elects not to do so. He will wait until nightfall and fulfill his duty toward his brother, as he understands it. He will not shortchange his brother, even if that means Jürgen must endure somewhat longer. In other words, he chooses on his brother's behalf and not his own. After all he gave his word that he would wait and wait he does. Jürgen is wise beyond his years. How many of us could say the same?

Abbruch der Gespräche

Monika Maron, der S. Fischer Verlag und die Herausforderung der Meinungsfreiheit

Tim Lörke

Ein großer Verlag trennt sich von einer Schriftstellerin, nachdem diese einen Essayband in einem Kleinverlag veröffentlicht hat und Gespräche mit ihr, wie der Verlag mitteilt, zu keinem anderen Ergebnis kamen. Die Trennung erfolgt allerdings nicht, weil ihr nun vormaliger Hausverlag etwaige Konkurrenzbefürchtungen hegte, sondern weil das Umfeld des Kleinverlags anrüchig ist. Die Schriftstellerin, die sich als politisch wachsam und öffentliche Intellektuelle inszeniert, tut anschließend kund, gar nichts gewusst zu haben von den persönlichen und wohl auch ideologisch gefärbten Beziehungen der Leiterin des Kleinverlags zu einem neurechten Denkerehepaar und seinem publizistischen Milieu.

Der gesamte Vorgang ließe sich nüchtern verstehen als Kündigung einer Geschäftsbeziehung, in der ein Partner nicht länger mit dem andern zusammenarbeiten möchte, weil ein Meinungsunterschied vorliegt. Während die Autorin sich nichts dabei denkt, ihren Namen in politisch heiklen Kontexten genannt zu wissen, und erklärt, diese Kontexte nicht einmal genau zu durchschauen, möchte der Verlag keinesfalls damit assoziiert werden. Der Verlag wird schon seine Gründe haben, könnte man denken und darauf warten, unter welches neue Dach die Autorin wohl schlüpfen wird. Damit könnte die Angelegenheit ihr Bewenden haben.

Dass die Debatte indes heftig aufflackerte und teils in aufgeheizter Stimmung geführt wurde, liegt an den Beteiligten: Monika Maron gilt als eine bedeutende Gegenwartsautorin. Bis 1988 lebte sie in der DDR und ihre unmittelbaren Erfahrungen mit der Diktatur prägen ihr Schreiben, aber in gewisser Weise auch ihre politischen Ansichten, wenn sie etwa für sich in Anspruch nimmt, »demokratisch, liberal und freiheitlich«[1] gesinnt zu sein und ihre politische Haltung mit ihrer Diktaturerfahrung begründet. Ihr erster Roman, *Flugasche*, wurde 1981 in der DDR nicht gedruckt und der Autorin selbst wurde der Vorwurf gemacht, die

---

1 | »Meine Haltung ist demokratisch, liberal und freiheitlich«. Monika Maron im Gespräch mit Vladimir Balzer, online unter www.deutschlandfunkkultur.de/monika-maron-ueber-trennung-vom-s-fischer-verlag-meine.1013.de.html?dram:article_id=486131.

Verhältnisse in der DDR schlechtzureden. Aber in der Bundesrepublik konnte das Buch erscheinen im S. Fischer Verlag. Seit seiner Gründung gehört dieser Verlag zu den renommiertesten Häusern, seine Geschichte ist untrennbar verknüpft mit der Geschichte der literarischen Moderne in den deutschsprachigen Ländern. In der Zeit des Nationalsozialismus wurde der Verlag teilweise ins Exil gezwungen, zu seinen Autor/-innen zählen die namhaftesten Autor/-innen des Exils. Beides, die Lebensgeschichte Marons wie die Verlagsgeschichte von S. Fischer, bilden wichtige Voraussetzungen für das Verständnis des Vorgangs, der im Oktober 2020 die Gemüter der literarischen Öffentlichkeit Deutschlands bewegte. Ob es sich bei dem Streit darum, ob der S. Fischer Verlag sich zu Recht von seiner Autorin Monika Maron trennte oder gegen ungeschriebene Gesetze der Buchbranche verstieß, tatsächlich nur um einen Streit über Literatur und literarische Öffentlichkeit handelte, ist zu bezweifeln. Mit guten Gründen lässt sich sogar behaupten, dass es um Literatur und Fragen von Autorschaft und der Rolle von öffentlichen Intellektuellen allenfalls nachrangig ging. Die Debatte um Maron stand stellvertretend für eine Debatte um das Wesen der Meinungsfreiheit in der Demokratie im Allgemeinen und um den Zustand der Meinungsfreiheit in Deutschland im Speziellen. Zugleich bleibt zu konstatieren, dass die Debatte ihren Ausgang nicht zufällig von einer Auseinandersetzung zwischen einer Autorin und ihrem Verlag nahm. Bedenkt man die aufgeladene Aura, die gleichsam das Amt der deutschen Schriftsteller/-innen umgibt, um ihnen eine besondere Rolle in der Öffentlichkeit zuzuweisen, und bedenkt man zugleich die auratische Reputation des S. Fischer Verlags, tritt der zugrunde liegende Konflikt wie durch ein Brennglas schärfer hervor. Verstärkt wurde die Wirkung der Auseinandersetzung durch die drei zeitlichen Ebenen, die untrennbar in der Debatte verwoben sind: Die Erinnerung an die Diktaturen des sogenannten Dritten Reichs und der DDR treffen auf eine Gegenwart, die sich selbst als zunehmend pluralisiert, ja antagonistisch aufgeladen empfindet und in der sich Ängste vor einem Erstarken rechter antidemokratischer Gruppierungen immer lauter artikulieren, während mit der AfD eine Partei im Deutschen Bundestag und in verschiedenen Länderparlamenten vertreten ist, die in Teilen vom Verfassungsschutz beobachtet wird.

Genau auf diese gegenwärtige politische Konstellation zielt die Pressemitteilung, die der S. Fischer Verlag am 19. Oktober 2020 veröffentlichte und am 20. Oktober 2020 aktualisierte. Unter der Zeile »Betr.: Monika Maron« informiert der Verlag sachlich, Monika Maron »keine neuen Buchverträge anzubieten«.[2] Zur Begründung erklärt die verlegerische Geschäftsführerin der S. Fischer Verlage, Siv Bublitz: »Man kann nicht bei S. Fischer und gleichzeitig im Buchhaus Loschwitz publizieren, das mit dem Antaios Verlag kooperiert.«[3]

---

2 | Pressemitteilung S. Fischer Verlage, 20. Oktober 2020. Mitteilung des Verlags an den Verfasser.
3 | Ebd.

Den Hintergrund der Pressemitteilung bildet Marons Entscheidung, einen Essayband in einer neuen Reihe zu veröffentlichen, die in der Edition Buchhaus Loschwitz erscheint. Dieser kleine Verlag ist angeschlossen an eine Dresdner Buchhandlung, die in den letzten Jahren überregionale Aufmerksamkeit erlangte durch Veranstaltungen mit Autoren wie Uwe Tellkamp, die grundsätzliche Kritik an den Verhältnissen der Bundesrepublik Deutschland üben mit Argumenten und Sichtweisen, die mit denen einer Neuen Rechten in Deutschland assoziiert werden können. Mehr noch: Zwei der wichtigsten Personen im Umfeld der Neuen Rechten sind mit der Inhaberin des Buchhauses Loschwitz, Susanne Dagen, nicht nur persönlich bekannt, sondern führen auch regelmäßig Lektüreabende in der Buchhandlung durch: unter dem treffenden, programmatischen und frech-provokativen Titel »Mit Rechten lesen«. Für die »Rechten« tritt dabei Ellen Kositza auf, die mit Götz Kubitschek verheiratet ist. Kositza und Kubitschek betreiben den Antaios-Verlag, der durch eine bunte Reihe rechtsnationaler bis antidemokratischer Titel aufgefallen ist und in dem auch die neurechte Zeitschrift *Sezession* erscheint, zu deren eifrigsten Autor/-innen etwa Caroline Sommerfeld oder Martin Sellner, Kopf der Identitären Bewegung, zählen. Institutionell und personell eng verknüpft mit dem Antaios-Verlag ist das Institut für Staatspolitik, ein neurechter Thinktank in der deutschen Provinz, der regelmäßig weltanschauliche Schulungen anbietet und unter anderem beratend tätig ist für Björn Höcke, den Fraktionsvorsitzenden der AfD in Thüringen. Kositza und Kubitschek bilden den Mittelpunkt eines Netzwerks, dessen verschiedene Enden mittlerweile vom Verfassungsschutz beobachtet werden.

Dies ist das publizistische Milieu, mit dem Susanne Dagen vom Buchhaus Loschwitz kooperiert. Bedenkt man ferner die enge Bekanntschaft von Kubitschek mit Uwe Tellkamp, dem dieser bei der Dresdner Debatte mit Durs Grünbein beistand, sowie den Umstand, dass auch Tellkamp in der Edition Buchhaus Loschwitz veröffentlicht, wird die knappe Begründung von Siv Bublitz, weshalb die Bindungen zu Monika Maron aufgelöst werden, leichter verständlich. Zudem muss es dem S. Fischer Verlag als Hohn erscheinen, dass die Reihe, in der Maron in der Edition Buchhaus Loschwitz erscheint, den Titel trägt: Exil. Das Verlagshaus S. Fischer, das in seiner Geschichte tatsächlich die Erfahrung des Exils machen musste und mit dem die Namen der bedeutendsten exilierten Autor/-innen verbunden sind, kann nur mit deutlichem Unbehagen, ja Abneigung auf Marons Aktion reagieren. Nun muss man nicht die Geschichte des S. Fischer Verlags heranziehen, um zu verstehen, dass diese eine legitime Begründung für die Aufnahme eines »intensiven Austauschs« mit Monika Maron ist, wie der Verlag mitteilt. Es genügt, darauf hinzuweisen, dass das Buchhaus Loschwitz als Veranstaltungsort mit rechtsextremen Intellektuellen zusammenarbeitet, die wiederum unter dem Verdacht stehen, gegen die freiheitlich-demokratische Grundordnung der Bundesrepublik aufzutreten. Welcher Publikumsverlag möchte damit in einem Atemzug genannt werden? Lakonisch wird mitgeteilt, dass der Austausch mit der Autorin zur Trennung geführt hat.

Überraschenderweise fiel die Kritik an S. Fischer heftig aus. Die Argumente, die gegen den Verlag in Anschlag gebracht wurden, konzentrieren sich auf verschiedene Aspekte des Vorgangs. So wurde etwa missbilligt, der Verlag habe gegen einen ungeschriebenen Grundsatz verstoßen: nämlich die lebenslange Bindung an eine Autorin aufrechterhalten zu müssen, komme, was wolle.[4] Als ob ein Verlag einzig ein Dienstleistungsunternehmen wäre, das ungefragt Schriftstellererzeugnisse veröffentlichen müsse. Patrick Bahners hat in der *FAZ* darauf hingewiesen, dass sich in Marons jüngsten Romanen zwar kritische Positionen unter anderem zum Islam finden lassen, diese aber keinen Rauswurf rechtfertigten.[5] Dies hat der Verlag allerdings nicht als Begründung angegeben, womit in dieser Hinsicht zudem der Vorwurf ins Leere läuft, auch S. Fischer verlege Islamkritiker vom rechten Rand. Der Verlag betont, sich nicht wegen etwaiger Meinungen von Maron getrennt zu haben, und will die bisherigen Titel Marons entsprechend weiterhin bereithalten. Genau dies spießen Jürgen Kaube und Jan Wiele in ihrem Kommentar wiederum auf, um festzustellen, gegen Maron werde das »Prinzip der Kontaktschuld angewandt«.[6] Mit »Kontaktschuld« wird dabei ein juristischer Begriff bemüht, der zur Prüfung der Verfassungstreue einer Person dient. Bei der Kontaktschuld kommt es weniger darauf an, ob eine verdächtige Person tatsächlich verfassungsfeindliche Gesinnungen hegt oder nicht, einzig der Sachverhalt, dass sie sich mit anderen Personen aus verfassungsfeindlichen Lagern trifft, diesen begegnet, vielleicht gar mit ihnen spricht, genügt, um gegen diese Person selbst den Vorwurf der Verfassungsfeindschaft zu erheben. Kaube und Wiele spitzen diese Betrachtungsweise noch zu, indem sie, wie übrigens andere Kommentare in den deutschen Feuilletons, darauf hinweisen, in Marons Romanen und anderen Texten keine verfassungsfeindlichen oder antidemokratischen Positionen finden zu können.

Diesen Befund differenziert der Literaturkritiker Jörg Magenau im Deutschlandfunk. Maron sei »weder eine rassistische noch eine sexistische Autorin«, die jedoch »durchaus mit den Positionen der Neuen Rechten kokettiere«. Dies geschehe aber in einer literarisch verspielten Weise, so Magenau, um einen gesellschaftspolitischen Auftrag zu erfüllen: nämlich zu zeigen, »wo die wunden Punk-

---

4 | Jürgen Kaube/Jan Wiele: Mainstream ohne Ufer. In: Frankfurter Allgemeine Zeitung vom 21. Oktober 2020, online unter www.faz.net/aktuell/feuilleton/buecher/autoren/der-verlag-s-fischer-trennt-sich-von-der-autorin-monika-maron-17011747.html.
5 | Patrick Bahners: Das Gerücht der rechten Lieferkette. Vertriebsproblem: Was genau wirft der Verlag S. Fischer der Autorin Monika Maron vor? In: Frankfurter Allgemeine Zeitung vom 23. Oktober 2020, online unter www.faz.net/aktuell/feuilleton/debatten/monika-maron-gegen-s-fischer-geruecht-der-rechten-lieferkette-17015005.html?premium.
6 | Kaube/Wiele: Mainstream ohne Ufer.

te innerhalb der Gesellschaft sind und wo die Ängste von Menschen sind«.[7] Auch Iris Radisch schließt sich in der ZEIT dieser Betrachtungsweise an. Zwar sieht auch sie Marons Entscheidung, in einem neurechten Umfeld zu publizieren, kritisch, wenn sie von einer nicht kleinzuredenden »Symbolkraft des Brückenschlags« spricht: »Zum ersten Mal hat sich eine bedeutende Repräsentantin der deutschen Literaturgeschichte publizistisch in die Arme der neurechten Parallelwelt begeben.«[8] Trotzdem verurteilt sie die Trennung, die der S. Fischer Verlag vollzogen hat, als eine »Geschäftsmäßigkeit ohne Traditionsgefühl«, wobei sie die Tradition des Hauses mit einer Reihe von Autor/-innen geflissentlich ignoriert. Zusammenfassen lassen sich die bislang beobachteten Argumente gegen den Verlag als Beschwörungen der besonderen Rolle der deutschen Schriftstellerin, des deutschen Schriftstellers, zu deren Arbeiten man nibelungentreu zu stehen habe – vor allem dann, wenn, wie im Falle Marons, doch gar nichts Schlimmes in den Büchern stehe. Stattdessen wird die spezifische Fähigkeit von Schriftsteller/-innen gerühmt, in kritischer Absicht gesellschaftliche, soziale und politische Missstände anzuprangern, dabei mit anstößigen Sichtweisen literarisch zu verfahren und somit spielerisch Aufklärung zu betreiben. In den Kommentaren bleibt eine tatsächliche Musterung des Werks Marons ausgespart. Steht wirklich nichts Schlimmes darin? Das wird noch zu prüfen sein.

Iris Radisch zitiert zur Verteidigung Marons und zur Anklage gegen den Verlag die Stimmen Durs Grünbeins, Thea Dorns und Katja Lange-Müllers. Während Grünbein fordert, endlich wieder »über Texte zu reden, nicht über Haltungen«, betont Lange-Müller den Wert, den »[a]rgumentative Vielfalt« für eine grundsätzlich pluralistische Gesellschaft und Öffentlichkeit darstellt.[9] Irritierend bleibt an diesen Beiträgen die Weigerung, die schlichte Tatsache anzuerkennen, dass auch Texte Haltungen vertreten, dass Haltungen eben auch Texte produzieren und dass nicht alle Haltungen, sobald sie in Textform dargebracht werden, automatisch harmlose, akademische, schöngeistige Äußerungen darstellen, die zwar genüsslich im Lehnstuhl zu bedenken sind, aber politisch folgenlos bleiben. Zugleich widersprechen sich diejenigen Stimmen selbst, die, wie Lange-Müller etwa, auf Marons Erfahrungen mit der DDR-Zensur hinweisen, als nur S. Fischer der Autorin eine verlegerische Heimat sein durfte im freien Westen. Das heißt doch nichts anderes, als dass Texte mit Haltungen politische Wirksamkeit entfalten. Zu insinuieren, das Verhalten des S. Fischer Verlags weise Ähnlichkeiten auf mit dem

---

7 | »Das falsche Signal«. Jörg Magenau im Gespräch mit Sigrid Brinkmann, online unter www.deutschlandfunkkultur.de/fischer-verlag-trennt-sich-von-monika-maron-das-falsche.1013.de.html?dram:article_id=486069.
8 | Iris Radisch: Ein herzenskalter Akt. Dass der S. Fischer Verlag mit einer Autorin wie Monika Maron seine Probleme haben kann, ist verständlich. Dass man sie vor die Tür setzt, ist ein Fehler. In: Die Zeit vom 22. Oktober 2020, online unter www.zeit.de/2020/44/fischer-verlag-monika-maron-literatur-exil-streit.
9 | Ebd.

der DDR, ist infam. Der Verlag stellt seine Zusammenarbeit mit der Autorin ein; diese allerdings steht nicht unter Berufsverbot und der Androhung von weiteren Strafmaßnahmen.

Doch bleibt das Bild vom Verlag als Zensurapparat wirksam in der Debatte. Das Schreckgespenst der *Cancel Culture* hören manche an die Türe klopfen. Doch warum sollte man den Verlag nicht beim Wort nehmen, der von einem »intensiven Austausch« mit seiner Autorin schreibt, der am Ende aus Verlagssicht erfolglos blieb?[10] *Cancel Culture* wäre der sofortige Rausschmiss mit schaler und moralisch selbstgerechter Begründung, die Aufkündigung einer langen Arbeitsbeziehung als abrupte Aufkündigung des Gesprächs. Genau dies hat aber nicht stattgefunden, und die karge Pressemitteilung, die eben diese Gespräche erwähnt, darf auch verstanden werden als Trauer darüber, dass eine gemeinsame Verständigung nicht länger möglich ist. Denjenigen Kritiker/-innen, die vom Verlag einfordern, seine Gründe deutlicher zu nennen, ist entgegenzuhalten, dass der Verlag eine Fürsorgepflicht hat, nach der Trennung von seiner Autorin nicht auch noch schmutzige Wäsche zu waschen.

Die Lobgesänge auf Demokratie und Pluralismus, angestimmt zur Verteidigung der Autorin, werden lauter. Dabei drängt sich der Eindruck auf, dass es in der Debatte um mehr gehen soll als um eine meinungsfreudige Autorin und einen ernüchterten Verlag. Der gesamte Vorgang wird mit einer gesellschaftlichen Bedeutung aufgeladen, der sein Gehalt jedoch nicht völlig entspricht. Deutlich wird dies, wenn die wenigen Verteidiger des Verlags diesen in einer Abwehrschlacht gegen eine aufziehende rechte Diktatur wähnen. Sie sehen, etwa Carsten Otte in der *taz*, einen »linksliberalen Verlag« im Streit gegen »rechtsradikale Demagogen«.[11] Die Zuspitzung entspringt heutigen Phantasmen einer herbeigesehnten »moralisch guten Zeit«, wie Thomas Mann, der wohl bedeutendste Autor des S. Fischer Verlags, seinerzeit übersichtliche Entscheidungsmöglichkeiten zwischen Gut und Böse in politisch antagonistischen Zeiten nannte. Beim Vergleich der gegenwärtigen Debatte mit der Spätphase der Weimarer Republik, der NS-Zeit oder der DDR schießt die Kritik – die am Verlag wie die an der Schriftstellerin – übers Ziel hinaus und die Kritiker tollen auf dem historischen Abenteuerspielplatz herum.

Doch frönt auch die beschworene Gegenseite der Lust, sich einzufühlen ins gefährliche Leben in Zeiten der Diktatur, wie Götz Kubitschek in seinen Stellungnahmen zu Maron zeigt. Er spitzt in seiner Inhaltsangabe die Positionen Marons noch zu, um in ihren Texten, den Essays wie dem Roman *Munin*, die verdeckten Schreibweisen der sogenannten Inneren Emigration zu erkennen und die Auto-

---

10 | Pressemitteilung der S. Fischer Verlage.
11 | Carsten Otte: Die nötigen Konsequenzen. Der Verlag S. Fischer wird heftig kritisiert, weil er sich von seiner langjährigen Autorin Monika Maron trennt. Dabei sind die Gründe nachvollziehbar. In: taz vom 21. Oktober 2020, online unter https://taz.de/Monika-Maron-und-der-S-Fischer-Verlag/!5722821.

rin in eine Reihe zu stellen mit Ernst Jünger und Carl Schmitt.[12] Interessanter als seine Deutungen der Positionen Marons bleiben Kubitscheks Selbstauskünfte in diesem Zusammenhang, wenn er den Kreis um das Buchhaus Loschwitz und seinen Verlag als freiheitsliebende, echt demokratische Gruppierung beschreibt, als einen Haufen Widerständiger, die sensibel den heraufziehenden Terror einer neuen Diktatur wittern. Die Bundesrepublik wird in Kubitscheks weltanschaulichen Umkehrungsversuchen zu einem antidemokratischen, repressiven Staatsgefüge, in dem liberale Positionen nur dann überleben können, wenn sie sich in das innere Exil der kleinen Kreise Gleichgesinnter zurückziehen und unter dem Überwachungsradar flüsternd ausgetauscht werden.

Damit erweist sich der Entschluss des S. Fischer Verlags als richtig und nachvollziehbar, denn von einer bloßen Kontaktschuld, die nicht die tatsächliche Haltung der Person prüft, ehe sie zur Verurteilung dient, kann keine Rede sein. Monika Maron hat sich selbst in die obskure neurechte Erregungsgemeinschaft begeben mit ihrem Essay *Unser galliges Gelächter – es liegt mir fern, die Bundesrepublik mit der DDR zu vergleichen*, der im November 2019 in der *Neuen Zürcher Zeitung* erschien.[13] Eben dieser Essay bildet den Abschluss des Essaybandes, den Maron in der Reihe Exil der Edition Buchhaus Loschwitz veröffentlichte.[14] »Exil« kann nur verstanden werden als eine Anknüpfung an die Rede von der Inneren Emigration, denn weder Maron noch Tellkamp noch die Edition Buchhaus Loschwitz selbst befinden sich in der Notlage, das eigene Land gezwungenermaßen fliehen zu müssen; sie exilieren sich selbst daheim, weil sie meinen, in einem Unterdrückungsstaat zu leben, gegen den sie sich als Widerstand inszenieren. Dies ist eine aggressive Verkennung der bundesrepublikanischen Wirklichkeit, zugespitzt in Marons Untertitel: *Es liegt mir fern, die Bundesrepublik mit der DDR zu vergleichen*, den Kubitschek beflissentlich-hilfreich seinen Leser/-innen als eine »Mitteilungstechnik« entschlüsselt.[15] Dieser Untertitel findet sich freilich nur in der Fassung, die in der *Neuen Zürcher Zeitung* gedruckt wurde; dies ist aber die Fassung, auf die sich Kubitschek begeistert bezieht.

Maron beklagt in diesem Essay unter dem Eindruck verschiedener Herausforderungen, denen sich die Bundesrepublik in den letzten Jahren zu stellen hatte: die Integration des Islams, die Aufnahme von Geflüchteten, die auch sprachlichen Gleichstellungsversuche der Geschlechter, die Bemühungen um Klimaschutz, ein repressives Klima, das Skepsis kaum mehr zulasse, sondern

---

12 | Götz Kubitschek: Monika Maron (1) – Zwischen den Zeilen, online unter https://sezession.de/63517/monika-maron-1-zwischen-den-zeilen.
13 | Monika Maron: Unser galliges Gelächter – es liegt mir fern, die Bundesrepublik mit der DDR zu vergleichen. In: Neue Zürcher Zeitung vom 7. November 2019, online unter www.nzz.ch/feuilleton/monika-maron-es-liegt-mir-fern-die-bundesrepublik-mit-der-ddr-zu-vergleich-ld.1519713.
14 | Monika Maron: Krumme Gestalten, vom Wind gebissen. Dresden 2020.
15 | Kubitschek: Monika Maron (1).

die Zustimmung zu den verschiedenen Maßnahmen unbedingt einfordere. Sie hat damit nicht ganz unrecht, wie die Debatte um ihre Person selbst zeigt. Sie überspannt allerdings den Bogen, wenn sie von »unerwünschten Meinungen« spricht, deretwegen Existenzen erschwert oder gar zerstört würden. Denn damit bedient sie ein neurechtes Argumentationsmuster. Die AfD und Personen aus ihrem geistigen Umfeld suggerieren, die Meinungsfreiheit sei in Deutschland nicht länger gewährleistet, stattdessen würden nur noch Aussagen innerhalb eines schmalen Meinungskorridors geduldet. Der performative Widerspruch liegt indes genau darin, dass niemand zensiert oder gar inhaftiert wird, der derlei behauptet. Selbst Antaios, obwohl mittlerweile vom Verfassungsschutz beobachtet, kann weiterhin fleißig drucken. Der an dieser Stelle vorliegende Denkfehler besteht darin, zu glauben, dass unter den Bedingungen der Meinungsfreiheit jede geäußerte Meinung unbedingte Zustimmung finden müsse. Meinungsfreiheit fordert den Wettstreit der Argumente, und mitunter gewinnt das bessere. Wer, weil die eigene Meinung nicht mehrheitsfähig ist, unterstellt, es gebe keine Meinungsfreiheit mehr, bedient sich des leicht durchschaubaren Manövers, die schwache Position dadurch zu retten, sie als unterdrückt darzustellen. Wer sich in einer Demokratie auf diese Strategie einlässt und gewissermaßen ins neurechte Horn bläst, verweigert sich dem Pluralismus und der Zumutung, die eigene Meinung argumentativ überzeugend zu untermauern. Dies ist all den wohlmeinenden Verteidiger/-innen Marons entgegenzuhalten, die von der Notwendigkeit des pluralistischen Meinungsstreits und der notwendigen Skepsis reden. Denn Maron selbst kündigt ihre Teilnahme an einer demokratisch-pluralistischen Gesellschaft in dem Moment auf, in dem sie diese selbst infrage stellt und suggeriert, die Bundesrepublik verfahre nach denselben Handlungsmustern wie die DDR. Und hierin liegt die eigentliche Bedeutung der Debatte um Maron: Es geht nicht um eine Schriftstellerin, es geht nicht um Texte. Diese Vorgänge deuten vielmehr auf eine Gesellschaft in einem verschärften Aushandlungsprozess von Werten und Normen, Sageweisen und politischen Haltungen in einer globalisierten Welt. Es sind diejenigen Argumente, die sich selbst als überlebt und kraftlos wahrnehmen, die als letztes Aufbäumen von unterdrückter Meinungsfreiheit reden.

Zur Meinungsfreiheit gehört freilich auch, für sich zu bestimmen, mit welchen Meinungen und welchen diskursiven Kontexten, in denen diese Meinungen geäußert werden, man sich gemein machen möchte. Das gilt prinzipiell auch für den S. Fischer Verlag. Verlage sind nicht allein politisch haltungslose Vertriebsanstalten für die Meinungen anderer, die sie geflissentlich zu drucken haben, ohne sich zu diesen Meinungen verhalten zu dürfen, sie sind selbst Akteure im gesellschaftlichen und politischen Feld.[16] Wenn die Trennung des Verlags von der Autorin Kritiker/-innen an das Jahr 1981 erinnert, als die Geschäftsbeziehungen

---

16 | Und wie notwendig sie sind, hat jüngst in Erinnerung gerufen Jürgen Habermas: Warum nicht lesen? In: Warum Lesen. Mindestens 24 Gründe. Hg. von Katharina Raabe und Frank Wegner. Berlin 2020, S. 99-123.

zwischen S. Fischer und Maron begannen, weil ein Roman von ihr in der DDR nicht gedruckt werden durfte, verwechseln auch sie die Bundesrepublik mit der DDR. S. Fischer ist jedoch keine polizeiliche Zensurbehörde, die Marons Meinungen und Texte unterdrücken würde. Der Verlag verbietet der Autorin nicht den Mund, er bedroht sie nicht mit Strafen gleich welcher Art. Er hat sich vielmehr mit seiner Autorin ausgetauscht und Gespräche geführt, von denen seine Kritiker fordern, sie hätten fortdauern müssen, um eine demokratische Streitkultur aufrechtzuerhalten.

Aber wie sollen solche Gespräche gelingen, wenn eine Seite an den offenen Austausch nicht länger glauben will? Wenn Monika Maron die Bundesrepublik tatsächlich für eine Diktatur wie die DDR halten sollte, ist dies nicht anders zu verstehen denn als Verweigerung einer kritischen Diskussion der eigenen Positionen. Die Knappheit der Pressemitteilung illustriert den Schrecken über eine verfahrene Lage, in der Argumente nicht mehr helfen. Der S. Fischer Verlag hat sich unter diesen Umständen das Recht genommen, das Gespräch zu beenden.

»Eine interessante, tiefe Frau« und »ein völlig unbedeutender junger Professor«

Unveröffentlichte Korrespondenz zwischen Ingeborg Bachmann und Henry Kissinger. Ein Archivbericht

Leo A. Lensing

Henry Kissinger: der rote Faden in der Lebensgeschichte von Ingeborg Bachmann? Erst auf der letzten Seite des Epilogs ihrer *Biographie in Bruchstücken* greift Ina Hartwig nach diesem überraschenden, unwahrscheinlichen Fazit.[1] Im biografischen Narrativ selbst, das die erste Hälfte des Buches ausmacht, kommt der umstrittene Staatsmann zwar vor, aber vor allem in seiner frühen Rolle als kultureller Propagator des Kalten Krieges. Hervorgehoben wird der aufstrebende Akademiker, der mit seinem 1952 gegründeten, in Harvard abgehaltenen International Seminar das Ziel verfolgte, junge, vor allem aus Westeuropa und Asien rekrutierte Intellektuelle und politische Eliten zur Unterstützung amerikanischer Werte im Kampf gegen den Kommunismus zu motivieren. Dass Bachmann im Sommer 1955 am Harvard-Seminar teilnahm und sich mit dem nur drei Jahre älteren Direktor anfreundete, gehört mittlerweile zum festen, aber kaum erforschten Bestandteil ihrer Lebenschronik. Zum Ablauf der Harvard-Programme, der im ersten Band von Niall Fergusons großer Biografie sehr lebendig geschildert wird, hat Hartwig wenig hinzuzufügen.[2] Hingewiesen wird lediglich auf einen Bericht für die das Seminar beförderde Ford Foundation, in dem Kissinger Bachmanns Teilnahme an der politischen Themen gewidmeten Diskussionsgruppe als »gewissenhaft« bewertet haben soll.[3] Daraus

---

1 | Ina Hartwig: Wer war Ingeborg Bachmann? Eine Biographie in Bruchstücken. Frankfurt am Main 2017, S. 265.
2 | Niall Ferguson: Kissinger. Vol. 1: 1923-1968. The Idealist. New York 2015, S. 275-277. Vgl. den Abschnitt »Transatlantic Networks – The International Seminar and Confluence« in: Holger Klitzing: The Nemesis of Stability. Henry A. Kissinger's Ambivalent Relationship with Germany. Trier 2007, S. 76-84.
3 | Hartwig: Wer war Ingeborg Bachmann, S. 89. Einen genauen Beleg für den Wortlaut der Bewertung bleibt sie schuldig; vgl. Report on International Seminar. In: Henry A. Kissinger papers. Part II. Series 1: Early Career and Harvard University (im Folgenden mit der Sigle »YKP«), Box 132, Folder 5. Kissingers Jahresbericht für das 1955

sollte man aber nicht schließen, dass sie Harvard als »Garten Eden« erlebte, und auch Spekulationen darüber, wie sehr sie das intellektuelle Ambiente des Seminars »genossen haben dürfte«, lassen sich keineswegs damit begründen.[4] In Briefen an die Familie und an Schriftstellerkollegen äußerte sie wiederholt eine tiefgehende Desillusion durch Amerika und insbesondere durch Harvard. Rückblickend schrieb sie Wolfgang Hildesheimer 1959, dass sie das Seminar »kaum ausgehalten« habe.[5] Bereits zwei Wochen nach ihrer Ankunft in Cambridge meinte sie zu verstehen, wie sie in einem Brief vom 16. Juli an Heinrich Böll ätzend anmerkte, »warum sich so viele Emigranten umgebracht haben, denn zu allem andren hat ihnen wohl dieses Land den Rest gegeben«.[6]

Abgeschlossen wird Hartwigs Kapitel über das politische Denken der Schriftstellerin mit einem angeblich »geheimnisvollen« Schreiben vom 21. Dezember 1959 an Bachmann von Siegfried Unseld, der 1955 in Harvard auch dabei gewesen war.[7] Unseld, der mehr als zwei Jahrzehnte lang eine herzliche Freundschaft mit Kissinger pflegte und sich mit ihm bei dessen Deutschlandreisen öfter traf, leitete einen für sie bestimmten, im Bachmann-Nachlass fehlenden Brief von Kissinger weiter.[8] Ein amüsierter Kommentar zu Kissingers dringender Bitte »ask her to answer me«[9] – diese Wendung dürfte, witzelte Unseld, »aus der gehobenen militärisch-strategischen Sprache Amerikas« stammen, und dem Befehl müsse sie gehorchen – löste bei Hartwig extravagante Spekulationen aus. Entweder wollte Kissinger Bachmann für diplomatische Zwecke einbinden, oder er wollte nicht, dass ihr Lebensgefährte Max Frisch von seiner Mitteilung Wind bekommt, oder er wusste einfach die Adresse der ja öfters Herumziehenden nicht mehr. Am Ende werde es sich – das wird in einer Anmerkung mit Hinweis auf ein »persönliche[s] Gespräch« bekräftigt – um einen »romantischen Inhalt« gehandelt haben.[10]

---

abgehaltene Seminar enthält keine Bewertung von Bachmann oder den anderen Teilnehmenden.
4 | Hartwig: Wer war Ingeborg Bachmann?, S. 87.
5 | Bachmann-Handbuch. Leben – Werk – Wirkung. Hg. v. Monika Albrecht und Dirk Göttsche. Stuttgart/Weimar 2002, S. 7.
6 | Ebd.
7 | Hartwig: Wer war Ingeborg Bachmann?, S. 99. Der Brief, wohl ein Durchschlag, gehört nach Hartwig zum Bestand des Suhrkamp-Archivs im Deutschen Literaturarchiv Marbach.
8 | Die Unseld-Mappe (YKP, Box 60, Folder 5) enthält rund 90 Seiten Korrespondenz: Durchschläge der Briefe Kissingers und Unselds Originale aus den Jahren 1959 bis 1968. Ein Durchschlag des Briefes von Kissinger, der Unselds »geheimnisvollen« Brief an Bachmann auslöste, ist nicht dabei.
9 | »[S]age ihr, sie soll mir antworten«. Hartwig: Wer war Ingeborg Bachmann?, S. 99.
10 | Ebd., S. 279.

Interviews in Wort und Bild

Das persönliche Gespräch entpuppte sich als ein Interview, das Hartwig 2016 in Berlin mit dem 93-jährigen Kissinger führte und als letztes in einer Gesprächsreihe mit »Zeitzeugen« erscheint, die die zweite Hälfte der dadurch ins Anekdotische schliddernden Biografie ausmacht.[11] Es galt offenbar um jeden Preis, das vermeintliche Geheimnis der Beziehung zu lüften und aus romantischen Andeutungen intime Tatsachen zu schaffen. Auf Suggestivfragen der Biografin ging Kissinger mit nur spärlichen Details ein. Bachmann und er hätten einander öfter gesehen, was aber nicht einfach gewesen sei, denn schließlich war er verheiratet. Ihre politischen Ansichten habe er nicht ernst genommen, ihre Persönlichkeit aber umso mehr geschätzt. Gelesen habe er, seiner Erinnerung nach, nur ihre Gedichte, die sie ihm nach Amerika schickte. Ausgerechnet hier, wo es um Kissingers Kenntnis von Bachmanns Werk und die Dimensionen einer gegenseitigen geistigen Attraktion ging, bohrte Hartwig nicht nach. Stattdessen resümierte sie: »Für ihn war es eine romantische Geschichte«.[12]

Das Gespräch wurde auf Englisch geführt, nicht aufgenommen und erst aus dem Gedächtnis schriftlich protokolliert. Die daraus resultierende Wiedergabe, in der uncharakteristisch ungelenke, englischsprachliche Bemerkungen Kissingers, Hartwigs Paraphrasen und ins Deutsche übersetzte Zitate durcheinandergemischt werden, lassen Zweifel über deren Zuverlässigkeit entstehen. An keiner Stelle verrät Hartwig, dass vor ihr eine andere Biografin und ein Biograf Kissinger über diese Beziehung befragt haben. Für ihre 2013 erschienene Bachmann-Biografie scheint Andrea Stoll diskreter ans Werk gegangen zu sein. Wenn sie sich nach der sexuellen Dimension der Beziehung erkundigte, gibt sie das jedenfalls nicht preis, registriert aber in vergleichbarer Ausführlichkeit Kissingers Hochschätzung von Bachmann.[13] Hören und sehen kann man in Peter Hamms 1980 gesendetem Filmporträt *Der ich nicht unter Menschen leben kann. Auf den Spuren von Ingeborg Bachmann* den Deutsch fehlerhaft, aber fließend sprechenden Diplomaten über Dinge erzählen, die damals immerhin nicht 60, sondern erst 25 Jahre zurücklagen.[14]

Hamm fragte zunächst offenbar nach der Überfahrt im Sommer 1955 und dem daraus entstehenden Chaos, als Bachmann im New Yorker Hafen ohne Reisepass und ohne Visum ankam. Diese Episode, die bereits zu Lebzeiten Bach-

---

11 | Siehe den Abschnitt über Hartwigs Biografie in: Leo A. Lensing: Fields of Memory. Recovering the life of Ingeborg Bachmann. In: Times Literary Supplement 6092 vom 3. Januar 2020, S. 12-14.
12 | Hartwig: Wer war Ingeborg Bachmann?, S. 257.
13 | Andrea Stoll: Ingeborg Bachmann. Der dunkle Glanz der Freiheit. Biographie. München 2013, S. 166. Das Interview fand 2007 in New York statt.
14 | Mein herzlicher Dank gilt Heinz Bachmann, der mir die Vorführung einer im Besitz der Bachmann-Erben befindlichen Kopie des Films ermöglichte.

manns als Paradebeispiel ihrer angeblichen Hilflosigkeit in praktischen Dingen kursierte, spricht Kissinger jedenfalls an:

> Ingeborg war eine ziemlich abstrakte [sic!] Mensch. Irgendwie hat sie den Pass verloren oder nicht mitgebracht. Ich war ein völlig unbedeutender junger Professor. Aber ich habe irgendwie das Immigration Service überzeugt, dass Ingeborg Bachmann nicht gefährlich sei. Ich kannte sie von Freunden, Unseld, der ihr Verleger war. – Er war nicht ihr Verleger. Er hat sie mir vorgestellt. Ich hatte etwas von ihr gelesen, aber ich kannte sie nicht und ich lernte sie später gut kennen und schätzte sie sehr.

Wichtig an diesen Bemerkungen ist zunächst der Hinweis, dass Kissinger Texte von Bachmann kannte, bevor er sie kennenlernte. Dass er Unseld als ihren Verleger nennt, der dieser erst und nur mit dem 1971 erschienenen Roman *Malina* wurde, sich aber sofort verbessert, legt nah, dass er eine Zeit lang das Erscheinen ihrer Publikationen aufmerksam verfolgte.

Am aufschlussreichsten ist die Antwort auf die Frage, die Hamm seinerzeit diskreter formulierte, als Hartwig das später tun wird. Sie verlangte nämlich zu wissen, ob Kissinger Bachmann schön fand. 2016 entgegnete dieser, angeblich »amüsiert«, aber vielleicht doch eher irritiert, lakonisch: »Not in the sense of a fashion model«.[15] 1980 fragte Hamm Kissinger, ob Bachmann für ihn »etwas Auffälliges« gehabt habe, »denn sie wirkte vielleicht eher unauffällig?«. Diese Ausdrucksweise scheint Kissinger sowohl provoziert als auch inspiriert zu haben:

> Sie wirkte seltsam und als wäre sie von einer anderen Welt und lebte in einer Welt von sich, aber sie war eine Persönlichkeit von unglaublicher Tiefe und man hatte immer das Gefühl, daß sie Dinge sah, die einem vorenthalten waren – aber – und über die sie an sich nicht so richtig sprechen konnte, nur schreiben konnte. Aber irgendwie kommunizierte sie das zu mir und nach einer Woche, nachdem sie in Harvard war. Ich sah sehr viel von ihr wenn sie da war – und auch danach etwas.

An dieser Stelle hält Kissinger inne, schaut nach unten und sagt: »Eine interessante«, bevor er den Blick aufrichtet, den Zeigefinger gegen die Kamera erhebt, und mit den Worten »tiefe Frau« seine Erwiderung abschließt.

Briefe in Yale – Bachmanns Originale, Kissingers Durchschläge

Obwohl Hartwig vermutlich vor ihrem eigenen Interview mit Kissinger wusste, dass sein Vorlass in der Sterling Library der Yale University Briefe von Bachmann enthält, wurden sie erst nach dem Treffen in Berlin eingesehen. Im

---

15 | Hartwig: Wer war Ingeborg Bachmann?, S. 256.

Epilog der Biografie werden dann Entdeckung, Fernbestellung und digital ermöglichte Auswertung der Korrespondenz unter großem Zeitdruck zu einem Archiv- und Forschungsdramolett hochstilisiert. Aus einigen wenigen galanten Aufforderungen, mit denen Kissinger wiederholt, aber angeblich erst ab November 1956, also fast anderthalb Jahre nach dem Harvard-Seminar, insistierte, dass Bachmann seine Briefe beantworten soll, strickt sie ein ungleiches Liebesverhältnis zusammen. Er ist der öfter schreibende Leidenschaftliche, sie die sich kurz fassende Zurückhaltende. Diese Auffassung geht aber an Beschaffenheit und Inhalt der in Yale liegenden Korrespondenz vorbei.

Die dort aufbewahrte Bachmann-Mappe enthält nicht »um die fünfunddreißig Stück« Briefe,[16] die Hartwig eingesehen haben will, sondern besteht aus 38 Blättern: 16 Briefkopien und einem Telegramm von ihm; sieben Originalbriefen und zwei Telegrammen von ihr; sowie zwei Kopien von Briefen, die von Sekretärinnen getippt wurden und von denen einer im Auftrag der Ehefrau Ann Kissinger geschrieben wurde.[17] Ein weiterer Brief von ihr liegt bei Materialien für das 1956 abgehaltene International Seminar.[18] In der Bachmann-Korrespondenz-Mappe befinden sich auch Kopien dreier Briefe von Kissinger an Siegfried Unseld sowie drei Zeitungsausschnitte, wovon zwei im Februar und März 1960 in der *Frankfurter Allgemeinen Zeitung* publizierte Notizen sind, die den letzten Vortrag *Literatur als Utopie* für Bachmanns Frankfurter Poetik-Vorlesungen sowie die Weltpremiere von Hans Werner Henzes Oper *Der Prinz von Homburg* mit ihrem Libretto ankündigen. Die Schreiben an Unseld zeigen, dass die Bitte, einen Brief an Bachmann weiterzuleiten oder um ihre jüngste Adresse zu übermitteln, keine Ausnahme war.

Nicht falsch gezählt, sondern gänzlich übersehen wurden korrigierte Druckfahnen von Bachmanns Essay *Die blinden Passagiere*, der in dem *Jahresring 1955/56* erschien, und sechs Gedichttyposkripte, die in einer zweiten Bachmann-Mappe liegen. *Die große Fracht* und *Große Landschaft bei Wien* waren bereits 1953 gedruckt und im selben Jahr in dem ersten Lyrikband *Die gestundete Zeit* aufgenommen worden. Vier weitere Gedichte – *Anrufung des Großen Bären*, *Was wahr ist*, *Lieder von einer Insel* und *Das erstgeborene Land* – sind alle 1956 in der Sammlung *Anrufung des Großen Bären* erschienen. Von diesen waren zwei im Sommer 1955 noch nicht publiziert worden. Drei der Typoskripte weisen Varianten der gedruckten Version auf, die für zukünftige Editionen relevant sein dürften. Der Frage, ob besonders bei der chronologisch auffälligen Lyrikauswahl Programm oder Botschaft enthalten ist, wäre nachzugehen.

Ohne Kenntnis dieser Sendungen, die den Anfang von Kissingers Bachmann-Lektüre viel früher nahelegen, konnte Hartwig ein im Brief vom 15. November

---

16 | Ebd., S. 262.
17 | YKP, Box 7, Folder 4.
18 | Ingeborg Bachmann an Henry Kissinger, Brief vom 23. August 1956 (YKP, Box 131, Folder 6).

1956 geäußertes Urteil über die Gedichte in *Anrufung des Großen Bären* – den Band hat Bachmann ihm prompt nach Erscheinen zukommen lassen – leichter bagatellisieren. In der aus dem Original zitierten Bemerkung »extraordinarily sensitive and *surprisingly masculine*«[19] stammt das Kursive nämlich nicht von Kissinger, sondern von der Biografin, der es offenbar darauf ankam, seine Unsicherheit, ob Bachmann das als Kompliment auffassen würde, als ironisches Spötteln und »geistreichen Machismo« abzutun: Kissingers »literarisches Urteilsvermögen [dürfte] ihr genauso gleichgültig gewesen sein, wie ihm ihr politisches Urteilsvermögen«.[20] In diesem Sinne wird seine Einstellung zu ihrem Werk in aller Kürze abgehandelt, eine wirklich ironisch-spielerische Bemerkung in einem vier Wochen später geschriebenen Brief – »After my deadly existence here, I'm badly in need of a bizarre poetess« – bloß als »schöne Zeilen« registriert.[21]

Die in Kissingers Vorlass aufbewahrten, bereits erwähnten Zeitungsausschnitte und einige von Hartwig übergangene Hinweise in seinen Briefen zeigen hingegen, dass er nicht nur Bachmanns Lyrik las, sondern ihre ganze schriftstellerische Produktion mit wachem Interesse verfolgte. So schrieb er am 29. April 1960, nachdem er einen negativen, herablassenden Bericht über ihre letzte Poetikvorlesung in Frankfurt gesehen hatte, »I just read *der Spiegel* about you and I am delighted to learn that you were just as impossible in Frankfurt as at Harvard«.[22] Das lässt die Bemerkung über ihre »gewissenhafte« Teilnahme am Politikseminar in Harvard im anderen, komplexeren Licht erscheinen. Auch wenn er mit diesem humoristischen Vergleich sie sicher trösten wollte, wird das einen wunden Punkt berührt haben. *Der Spiegel* hatte berichtet, die Studenten in den der Vorlesung folgenden Seminarsitzungen wollten »die Lyrikerin zum Kategorisieren, zum Urteilen, vielleicht auch zum Verurteilen« bringen; »ärgerten sich über die unpopuläre und unverständliche Art ihres Vortrags und wußten mit den fast geflüsterten Monologen nichts anzufangen«.[23] In einem auf Englisch verfassten Postskriptum – der dazu gehörige Brief vom 11. Juli 1960 fehlt – geht Bachmann auf Kissingers neckende Bestandsaufnahme ein: »I was not quite so bad in Frankfurt as the Spiegel said but the seminar was really an exercise in silence and therefore good for everybody«.[24] Hans Magnus Enzensberger gegenüber hat-

---

19 | »[A]ußerordentlich feinfühlig und überraschend männlich« (Hartwig: Wer war Ingeborg Bachmann?, S. 262).
20 | Ebd., S. 262 f.
21 | Ebd., S. 263. »Infolge meiner tödlichen Existenz hier brauche ich dringend eine bizarre Dichterin«. Brief vom 14. Dezember 1956 (YKP, Box 7, Folder 4).
22 | »Ich habe eben im *Spiegel* über Sie gelesen und mich gefreut, zu erfahren, dass Sie in Frankfurt genauso unmöglich waren wie in Harvard« (YKP, Box 7, Folder 4).
23 | Bachmann-Dozentur. Übernimm ein Amt. In: Der Spiegel vom 20. April 1960, online unter www.spiegel.de/spiegel/print/d-43065470.html.
24 | »Ich war nicht ganz so schlecht, wie der Spiegel berichtete, aber das Seminar war in Wirklichkeit eine Übung im Schweigen und daher gut für alle«. Aus einem Brief vom 18. Juli 1960, den die Sekretärin Elissa Norris verfasste, geht hervor, dass ein Brief

te sie sich am 2. Dezember 1959 weniger pädagogisch tolerant ausgedrückt und von Studenten geschrieben, »die mich mit ihren angelesenen Fragen ganz zum Verstummen gebracht haben. (›Kann uns die Dichterin vielleicht zuerst sagen, wie sie zur Sprache steht?‹ etc etc) Ist das nicht traurig? So jung und schon so verkrüppelt«.[25]

Kissingers Briefe zeigen, dass er neben einem Widmungsexemplar von *Anrufung des Großen Bären* auch ihre erste Prosasammlung *Das dreißigste Jahr* mit einer ihrer »cryptic inscriptions« erhalten hatte.[26] Reichlich verspätet schrieb er im März 1964, dass er *Unter Mördern und Irren*, eine der Erzählungen aus *Das dreißigste Jahr*, die im Dezemberheft des vorigen Jahrs der Literaturzeitschrift *Encounter* in Übersetzung erschienen war,[27] gelesen hatte. Die Erzählung habe ihm gefallen; sie sei »powerful and profound though I am sure few Americans will understand what it is all about«.[28] Zu diesem Zeitpunkt mochte es tatsächlich einem deutsch-jüdischen Emigranten in Amerika vorbehalten gewesen sein, eine aus der Perspektive eines Remigranten in Wien erzählte, ein Jahrzehnt nach dem Krieg spielende Geschichte zu verstehen. Im Mittelpunkt stehen unbewältigte Vergangenheit sowie Kompromisse der Gegenwart, die jüdische Heimkehrer eingehen mussten, um in einem Österreich zu überleben, das am Mythos, Hitlers erstes Opfer gewesen zu sein, wieder aufblühte.

Bachmann, die in diesen Jahren in und an Berlin eine tiefe Krise durchlitten hatte, antwortete erst ein Jahr später. Sie beteuerte, jetzt beim Wiederlesen des Briefes genauso glücklich wie damals darüber zu sein, dass ihm die doch düstere Erzählung gefallen habe. Zum ersten und einzigen Mal schreibt sie auf Deutsch: »Wo sind Sie? Wie geht es Ihnen? Ich möchte so gerne, dass wir einander wieder schreiben und einander wissen lassen, wann es eine Möglichkeit gibt für ein Wiedersehen«.[29] Sie beendet diesen Brief vom 15. April 1965 mit Worten, die wie ein Abschied klingen: »Meine Freundschaft für Sie bleibt unverändert«, fügt aber ein Postskriptum hinzu (»Das nächste Mal schreib ich wieder englisch!«)[30] In Yale liegt ein letzter Brief, vom 25. Mai 1965, der tatsächlich auf Englisch geschrieben ist. Kissinger hatte ein Treffen in Köln in Aussicht gestellt: »Dare we meet there

---

Bachmanns vom 11. Juli nach Kissingers Abreise nach Europa angekommen war (vgl. YKP, Box 7, Folder 4).
25 | Ingeborg Bachmann/Hans Magnus Enzensberger: »schreib alles was wahr ist auf«. Der Briefwechsel. Hg. v. Hubert Lengauer. Berlin 2018, S. 66.
26 | »[K]ryptische Widmungen«. Brief vom 3. Juli 1961 (YKP, Box 7, Folder 4).
27 | Ingeborg Bachmann: Among Murderers and Madmen. In: Encounter 21 (1963), Nr. 6, S. 3-15.
28 | »[G]ewaltig und profund, aber ich bin sicher, dass nur wenige Amerikaner verstehen werden, worum es geht«. Brief vom 18. März 1964 (YKP, Box 7, Folder 4).
29 | YKP, Box 7, Folder 4.
30 | Ebd.

again?«.³¹ Bachmann wollte es nicht wagen – »I do not know what to say about Cologne«, vielleicht aus dem Grund, dass sie nicht umhinkonnte, Köln mit Celan und dem gemeinsamen Aufenthalt dort im Oktober 1957 zu assoziieren – und schlug stattdessen (von Berlin aus!) Zürich oder Rom vor.³²

Auch Handschriftliches
Kissingers Briefe in Wien

Im Bachmann-Nachlass in der Österreichischen Nationalbibliothek lässt sich die Entwicklung der Beziehung zu Kissinger weiterverfolgen.³³ Dort liegen zwei Entwürfe eines Briefes Bachmanns vom 26. Dezember 1970, die den wahrscheinlichen Schlusspunkt der Korrespondenz markieren.³⁴ Deren recht unfertiger sprachlicher Zustand legt nahe, dass der Brief nicht abgeschickt wurde. Darin bedauert Bachmann, den Freund in Rom wiederholt verfehlt zu haben, da sie ihn nach »all those strange years« sehr gerne wiedersehen wollte. Sie habe sein »outstanding life« in den Zeitungen verfolgt, immer mit »unchanged feelings since so many summers«. Sie wolle über die letzten zehn Jahre nicht sprechen, die »awfully difficult for me and a mess« gewesen seien. Sie erinnert ihn aber, dass er von Anfang an meinte, sie sei »tough«. Darüber habe sie manchmal lachen müssen, es sei aber vielleicht doch wahr, und als Beweis verspricht sie die Sendung im kommenden Frühling von »my first novel which will be followed soon by three others [!] books«; *Malina* also, der im März 1971 erschien, und die anderen, bei ihrem Tod nicht abgeschlossenen Romane des *Todesarten*-Zyklus.³⁵ Ob das Buch wirklich versandt wurde? Ob Kissinger, der

---

31 | »Wagen wir's, uns dort wieder zu treffen?«. Brief Kissingers an Bachmann, 28. April 1965 (YKP, Box 7, Folder 4), Durchschlag. Vgl. das Original des Briefes in: Bachmann-Nachlass. Österreichische Nationalbibliothek, Wien (im Folgenden mit der Sigle »BN ÖNB«, I.-N. [= Inventar-Nummer] 4231B 11291/32).
32 | »Ich weiß nicht, was ich zu Köln sagen soll«. Bachmann an Kissinger, Brief vom 25. Mai 1965 (YKP, Box 7, Folder 4).
33 | Ich bin der Representative von Dr. Kissinger und der Yale University sowie den Bachmann-Erben und der Österreichischen Nationalbibliothek für die Erlaubnis zur Einsicht in Originalbriefe und Briefkopien zum Dank verpflichtet. Mein besonderer Dank gilt Dr. Michael Hansel, der mir bei einem Arbeitsaufenthalt in Wien mit Rat und Tat beistand.
34 | Bachmann an Kissinger, Brief vom 26. Dezember 1970 (BN ÖNB, I.N. 4231B 2561/12 und 13; jeweils zwei Blätter).
35 | »[A]ll diesen komischen Jahren«, »Ihren außerordentlichen Lebensweg«, »unverändertem Wohlwollen nach so vielen Sommern«, »furchtbar schwer für mich und ein Schlamassel«, »widerstandsfähig«, »meinem ersten Roman, dem bald drei andere Bücher folgen werden«.

immerhin auch Uwe Johnson nach Harvard eingeladen und *Mutmaßungen über Jakob* von Siegfried Unseld empfohlen bekommen hatte, mit diesem großartigen Erzählexperiment etwas hätte anfangen können?

Die in Wien erhaltenen Originalbriefe von Kissinger vergrößern den Gesamtbestand erheblich. Abgesehen von amtlichen Mitteilungen im Zusammenhang der Bewerbung für das International Seminar gibt es insgesamt 19 erhaltene Privatbriefe, von denen es in Yale keine Kopien gibt. Kissinger hat Bachmann nicht erst im November 1956 geschrieben, sondern allein zwischen August 1955 und November 1956 zehn, teilweise mit der Hand geschriebene, persönliche Briefe geschickt. Am 27. Oktober 1955 erinnerte er sie daran, dass sie ihm »the manuscript of your radio play« versprochen habe.[36] Mitte Dezember berichtete er, dass er das »play« – das bereits im März zuerst gesendete, aber inzwischen in dem Band *Hörspiel* 1955 gedruckte Stück *Die Zikaden* – erhalten und der Lektüre davon den Vormittag gewidmet habe:

I think it is beautiful and it seemed surprisingly like something I had wanted to do once which you may remember we had talked about at dinner one day. You know, that thing about an island with a prison colony where the prisoners actually occupy a larger part of the island than the jailers and where the question of freedom or restraint is therefore purely psychological. But your piece is much more subtle.[37]

Das beleuchtet nicht nur einen Themenbereich der Gespräche des Harvarder Sommers, sondern verrät auch unvermutete Ambitionen des literarisch interessierten Politikwissenschaftlers. Es mag nicht überraschen, dass seine in Briefen manchmal mit Kafka-Vergleichen verbrämte Verachtung des amerikanischen Bürokratismus einmal auch die Idee zu einer Variante von *In der Strafkolonie* entstehen ließ.[38]

Einem Brief Kissingers vom 25. Januar 1956 ist zu entnehmen, dass Briefe von Bachmann aus den vorigen Monaten verloren gegangen sind – »You are a much

---

36 | »[D]as Manuskript Ihres Hörspiels« (BN ÖNB, I.N. 4231B 1129/12).
37 | »Ich finde, es ist schön, und es kam mir vor wie etwas, das ich selbst einmal machen wollte. Sie wissen noch, die Sache über eine Insel mit einer Strafkolonie, wo die Gefangenen einen größeren Teil der Insel besetzen als das Wachpersonal und das Problem Freiheit oder Zwang daher rein psychologisch ist. Aber Ihr Stück ist viel subtiler«. Kissinger an Bachmann, 14. Dezember 1955 (BN ÖNB I.N.4231B 1129/13).
38 | Siehe zum Beispiel einen undatierten, im Frühjahr 1957 geschriebenen Brief (BN ÖNB, I.N. 4231B 1129/2), in dem Kissinger sein Arbeitszimmer als »straight out of Kafka elegant, important and beside the point« (»genau wie bei Kafka elegant, repräsentativ und unerheblich«) beschreibt. 1961 erlebte er seinen Ausschluss von Diskussionen im Weißen Haus um die Berlinkrise als »Kafka-like« (vgl. Ferguson, Kissinger, S. 500).

better correspondent than I am«.[39] Sie muss ihm in einem davon den Vorschlag eines Artikels für die im Zusammenhang mit dem International Seminar herausgegebene Zeitschrift *Confluence* unterbreitet haben, in der Reinhold Niebuhr und Hannah Arendt, aber auch Ernst Jünger und Ernst von Salomon publizierten:

I hope you will write something for *Confluence* and what you propose sounds fascinating, or have you forgotten it? The notion that Austria is a fiction, if it is done well, would be extremely interesting and would fit in with something I am planning to do precisely.[40]

Österreich als politische Fiktion. Mit etwas Vergleichbarem wird die Protagonistin in Bachmanns letzter Erzählung *Drei Wege zum See* (1972) konfrontiert, wenn sie in der Wirklichkeit Figuren aus der Romanwelt Joseph Roths begegnet, in denen der Habsburgmythos noch sehr lebendig ist. Am Schluss der Erzählung erhält Elisabeth Matrei, eine autobiografisch gezeichnete Fotojournalistin, einen Reportageauftrag für Vietnam, der sie vielleicht das Leben kosten wird; ausgerechnet in der Zeit, als die Kriegsführung der USA dort unter Kissingers Einfluss sich verschärfte.

In einem handschriftlichen Postskriptum, das länger als der vorangehende maschingeschriebene Brief vom 18. Januar 1957 ist, kam Kissinger wieder auf Bachmanns Lyrik zu sprechen:

My life here is becoming grotesque: no museums, no theater, nothing that makes life worth living; only writing a stupid book on foreign policy which I do not like although it will probably be successful & administration of the most pedantic kind. [...] Your latest book of poetry is splendid: I read it often. Do send me some more copies *and do write*.[41]

---

39 | »Sie sind eine viel bessere Korrespondentin als ich« (BN ÖNB I.N. 4231B 1129/16).
40 | Ebd. (Hervorh. im Original unterstrichen). »Ich hoffe, Sie werden etwas für *Confluence* schreiben. Das, was Sie vorschlagen, klingt faszinierend, oder haben Sie es vergessen? Die Vorstellung, dass Österreich eine Fiktion ist; wenn es gut gemacht wird, wäre es äußerst interessant und würde zu etwas, was jetzt in Planung ist, gut passen«.
41 | BN ÖNB, I.N. 4231B 1129/23. »Mein Leben hier wird grotesk: keine Museen, kein Theater, nichts, was das Leben lebenswert macht; nur das Schreiben eines dummen Buches über Außenpolitik, das mir selbst nicht gefällt aber wohl erfolgreich wird, und Verwaltungsarbeit pedantischster Art. [...] Ihr neuer Lyrikband ist großartig: Ich lese oft drin. Schicken Sie mir doch mehr Exemplare *und schreiben Sie doch*«. Wie ein Brief vom 19. März bestätigt, hat er den Gedichtband *Anrufung des Großen Bären* zwei Monate lang immer wieder in die Hand genommen und weitere Exemplare »einigen Freunden« geschickt, »denen es allen gefällt« (BN ÖNB, I.N. 4231B 1129/1).

In diesem Brief meldet sich mit dem selbstironisierenden Hinweis auf ein »dummes Buch über Außenpolitik« der Autor Kissinger. Es handelt sich um den einflussreichen Bestseller *Nuclear Weapons and Foreign Policy*, der seinerzeit so verschiedene Geister wie Eisenhower und Reinhold Niebuhr beeindruckte. In ihrem Versuch, Bachmanns Einstellung zur Politik näher zu bestimmen, fragte sich Hartwig, ob sie wusste, dass Kissinger in den ersten Jahren ihrer Bekanntschaft an diesem später kontroversen Werk arbeitete. In zwei von ihr übersehenen, im Jahre 1957 geschriebenen Briefen erkundigte Bachmann sich nach eben diesem Buch.[42] Kissinger hatte ihr bereits im Dezember 1955 geschrieben, dass er an einem Buch über »the impact of modern technology on foreign policy« arbeitet.[43] Im Frühjahr 1957 berichtete er, dass das Manuskript abgeschlossen war, und meinte, das Buch würde ihr nicht gefallen oder doch, aber nur, weil er der Autor war.[44]

In Bachmanns Bibliothek steht die 1959 erschienene deutsche Übersetzung *Kernwaffen und auswärtige Politik*. Sie hat vielleicht auch die amerikanische Originalausgabe besessen, denn Kissinger erwähnt sie wiederholt in seinen Briefen und verspricht einmal, ein Exemplar an ihre neue Adresse in München zu senden.[45] In den Jahren danach bestürmte er sie förmlich mit Artikeln zum Thema. Drei Sonderdrucke sind unter ihren Büchern erhalten: der 1960 in *The Reporter* erschienene Aufsatz *The New Cult of Neutralism* sowie die 1962 und 1963 in *Foreign Affairs* publizierten Artikel *The Unsolved Problems of European Defense* und *Strains on the Alliance*.[46] Als Beilage zu seinem Brief vom 6. Oktober 1960 hatte er ihr bereits den in *Daedelus* veröffentlichten Aufsatz *Limited War: Conventional or Nuclear? A Reappraisal* geschickt, in dem das Argument des Buchs über die Abschreckungswirkung von Atomwaffen neu überlegt wird.[47] Sie reagierte darauf zwar etwas verzögert, aber umso herzlicher: »You know I am always interested in what you do, in what you write. Often, I would like to talk to you about all what happens and what your thoughts are and how you continue now to think, to act [...] in the new situation.«[48] Dass sie sich bereits 1958 für das in München ge-

---

42 | Briefe vom 16. August und 24. Dezember 1957 (YKP, Box 7, Folder 4).
43 | »[D]ie Einwirkung der Technologie auf Außenpolitik«. Kissinger an Bachmann, Brief vom 14. Dezember 1955 (BN ÖNB, I.N. 4231B 1129/13).
44 | Brief vom 19. März [1957] (BN ÖNB, I.N. 4231B 1129/1).
45 | Undatierter, wohl Ende September 1957 geschriebener Brief (BN ÖNB, I.N. 4231B 129/1).
46 | Die Auskunft über Publikationen Kissingers in Bachmanns Bibliothek verdanke ich Robert Pichl (Wien), der ein noch unveröffentlichtes Verzeichnis der Bibliothek zusammengestellt hat.
47 | Diese Briefkopie sowie der im folgenden Satz zitierte Brief Bachmanns gehören zum Bestand der YKP.
48 | »Sie wissen, ich interessiere mich immer für das, was Sie machen, was Sie schreiben. Oft möchte ich mit Ihnen darüber reden, was gerade geschieht und was Ihre

gründete »Komitee gegen Atomrüstung« engagiert hatte, wurde weder hier noch sonstwo in der Korrespondenz erwähnt.

Epistolarische Dreiecke

Im Wiener Bachmann-Nachlass und in den in Yale liegenden Korrespondenzen lässt sich zum ersten Mal auch Henry Kissingers Rolle als am Rande agierender Dritter in zwei sich überkreuzenden Dreiecksverhältnissen skizzieren: in dem bekannten, desaströsen Liebesverhältnis mit Max Frisch und in der weitgehend unbekannten, heiklen kollegialen Beziehung zu Hans Egon Holthusen.

Kissinger dürfte Frischs literarischen Durchbruch *Stiller* bald nach der Publikation im Jahre 1954 gelesen haben. Aber aufmerksam auf dieses frühe Erfolgsbuch des Suhrkamp-Verlags und dessen Autor wird er spätestens während des International Seminars 1955 geworden sein. Wie dem Programmbericht zu entnehmen ist, referierte der Suhrkamp-Mitarbeiter Siegfried Unseld über »the German novel after World War II« in einer Sitzung der »humanities group«, der vermutlich auch Bachmann beiwohnte.[49] Dass Frischs große Parabel über einen Europäer, dessen existenzielle Ratlosigkeit durch das Überstülpen einer amerikanischen Identität nicht besser wird, den selbstbewussten, aber kritischen Emigranten Kissinger faszinieren würde, liegt auf der Hand. Noch 1963, als Unseld ein Kennenlernen im Zusammenhang mit einem New Yorker Aufenthalt Frischs in Aussicht stellte, erinnerte Kissinger an eine Frage über *Stiller*, die er früher dem Verleger stellte und jetzt mit dem Autor selbst ansprechen könnte.[50] Inwiefern Kissingers andauerndes Interesse an Frischs Werk – er erbittet und bekommt ein Exemplar von *Andorra* und dankt auch für Unselds Übersendung anderer Publikationen[51] – sich mit der Beziehung zu Bachmann überlagerte, geht aus einem undatierten, wohl im Herbst 1959 geschriebenen Brief an sie hervor, als Gerüchte über Frischs Heiratsantrag zirkulierten: »Is it true you will marry Max Frisch? I think very highly of Stiller and it would be wonderful news«.[52] Auf Kissingers wiederholte Zusammenführung der Schätzung von Frischs Werk mit seinem per-

---

Gedanken sind und wie Sie jetzt weiter denken, handeln [...] in der neuen Situation«. Brief vom 4. Februar 1961 (YKP, Box 7, Folder 4).
49 | »[D]en deutschen Roman nach dem Zweiten Weltkrieg« (YKP, Box 132, Folder 5).
50 | Siehe den Brief von Kissinger an Unseld vom 4. Januar 1963 im Bachmann-Folder (YKP, Box 7, Folder 4).
51 | Siehe Briefe von Kissinger an Unseld vom 24. November 1961 und von Unseld an Kissinger vom 4. Dezember 1961 (YKP, Box 60, Folder 5).
52 | »Stimmt es, dass Sie Max Frisch heiraten werden? Ich halte sehr viel von Stiller und das wäre eine wunderbare Nachricht«. Undatierter Brief von Kissinger an Bachmann (BN ÖNB, I.N. 4231B 1129/13).

sönlichen Interesse an einem Treffen zu dritt oder zu zweit geht Bachmann nicht ein.

Aus Anlass einer Inszenierung von *Andorra* in New York im Februar 1963 lernte Kissinger Frisch endlich kennen – natürlich ohne Bachmann, die Ende 1962 nach der Trennung von Frisch erkrankt war und wochenlang im Spital lag – und lud ihn zu einem Besuch bei sich zu Hause in Belmont (bei Boston) ein. Erst im November dankte Frisch dafür und berichtete, dass er seinen »langen Roman zu Ende« geschrieben habe; er »liegt jetzt bei Ingeborg und, ich hoffe, sie ist nicht entsetzt darüber«.[53] Es handelte sich um *Mein Name sei Gantenbein*, in dem Bachmann sich als Vorbild für die Schauspielerin Lila erkennen musste. Das hat sie, wie man weiß, tief gekränkt. Für seinen Teil schrieb Frisch, er hoffe, Kissinger werde wegen des Abbruchs der Beziehung nicht den Stab über ihn brechen. Kissingers Antwort, die keine Kenntnis von Bachmanns Situation verriet, war die Diplomatie selbst, eine Abwägung, die offenbar nie auf die Probe gestellt werden musste.[54] Zu einem persönlichen Treffen mit Bachmann kam es trotz wiederholter Versuche offenbar nicht mehr. Frisch hingegen kam 1970 zusammen mit Siegfried Unseld auf Einladung Kissingers ins Weiße Haus, ein Besuch, den er in seinem veröffentlichten Tagebuch mit ausschweifender Genauigkeit festgehalten hat.[55]

In der neueren biografischen Literatur zu Bachmann wurde Unseld manchmal noch als der Vermittler ihrer Teilnahme am International Seminar genannt. In Wirklichkeit war es der Rilke-Forscher, Kritiker und Hochschullehrer Hans Egon Holthusen, einer der frühen bewundernden Interpreten ihrer Lyrik und bereits im Sommer 1953 Teilnehmer in Harvard, der ihre Bewerbung in die Wege leitete.[56] Als Kissinger 1954 ihn bat, neue Kandidaten und Kandidatinnen vorzuschlagen, machte Holthusen auf Bachmann aufmerksam und empfahl sie auch im folgenden Jahr als »utterly independent«, »vollkommen unabhängig«, wie er ihr die Formulierung übersetzend versicherte.[57] Trotz einer mit zwei Wochen Ver-

---

53 | Brief von Max Frisch an Kissinger vom 13. November 1963 (YKP, Box 22, Folder 15). Zitiert mit Genehmigung der Max Frisch-Stiftung, Zürich.
54 | Brief von Kissinger an Frisch vom 26. November 1963 (YKP, Box 22, Folder 15).
55 | Max Frisch: Tagebuch 1966–1971. Frankfurt am Main 1972, S. 292–307. Merkwürdig ist Frischs Satz: »Wir kennen ihn [Kissinger] aus Harvard« (S. 294), als ob der Besuch bei den Kissingers zu Hause (in Belmont) einen universitären Anlass (in Cambridge) gehabt hätte. Vgl. den viel kürzeren, nüchternen Bericht in Siegfried Unseld: Chronik 1970. Frankfurt am Main 2010, S. 194.
56 | Obwohl Monika Albrecht bereits 2002 in ihrem Artikel zum Nationalsozialismus auf Holthusens Vermittlung der Bewerbung für das International Seminar und damit der Verbindung zu Kissinger hingewiesen hat, wurde diese Beziehung in der biografischen Literatur kaum thematisiert. Vgl. Albrecht/Göttsche, Bachmann Handbuch, S. 239.
57 | Siehe Holthusens Brief an Bachmann vom 16. März 1955 (BN ÖNB, I.N. 4231B 1051/9). Für die Erlaubnis, aus Holthusens Briefen zu zitieren, danke ich sehr herz-

spätung eingereichten Bewerbung wurde sie anstandslos angenommen. Kissinger, dem Holthusen in einem Brief vom 2. Februar 1955 an Bachmann attestiert hatte, »ein scharfsinniger Physiognomiker beim Lesen von Bewerbungsbriefen und -Fotos« zu sein,[58] verzichtete in ihrem Fall auf die sonst erforderlichen Empfehlungsbriefe.[59]

Holthusen war dann auch der Empfänger eines begeisterten Briefes, den Bachmann gleich am 6. Juli 1955 in die Maschine schrieb, »erster Harvard-Tag«, wie sie handschriftlich hinzufügte.[60] Darin erzählt sie mit spürbarem Vergnügen die Geschichte ihrer verlorenen Papiere, die bereits zu ihren Lebzeiten legendär wurde. Sie selbst habe es »wie im Märchen« erlebt. Bachmann beschreibt sich als »ein Mensch, der vermutlich nach Kolumbus der erste ist, der die Vereinigten Staaten von Nordamerika ohne Visum, ohne Impfzeugnis, Landing Card und so on betreten hat«. Nach acht Stunden Verhandlungen, deren genauer Verlauf »nur einmal an einem langen, langen Wein-Abend« zu erzählen wäre, habe der Kontrolloffizier ihr »ein kleines Zetterl in die Hand [gedrückt], auf dem mit *Bleistift* geschrieben steht: Miss I. B., Austrian, born in Kl[agenfurt] marks none, documents none, relatives none«. Kein Wort darüber, dass Kissinger bei der Grenzkontrolle besonders intervenierte, wie man in biografischen Darstellungen immer wieder liest, sondern nur über sein Staunen, dass eine Lösung gefunden wurde. Betont wird stattdessen ihre Freude darauf, von Kissinger erzählt zu bekommen, wie dessen Besuch im Frühsommer bei Holthusen in dem Rilke-Ort Château de Muzot verlaufen war.

Holthusen lässt sich dann in seiner Antwort zur Anrede »Liebe Schwester in Orpheus« hinreißen und zeigt sich von ihrem Bericht begeistert: Die »Geschichte Ihrer Landung in New York wird sicherlich *die* Anekdote nicht nur des Jahrgangs werden, sondern in den Annalen des Seminars überhaupt. Kissinger wird sie unendlich geniessen, wird sie sicherlich in seiner letzten Stunde noch einmal erzählen«.[61] Bachmann, die wohl gerade Holthusen gegenüber die Enttäuschung

---

lich dem Nachlassverwalter Dr. Ewald Brahms, Leiter der Universitätsbibliothek Hildesheim, der auch Kopien zur Verfügung stellte.

58 | Brief Holthusens an Bachmann vom 9. Februar 1955 (BN ÖNB, I.N.4231B 1051/7). Da das Bewerbungsformular für das International Seminar kein Foto vorsah, spielt Holthusen vielleicht auf die markanten, von Herbert List aufgenommenen Fotos an, die der *Spiegel*-Leser Kissinger in der berühmten, im August 1954 erschienenen Titelgeschichte gesehen haben könnte.

59 | Vgl. Holthusens Brief an Bachmann vom 7. März 1955 (BN ÖNB, I.N. 4231B 1051/8). Er ist auf der Rückseite eines maschinengeschriebenen Briefes vom 2. März 1955 an ihn von Kissinger geschrieben, in dem dieser anmerkt, Bachmann brauche sich nicht zu sehr um Empfehlungsbriefe zu kümmern.

60 | Bachmann an Holthusen, Brief vom 6. Juli 1955 (Universitätsbibliothek Hildesheim, Holthusen-Nachlass, Sig. 40402). Alle Zitate in diesem Absatz stammen aus demselben Brief.

61 | Holthusen an Bachmann, Brief vom 22. Juli 1955 (BN ÖNB, I.N. 4231B 1051/12).

mit Amerika herunterspielen wollte, schrieb in ihrem verspäteten »Amerika- und Dank für Amerika-Brief« vom 11. Oktober 1955, dass sie nicht die Kraft habe, über den Aufenthalt zu erzählen. Trotzdem verrät sie ihre Vermutung,

> dass Mr. Kissinger sich an meiner statt einen aktiveren participant gewünscht hätte, aber ich denke jetzt, dass es schon recht war, wie es war, weil es ihm auch so recht war. Er und seine Frau waren weit und breit die liebsten Menschen, und ich habe mich an seiner Gescheitheit von vielen Dummheiten erholt.[62]

Holthusens Antwortbrief vom 25. November enthält ein aufschlussreiches, von Kissinger gezeichnetes Porträt Bachmanns, das Motive des Interviews mit Peter Hamm vorwegnimmt:

> Es ist mir eine wahre Genugtuung, dass Sie Kissinger gleich richtig gesehen und ihn und seinen Wert schätzen gelernt haben. Die Sympathie ist gegenseitig, auch er hat Sie begriffen. In einem Brief vom 31. August schrieb er mir: »Now the report about Bachmann that I promised. She is, you will admit, a strange person who masks her determination in an appearance of helplessness. I don't remember that all during the summer she said a single remarkable thing either to me or to anyone else, and yet when, at the end of the Seminar, I asked a number of the participants, whose judgment I valued most highly, who in turn had impressed them most, the almost universal reaction was Ingeborg Bachmann.[63]

Bachmann verdankte Holthusen auch eine Einladung zur Lesung im Goethe House in New York im Februar 1962, wo er im vorigen Jahr die Programmleitung übernommen hatte. Sie dankte ihm erst im September für Tage, die »in diesem sonst so schwierigen Jahr« eine große Hilfe gewesen seien, geht aber auch auf ein »Gespräch unter vier Augen« ein, bei dem es offenbar um ein Werk ging, in dem er Rechenschaft über sein Verhalten im Dritten Reich abzulegen gedachte.[64] Dass Bachmann zumindest über die Tatsache von Holthusens Mitgliedschaft in der SS informiert war, kann man aus ihrer Freundschaft mit

---

[62] | Bachmann an Holthusen, Brief vom 11. Oktober 1955 (Universitätsbibliothek Hildesheim, Holthusen-Nachlass, Sig. 43024).

[63] | »Hier der Bericht über Bachmann, den ich Ihnen versprochen habe. Sie ist, werden Sie zugeben, eine merkwürdige Person, die ihre Entschlossenheit mit dem Schein der Hilflosigkeit kaschiert. Ich kann mich nicht einer einzelnen bemerkenswerten Äußerung erinnern, die sie mir oder einer anderen den ganzen Sommer über gemacht hat. Aber am Ende des Seminars, als ich einige Teilnehmende, deren Urteil ich am höchsten schätzte, fragte, wer sie am meisten beeindruckt habe, erwiderten fast alle: Ingeborg Bachmann [...]«. Holthusen an Bachmann, Brief vom 25. November 1955 (BN ÖNB, I.N. 4231B 1051/13).

[64] | Bachmann an Holthusen, 4. September 1962 (Universitätsbibliothek Hildesheim, Holthusen-Nachlass, Sig. 40405).

Hermann Kesten schließen. Kesten, mit dem sie seit Anfang der 1950er-Jahre öfter in Rom zusammenkam, hatte 1953 in einem erst 1959 veröffentlichten Vortrag vor dem P.E.N.-Club in München Holthusen aus diesem Grund scharf angegriffen und 1960 wieder in Zeitschriftenartikeln darauf hingewiesen.[65] Ob sie die allerdings nur in kleineren publizistischen Organen in Deutschland und Amerika ausgetragene Kontroverse um seine vom Auswärtigen Amt bestätigte Ernennung zum Programmdirektor des Goethe House wahrnahm, geht aus bisher bekannt gewordenen Dokumenten nicht hervor. In ihrem Brief über das in New York geführte Gespräch formulierte Bachmann jedenfalls vor- und nachsichtig, forderte aber »eine neue Genauigkeit«[66] und die Vermeidung von allem, was nach Selbstverteidigung aussähe.

Holthusen redete sich in seiner ausfernden Antwort, die sich wie ein Entwurf zu seinem 1966 im *Merkur* erschienenen autobiografischen Essay *Freiwillig zur SS* liest,[67] auf »die situationsgebundene moralische Subjektivität des Einzelnen« aus und wetterte gegen die »schamlose moralische Gelegenheitsmacherei der Enzensbergers«.[68] Er bemängelte außerdem »die unbegreifliche Sanftmut gewisser (sehr seltener) jüdischer Emigranten«, gegen die er ebenso empfindlich sei wie gegen »das erpresserische moralische Auftrumpfen gewisser anderer«.[69] Bachmann scheint nicht mehr darauf reagiert zu haben. Das abschreckende Beispiel Enzensberger – mit ihm hatte Bachmann gerade eine intensive Phase der freundschaftlichen Zusammenarbeit begonnen – wird sie kaum überzeugt haben. Außerdem hatte sie ausgerechnet während des New Yorker Aufenthalts die keineswegs zur Sanftmut neigende jüdische Emigrantin Hannah Arendt, die Holthusen in seiner autobiografischen Apologia scharf anpacken wird,[70] kennen- und schätzen gelernt.

Bachmanns Beziehung zu Holthusen kühlte nach ihrem Auftritt in New York und der sich darauf beziehenden Korrespondenz ab, wurde aber in den in dieser Zeit ohnehin seltenen Briefen an Kissinger nicht erwähnt. Für seinen Teil pflegte Holthusen in den frühen 1960er-Jahren das kollegial-freundschaftliche Verhältnis zu dem sich jetzt öfter in New York aufhaltenden Kissinger weiter. Es folgten Einladungen zu Veranstaltungen im Goethe House; der Besuch eines Vortrags

---

65 | Andreas Eichmüller: Die SS in der Bundesrepublik. Debatten und Diskurse über ehemalige SS-Angehörige 1949-1985. Berlin/Boston 2018, S. 264-265.
66 | Bachmann an Holthusen, Brief vom 4. September 1962.
67 | Hans Egon Holthusen: Freiwillig zur SS (Teil 1). In: Merkur 223 (1966), S. 921-939; Freiwillig zur SS (Teil 2). In: Merkur 224 (1966), S. 1037-1049.
68 | Holthusen an Bachmann, Brief vom 24. November 1962 (BN ÖNB, I.N. 4231B 105/21).
69 | Ebd.
70 | Vgl. Holthusen: Freiwillig zur SS (2), S. 1041.

von Kissinger über nukleare Strategie ist in einem Dankesbrief dokumentiert.[71] Im Frühjahr 1965 beauftragte Kissinger Holthusen mit einem Beitrag über die deutsche Nachkriegsliteratur für einen offenbar nie erschienenen Sammelband *In Search of Germany*, durch den das Land »somewhat more comprehensible to Americans« gemacht werden sollte.[72] Übersetzungs- und Redigierungsfragen füllten eine ausgedehnte Korrespondenz, die fast zwei Jahre dauerte. Unter den redaktionellen Eingriffen war Kissingers dem Autor schmeichelnder Vorschlag, ein Zitat von Hans Magnus Enzensberger durch »your words« zu ersetzen.[73] Einen letzten, das »fürstlich[e]« Honorar betreffenden Brief Holthusens im Mai 1967, als der von Jean Améry und anderen entfachte Aufruhr über seinen SS-Bericht noch schwelte,[74] ließ Kissinger von einem Assistenten erledigen.[75]

EINE »ROMANTISCHE GESCHICHTE«?

Der früheste im Wiener Bachmann-Nachlass erhaltene, mit der Hand geschriebene Brief Kissingers ist für die »romantische Geschichte«, die Ina Hartwig in dem Interview mit ihm »zur Gewissheit« »verdichtet« sah, aufschlussreicher als die spärlichen Indizien, die bei ihrer flüchtigen Auswertung der Yale-Briefkopien zusammengestellt wurden.[76] Am 29. August 1955, nur fünf Tage nach Abschluss des International Seminars, verfasste er auf Briefpapier der Zeitschrift *Confluence* ein höchstpersönliches Schreiben, das Bachmann noch an Bord der Queen Elizabeth im Hafen von New York erreicht haben dürfte. Kissinger muss sie dort vor ihrer Abreise ein letztes Mal gesehen haben, denn er beschreibt einen Abschied in der 42nd Street, bei dem er versäumt habe, ihr etwas zu sagen, wofür ihm früher Gelegenheit, Stimmung und Worte gefehlt hätten. Er wirft sich vor, auch jetzt nur banale Worte zur Verfügung zu haben, um etwas mitzuteilen, was man ausleben, aber nicht ausdrücken könne – außer

---

71 | Vgl. Calender of Events March 25 through April 21 [1961] und den Brief von Kissinger an Holthusen vom 5. Februar 1964 (YKP, Box 30, Folder 5).
72 | »Auf der Suche nach Deutschland«, »den Amerikanern etwas verständlicher«. Kissingers Brief an Holthusen vom 6. April 1965 (YKP, Box 257, Folder 10). Über dieses kulturpolitisch interessante Projekt, von dem nicht nur Holthusens Beitrag, sondern auch ein Artikel zur Politik fertiggestellt wurden, ist in den Kissinger-Biografien nichts zu erfahren.
73 | »Ihre Worte«. Brief vom 14. Februar 1966 (YKP, Box 257, Folder 10).
74 | Vgl. Nicolas Berg: Jean Améry und Hans Egon Holthusen. Eine *Merkur*-Debatte in den 1960er Jahren. In: Mittelweg 36. Zeitschrift des Hamburger Instituts für Sozialforschung 21 (2012), Nr. 2, S. 28-48.
75 | Vgl. Holthusens Brief vom 20. April 1965 an Kissinger und das Memorandum Zoltan Tomorys vom 12. Mai 1967 an Kissinger (YKP, Box 257, Folder 10).
76 | Hartwig: Wer war Bachmann?, S. 257.

vielleicht, wenn man Dichterin sei. Er sei für den Sommer dankbar, denn diese Wochen hätten ihm gezeigt, dass er Wahrheit noch erleben könne, etwas, das er inmitten der akademischen Belanglosigkeiten des amerikanischen intellektuellen Lebens beinah vergessen habe. Sofort korrigierte er sich: Er sollte nicht »dankbar« sagen, denn Dankbarkeit sei nicht das Wort, das er mit Gedanken an sie verbinde. Er schreibt sich auch im Folgenden um das »Wort« herum: »A friend is someone with whom it is possible to be silent; love is that which makes us transcend ourselves but for which prose can only offer an analogy not an expression«.[77] Noch im Postskriptum meinte er, den Brief sollte er eigentlich wieder auf besserem Papier neu schreiben, aber das wäre noch absurder.

Eine Antwort Bachmanns auf das, was vielleicht keine richtige Liebeserklärung, aber doch beredtes Zeugnis einer stürmischen Zuneigung war, scheint nicht erhalten zu sein. Trotz großer Lebensänderungen und -krisen in dem Jahrzehnt nach dem Sommer in Harvard blieben sie einander freundschaftlich verbunden. Zweifel sind aber anzumelden darüber, ob die Beziehung, wie Hartwig mit dem Wort »romantisch« zimperlich, aber hartnäckig insistierte, je eine ausgeprägte erotische Dimension hatte.[78] In dem New Yorker Abschiedsbrief klingt eher Erwartung als Erfüllung an. Zeit und Gelegenheit gab es, wie Kissinger Hartwig erzählte, im Sommer 1955 in dem Universitätsnest Cambridge ja kaum, und die beiden haben sich danach nachweislich nur zweimal gesehen.

Über das bereits erwähnte Treffen in Köln ist nichts bekannt, außer dass es vor dem April 1965 stattfand.[79] Ein Wiedersehen im Herbst 1957 in München ist in Bachmanns Brief vom 24. Dezember dieses Jahres belegt. Darin betonte sie, dass er der Einzige sei, dem sie am ersten Weihnachtstag schreibt. Der Jahresendebrief an Paul Celan, mit dem sie seit Mitte Oktober wieder eine intensive Liebesbeziehung führte, wurde erst drei Tage später verfasst.[80] Obwohl Kissinger am 14. September geschrieben hatte, dass er während eines Europaaufenthalts vom 30. September bis zum 8. Oktober sie nur in Rom oder in Paris treffen könnte, muss er seine Pläne geändert haben.[81] Wie Bachmanns Bemerkung über gemein-

---

77 | »Ein Freund ist jemand, mit dem es möglich ist, zu schweigen; Liebe ist das, was uns über uns selbst hinausweist, etwas, wofür Prosa nur eine Analogie, keinen Ausdruck bietet« (BN ÖNB I.N. 4231B 1129/10). Datiert nach dem Poststempel auf dem Umschlag, der als einziger in der Korrespondenz mit Kissinger erhalten ist.
78 | Vgl. Eva Menasse: Endlich ohne Pathos: Zwei Bücher zeigen die Dichterin Ingeborg Bachmann in ganz neuem Licht. In: Die Zeit 48 (2017) vom 23. November 2017, online unter www.zeit.de/2017/48/ingeborg-bachmann-dichterin-20-jahrhundert-biografie? Sie behauptet, das Gerücht, dass Bachmann »eine Liebesbeziehung« mit Kissinger gehabt habe, sei »nun verifiziert«.
79 | Vgl. Anm. 31.
80 | Vgl. Ingeborg Bachmann/Paul Celan: Herzzeit. Briefwechsel. Hg. von Bertrand Badiou, Hans Höller, Andrea Stoll und Barbara Wiedemann. Frankfurt am Main 2008, S. 79 (Brief vom 27.12.1957).
81 | Brief vom 14. September 1957 (YKP, Box 7, Folder 4).

sam erlebte »restaurants and hotels and taxidrivers« in der bayerischen Metropole verrät,[82] besuchte er sie in München, wie sie vorgeschlagen hatte.[83] Da sie aber glaubte, ihm versichern zu müssen, dass er sich dort korrekt verhalten habe – »of course you did not misbehave [...] you behaved perfectly and before all it was wonderful to see you again and to know that you are existing and not forgetting as I did not forget«[84] –, wird er wohl Avancen gemacht haben.[85] Auch wenn ihre Ausdrucksweise suggeriert, dass sie unerwidert blieben, zeugt der ganze Ton des Briefes von Bachmanns liebevollem Interesse an Kissinger, an seiner Arbeit und am Aufrechterhalten ihrer Freundschaft. Dass Kissinger ein ähnlich herzliches, umfassendes Verständnis der Beziehung hatte, geht aus einem wohl gegen Ende Dezember 1959 geschriebenen Brief hervor, in dem er einen Deutschlandbesuch für Januar 1960 ankündigt. Da ein Termin angesichts der Poetikvorlesungen in Frankfurt, die Bachmann noch bis Ende Februar voll in Anspruch nahmen, und Kissingers eigener Reisepläne schwer zu vereinbaren war, machte er ihr den Vorschlag, ihn in Fürth zu treffen, »where I was born. I wanted to visit a few places I remember. I would ordinarily want to do this alone, but if you were willing and didn't mind a little walking we might spend a whole day together«.[86] Die angebotene Fußtour durch seine deutsch-jüdische Kindheit zeugt von einem außerordentlichen Vertrauen, aber sie kam nicht zustande. Dass die beiden sich mindestens telefonisch erreichten, geht aus einem Brief hervor, in dem er die Hoffnung äußerte, dass sie mit der jüngsten Poetikvorlesung Erfolg gehabt habe.[87]

Bachmanns im Jahre 1965 erhöhte politische Profilierung durch das Mitzeichnen einer Protesterklärung gegen den Vietnamkrieg sowie durch ihr öffentliches Auftreten für Willy Brandts Wahlkampagne haben Kissinger nicht abgeschreckt. Als er erfuhr, dass die Gruppe 47 sich 1966 in Princeton zu treffen plante, fragte er in einem Brief vom 22. Februar an Siegfried Unseld, ob Bachmann dabei sein

---

82 | Brief vom 24. Dezember 1957 (YKP, Box 7, Folder 4).
83 | Brief vom 17. September 1957 (YKP, Box 7, Folder 4).
84 | Brief vom 24. Dezember 1957 (YKP, Box 7, Folder 4). »Sie haben sich keineswegs schlecht benommen [...] Sie haben sich perfekt benommen und vor allem war es wunderbar, Sie wieder zu sehen und zu wissen, dass es Sie gibt und dass Sie nicht vergessen, wie ich auch nicht vergesse«.
85 | Der Brief, in dem Kissinger den auf Sexuelles hindeutenden Ausdruck »misbehave« benutzt haben muss, ist im Bachmann-Nachlass nicht vorhanden.
86 | »[W]o ich geboren wurde. Ich wollte einige wenige Orte besuchen, an die ich mich erinnere. Ich würde das sonst alleine machen, aber wenn Sie bereit wären und ein bisschen Laufen nicht scheuen, dann könnten wir einen ganzen Tag zusammen verbringen«. Der nach einem darin erwähnte Schreiben Bachmanns vom 16. Dezember geschriebene Brief ist auch durch den Hinweis auf das Gerücht einer Heirat mit Frisch zu datieren (BN ÖNB 4231 1129/3).
87 | Brief vom 10. Februar 1960 (YKP Box 7, Folder 4).

würde: »I am most anxious to see her again«.[88] Sie stand auf der Teilnehmerliste für das später berühmte Treffen, fuhr aber schließlich nicht hin. Eine Postkarte Unselds vom 26. März dieses Jahres erwähnt einen weder in Yale noch in Wien vorhandenen Brief an Bachmann, den er weitergeleitet habe.[89] Es gibt in der Korrespondenz einige weitere Spuren von nicht erhaltenen Briefen und von anderen Telefongesprächen. Im Falle von Kissingers Vorlass, in dem zumindest Teile seines Privatarchivs fehlen, ist es durchaus möglich, dass einzelne Dokumente und Objekte noch auftauchen werden. Eine Anfrage bei den Kissinger Associates nach den beiden in den Briefen belegten Widmungsexemplaren von Bachmann blieb unbeantwortet.

Obwohl das in Wien vorhandene Briefmaterial Bachmanns Anteil an der Korrespondenz nur geringfügig vermehrt,[90] zeigt es auch, dass ihr spontanes Urteil – am Schluss des Briefes an Holthusen über den ersten Tag in Harvard nennt sie »Mr. Kissinger, der sehr zum Mögen ist«[91] – trotz der auseinandergehenden Lebenswege nie revidiert wurde. Kissinger ist zugutezuhalten, dass er seine vermutlich nicht nur scherzend gemeinte Vorstellung von der »bizarre poetess« revidierte – und nicht erst in dem Interview mit Peter Hamm. Bereits in einem Brief aus dem Jahr 1957 an die »bizarre Dichterin« selbst, in dem er sein eigenes »groteskes« Leben beklagte und ihr verriet, dass er die Gedichte in *Anrufung des Großen Bären* öfters liest, machte er ihr ein entwaffnendes Geständnis: »You always said that it was not you who was bizarre but the world and you are right«.[92] Das ist eine Perspektive, die nicht nur auf die Lebensgeschichte von Ingeborg Bachmann anzuwenden wäre, sondern auch künftigen Biografen und Biografinnen des umstrittenen Politikers und Staatsmannes zu denken geben könnte.[93]

---

88 | »Ich möchte sie unbedingt wiedersehen«. Brief vom 22. Februar 1966 (YKP, Box 60, Folder 5).
89 | Postkarte vom 25. März 1966 (YKP, Box 60, Folder 5).
90 | Neben der Korrespondenz um die Bewerbung für das International Seminar und den zwei Fassungen des Briefes vom 26. Dezember 1970 gibt es Durchschläge von zwei in Yale vorhandenen Briefen, zwei Fassungen eines Briefes vom 16. Januar 1957 und einen undatierten, wohl im Dezember 1956 geschriebenen Brief. Verschiedene Indizien legen nahe, dass die beiden letzteren Brieftexte Entwürfe geblieben sind.
91 | Brief vom 6. Juli 1955 an Hans Egon Holthusen (Universität Hildesheim, Holthusen-Nachlass, Sig. 40402).
92 | »Sie haben immer gesagt, die Welt sei bizarr, nicht Sie, und Sie haben recht gehabt«. Brief vom 18. Januar 1957 (BN ÖNB, I.N. 4231B 1129/23).
93 | Für Korrektur- und Verbesserungsvorschläge danke ich Reiner Stach (Berlin) sehr herzlich.

Die Onlinezeitschrift *literaturkritik.de* 1999–2020

Ein Werkstattbericht

Vera K. Kostial

I.

1999 war das World Wide Web, zumindest für viele Privatpersonen, noch ein Novum.[1] Wikipedia wurde erst 2001 gegründet, Facebook 2004 und Twitter 2006.[2] Als Onlinezeitschrift, die sich als »Rezensionsforum für Literatur und für Kulturwissenschaften« versteht – wie man noch heute unverändert im Impressum lesen kann[3] –, war *literaturkritik.de* im Gründungsjahr 1999 die erste ihrer Art,[4] worauf auch im damaligen Print-Feuilleton hingewiesen wurde. Die *FAZ* veröffentlichte im November 2000 eine umfangreiche Liste von Websites, die auf verschiedenste Art mit Literatur zu tun haben; *literaturkritik.de* wird dort geführt als »[m]onatliches Online-Magazin für Literaturkritik, das erste und umfangreichste seiner Art im deutschen Netz«[5]. Inzwischen hat sich vieles verändert, in Bezug auf das Genre Literaturkritik und erst recht in Bezug auf die

---

[1] | Für wertvolle Hinweise und eine kritische Lektüre des gesamten Beitrags danke ich Thomas Anz sehr herzlich.

[2] | Vgl. Anja Ebersbach/Markus Glaser/Richard Heigl: Social Web. 3. überarb. Aufl. Konstanz/München 2016, S. 22.

[3] | Vgl. literaturkritik.de: Impressum, online unter https://literaturkritik.de/public/redaktion/impressum.php. Das ursprüngliche Impressum findet sich unter Internet Archive Wayback Machine: Rezensionsforum literaturkritik.de. Impressum, online unter http://web.archive.org/web/19990420224421/https:/literaturkritik.de. Diese URL führt automatisch zur Startseite der Ausgabe 10/1999; über die linke Seitenleiste lässt sich das Impressum aufrufen, wobei sich die URL nicht verändert.

[4] | Vgl. Thomas Anz: 10 Jahre literaturkritik.de. Erinnerungen, Bilanzen und Blicke in die Zukunft. In: literaturkritik.de 02/2009, online unter https://literaturkritik.de/id/12746.

[5] | Sebastian Domsch: Mit dem Bauchladen unterm Schwarzen Brett mitten in Utzbach. In: Frankfurter Allgemeine Zeitung 267 vom 16. November 2000, S. 62. Dieses und zahlreiche weitere Pressezitate über *literaturkritik.de* findet sich unter:

Nutzung des Internets. Die kritische Auseinandersetzung mit Literatur ist mittlerweile im digitalen Raum über eine Vielzahl verschiedener Kanäle möglich, von der klassischen Rezension auf den Websites von Zeitungen über Literaturblogs bis hin zu Social-Reading-Portalen. Auch bei *literaturkritik.de* gab es seit 1999 allein in technischer Hinsicht viele Neuerungen, ständige Konstante jedoch war und ist das inhaltliche Profil.[6] Im 21sten Jahr des Bestehens sollen an dieser Stelle zunächst in einer knappen Retrospektive Geschichte und Konzept der Zeitschrift skizziert werden, bevor der Blick auf Gegenwart und Zukunft der Literaturkritik gerichtet wird. Die wieder und wieder ausgerufene ›Krise der Literaturkritik‹ ist, so scheint es, mittlerweile für die Kritik selbst eher identitätsstiftend als bedrohlich,[7] und der Diskurs über Literatur im digitalen Zeitalter ist vor allem eins: divers. Es stellt sich also die Frage, wie sich die älteste deutschsprachige Onlinezeitschrift für Literaturkritik in Beziehung setzen lässt zu jüngeren digitalen Kritikformaten. Welche Funktionen erfüllen beispielsweise Social-Reading-Portale, die *literaturkritik.de* nicht erfüllt? Welches Konzept von Literaturkritik wird bei *literaturkritik.de* verfolgt, und wie setzt sich dieses von den Kritikverständnissen anderer Formate ab?

II.

Inhalt und Schwerpunkte der ersten *literaturkritik.de*-Ausgabe vom Februar 1999 wurden im Editorial wie folgt angekündigt:

> Die erste Nummer von *literaturkritik.de* enthält über dreißig Buchbesprechungen zur Gegenwartsliteratur und zur Literaturgeschichte seit dem 18. Jahrhundert. Zum Themenschwerpunkt haben wir Erich Kästner gewählt. [...] Zusätzlich zu den Rezensionen rekapituliert *literaturkritik.de* in einer Art Chronik die Debatte zu Martin Walsers Frie-

---

Pressestimmen über literaturkritik.de, online unter https://literaturkritik.de/public/Pressestimmen.php.

6 | Vgl. Anz: 10 Jahre literaturkritik.de, Abschnitt »Konzept und Positionierung«; ders.: Literaturkritik in literaturkritik.de. Zur Februar-Ausgabe 2019 – mit Rückblicken auf die vergangenen 20 Jahre und Zukunftsperspektiven der Zeitschrift. In: literaturkritik.de 2 (2019), online unter https://literaturkritik.de/literaturkritik-zur-februar-ausgabe-2019-mit-rueckblicken-auf-vergangene-20-jahre-zukunftsperspektiven,25343.html.

7 | Unter den zahlreichen Äußerungen zur Krise der Literaturkritik sei hier für einen kurzen Eindruck verwiesen auf den Abschnitt »Vom Leben, Schreiben und Lesen in der Dauerkrise« in: Stefan Neuhaus: Die Produktivität der Literaturkritik. Zur Geschichte ihrer Provokationen, Krisen, Wandlungen und Möglichkeiten. In: literaturkritik.de 2 (2019), online unter https://literaturkritik.de/die-produktivitaet-literaturkritik-zur-geschichte-ihrer-provokationen-krisen-wandlungen-moeglichkeiten,25338.html.

denspreisrede und dokumentiert Teile einer Podiumsdiskussion dazu, die am 28. Januar 1999 an der Universität Marburg stattfand.[8]

Unterzeichnet hatten Thomas Anz als Herausgeber, der Literaturwissenschaftler und -kritiker Lutz Hagestedt als Redaktionsleitung und der Marburger Germanistikstudent Alexander Berger für die Technische Redaktion.[9] Anz, von 1998 bis 2013 Professor für Neuere Deutsche Literatur an der Philipps-Universität Marburg, hatte die Idee entwickelt, die universitäre Lehre mit den praktischen Aspekten des literaturkritischen Schreibens und der Herausgabe einer entsprechenden Zeitschrift zu kombinieren (Den im Wintersemester 1998/99 neu gegründeten Studienschwerpunkt »Literaturvermittlung in den Medien« gibt es an der Universität Marburg noch heute).[10] Außerdem soll das an der Universität generierte Wissen auch nach außen vermittelt werden.[11] So ist *literaturkritik.de* zwar eng mit der Marburger Philipps-Universität verknüpft, aber kein genuines Projekt der Universität selbst, denn die Finanzierung erfolgt beispielsweise durch Werbeanzeigen von Verlagen, durch Onlineabonnements, die bestimmte Bereiche der Website zugänglich machen, und durch die über einen Link zu *Amazon* erworbenen Bücher. Um eine Tätigkeit als Rezensent/-in zu beginnen, muss zunächst ein Onlineabonnement vorhanden sein; eine Vergütung erhalten können die Rezensent/-innen über die VG Wort.

Literaturkritik.de ist zur Gründungszeit wie noch heute in »einem Grenzgebiet zwischen Fach- und Publikumszeitschrift, zwischen Kulturwissenschaft und Kulturjournalismus« angesiedelt.[12] Von Anfang an bildeten die Autor/-innen der dort erscheinenden Rezensionen eine sehr heterogene Gruppe, die aus Studierenden ebenso wie aus Literatur- und Kulturwissenschaftler/-innen und Personen aus dem Literatur- und Kulturbetrieb besteht.[13] Damit einher geht bis heute eine Vielfalt der besprochenen Bücher: Während der klare Schwerpunkt auf deutschsprachiger Belletristik liegt, werden beispielsweise auch kulturwissenschaftliche Sammelbände besprochen und so teils wenig bekannte Themen auch einem nicht akademischen Publikum nähergebracht. In den letzten zwei Jahrzehnten hat sich der Radius auf Besprechungen zu Filmen, literarischen Events und etwa Autor/-innenporträts erweitert, wobei der deutschsprachige Raum bisweilen verlassen wird. Die im Editorial der ersten Ausgabe angekündigten »über dreißig Buch-

---

8 | Thomas Anz/Alexander Berger/Lutz Hagestedt: Editorial. In: literaturkritik.de 1 (1999), online unter https://literaturkritik.de/id/4188.
9 | Vgl. das ursprüngliche Impressum.
10 | Vgl. für einen ausführlichen Rückblick auf die Gründungszeit Anz: 10 Jahre literaturkritik.de.
11 | Weiterhin ist auch die selbstreflexive Auseinandersetzung mit Literaturkritik an sich immer wieder Thema.
12 | Anz: 10 Jahre literaturkritik.de.
13 | Vgl. ausführlich ebd., Abschnitt »Konzept und Positionierung«.

besprechungen« haben sich vervielfacht, teils finden sich um die 100 Beiträge in den monatlichen Ausgaben. Struktur in der Vielfalt der Artikel gab von Beginn an mindestens ein thematischer Schwerpunkt pro Ausgabe,[14] mal bezogen auf einen runden Geburtstag, mal auf ein Ereignis wie die Frankfurter Buchmesse. Etwa 25.000mal (Stand 2018) werden die Seiten, die Beiträge enthalten, täglich insgesamt aufgerufen.[15]

Rein optisch ist *literaturkritik.de* heute im Vergleich zur Gründung kaum wiederzuerkennen; einen strukturellen Umbruch in jüngster Zeit stellte die Verlagerung der Hauptredaktion von der Universität Marburg an die Universität Mainz im Januar 2020 dar. Seitdem ist neben Thomas Anz auch Sascha Seiler, Privatdozent im Fach Komparatistik der Universität Mainz, Mitherausgeber der Zeitschrift. ›Dependancen‹ der Hauptredaktion bilden seit 2011 die Mittelalter-Redaktion unter Leitung von Prof. Dr. Jürgen Wolf in Marburg sowie seit 2014 die Redaktion Gegenwartskulturen unter Leitung von Prof. Dr. Alexandra Pontzen an der Universität Duisburg-Essen. Von 2013 bis zur Übernahme der Hauptredaktion gab es an der Universität Mainz außerdem die Redaktion Komparatistik.

Gefüllt mit Beiträgen aller Redaktionen, erscheint weiterhin monatlich eine Ausgabe; im Mai 2020 etwa mit dem Themenschwerpunkt »Literaturkritik – Zum 100. Geburtstag von Marcel Reich-Ranicki«,[16] zu den Schwerpunkttexten kommen mehrere Dutzend weitere Artikel hinzu, darunter ›reguläre‹ Rezensionen zu belletristischen Neuerscheinungen ebenso wie Beiträge zum 50. Todestag Paul Celans oder Besprechungen von Fachbüchern. Die in der Redaktion Gegenwartskulturen bearbeiteten Artikel werden zusätzlich zu dieser Gesamtausgabe in einer eigenen kleinen Ausgabe publiziert.[17]

Die Redaktionen – das sind neben den beiden Herausgebern sowie den Leitungen der einzelnen Redaktionen insgesamt sechs Mitarbeiter-/innen sowie Studierende als Hilfskräfte und ggf. studentische Praktikant/-innen.[18] Ihre tägliche Arbeit besteht zum einen aus redaktionellen Tätigkeiten: der Konzeption der Ausgaben und dem Einwerben von Artikeln, dem anschließenden Lektorat der eingegangenen Rezensionen, der Kommunikation mit Rezensent/-innen und

---

14 | Vgl. zu den Schwerpunkten ebd.
15 | Vgl. für diese und weitere Angaben: Anzeigen bei literaturkritik.de. In: literaturkritik.de, online unter https://literaturkritik.de/public/Werbeinfos.php.
16 | Vgl. literaturkritik.de 5 (2020), online unter https://literaturkritik.de/public/inhalt.php?ausgabe=202005.
17 | Vgl. die jeweils aktuelle Ausgabe unter: Gegenwartskulturen bei literaturkritik.de, online unter https://literaturkritik.de/gegenwartskulturen.php. Auch die Beiträge der früheren Komparatistik-Redaktion erschienen drei- bis sechsmal jährlich zusätzlich zur Aufnahme in die Gesamtausgabe als eigenständige Ausgabe. Alle Ausgaben finden sich unter: Komparatistik bei literaturkritik.de, online unter https://literaturkritik.de/komparatistik-ausgaben.php.
18 | Nicht zu vergessen sind natürlich die organisatorische Arbeit zweier weiterer Mitarbeiterinnen sowie die technische Betreuung (vgl. literaturkritik.de: Impressum).

Verlagen, sowie dem Einpflegen der Artikel in die Website. Zum anderen unterscheidet sich die Arbeit von der traditioneller (Online-)Zeitschriftenredaktionen durch die universitäre Anbindung und die damit einhergehende Betreuung von Studierenden. An der Universität Duisburg-Essen etwa geschieht dies unter dem Begriff ›Schlüsselkompetenz Literaturkritik‹. Studierende erlernen in einem regulär von der Germanistik angebotenen Seminar die Grundlagen literaturkritischen Schreibens und erhalten anschließend die Möglichkeit, unter Betreuung der Redaktion ihre erste Rezension zu veröffentlichen. So ist *literaturkritik.de* heute wie vor 21 Jahren eine Schnittstelle zwischen literaturkritischer Tätigkeit und praxisorientierter universitärer Lehre. Ebenso besetzt die Zeitschrift eine Schnittstelle zwischen studentischer und professioneller Kritik: Es werden sowohl Texte von Literaturwissenschaftler/-innen und Kulturschaffenden veröffentlicht, die teils langjährige literaturkritische Erfahrung haben und auch in anderen etablierten Medien publizieren, wie auch entsprechend betreute Erstlinge von Studierenden. *literaturkritik.de* ist somit zwar kein Portal für Laien – da ein, wenn auch noch nicht abgeschlossenes, Studium durchaus einen professionellen Bezug zur Literaturkritik darstellt –, aber bietet einen niedrigschwelligen Zugang zu ersten literaturkritischen Veröffentlichungen.

III.

Zwischen ›professioneller Kritik‹ und sogenannter ›Laienkritik‹ wird häufig eine scharfe Trennlinie gezogen. Das Verhältnis beider zueinander treibt die Literaturwissenschaft seit einigen Jahren um, genauer, seit sie sich mit literaturkritischen Aktivitäten im digitalen Raum auseinandersetzt. Denn erst im Zuge des digitalen Wandels wurde Laienkritik überhaupt im großen Stil sichtbar;[19] mit dem Entstehen von Onlineformaten bekamen ›Laienleser/-innen‹ die Möglichkeit, sich niedrigschwellig über Literatur zu äußern.[20] Aber welche Personen fallen eigentlich in diese Rubrik? Stefan Neuhaus unterscheidet sie von ›professionellen Leser/-innen‹: »Professionelle Leser sind solche, die sich beruflich mit Literatur beschäftigen, sei es als Autoren, in Verlagen, in Buchhandlungen, in Büchereien, in Bildungs- und Kulturorganisationen, in Litera-

---

19 | Vgl. Peer Trilcke: Ideen zu einer Literatursoziologie des Internets. Mit einer Blogotop-Analyse. In: Textpraxis. Digitales Journal für Philologie 2 (2013), Nr. 7, online unter www.textpraxis.net/sites/default/files/beitraege/peer-trilcke-literatursoziologie-des-internets.pdf, S. 15.
20 | Vgl. zu den daraus entstehenden Möglichkeiten für die Literaturwissenschaft ebd., auch S. 6 sowie Martin Rehfeldt: Leserrezensionen als Rezeptionsdokumente. Zum Nutzen nichtprofessioneller Literaturkritiken für die Literaturwissenschaft. In: Die Rezension. Aktuelle Tendenzen der Literaturkritik. Hg. von Andrea Bartl und Markus Behmer. Würzburg 2017, S. 275–289.

turhäusern, in Archiven, in Schulen oder an Universitäten.«[21] Unter Laienkritik werden in der literaturwissenschaftlichen Forschung meist niedrigschwellige Formate wie Kundenrezensionen auf *Amazon*, private Weblogs über Literatur oder Social-Reading-Portale wie *LovelyBooks* und *Goodreads* verstanden, auf denen sich jede Person literaturkritisch äußern kann; unabhängig davon, ob sie sich auch beruflich mit Literatur befasst. Die Aufmerksamkeit der Forschung wurde in den letzten Jahren besonders den *Amazon*-Rezensionen zuteil. Neuhaus problematisiert in diesem Zusammenhang den Begriff »Rezension«, denn dadurch, dass *Amazon* die Kund/-innen als ›Rezensenten‹ bezeichne, werde ihnen »mehr kulturelles Kapital« und eine größere »Expertise zugeschrieben«,[22] als ihnen bisweilen zukommt. Maßgebliche Kriterien der dortigen Buchbewertungen seien Spannung und Unterhaltung.[23] Thomas Ernst fasst zusammen:

> Die Forschung kommt hier einhellig zu der Bewertung, dass die ›Amazon-Laienrezensionen‹ sich vorrangig für populäre Texte interessieren und diese nicht auf Basis ästhetischer Kategorien, sondern wirkungspsychologischer Eindrücke bewerten und diese Wertung zwar schriftlich, stilistisch aber nur in der Form der Alltagskommunikation vermitteln.[24]

Ein Zweck der Laienrezensionen ist es, »anderen Lesern durch Handlungen des Empfehlens oder Abratens Orientierung zu geben«[25], wobei diese positive

---

21 | Stefan Neuhaus: Literaturvermittlung. Konstanz 2009, S. 15. Er nutzt diese Definition für eine Auseinandersetzung mit dem großen Bereich der Literaturvermittlung, verweist selbst aber auch in seiner Beschäftigung mit Literaturkritik im engeren Sinne darauf. Vgl. ders: Vom Anfang und Ende der Literaturkritik. In: Bartl/Behmer: Die Rezension, S. 33-57, hier S. 48, bes. Fn. 50.
22 | Ders.: »Leeres, auf Intellektualität zielendes Abrakadabra«. Veränderungen von Literaturkritik und Literaturrezeption im 21. Jahrhundert. In: Literaturkritik heute. Hg. von Heinrich Kaulen und Christina Gansel. Göttingen 2015, S. 43-57, hier S. 48.
23 | Vgl. ders.: Von Anfang und Ende der Literaturkritik, S. 50.
24 | Thomas Ernst: Der Leser als Produzent in Sozialen Medien. In: Grundthemen der Literaturwissenschaft: Lesen. Hg. von Alexander Honold und Rolf Parr unter Mitarbeit von Thomas Küpper. Berlin/Boston 2018, S. 490-506, hier S. 499. Er verweist an dieser Stelle auf Andrea Bachmann-Stein: Zur Praxis des Bewertens in Laienrezensionen. In: Kaulen/Gansel: Literaturkritik heute, S. 77-91, hier S. 89, sowie Martin Rehfeldt: »Ganz große, poetische Literatur – Lesebefehl!« Unterschiede und Gemeinsamkeiten von Amazon-Rezensionen zu U- und E-Literatur. In: Lesen X.0. Rezeptionsprozesse in der digitalen Gegenwart. Hg. von Sebastian Böck, Julian Ingelmann, Kai Matuszkiewicz und Friederike Schruhl. Göttingen 2017, S. 235-250, hier S. 248.
25 | Stephan Stein: Laienliteraturkritik – Charakteristika und Funktionen von Laienrezensionen im Literaturbetrieb. In: Kaulen/Gansel, Literaturkritik heute, S. 59-76, hier S. 68.

oder negative Wertung durch die Vergabe von Sternen auf den ersten Blick ersichtlich ist.[26] Eine Kombination von numerischer und sprachlicher Bewertung erfolgt auch auf dem Social-Reading-Portal *LovelyBooks*. Diese Plattform bietet neben dem Verfassen von Rezensionen zahlreiche weitere Möglichkeiten der Kommunikation über Literatur. Daran zeigt Katharina Lukoschek,

> dass Literatur nicht nur Kommunikationsgegenstand sein muss, sondern auch in ihrer Funktion als ›gemeinsamer Nenner‹ zum Anlass genommen werden kann, um weiterführende Ziele zu verfolgen, darunter solche sozialer Art wie etwa die Pflege freundschaftlicher oder beruflicher Beziehungen, die Selbstvergewisserung und -positionierung im eigenen Netzwerk, die Kultivierung von Sozialkompetenz etc., aber auch kognitive Ziele wie zum Beispiel die Weiterführung des Gesprächsthemas über Literatur hinaus [...].[27]

Diese »Anschlusskommunikation«[28], die über den Gegenstand der Literatur hinausgeht, gibt es bei einem Format wie *literaturkritik.de* nicht. Interaktive Elemente sind zwar vorhanden: Es können Leser/-innenbriefe direkt unter der betreffenden Rezension veröffentlicht und in einem ›redaktionsunabhängigen Rezensionsforum‹ eigene Kritiken publiziert und andere kommentiert werden.[29] Doch die Nutzungshäufigkeit dieser Funktionen erinnert eher an die sehr geringe Rückkanalfähigkeit, die Lukoschek für das Print-Feuilleton feststellt[30] und die sich auch in den Onlinepräsenzen der überregionalen Tages- und Wochenzeitungen beobachten lässt.[31]

Thomas Ernst hat in einem 2015 publizierten Forschungsbeitrag *Formate der Online-Literaturkritik* aufgelistet, die sich auf die drei Kategorien »Online-Präsenzen der Print-Literaturkritik«, »Redaktionelle und individuelle Formen der Online-Literaturkritik« sowie »Online-Literaturkritik als User-Generated Content in Sozialen Medien« verteilen und insgesamt neun verschiedene Formen beinhalten.[32] Ernst ordnet *literaturkritik.de* gemeinsam mit den Websites etwa der *Frankfurter Allgemeinen Zeitung* in die erste Kategorie ein und begründet dies mit der »tendenziell [...] klassischen Struktur mit Experten als Sendern vs. Leser als

---

26 | Vgl. Bachmann-Stein: Zur Praxis des Bewertens in Laienrezensionen, S. 88.
27 | Katharina Lukoschek: »Ich liebe den Austausch mit euch!« Austausch über und anhand von Literatur in Social Reading-Communities und auf Bücherblogs. In: Bartl/Behmer, Die Rezension, S. 225–252, hier S. 234.
28 | Ebd.
29 | Beide Funktionen erfordern ein Abonnement.
30 | Vgl. Lukoschek: »Ich liebe den Austausch mit euch!«, S. 233.
31 | Vgl. ebd., S. 238, und den dortigen Verweis auf Trilcke, Ideen zu einer Literatursoziologie des Internets, S. 8.
32 | Thomas Ernst: ›User Generated Content‹ und der Leser-Autor als ›Prosumer‹. Potenziale und Probleme der Literaturkritik in Sozialen Medien. In: Kaulen/Gansel, Literaturkritik heute, S. 93–111, hier S. 102.

Empfängern«, den »Kontinuitäten zwischen Schreib- und Präsentationsweisen in Print-Organen einerseits und auf den Online-Portalen andererseits« und der »nur eingeschränkten Interaktivität«.[33] Dies ist einerseits zutreffend, sowohl was die Interaktivität als auch was das recht klassische Sender-Empfänger-Schema betrifft.

Dennoch unterscheidet sich *literaturkritik.de* dadurch von traditionellen Feuilletons, die lediglich in den digitalen Raum übertragen wurden, dass im Rahmen der Lehrredaktion bzw. des Lehr-Lern-Projekts dezidiert auch Studierende als noch unerfahrene Literaturkritiker/-innen ihre Texte unter entsprechender redaktioneller Betreuung publizieren können. Trotzdem ist die Zeitschrift auch von Ernsts zweiter Kategorie abzusetzen, welche literaturkritische Angebote umfasst, »die die technischen Möglichkeiten des Internet interaktiv und intermedial intensiv nutzen«,[34] und besetzt hier eher eine Zwischenposition, insofern sie trotz Ähnlichkeiten mit dem Print-Journalismus[35] keine direkte Übertragung dessen in den digitalen Raum darstellt, aber auch nicht in hohem Maße auf Interaktivität angelegt ist. Ebenfalls in der Nähe des traditionellen Feuilletons steht *literaturkritik.de* dahingehend, dass jegliche Beiträge – Rezensionen wie auch Leser/-innenbriefe – nur unter Angabe des Klarnamens veröffentlicht werden können. Zur Veröffentlichung einer *Amazon*-Rezension steht es jedem User bzw. jeder Userin frei, einen Nickname zu verwenden, ebenso im Fall von *LovelyBooks*. In beiden Fällen ist dieser Name mit einem Profil verknüpft, auf dem u. a. die Anzahl der verfassten Rezensionen vermerkt ist, sodass verschiedene Ranglisten entstehen – ein Wettbewerbscharakter, den es in dieser Form im traditionellen Feuilleton und auch bei *literaturkritik.de* nicht gibt, obwohl natürlich auch dort eine große Anzahl an Publikationen im Sinne der Aufmerksamkeitsökonomie erstrebenswert ist.

Der vielleicht größte Unterschied zwischen sogenannten Laienrezensionen auf *Amazon*, *LovelyBooks* sowie privaten Blogs auf der einen Seite und Onlinepräsenzen des Print-Feuilleton sowie *literaturkritik.de* auf der anderen Seite ist die redaktionelle Bearbeitung aller Beiträge vor Publikation.[36] Rezensionen, die nicht den redaktionellen Standards entsprechen – etwa weil sie keine begründete

---

33 | Ebd., S. 103.
34 | Ebd.
35 | Von Beginn an erscheint *literaturkritik.de* auch als Printversion im zugehörigen Verlag *LiteraturWissenschaft.de*. Der Print ist der Onlineversion allerdings nachgeordnet, da die jeweilige Monatsausgabe erst nach Erscheinen der Onlineausgabe in den Druck geht und in der Wahrnehmung der Zeitschrift der Onlineauftritt im Fokus steht.
36 | Im Fall von *literaturkritik.de* können lediglich im oben erwähnten redaktionsunabhängigen Rezensionsforum Beiträge direkt auf die Website gestellt werden. Leser/-innenbriefe hingegen werden vor Freischaltung von der Redaktion geprüft. Die redaktionelle Bearbeitung der Texte bei *literaturkritik.de* stellt auch David Hugendick 2008 in einem *Zeit*-Artikel heraus, in dem er sich mit Formen der Onlineliteraturkritik auseinandersetzt (vgl. Jeder spielt Reich-Ranicki. In: Die Zeit vom 17. April 2008, online unter www.zeit.de/2008/17/KA-Laienliteraturkritik/komplettansicht).

Wertung des betreffenden Buchs enthalten –, werden nicht veröffentlicht oder zur Überarbeitung an den Rezensenten bzw. die Rezensentin zurückgeschickt; sogenannte ›Gefälligkeitsrezensionen‹ werden ebenfalls nicht veröffentlicht. Jede Kritik wird vor der Publikation einem gründlichen Lektorat unterzogen und vor der Freischaltung dem/der Verfasser/-in noch einmal zur Durchsicht vorgelegt.

IV.

Warum macht es überhaupt Sinn, könnte man fragen, so offensichtlich unterschiedliche Formate wie *Amazon*-Rezensionen und eine Onlinezeitschrift zu vergleichen? Im Gegensatz zum Print-Feuilleton, das sich über gut zwei Jahrhunderte entwickelt hat, ist das gesamte Feld der Onlineliteraturkritik erst etwa zwei Jahrzehnte alt. Wichtig war hier, die Heterogenität der Formate in diesem Feld aufzuzeigen, um als Retrospektive wie als aktueller Werkstattbericht die Positionierung von *literaturkritik.de* zu veranschaulichen und einen Blick auf die unterschiedlichen Verständnisse von Literaturkritik zu werfen. Die Vielzahl an Möglichkeiten, online Literaturkritiken zu lesen und sich selbst zu Literatur zu äußern, fordert Leser/-innen heraus, zu reflektieren, welche Art von Kritik sie zu einem bestimmten Zeitpunkt möchten: einen kurzen Lektüretipp; einen Eindruck, wie ein Roman bei sehr vielen Leser/-innen durchschnittlich angekommen ist; die angeregte Diskussion mit anderen Leser/-innen; oder eine ausführliche Rezension im Feuilletonstil. An der Schnittstelle von studentischer und professioneller Kritik, der Schnittstelle von ins Internet überführten Print-Feuilletons und spezifisch digitalen Formaten, und an der Schnittstelle von »Fach- und Publikumszeitschrift, zwischen Kulturwissenschaft und Kulturjournalismus«[37] macht *literaturkritik.de* weiterhin eines von vielen Angeboten.

---

37 | Anz: 10 Jahre literaturkritik.de.

»Du bist mir ans Herz gebaut.«
Provokation, Tabubruch und ihre narrative Funktion am Beispiel von Lars von Triers *Nymphomaniac* und Rammsteins Filmmusik

ANDREAS BECKER

Rammsteins internationaler Erfolg beginnt 1997 mit wenigen Sekunden Filmmusik zu David Lynchs *Lost Highway*. Der Film stellt zur Realität gewordene Fantasien, Obsessionen und Hass dar und flicht die Zuschauer in einen meditativ-synästhetischen Bilderstrom ein, der in einer Wüste von Gewalt versickert. Auch Bob Cohen in *Triple X* (2002) und Lars von Trier in *Nymphomaniac* (2013) nutzten den am Sprechgesang Till Lindemanns unmittelbar als deutsch erkennbaren Duktus in ihren Soundtracks.

Im Folgenden wird der Fokus auf Lars von Triers Film gelegt und die Frage erörtert, inwieweit hier mit welchen ästhetischen Strategien medial provoziert wird und weiter nach der Relation von filmischem Bild und Musik gefragt. »Die Provokation [war] der Schlüssel, der Rammstein die Tür zum Erfolg öffnete«,[1] schreibt Peter Wicke. Robert Sinnerbrinks Analyse von Lars von Triers Filmen führt ihn zu einem Urteil, das sich wie eine Ergänzung dazu liest: »All three films, in sum, play out this ambiguous and ironic strategy of moral provocation, cinematic game-playing, and philosophical satire.«[2]

POP- UND ROCKMUSIK IM FILM

Die Idee, populäre Musik anstelle filmspezifischer Kompositionen zu nutzen, ist keineswegs neu. Soundtracks von Filmen bilden ein regelrechtes Subgenre, eine lukrative ökonomische Schiene der Zweitverwertung, schon seit Erfindung des Tonfilms. Man denke an Hits der 1930er-Jahre von Lilian Harvey und Willy Fritsch, Zarah Leander und anderen. Der Film der 1960er- und 1970er-Jahre hat

---

1 | Peter Wicke: Rammstein. 100 Seiten. Ditzingen 2019, S. 26.
2 | Robert Sinnerbrink: Provocation and perversity. Lars von Trier's cinematic antiphilosophy. In: The Global Auteur. The Politics of Authorship in 21st Century Cinema. Hg. von Seung-hoon Jeong und Jeremi Szaniawski. New York u. a. 2016, S. 95-132, hier S. 111.

dann die Popkultur für sich entdeckt, etwa in Michelangelo Antonionis *Zabriskie Point* (1970), Desmond Dekkers *Shanty Town* (im Film *The Harder They Come* [1972], Regie: Perry Henzell), *The Graduate (die Reifeprüfung* [1967], Regie: Mike Nichols). Guns-N'-Roses-Musik wurde in zahlreichen Filmen der 1990er-Jahre ikonisch und Martin Scorsese setzte Stonessongs und Blueshits der 1960er-Jahre gerne ein, um die Mentalität der Hippiezeit zu evozieren, etwa in *Casino* (1995).

Sobald solche Lieder im Film zu hören sind, lugt dieses Medium zur Pop- und Rockkultur hinüber und nimmt so Anteil an einem auditiven Assoziationsspektrum. Und natürlich greift die Musik ebenso filmische Elemente, Sounds, Motive und Erzählungen auf. Mit dem Einsatz von Songs einer bestimmten Band wird daher ein zweites Image ›ausgeliehen‹. Damit sind zugleich eine besondere Atmosphäre, ein Lebensgefühl und eine Fankultur verbunden.

Provokation als Medienstrategie

Zu Triers (wie auch Lynchs) Arbeiten gehört eine Strategie der Provokation durch Darstellungen des Verbotenen und Tabuisierten. Genau hier setzt die vorliegende Analyse an. Die These ist, dass Rammstein eben diese Strategien der Provokation musikalisch wie lyrisch transponieren, Triers Film sich durch Verwendung dieser Musik auf seine eigene Struktur in einem anderen Medium bezieht und die Provokation doppelt. Ich konzentriere mich dabei auf die narrative Funktion und die narrativen Elemente und blende die genuin musikwissenschaftliche Seite explizit aus, wohlwissend, dass hier noch weitere sehr interessante Forschungsfelder liegen würden, die sich allerdings nur interdisziplinär erschließen ließen.

Die Band sagt von sich selbst, dass sie »unterhaltendes Schocktheater« mache und »Provokation ohne Ziel, rein um ihrer selbst willen« übe.[3] Rainer Paris hat für soziale Bewegungen Muster der Provokation beschrieben, die sich bei Rammstein ästhetisch verselbstständigt haben. Auf der Bühne und von ihr herab zu provozieren, fällt schwerer als in einer politisch definierten Situation. Aber auch

---

3 | So Schlagzeuger Christoph Schneider (Wo liegt das Problem? In: Rammstein. Hg. von Gert Hof. Berlin 2001, S. 26-29, hier S. 26): »RAMMSTEIN ist unterhaltendes Schocktheater. Wir freuen uns, wenn viele Leute beeindruckt sind und die Frauen uns Klasse finden. RAMMSTEIN provoziert musikalisch, lyrisch und visuell. Ja, alleine der Name provoziert. Provokation ohne Ziel, rein um ihrer selbst willen. Der Spaß am Effekt und der Reaktion. Maßloses Überhöhen der Dinge. Es gibt keine Message. Interpretieren kann der Konsument. Derer gibt es viele. Der Intellektuelle sieht einen Sinn in dem, was wir machen. Ein Musiker kann seine Wirkung nur schwer einschätzen.«

hier gilt, dass eine Provokation »eine situativ geltende Norm«[4] auf freche Weise verletzt. Dabei mache der Störer sich schuldig und nehme »ein *Stigma* auf sich, stigmatisiert sich selbst«,[5] wie es weiter heißt. Es »hat auch schon früher Konflikte gegeben, die in Erinnerung sind und Narben hinterlassen haben«.[6] Provokationen seien »Grundmuster der kollektiven Bewegungspraxis und der praktischen Herstellung von Kollektivität«.[7] All das ließe sich auf Rammsteins Bühnenshows und ihre Selbstinszenierung beziehen. Dass Lindemann als ›Bühnenheld‹ versucht, Stigma in Charisma zu verwandeln,[8] darf für einen Star vorausgesetzt werden.

Die Narben in den sozialen Beziehungen, die Paris anspricht, sind in Rammsteins Bühnenshows sprichwörtlich ins Fleisch gebrannt. Was der Psychotherapeut Reinhard Haller zur *Pyromanie* sagt, ließe sich daher auch auf Rammstein übertragen: »Feuer ist jenes Element, das den engsten Bezug zu Emotionen und Affekten hat. Es befriedigt archaische Bedürfnisse, gilt als Symbol für Kraft, Wärme und Reinigung, für Begeisterung, Kreativität und Inspiration, auch für Leidenschaft und Zerstörung. Der Blick in das Feuer löst Angst und Faszination aus, er spricht archaische Schichten unserer Persönlichkeit an.«[9] Weiter heißt es über straffällig Gewordene: »Viele Brandleger fühlen sich vom Leben und der Gesellschaft enttäuscht und kämpfen mit Neidgefühlen auf die scheinbar heile Gesellschaft. Sie spüren eine ungeheure Wut auf die böse, kalte und verständnislose Welt und wollen sich an dieser für ihre individuellen Kränkungen rächen. Darüber hinaus vermittelt das flackernde Feuer offensichtlich einen Ausgleich für emotionale Defizite und spendet symbolisch auch seelische Wärme.«[10] In dieser Hinsicht liegt die Blaupause von Rammsteins Bühnenshows in eben jener pathogenen Haltung, die *gefeiert* wird. Das Deviante, Krankhafte, Katastrophen und Kriminelle zu zelebrieren und positiv zu besetzen, ist das Muster hinter Rammsteins

---

4 | Rainer Paris: Stachel und Speer. Frankfurt am Main 1998, S. 58. Sinnerbrink hat in seiner Trier-Analyse vorgeschlagen, im Falle Triers zwischen *provocation, evocation* und *invocation* zu unterscheiden. Zur Provokation heißt es: »Provocation is an active stance, a relational performance, demanding an active response: a deliberate, intentional, concertet effort to ›force‹ the recipient – the viewer or critic – into an affectively charged response, using means that are confronting or confusing, surprising or shocking, dissonant or disturbing.« (Sinnerbrink: Provocation and perversity, S. 96). Hiermit ist allerdings noch in keiner Weise beschrieben, welcher ästhetischen Form und welcher Verbindungslinien es bedarf, um zu provozieren. Auch die Frage nach dem Motiv der Provokation möchten wir stärker akzentuieren.
5 | Paris: Stachel und Speer, S. 59.
6 | Ebd., S. 61.
7 | Ebd., S. 72.
8 | Ebd., S. 79.
9 | Reinhard Haller: Die Macht der Kränkung, Kindle-Ausg. Wals bei Salzburg 2015, S. 183.
10 | Ebd., S. 183.

Image.[11] Diese Signatur wiederholt sich in zahlreichen Rammsteinsongs. Dass es eine Flugshow war, die am 26. August 1988 an der US-Militärbasis Ramstein zum Tod zahlreicher Menschen führte, ist eine Chiffre.[12] Man hätte dieses Unglück leicht vermeiden können, hätte man denn darauf verzichten wollen, militärische Potenz als Unterhaltungsereignis zu präsentieren. In dem gesamten Setting der Flugshow liegt eine durch das Spektakel verdeckte Aggression, die von der deutschen NS-Vergangenheit, dem Zweiten Weltkrieg bis zur amerikanischen Außen- und Militärpolitik und von der deutschen Nachkriegspolitik bis hin zum Unterhaltungsereignis reicht und in dem sich Widersprüche im Ereignis der Explosion der italienischen Fliegerstaffel auf eine apokalyptische Weise verdichten. Damit wurde die politisch-militärstrategische Funktion der Air-Base, die gewöhnlich ein Schattendasein führt, in die massenmediale Aufmerksamkeit gerückt.

Provokant wird der Bezug auf das Unglücksereignis dadurch, dass Rammstein sich nicht nur mit ihrem Namen, sondern auch im Song ihres Debütalbums *Rammstein* (1995) (wenn auch jetzt mit zwei »m«) unzweifelhaft darauf beziehen, das infernalische Moment aber regelrecht feiern, anstatt es zu bedauern, wie es politisch-moralisch geboten wäre:

> Ein Mensch brennt.
> Rammstein
> Fleischgeruch liegt in der Luft.
> Rammstein
> Ein Kind stirbt.

Darin liegt eine Lust am Untergang, an der Apokalypse und Zerstörung, die sich in einer Hingabe an die Dystopie, den Tod und in der frechen Verkehrung moralischer Normen manifestiert. Diese nietzscheanische ›Umwertung aller Werte‹ findet sich in nahezu allen Liedern wie auch Performances der Band und rückt sie in die Nähe zur Gothic- und Punkszene. Vorbilder sind natürlich

---

11 | Bei Gitarrist Paul Landers (Rammstein hätte es im Westen nie gegeben. In: Hof: Rammstein, S. 34-39, hier S. 34) heißt es etwa zur Namensfindung: »Der Name Rammstein kam von Schneider, Flake und mir. Wir hatten früher einfach so die Idee, wir müssten eine Band haben, die ›Rammstein-Flugschau‹ heißt. Im Überschwang des Übermutes fiel der Name ein paar Mal und blieb irgendwie so kleben, auch wenn einige von der Band das blöd fanden. Was sie jetzt natürlich nicht mehr wissen wollen. Jedenfalls blieb der Name einfach hängen wie ein Spitzname. ›Flugschau‹ war dann zu lang, aber Rammstein fanden wir gut, das hat auch zur Musik gepasst.«

12 | Siehe dazu Kathrin Seelmann-Eggebert: Die Flammenhölle von Ramstein. Als italienische Piloten ihr berühmtestes Kunststück vorführten, steuerten sie in die Katastrophe: 1988 starben auf der U.S. Air Base Ramstein 70 Menschen, tausend wurden verletzt. Die Überlebenden quält das Unglück bis heute. In: Der Spiegel vom 10. Dezember 2018, online unter www.spiegel.de/geschichte/ramstein-1988-die-flugschau-katastrophe-auf-der-us-air-base-a-1242058.html.

auch die Märchen der Gebrüder Grimm, die Erzählungen E.T.A. Hoffmanns, Edgar Allan Poes, Robert Louis Stevensons wie auch William Blakes Visionen.

Tills Vater Werner Lindemann war DDR-Kinderbuchautor.[13] Und so ist der Sohn sicherlich intensiver als manch anderer mit Märchenerzählungen (aber auch mit Bertolt Brecht und der sozialistischen Theaterkultur) in Berührung gekommen. Die Rock-, Punk- und Heavy-Metal-Kultur hat Gruppen wie *Sex Pistols, Kiss, Black Sabbath, Metallica, Alice Cooper, Marilyn Manson, Judas Priest, Motörhead* und viele andere hervorgebracht, die ebenjene Narrative schon lange vor Rammstein pflegten. Rammstein allerdings kombinierten diesen Sound mit der Coolness von Kraftwerk, Laibach und Depeche Mode.

Rammsteinsongs loten häufig grausamste Verbrechen aus, wenn etwa in *Stein um Stein* (2004) oder *Wiener Blut* (2009) das Einmauern einer Frau beschrieben wird. Vergleichbare Fälle gingen mehrfach durch die Presse, etwa der Fall des Belgiers Marc Dutroux oder dann (nach Veröffentlichung des Liedes) die Gefangenschaft von Natascha Kampusch bei Wolfgang Přiklopil oder wenige Jahre darauf Josef Fritzls Kellergefängnis. Songs wie *Mutter* (2001) thematisieren die Hassgefühle eines Retortenbabys aus der Ich-Perspektive, der Baia-Mare-Dammbruch (2000) mit der Cyanidfreisetzung ist in Verbindung mit dem *Donaulied* sicherlich ein Bezug für *Donaukinder* (2009). *Mein Herz brennt* (2001) rückt die Alpträume in den Vordergrund, wobei das Video von Eugenio Recuenco mit der Pianoversion von Sven Helbig die Medizingeschichte der Beelitz-Heilstätten bei Potsdam aufgreift, während Lindemann in Butoh-Tanz-Manier agiert. Es sind auch gewalttätige Obsessionen, die Rammstein immer wieder dramatisieren und die eigentlich unter Tabu stehende Bereiche wie Kindesmissbrauch, Prostitution, Kastration oder sadomasochistische Praktiken zum Gegenstand haben: *Weißes Fleisch* (1995), *Mein Teil* (2004)[14], *Feuer und Wasser* (2005), *Mann gegen Mann* (2005), *Ich tu dir weh* (2009), *Frühling in Paris* (2009), *Hallomann* (2019).

Betrachtet man diese Muster, so muss man den Selbstaussagen der Band widersprechen. Es ist durchaus keine reine *Provokation um ihrer selbst willen*, sondern die Provokation ist ein Mittel, ein Instrument, um entlang tabuisierter Motivfelder in einen a-diskursiven Bereich vorzudringen, ähnlich den Avantgardebewegungen des Dadaismus, des Expressionismus und des Surrealismus, die von Rammstein massiv beliehen werden. Man denke nur an Robert Wienes *Das Cabinet des Dr. Caligari* und Conrad Veidts Schauspiel, an physisch präsente Schauspieler der Weimarer Zeit wie etwa Heinrich George oder an Otto Huntes

---

13 | Siehe dazu Werner Lindemann: Mike Oldfield im Schaukelstuhl. Notizen eines Vaters. Köln 2020. Lindemann hat auch Lyrik publiziert: *Messer* (Gedichte und Fotos. Frankfurt am Main 2002), *In stillen Nächten* (Gedichte. Köln 2013) und *100 Gedichte* (2. Aufl. Köln 2020).

14 | Siehe hierzu Karley K. Adney: A Carnivalesque Cannibal: Armin Meiwes, »Mein Teil« and Representations of Homosexuality. In: Rammstein on Fire. Hg. von John T. Littlejohn und Michael T. Putnam. Jefferson 2013. Kindle-Ausg., S. 133-149.

architektonische Entwürfe für Fritz Langs *Metropolis* (1927). Man kann hier wiederum Wickes Urteil nur folgen, wenn er schreibt:

> Rammstein lässt mit diesem Gesamtensemble aus Text, Musik und Show bestimmte Bilder an die Oberfläche des Bewusstseins aufsteigen, die ihren Ursprung in der mit Medienbildern überfüllten Phantasie des Publikums haben. Nicht Rammstein inszeniert diese Bilder, die Band liefert nur die Trigger [...], die sich im Bewusstsein aus dem Horror der Tagesnachrichten, aus Spielfilmen und den Gewaltexzessen im abendlichen Fernsehen sedimentiert haben.[15]

Während die Rapperszene mit Capital Bra, RAF Camora, Haftbefehl (mit dem Lindemann auch in seinem Soloprojekt zusammengearbeitet hat) die Welt vom Rand der Ausgestoßenen und Kleinkriminellen beschwört, dringen Rammstein in die Zonen des Verdrängten, Tabuisierten *innerhalb* der Gesellschaft vor. Die Rapper lassen das Deutsche durch Slang- und Pidginsprache fremd werden, Rammstein zerstören die Hochkultur eines Brecht, eines Goethe und der Romantik, indem sie sie verkitschen und verschmähen, während sie diese zitieren. Schriftsteller Andreas Maier hat darauf hingewiesen, dass die Band den Merkel-Jahren einen Klang verliehen hat, sodass »Rammstein für Deutschland werden konnte, was Walt Disney für Amerika ist«.[16]

Geerdet ist das Ganze dann durch die Physis, etwa die erwähnte Feuershow, die Lautstärke, auch die beschriebenen Felder von körperlicher Marter. Anstelle einer Vermeidung dieser Verbrechen und Abgründe gehen Rammstein den Weg des *Aushaltens* und bedichten und besingen diese Felder, steigen in deren negative Dynamik ein und erinnern sie in mimetisch-ritueller Wiederholung, anstatt sie zu verdrängen oder neu zu diskursivieren. Man kann darin eine Art *soldatischer Haltung* sehen und das so entstehende Bild als Inszenierung von Tapferkeit deuten, wenngleich es – verrückt man die Perspektive ein wenig – wie bei aller militärischer Zurschaustellung von Stärke und Macht grotesk-komisch wirkt, zumal Rammstein sich das freiwillig zumuten.

---

15 | Wicke: Rammstein, S. 37. Auch hier verfährt Lars von Trier ähnlich, wenn er sich in seinen Filmen auf die Kunstgeschichte und die Musik, etwa Richard Wagners, bezieht (Sinnerbrink: Provocation and perversity, S. 96 f.) Zu den musikhistorischen Zitaten bei Rammstein siehe Martina Lüke: Modern Classics: Reflections on Rammstein in the German Class. In: Die Unterrichtspraxis/Teaching German 41 (2008), H. 1 (Spring), S. 15-23, online unter https://doi.org/10.1111/j.1756-1221.2008.00002.x.

16 | Andreas Maier: Der deutsche Klang der Merkel-Jahre. Rammstein auf Tournee. Vom Airbase-Crash über Grimms Märchenwald zur großen Götterdämmerungs-Geschichtsshow: Wie Rammstein für Deutschland werden konnte, was Walt Disney für Amerika ist. Ein Gastbeitrag. In: Frankfurter Allgemeine Zeitung vom 15. Juli 2019, S. 11, online unter www.faz.net/aktuell/feuilleton/pop/rammstein-auf-tournee-der-werdegang-des-rock-musikers-16284681.html.

Als deutschsprachige Band *exotisieren sie sich selbst*. In dieser Hinsicht ist es bemerkenswert, dass alle Filme, die bislang Rammsteinmusik verwendeten – wie auch Triers Arbeit –, das Deutsche und die deutsche Kultur als Motiv überhaupt nicht thematisierten. Rammsteins Lieder bilden offenbar eine autonome globale Signatur eines spezifischen Feierns von Gewalt wie auch einer Affirmation des Tabuisierten, um deren Beleihung es hier geht. Dass das Deutsche in Los Angeles, im Science-Fiction wie auch in einer fiktiven Vorortsiedlung in Dänemark erklingt, wirkt deshalb überhaupt nicht deplatziert. Es ist das Eingeständnis, dass jene Bereiche aus Sicht des deutschen, d. h. exotischen, Narrativs *fremdartig* aufgeführt werden sollen, also in einer Sprache, die die meisten Zuschauer *nicht* verstehen; die diskursive Gewalt bleibt daher eine linguale Chiffre.

Nymphomaniac und das Netz musikalischer Assoziation

Doch nun zu Triers Film. Entgegen dem Tabubruch, einen Mainstream-Pornofilm zu machen, erzählt Trier seine Geschichte selbst durchaus konventionell. Da ist das Kammerspiel, in dem Joe (Charlotte Gainsbourg) dem Helfer Seligman (Stellan Skarsgård) ihre Lebensgeschichte erzählt. Von dort aus wird die Off-Erzählstimme übernommen und die Bilder setzen dann die verbale Erzählung fort, so, als ob wir als Zuschauer in die Erinnerung eindringen würden. Der Film bekommt etwas Maschinelles, Rhythmisches, weil einzelne Assoziationen, Personen, Felder wiederkehren und so Erzählepisoden eindeutig gruppiert werden. Das erinnert an Peter Greenaways frühe Arbeiten, die bewusst ohne Empathie erzählt sind und dazu auch, wie Triers Film, Schriftelemente und Graphen integrieren.

Die Musik verleiht dem Film eine assoziative Struktur. Sie webt die Szenen aber auch allusiv in die Filmgeschichte ein. Schostakowitschs subversiver *Walzer 2*, den wir aus Stanley Kubricks *Eyes Wide Shut* (1999) kennen, erklingt mehrfach zur Akzentuierung des Lusttriebs. Bachs *Ich ruf zu dir Herr Jesu Christ* (BWV 639), das in Tarkowskis *Solaris* (1972) durch Eduard Artemjews Variationen die Szenen metaphysisch auflädt, wird hier transponiert, um *sexuelle* Ekstasen spirituell zu pointieren (was durchaus ironisch unterlaufen wird).[17] Andere Musik, etwa Steppenwolfs Hymne *Born to be wild*, wird im Stile Martin Scorseses eingesetzt, um die Spontaneität tabuisierter bzw. verbotener Handlungen zu unterstreichen und die Lust, die darin besteht, willentlich ein existenzielles Risiko einzugehen. Zusätzlich sind die draufgängerischen Damen Joe (Stacy Martin) und B (Sophie Kennedy Clark) im Zug eine Art von weiblichen Gegenbildern zu Peter Fonda und Dennis Hopper in dessen *Easy Rider* (1969).

---

17 | Man denke auch an den Einsatz von Bachs *Matthäuspassion* in Scorseses Vorspann zu *Casino*, der die Sprengung von Sam ›Ace‹ Rothstein (Robert De Niro) durch eine Autobombe zu einem metaphysischen Ereignis macht.

Rammsteins Lied *Führe mich* erklingt zweimal, am Anfang und am Ende des ersten Teils, in kompletter Länge. Damit wird das sadomasochistische Motivfeld des Films im Song bereits inhaltlich entworfen, in Form einer plakativen Rockouvertüre, während wir visuell noch ein herabgekommenes, kellerartiges und von vor Feuchtigkeit triefendes Labyrinth von Backsteinbauten mit einer klappernden Katzenluke sehen. Schließlich werden die Alltagsverrichtungen Seligmans ironisch überdeterminiert. Der Song ist eine Neueinspielung und findet sich ursprünglich auf dem Album *Liebe ist für alle da* (2009), das aufgrund einer Gewaltdarstellung indiziert wurde, wogegen Rammstein allerdings erfolgreich klagten.[18] Der Refrain ist durchaus mehrdeutig, kann in Teilen als Liebeserklärung, Wunsch nach Geborgenheit, aber auch als Drohung und Mordfantasie verstanden werden:

> Führe mich, halte mich
> Ich fühle dich
> Nymphomaniac
> Ich verlass' dich nicht.

Im Liedtext wird dann aber deutlich, dass hier eine Art Dystopie von Sexualität und Verlangen beschrieben bzw. aufgeführt wird, bei der die Architektur die Körper von zwei Menschen zwanghaft umschließt:

> Du bist mir ans Herz gebaut
> Zwei Seelen spannen eine Haut
> Und wenn ich rede, bist du still
> Du stirbst, wenn ich es will[.]

Die Provokation besteht in der Verwandlung eines Liebesliedes in eine Gewaltfantasie, was das Thema von Triers Film musikalisch verdichtet und vorwegnimmt, gerade auch dessen provokante Genremischung. Die mit Pathos gesungenen Passagen transportieren einen entgegenlaufenden Subtext. Wie wenig oberflächlich das ist, erweist sich ebenso in der Handlung von Triers Film, der diese obsessiven und obszönen Wünsche als Normalität schildert. Dass der Reim Lindemanns schließlich kalkuliert in Kitsch entgleitet, wirkt dabei umso überzeugender, denn die Grenze zwischen Normalität und Wahnsinn wie die zwischen Legalität und Devianz ist niemals eindeutig:

> Zwei Bilder, nur ein Rahmen
> Ein Körper, doch zwei Namen
> Zwei Dochte, eine Kerze
> Zwei Seelen in einem Herzen[.]

---

18 | Wicke: Rammstein, S. 4.

Diese aus poetologischer Sicht an Kinderreime erinnernden Zeilen werden durch das Bild der Kerze *als Phallus* aufgeladen und erst dadurch von ihrer Banalität befreit, dass Lindemann den Wahnsinnigen spielt und aus ihnen Sprechakte desselben macht. Solch ein Lied kann also nur aus diesem medialen Dispositiv von Musik, verbaler Anspielung, Musikvideo und Performance heraus verstanden werden. Es ist ebenso kalkuliert kakofon wie in Teilen bewusst geschmacklos.

Rammsteins und Triers »Affekt-Theater«, die Darstellung sadomasochistischer Paraphilien und das Provokationsprodukt Musik/Film

Das ist nicht bloße Provokation um ihrer selbst willen, sondern ein Versuch, den menschlichen Obsessionen, Imaginationen und dem Wahnsinn audiovisuelle Aufmerksamkeit zu verleihen, ähnlich wie das André Breton, Luis Buñuel, Robert Wiene und Max Ernst machten. Die so aufgeführten Fantasien sind an sich keineswegs so ungewöhnlich, wie dies zahlreiche Darstellungen der Psychoanalyse zeigen. Man denke an Havelock Ellis Buch *Love and Pain*[19] oder an Wilhelm Stekels *Sadismus und Masochismus*. Letzterer kommt hierin zu einer pessimistischen Sicht, wenn er schreibt: »Die Grausamkeit liegt in der menschlichen Seele sprungbereit wie eine Bestie, die gefesselt ist. [...] Ein dünner Kulturfirnis deckt die atavistischen Instinkte.«[20] Aber nicht nur diese dystopische Perspektive, auch die von Stekel beschriebenen *Paraphilien* sind ein Fundus für *Rammstein*, eben weil auch unsere so modern scheinende Gesellschaft es nicht vermochte, mit ihnen umzugehen.

»Alle Sado-Masochisten sind affekthungrige Menschen. Sie benötigen ein Affekt-Theater.«[21] Man könnte sagen, dass Rammstein und Trier eben jenes ›Affekt-Theater‹ buchstäblich aufführen und damit weniger die Zuschauer provozieren (diese sind schon Fans und genießen das), sondern durch das Gesamtkunstwerk Show/Film einen Keil in die Gesellschaft treiben, der eben darin besteht, dass sich jene, die das *nicht* rezipieren und *nicht* mögen, provoziert fühlen. Je mehr sich jene ›Außenstehenden‹ durch die bloße Rezeption angegriffen sehen, desto eingeschworener wird die Fangemeinde, die das ›Provokationsprodukt‹ konsumiert. Sie kann sich in diesen Stil wie in eine Mode hüllen und sich in der Affirmation des Dargestellten erhaben fühlen, auf jeden Fall ist sie sich der Ablehnung der Anderen sicher (in dieser Erwartung der negativen Reaktion des Anderen liegt

---

[19] | Havelock Ellis: Love and Pain. In: Ders.: Studies in the Psychology of Sex. Bd. III. 2. Aufl. Philadelphia 1924, S. 66-188.
[20] | Wilhelm Stekel: Sadismus und Masochismus. Berlin/Wien 1925, S. 36.
[21] | Ebd., S. 56.

durchaus ein Hauch von sadomasochistischem Spiel auf der massenmedialen Ebene der Rezeption). In dieser Hinsicht liegt der Provokation eine klare Haltung zugrunde, die Stekel formuliert: »Die kulturelle Moralheuchelei führt schließlich dazu, daß die Menschen vor sich selbst Theater spielen müssen und sich besser fühlen wollen, als sie sind.« (Ebd.: 7)[22] Der Weg zu Rammstein und zu Trier geht von dem kathartischen Impuls aus, das ›innere‹ Gesellschaftstheater durch das rammstein-/triersche ›Anti-Theater‹ (man denke auch an dessen *Idioten, 1998*) in eine neue Balance zu bringen, indem man es medial negiert.

Die ›Provokation‹ bestünde dann darin, dass in jene tabuisierten Zonen eine Bresche geschlagen wird und eine satyrhafte Imaginationswelt zur Aufführung kommt, die durchaus weiter verbreitet ist, als man zunächst annehmen mag. Das Unpassende, Kitschige und Groteske in dieser Ästhetik wirkt umso authentischer, weil niemand behauptet, diesen Abgründen eine ästhetische Ordnung verleihen zu können.

Das nymphomanische Verhalten Joes wäre dann ebenfalls keineswegs krankhaft, sondern nur ästhetisch geoffenbarte Obsession, veräußerlichte Vorstellungswelt. Es würde viel eher ein Bild gesellschaftlicher Machtverhältnisse hin auf die leibliche Sexualität gespiegelt und damit einem Bereich Ausdruck verliehen, der in der Regel nicht thematisiert wird, aber latent vorhanden ist. Der Körper Joes würde dann all jene Ansprüche und jene Gewalt auf sich locken, die gewöhnlich diffus ist und (in anderer Konzentration und Form) jede Zuschauerin und jeden Zuschauer ebenso trifft. Es ist dies ein ähnliches Verfahren wie dasjenige, welches Lindemann (aus männlicher Perspektive) auf der Bühne praktiziert. Der Körper ist letztlich der Austragungsort, wird zur Projektionsfläche gesellschaftlicher Tabus, subversiver Aggressionen und Vorurteile. In ihn schreibt sich in einer sadomasochistischen Inszenierung die latente Gewalt ein.

Man bedenke aber, dass in ›modernen‹ Gesellschaften nicht nur die Sexualität tabuisiert ist, sondern auch die *Bilder von* Sexualität zensiert werden und mitunter auch Diskurse *über* diese Bilder keineswegs selbstverständlich sind und – wenn nicht erneut zensiert – so doch nur in Arkadenöffentlichkeiten wie derjenigen der Kunst und der Wissenschaft (d.h. höchst stilisiert und konventionalisiert) geduldet werden. In Triers Film zeigen sich diese Mechanismen freilich anders, wie

---

22 | Allerdings geht es weder Rammstein noch Trier darum, diese diskursiv oder wie auch immer aufzulösen, wie dies Stekel versucht. Auch wird dem Abnormalen und Devianten wenig Verständnis entgegengebracht. Und an einer Auflösung sind beide Positionen wenig interessiert. Bei Rammstein werden die so dargestellten Devianzen wie in einem Kabinett vorgeführt und bleiben Negativbeispiele, an denen man sich abreagiert, anstatt dem auf den Grund zu gehen, Trier macht aus ihnen Sensationen, die vom Bild in die Physis springen. Es kann hier nicht auf Stekels musikalisches Modell eingegangen werden, der in seiner Analyse von einer Polyphonie spricht und von Mittel- und Oberstimmen, deren »Gleichgewicht gestört« sei (ebd., S. 18, allgemein dazu siehe S. 15ff.).

Georg Seeßlen ganz pointiert zeigt: »Die Provokation einer Hardcore-Szene [...] ist, möglicherweise, zugleich geprägt von Lust und von Angst, von Angst vor der Lust, und von der Lust an der Angst.«[23] Diese eingekapselten Gewalt- und Sexualfantasien zu befreien und die Diskurse porös zu machen, daran arbeiten Trier wie Rammstein.

Mit anderen Worten: Angstfrei und ohne Schuldbewusstsein, öffentlich und ohne Scheu, sexuelle Tabus zu überschreiten, das provoziert auch noch medial und auf der Bühne. In dieser Hinsicht bewegen sich sowohl Trier wie auch Rammstein in den gleichen Zonen.[24] Anders als in der Psychoanalyse lässt sich das Geschehen bei beiden nicht (oder zumindest nur zum Teil) von der individuellen Lebensgeschichte, von Traumata oder von früheren Konflikten aus deuten, ja erscheint als hermeneutisch nicht zugänglich. In dieser Nichtauflösbarkeit durch eine Interpretation liegt ein weiterer Teil der Provokation.

Wenn Joe und B. zu Beginn eine Tüte Schokobonbons als Preis für den meisten Geschlechtsverkehr im Fernzug ausloben, so geht es darum, *Katalysatoren* zu schaffen, Bilder, Symbole und Narrative in eine Dynamik zu bringen, die schließlich rein ästhetisch ausgedrückt werden. Die Frage ist auch nicht, ob das realistisch ist. Das Narrativ ist experimentell, mit dem eigenen Leib als Versuchsanordnung, bei Joe, bei Lindemann: Was würde geschehen, wenn ...? Die Veränderung von Joes Charakter über die Jahre ist sprunghaft, sie reicht von der sadistischen zur masochistischen Haltung und wechselt oft die Pole.

BEISPIELANALYSE. MR. UND MRS. H

Ähnlich wie Rammstein verfährt auch Trier, indem er mit den moralischen Erwartungen durch Zitate und Allusionen, durch Querverbindungen von Kontexten und Bildern systematisch (und die Reaktionen wohl ahnend) bricht. Darin liegt etwas Spitzbübisches, ja Freches. Besonders deutlich wird dies in Kapitel fünf von *Nymphomaniac*, in dem der sakrale Kontext mit Musik von Bach sexuell aufgeladen wird, in Teil zwei, als Trier im Kapitel sieben, *The Duck*, in dokumentarischer Manier zeigt, wie Joe (Charlotte Gainsburg) sich von K (Jamie Bell) malträtieren lässt.[25] Ein Motiv lässt sich für dieses Verlangen kaum aus-

---

23 | Georg Seeßlen: Lars von Trier goes Porno. (Nicht nur) über *Nymphomaniac*. Berlin 2014, S. 34.
24 | Wiederum könnten Filme wie Triers *Antichrist* (2008) oder *The House That Jack Built* (2018) als Beispiele dienen.
25 | Man denke hier wieder an die Darstellung der Flagellation bei Stekel und Ellis, etwa seine Schilderung der Patientin Florrie: »Ihre Peitsche war der Peitsche ähnlich, die der Vater gebraucht hatte. Sie erkannte erst viel später, dass das gefürchtete Instrument der Jugend nun ihr geliebter Fetisch geworden war.« (Havelock Ellis: Der Mechanismus der sexuellen Abweichung. In: Stekel: Sadismus und Masochismus,

machen. Vielleicht ist es der Drang, durch erlittene Gewalt *Ekstasen* zu erleben, aber das bleibt unbestimmt.

In Kapitel drei des ersten Teils, *Mrs. H*, wird die durch Joes (Stacy Martin) Verhalten verursachte Dynamik ganz konkret. Wie ihr Vater ein Herbarium anlegte, so erstellt Joe eine Sammlung von Männern, vergisst aber die Katalogisierung, verfährt aleatorisch, würfelt ihre eigenen Ausreden per Zufall aus. Schon dadurch sind Konflikte vorprogrammiert. Entweder verstehen die Männer nicht, was mit ihnen gespielt wird, oder ihnen ist es schlichtweg egal, ob Joe die Wahrheit sagt, weil sie nur ihre Lust befriedigen wollen (was auch Joes Ziel ist). Insofern entspricht das ›Verfahren‹ ihrer Absicht.

Zum Showdown kommt es letztlich deshalb, weil Joe es nicht mehr vermag, diese Bühnenhaftigkeit zu kontrollieren. Ihr Liebhaber H (Hugo Speer), Vater von drei Söhnen, will sich wegen ihrer spontanen Forderung von seiner Frau Mrs. H (Uma Thurman) trennen. Dass das Telefonat von Joe solch eine Katastrophe nach sich zieht, hängt mit der eigentlichen Botschaft offensichtlich nur wenig zusammen, sondern deutlich wird dadurch vielmehr der Zustand der zerrütteten Ehe. Wie am Fließband hat Joe ihre Verehrer bestellt und diese lassen auch dann nicht von ihren Absichten, als sie sich voreinander blamieren.

Joe bespielt die Bühne der Verliebtheit, *ohne* diesem Gefühl zu verfallen. Sie betreibt eine Gefühlshygiene und lädt durch ihr geschickt soft gestyltes Äußeres zur Projektion ein, macht aus ihrem Leben eine Kulisse der Lust und zitiert zärtliche Bekundungen wie Leerlaufhandlungen. Die Männer, und gerade Mr. H, glauben ihr dennoch. Es genügen diese *inszenierten Anzeichen der Liebe*, damit dies geschieht. Geht man davon aus, dass niemand hier naiv ist, so kann man die Beziehung zwischen Joe und dem älteren H nur als *sadomasochistisch* beschreiben, wobei Joe *sadistisch* und H *masochistisch* wäre. Diese oberflächliche Harmonie ruht auf einer stillschweigenden Gewalt, sie *ist* Gewalt dann, wenn man die Lebenssituation der beiden mit einbezieht.

Das Pokerspiel, H pünktlich vor dem nächsten Liebhaber aus der Wohnung zu bekommen (für den sie schon den Tisch deckt), indem sie H auffordert, seine Familie zu verlassen, verliert Joe. H entschließt sich nämlich genau dazu, um ihr seine ›Liebe‹ zu beweisen, und steht wenig später mit seinem Koffer vor der Tür. Nicht bedacht hat er allerdings, dass seine Frau ihm mit den Kindern folgen würde, was wiederum zu einer Reaktion von Joe führen muss. Nirgends im Film würde Rammsteins *Führe mich* so gut passen wie hier, wo es nicht erklingt. Mrs. H ist eben so geschickt wie Joe, wenn sie weinend die Treppe heraufschlurft und den Konflikt theatralisiert. Angesichts ihres wie ein Kartenhaus zusammenfallenden Lebensentwurfs führt sie das Wohl ihrer Kinder an, deren Wunsch, sich diese vom Vater verabschieden zu wollen, zeigt ihnen Joes Bett, als wäre es ihre

---

S. 200-234, hier S. 215) Im Original bei Havelock Ellis: The History of Florrie and the Mechanism of Sexual Deviation. In: Ders.: Studies in the Psychology of Sex. Bd. VII. 3. Aufl. Philadelphia 1928, S. 121-212.

eigene Wohnung (»Let's see daddys favorite place«, 01:25:04) und kocht Tee. Diese Brechung und Spiegelung von Joes Verhalten, das Erzeugen von moralischen Gegenbühnen, die allein der Destruktion von Joe dienen, kann nicht ohne Antwort bleiben. Als sich Joe dazu entschließt, sich mit den Kindern zu versöhnen, er still neben H. sitzt und beide die Kinder beobachten, wird deutlich, dass Mrs. H's Versuch, ihren Mann und Joe über die Moral zu demütigen, gescheitert ist. Nachdem Joes zweiter Liebhaber anklopft, halten die drei kurz hintereinander Händchen und Joe flirtet sogar noch mit Mrs. H. Man kann die Situation als unterschiedliche Form des Theatralen verstehen. Das eine Modell (Mrs. H's) folgt dem Muster der klassischen Tragödie, die die Konflikte für das Publikum (die Kinder) erinnern will, verbalisiert und diskursiviert.[26] Das andere Modell (Joes) ist gegenwärtig, antidramatisch, hält aus und ist auf eine zynische Weise spielerisch, vergesslich, amoralisch und hedonistisch, gestisch subversiv und körperlich. Worte zählen für Joe nicht, was sich darin zeigt, dass sie am Tisch plötzlich ganz gelassen sagt, dass sie H *nicht* liebe.

SCHLUSSBEMERKUNG

Wie es Rammstein bei ihren provokanten Collagen nicht um eine Lösung, sondern um eine *kathartische Zurschaustellung* von Konflikten geht, so assembliert Trier in dieser Szene Versatzstücke des Familienlebens, verweigert sich aber ebenso einer Analyse oder Sinnfindung. Seligman fragt wenig später die Joe der Jetztzeit, die dies erzählte, was diese Episode mit ihrem Leben gemacht habe (»How this episode did affect your life?« – »Not at all.«, 01:41:11). Es ist, als ob die Gefühle vom Subjekt nicht mehr auf sich bezogen werden können. Sie werden von Joe (und von Lindemann auf der Bühne) ausgehalten, man gewöhnt sich an sie, wie Walter Benjamin es für den Schock beschrieben hat. Die Ursache der Konflikte bleibt a-narrativ, collagen- und bruchstückhaft. Natürlich rühren die Blessuren und die Zurichtung Joes von ebenjenem Verhalten, aber dies wird nicht *eingesehen*. Die Modelle der Diskursivierung sind bekannt, die Antworten lassen sich schemenhaft abrufen wie in der Selbsthilfegruppe, die Joe schließlich besucht, aber die Konflikte werden dadurch nicht beseitigt. Man folgt nicht dem traditionell narrativen Muster des Entwicklungsromans, widersetzt sich geradezu einer herleitenden Interpretation und Genese. Diese Grundhaltung

---

26 | Man müsste das subtile Schauspiel von Uma Thurman hier noch einmal genauer untersuchen, gerade ihren hysterischen Anfall, dessen Vorbereitung und dann dessen unkontrollierten Ausbruch. Siehe hierzu etwa Antje Flemming: Lars von Trier. Goldene Herzen, geschundene Körper. Berlin 2010, insbes. S. 40 f. (wo es um Triers Umgang mit den Schauspielern und deren Gefühlen geht) und das Kapitel »Hysterie«, S. 128-137. Die Rolle von Weiblichkeit und Männlichkeit, auch deren Umkodierung und Verschmähung, deren Zitieren wäre hier zu untersuchen.

ist Trier und Rammstein gemein. Joe findet sich später in jener verkehrten Rolle der Gedemütigten wieder.[27] Es geht nicht darum, der Rolle eine Interpretation zu verschaffen oder dem Leben einen Sinn. Stattdessen werden die vorhandenen Konflikte körperlich, vormodern, exorzistisch, wiederholt, das »negative Paradies ist die dionysische Ekstase«[28].

---

[27] | Bei Stekel (Sadismus und Masochismus, S. 118) heißt es: »Wir aber erkennen in dem Masochismus als wichtige Tatsache das Ausweichen vor dem normalen Geschlechtsakte.« In dieser Hinsicht könnte man fragen, ob *Nymphomaniac* überhaupt Sexualität darstellt und nicht das *Fliehen* vor und *gewalttätige Verdecken* derselben: »Nymphomaniac ist kein pornografischer Film, sondern einer, der sich der Pornografisierung stellt.« (Seeßlen: Lars von Trier goes Porno, S. 214). Man vergleiche auch Sion Sonos Antiporno (2016) damit.
[28] | Seeßlen: Lars von Trier goes Porno, S. 81.

Der *Witz* der Urteilskraft
Zur politischen Dimension des Humors

GEORG MEIN

> In dem irdischen Paradies, das heißt in einer Welt, wo alles Erschaffene dem Menschen zu sagen schien, daß es gut war, lag die Freude nicht im Lachen.
>
> Charles Baudelaire: *Vom Wesen des Lachens*

I.

Im Zentrum von Umberto Ecos 1980 erschienenem, monumentalem Mittelalterroman *Der Name der Rose* steht das verschollene zweite Buch der Poetik von Aristoteles, in dem dieser die Komödie und das Lächerliche behandelt haben soll. In Ecos Roman besitzt der greise Benediktiner-Mönch Jorge von Burgos das wohl einzige noch erhaltene Exemplar; allerdings hat er die Seiten des Buches mit Gift imprägniert, um sie so vor dem Zugriff potenzieller Leser zu schützen. Wer Aristoteles' Ausführungen über die Komödie dennoch liest und sich zum Umblättern der Seiten die Finger an der Zunge anfeuchtet, nimmt das Gift Seite um Seite langsam, aber sicher in seinen Körper auf und stirbt schließlich qualvoll. Sein sündiges Interesse am Komischen offenbart sich dann posthum anhand eines geschwärzten Fingers und einer geschwärzten Zunge. Der Witz an dieser Geschichte ist, dass Jorge die Wendung vom literarischen Giftschrank zwar wortwörtlich in die Tat umsetzt, gleichzeitig aber, obwohl erblindet, als bibliophiler Bibliothekar nicht dazu imstande ist, das verhasste Buch ganz zu vernichten. Als William von Baskerville mit seinem Adlatus Adson von Melk nach vielen Verwicklungen Jorge schließlich auf die Schliche kommen, gesteht dieser seine Motivation, gerade dieses Buch vor den Augen der Öffentlichkeit verborgen zu halten, mit der folgenden Begründung:

> [D]ieses Buch könnte lehren, daß die Befreiung von der Angst vor dem Teufel eine Wissenschaft ist! Der lachende Bauer, dem der Wein durch die Gurgel fließt, fühlt sich als Herr, denn er hat die Herrschaftsverhältnisse umgestürzt. Doch dieses Buch könnte lehren, mit welchen Kunstgriffen, mit welchen schlagfertigen und von diesem Moment an geistreichen Argumenten sich der Umsturz rechtfertigen ließe. Und dann

würde sich in ein Werk des Verstandes verwandeln, was in der unüberlegten Pose des Bauern einstweilen noch und zum Glück nur ein Werk des Bauches ist. Gewiß ist das Lachen dem Menschen eigentümlich, es ist das Zeichen unserer Beschränktheit als Sünder. Aus diesem Buch aber könnten verderbte Köpfe [...] den äußersten Schluß ziehen, daß im Lachen die höchste Vollendung des Menschen liege! Das Lachen vertreibt dem Bauern für ein paar Momente die Angst. Doch das Gesetz verschafft sich Geltung mit Hilfe der Angst, deren wahrer Name Gottesfurcht ist. Und aus diesem Buch könnte leicht der luziferische Funke aufspringen, der die ganze Welt in einen neuen Brand stecken würde, und dann würde das Lachen zu einer neuen Kunst, die selbst dem Prometheus noch unbekannt war: zur Kunst der Vernichtung der Angst![1]

Diese Argumentation leuchtet unmittelbar ein – und sie macht zugleich einen intimen Zusammenhang zwischen Komik und Politik deutlich. Das durch die Institutionen vermittelte Gesetz verlangt Unterwerfung und wie wäre diese besser herzustellen als durch Angst? Mit Blick auf den Lichtbringer Prometheus, Metapher der Aufklärung, den Jorge sicherlich nicht ohne Grund in seiner Philippika gegen die Komik erwähnt, könnte hinzugefügt werden, dass auch das Autonomiepostulat der abendländischen Rationalität diesbezüglich keine Ausnahme darstellt. Denn die Institutionen vollziehen ihr Werk, d.h. die Einbettung der Subjekte in die herrschende Diskursordnung, gleichsam hinter dem Rücken dieser Subjekte. Dies gelingt, weil das Subjekt das Verbot, das von der Institution gehandhabt wird, unbewusst internalisiert. Damit erscheint das Gesetz nicht länger als ein externes, von außen auferlegtes, sondern als selbstgegebenes und damit Autonomie verheißendes Gebot der eigenen Vernunft. Man kann dieses Problem auch umgekehrt formulieren, indem man fragt, durch welche (rhetorischen?) Anstrengungen es dem Menschen gelingt, die Situation unter dem Gesetz als Freiheit zu kodieren? Der Trick liegt darin, so hat es Joseph Vogl einmal treffend formuliert, dass man das Hören der inneren Stimmen trainiert: »Das soll ja der Effekt der ganzen Erziehungsprojekte und Moralunterweisungen sein. Am Ende kann man auf die Stimme des Gesetzes, des Gemeinwillens in sich selbst horchen und weiß, was zu tun ist.«[2] Offensichtlich aber hat das Komische und Lächerliche in diesem Herrschaftszusammenhang eine subversive und emanzipatorische Kraft. Es ermöglicht eine Distanz zu den herrschenden Verhältnissen und schafft so einen Reflexionsraum, der die Din-

---

1 | Umberto Eco: Der Name der Rose. München 1986, S. 603 f.
2 | »Der Mann ist wie ein Brühwürfel«. Rousseau zum 300. Geburtstag. Zurück zur Natur! Gemeinwohl! Edler Wilder! Die moderne Welt verdankt Jean-Jacques Rousseau viele berühmte Schlagwörter. Zum 300. Geburtstag des Philosophen spricht der Experte Joseph Vogl über dessen Ansichten zur guten Erziehung, erotischen Vorsorge – und perfekten Regierung. In: Spiegel online vom 26. Juni 2012, online unter www.spiegel.de/kultur/gesellschaft/jean-jacques-rousseau-joseph-vogl-im-interview-zum-300-geburtstag-a-840805-2.html.

ge aus einem anderen Blickwinkel zu betrachten erlaubt. Odo Marquard bringt dies prägnant auf den Punkt, wenn er definiert: »Komisch ist und zum Lachen bringt, was im offiziell Geltenden das Nichtige und im offiziell Nichtigen das Geltende sichtbar werden läßt.«[3] Mit Blick auf den dogmatischen Diskurs der römisch-katholischen Kirche ist dies freilich wenig erheiternd, hat die pastorale Aktivität, wie Michel Foucault betont, doch gerade jene einzigartige und der antiken Kultur wohl gänzlich fremde Idee entwickelt,

daß jedes Individuum unabhängig von seinem Alter, von seiner Stellung sein ganzes Leben hindurch und bis ins Detail seiner Aktionen hinein regiert werden müsse und sich regieren lassen müsse: daß es sich zu seinem Heil lenken lassen müsse und zwar von jemandem, mit dem es in einem umfassenden und zugleich peniblen Gehorsamsverhältnis verbunden sei.[4]

Das Komische rührt an den Grund solcher Gehorsamsverhältnisse, es rührt an den mystischen Grund der Gesetze selber.[5] Indem das Komische Fragen jenseits der Dezenzregeln der Autorität formuliert, führt es eine Unterscheidung ein, die schon Foucault als Kern jener Bewegung charakterisiert, die hinter dem Begriff Kritik sichtbar wird: die Unterscheidung zwischen Recht und Gerechtigkeit.[6] Dies gelingt, weil das Lachen und die ihm korrespondierende Geisteshaltung des Humors als die »selbstreflexive Präsentation einer exzentrischen Position gegenüber den verbindlich geltenden Verhaltens-, Einstellungs- und Bezugsmaximen« begriffen werden muss, wie Wolfgang Preisendanz betont.[7]

---

3 | Odo Marquard: Exile der Heiterkeit. In: Das Komische. Poetik und Hermeneutik VII. Hg. von Wolfgang Preisendanz und Rainer Warning. München 1975, S. 133-151, hier S. 141.
4 | Michel Foucault: Was ist Kritik? Berlin 1992, S. 9 f.
5 | Michel de Montaigne: Essais. Leipzig 1967, S. 13. »Or les loix se maintiennent en credit, non par ce qu'elles sont justes, mais par ce qu'elles sont loix. C'est le fondement mystique de leur autorité : elles n'en ont point d'autre.« (S. 309 (»Von der Erfahrung«)
6 | Foucault (Was ist Kritik?, S. 13 f.) schreibt: »[N]icht regiert werden wollen, nicht dermaßen regiert werden wollen, das heißt auch, diese Gesetze da nicht mehr annehmen wollen, weil sie ungerecht sind, weil sie unter ihrer Altehrwürdigkeit oder unter dem bedrohlichen Glanz, den ihnen der heutige Souverän verleiht, eine wesenhafte Unrechtmäßigkeit bergen. Unter diesem Gesichtspunkt heißt also Kritik: der Regierung und dem von ihr verlangten Gehorsam universale und unverjährbare Rechte entgegensetzen, denen sich jedwede Regierung, handelt es sich um den Monarchen, um das Gericht, um den Erzieher, um den Familienvater, unterwerfen muß.«
7 | Wolfgang Preisendanz: Art. »Humor«. In: Reallexikon der Deutschen Literaturwissenschaft. Gemeinsam mit Georg Braungart, Klaus Grubmüller, Jan-Dirk Müller, Friedrich Vollhardt und Klaus Weimar hg. von Harald Fricke. Berlin/New York 2000, Bd. II, S. 100-103, hier S. 101.

Humor bedeutet »die Projektion einer Subjektivität, die den Schein der Unverbindlichkeit alles Verbindlichen und gleichwohl die Unbelangbarkeit dieses Scheins suggeriert, indem sie ihre eigene Komik ausspielt.«[8]

II.

In der Laudatio zum 80. Geburtstag ihres ehemaligen Lehrers und Liebhabers Martin Heidegger bemerkt Hannah Arendt:

Wozu das Lachen gut ist, haben die Menschen offensichtlich noch nicht entdeckt – vielleicht weil ihre Denker, die seit eh und je auf das Lachen schlecht zu sprechen waren, sie dabei im Stich gelassen haben, wenn auch hie und da einmal einer über seine unmittelbaren Anlässe sich den Kopf zerbrochen hat.[9]

Tatsächlich hat das Lachen in der philosophischen Tradition keine besonders gute Reputation. Dies liegt vor allem daran, dass im Lachen etwas sichtbar wird, das demjenigen, dem das Gelächter gilt, nicht unbedingt zum Vorteil gereicht. Schon die berühmte Szene aus dem platonischen Dialog *Theätet* lässt sich diesbezüglich als Beleg anführen. Platon legt dort dem Sokrates eine äsopische Fabel in den Mund, wobei er die ursprünglich anonyme Anekdote nun auf Thales von Milet appliziert. Sokrates zufolge sei Thales, als er nach oben blickte, um die Sterne zu betrachten, in einen Brunnen gefallen, woraufhin ihn eine thrakische Magd verspottet habe, »daß er voll Eifers der Kenntnis der himmlischen Dinge nachtrachte, von dem aber, was vor der Nase und vor den Füßen liege, keine Ahnung habe«[10]. Das Lachen der Thrakerin, über das sich noch Hegel sehr geärgert hat, weil es den Thales als einen weltfernen Träumer demaskiert, verbleibt jedoch nicht im Reich der Astronomie, sondern hallt noch all jenen in den Ohren, die sich der Philosophie zugewandt haben. Denn auch der Philosoph habe, erklärt Sokrates, »keine Ahnung von seinem Nebenmann und Nachbar, nicht nur, was er betreibt, sondern beinahe, ob er überhaupt ein Mensch ist oder was sonst für eine Kreatur«[11]. Plato nutzt also die Steilvorlage der Thales-Anekdote, um seinem Sokrates die Gelegenheit zu geben, sich über sich selbst und über die eigentümliche Art seines ›Realismus‹ lustig zu machen. Denn durch die Adaption der Äsop-Fabel zeichnet den vorsokratischen Natur- und Protophilosophen Thales von Milet schon aus, was für die Philosophie insge-

---

8 | Ebd.
9 | Hannah Arendt: Menschen in finsteren Zeiten. München 2001, S. 177.
10 | Platon: Theätet. Sämtliche Dialoge, übersetzt und erläutert von Otto Apelt. Hamburg 1988, Bd. IV, S. 82.
11 | Ebd.

samt kennzeichnend ist: die reine Theorie als Schicksal.[12] Und das Komische an der reinen Theorie ist ihre konstitutive und gleichsam unaufhebbare Distanz zu den alltäglichen Dingen des Lebens, wie Hans Blumenberg betont:

> Was Sokrates nach seiner Abwendung von der Naturphilosophie entdeckt hatte, ist die Sphäre der Begrifflichkeit der menschlichen Dinge, von der aus erneut die Realität des Nächstliegenden verfehlt und dadurch zur Fallgrube wird.[13]

Die Komik resultiert dann aus dem Zusammenstoß von Wirklichkeitsbegriffen, deren Unverständigkeit gegeneinander lächerlich, in letzter Konsequenz aber auch tödlich sein kann. Und gerade an der Figur des Sokrates wird dieser intrinsische Zusammenhang zwischen Fatum und Komik evident: »Sokrates akzeptiert das Gelächter, so wie er den Giftbecher akzeptieren wird.«[14] Das Misstrauen der Philosophie dem Komischen gegenüber rührt vielleicht aus eben diesem Verdacht, dass sich im Lachen zugleich immer auch das Unabwendbare und Schicksalhafte ankündigt. Und in der Tat: Als Gegenstand des Witzes erscheint der Mensch regelmäßig als die geschlagene und taumelnde Kreatur, die den Brechungen des Lebens schutzlos ausgeliefert ist. Eine tiefere Reflexion über den Grund des Lachens führt folgerichtig eher in die gegenteilige Richtung, in die Melancholie, wie schon Odo Marquard bemerkt hat.[15] Gleichzeitig hat das Nachdenken über den Grund des Lachens auch die kritisch-emanzipatorische Kraft des Humors zutage gefördert. So beschreibt Joachim Ritter in einem viel beachteten Aufsatz aus dem Jahre 1940 das Lachen als eine Bewegung, »mit der der Mensch das seiner Lebensordnung Entgegenstehende und das seinen Leitbildern Feindliche ausspielt«[16]. Ritter geht davon aus, dass jede Lebensordnung im Sinne eines ›ernsten‹ Schemas auf der Voraussetzung basiere, das Positive und Wesentliche vom Negativen und Nichtigen zu scheiden. Foucault spricht knapp 30 Jahre später von der Funktionsweise der diskursiven Ordnung, die nicht ohne Ausschließungsmechanismen bzw. Grenzziehungen zwischen Wissen und Nichtwissen auskommt. Bei Ritter heißt es:

---

12 | Vgl. Hans Blumenberg: Der Sturz des Protophilosophen. Zur Komik der reinen Theorie – anhand einer Rezeptionsgeschichte der Thales-Anekdote. In: Preisendanz/Warning, Das Komische, S. 11-64, hier S. 11.
13 | Ebd., S. 12.
14 | Ebd., S. 11.
15 | »[W]as man die Schwermut der Komik nennen könnte: die Untilgbarkeit nämlich des Bewußtseins, daß es überhaupt Verhältnisse gibt, die auf dem Unterschied zwischen Geltendem und Nichtigem beruhen und daß – extrem: im Namen der Aufklärung selber – stillschweigend Aufklärung verboten sein kann darüber, daß das jeweils Geltende nicht unbedingt das Geltende und das jeweils Nichtige nicht unbedingt das Nichtige sein muß.« (Marquard, Exile der Heiterkeit, S. 142)
16 | Joachim Ritter: Über das Lachen. In: Luzifer lacht. Philosophische Betrachtungen von Nietzsche bis Tabori. Hg. von Steffen Dietzsch. Leipzig 1993, S. 92-118, hier S. 97.

Was das Nichtige zum Nichtigen macht, das Entgegenstehende zum Entgegenstehenden und sie ausgrenzt als Ausfallendes, Unwesentliches, Unsinniges, Unverständliches usw., ist je die positive Ordnung selbst, die das Dasein sich gibt. In dieser Ausgrenzung aber verschwindet es nicht überhaupt, es löscht nicht aus, sondern erhält in ihr die Weise zugesprochen, in der es nun als das Nichtige gleichsam hintergründig, aber nichtsdestoweniger wirklich in der Lebenswelt fortbesteht.[17]

Das Lachen ist nun genau das Moment, das die geheime Zugehörigkeit des Nichtigen und Ausgeschlossenen zum Dasein sichtbar macht – und in eben diesem Sinne ist es eine Rehabilitationsbewegung, die den Zweifel wieder in sein Recht setzt, um die Ordnungen des Wissens zu hinterfragen. Mit Foucault könnte man insofern von einer gegendiskursiven Funktion des Lachens sprechen, die deshalb so wirkungsmächtig ist, weil sie aus der Sprache kommt, ihr selbst aber nicht zugehört. Dem Lachen ist eine unbestimmte Negativität, eine semantische Leere eigen, die es in den Raum der Unlesbarkeit verweist.[18] Eben dies macht auch die intellektuelle Auseinandersetzung mit diesem Phänomen so schwierig: »Das Lachen läßt sich nicht in ein Objekt des Denkens transformieren, ohne daß es aufhört, Lachen zu sein.«[19] Es gehört nachgerade zum Kennzeichen des Lachens, dass es sich der Logik der Repräsentation entzieht. Insofern könnte man das Lachen als jenen unabgegoltenen Rest begreifen, der »das signifikative Funktionieren der Sprache kompensiert«[20]. Die Funktionsweise des Gesetzes aber basiert auf eben jener Logik der Repräsentation, die durch die Institutionen überhaupt erst garantiert wird, wie Pierre Legendre in vielen Studien gezeigt hat.[21] Aus diesem Grund hat das Lachen das Potenzial, jene flüchtigen Gesten zu demaskieren, »mit denen eine Kultur etwas zurückweist, was für sie *außerhalb* liegt«[22]. In ähnlicher Weise hat Martin Seel den Humor als eine Praxis definiert, »die es sich leistet, ihre Position hartnäckig zur Disposition zu stellen«. Humor, so Seel, sei sich »in der Disparität seiner Stellungen genug« und könne insofern als Beleg dafür gelten, dass man beides

---

17 | Ebd., S. 103.
18 | Vgl. Peter Rehberg: Lachen lesen. Zur Komik der Moderne bei Kafka. Bielefeld 2007, S. 9.
19 | Rita Bischof: Souveränität und Subversion. Georges Batailles Theorie der Moderne. Berlin 1986, S. 19.
20 | Michel Foucault: Die Ordnung der Dinge. Eine Archäologie der Humanwissenschaften. Frankfurt am Main 1974, S. 77.
21 | Vgl. bspw. Pierre Legendre: Das politische Begehren Gottes. Studien über die Montagen des Staates und des Rechts. Aus dem Französischen von Katrin Becker. Wien/Berlin 2012. Zum Werk Legendres insgesamt siehe Georg Mein (Hg.): Die Zivilisation des Interpreten. Studien zum Werk Pierre Legendres. Wien/Berlin 2012.
22 | Michel Foucault: Wahnsinn und Gesellschaft. Eine Geschichte des Wahns im Zeitalter der Vernunft. Frankfurt am Main 1973, S. 9.

haben könne: sowohl das Vertrauen in die Stärke der eigenen Position wie zugleich das Wissen um ihre Schwäche.[23]

III.

Der Witz als Inbegriff des Humors und als der Auslöser des Lachens hat nun eine ganz eigene Begriffsgeschichte, deren zentraler Wendepunkt im 17. Jahrhundert lokalisiert ist. Denn hier setzt sich im deutschsprachigen Raum das gesellschaftlich-literarische Ideal des französischen *Bel esprit* durch, mit dem ein aufgeweckter Kopf charakterisiert wird. Johann Christoph Gottsched übersetzt *Esprit* dann auch wörtlich mit ›Witz‹[24] und hebt 1730 in seiner berühmten Regelpoetik *Versuch einer Critischen Dichtkunst vor die Deutschen* besonders die Beziehung des Witzes zur Dichtkunst hervor. Gottsched schreibt:

Das ist nun, meines Erachtens, die beste Erklärung, die man von dem Göttlichen in der Poesie geben kann; davon so viel Streitens unter den Gelehrten ist. Ein glücklicher munterer Kopf ist es, wie man insgemein redet; oder ein lebhafter Witz, wie ein Weltweiser sprechen möchte: das ist, was [...] beym Horaz, *ingenium et mens divinior* hieß. Dieser Witz ist eine Gemüthskraft, welche die Aehnlichkeiten der Dinge leicht wahrnehmen, und also eine Vergleichung zwischen ihnen anstellen kann. Er setzet die Scharfsinnigkeit zum Grunde, welche ein Vermögen der Seelen anzeiget, viel an einem Dinge wahrzunehmen, welches ein andrer, der gleichsam einen stumpfen Sinn, oder blöden Verstand hat, nicht würde beobachtet haben.[25]

Der Bezug auf das lateinische *Ingenium* ist charakteristisch für das semantische Feld, in dem der Witz im Zeitalter der Aufklärung verortet wird. *Ingenium* lässt sich übersetzen mit ›Veranlagung‹, ›Entschlossenheit‹, ›Talent‹, bedeutet aber auch ›Verstand‹, ›Fantasie‹ und ›Scharfsinn‹. In der Tradition des *Ingeniums* steht der Witz folgerichtig im Kontext von Invention und Genie und ist weniger ein Scherz als vielmehr ein Vermögen des Verstandes.

---

23 | Martin Seel: Humor als Laster und als Tugend. In: Merkur. Deutsche Zeitschrift für europäisches Denken 56 (2002), H. 9/10 (Sonderheft: Lachen. Über westliche Zivilisation), S. 743-751, hier S. 747.
24 | So in der Anmerkung zum Art. »Bouhours« in der deutschen Ausgabe des Dictionnaire historique et critique des französischen Frühaufklärers Pierre Bayle: Historisches und critisches Wörterbuch. Nach der neuesten Auflage von 1740 ins Deutsche übersetzt, auch mit einer Vorrede und verschiedenen Anmerkungen versehen von Johann Christoph Gottsched. Leipzig 1741, S. 645 A.
25 | Johann Christoph Gottsched: Versuch einer Critischen Dichtkunst. In: Ders.: Ausgewählte Werke. Herausgegeben von Joachim Birke und P. M. Mitchell. 12 Bde. Berlin/New York 1968 ff., Bd. 6.1, S. 152.

Auch Immanuel Kant zählt den »produktiven Witz« zu den Talenten des Erkenntnisvermögens. Kennzeichnend für den Witz sei, dass er nicht durch Unterweisung erworben werden könne, sondern zu den natürlichen Anlagen des Subjekts gerechnet werden müsse.[26] In seiner *Anthropologie in pragmatischer Hinsicht* aus dem Jahre 1798 definiert Kant den Witz in Anlehnung an die Urteilskraft. Wenn man die Urteilskraft als ein Vermögen beschreiben kann, »zum Allgemeinen (der Regel) das Besondere aufzufinden«, so ist der Witz umgekehrt dasjenige Vermögen »zum Besondern das Allgemeine auszudenken«.[27] Diese Definition des Witzes ist insofern überraschend, weil die Fähigkeit, zum Besonderen das Allgemeine zu finden, von Kant bereits als Kennzeichen der reflektierenden Urteilskraft beschrieben wurde. Bekanntermaßen unterscheidet Kant zwischen der bestimmenden und der reflektierenden Urteilskraft. In der Einleitung zur *Kritik der Urteilskraft* heißt es:

Urteilskraft überhaupt ist das Vermögen, das Besondere als enthalten unter dem Allgemeinen zu denken. Ist das Allgemeine (die Regel, das Prinzip, das Gesetz) gegeben, so ist die Urteilskraft, welche das Besondere darunter subsumiert [...] *bestimmend*. Ist aber nur das Besondere gegeben, wozu sie das Allgemeine finden soll, so ist die Urteilskraft bloß *reflektierend*.[28]

Und in der *Logik* heißt es entsprechend: »Die Urteilskraft ist zwiefach: – die *bestimmende* oder die *reflektierende* Urteilskraft. Die erstere geht vom *Allgemeinen* zum *Besondern*; die zweite vom *Besondern zum Allgemeinen*.«[29] Die Gegenüberstellung von Urteilskraft und Witz in der *Anthropologie* entspricht somit der Gegenüberstellung von bestimmender und reflektierender Urteilskraft in der *Kritik der Urteilskraft* und in der *Logik*. Diese Entsprechung ist freilich schon bemerkt worden.[30] So plädiert auch Gottfried Gabriel dafür, den Begriff der reflektierenden Urteilskraft als das transzendentalphilosophische Substitut für den Begriff des Witzes anzusehen.[31]

---

26 | Vgl. Immanuel Kant: Anthropologie in pragmatischer Hinsicht. In: Ders.: Werkausgabe. Hg. von Wilhelm Weischedel. Frankfurt am Main 1995, Bd. XII, § 51 (S. 537).
27 | Vgl. ebd., § 41 (S. 511).
28 | Immanuel Kant: Kritik der Urteilskraft [KdU]. In: Ders.: Werkausgabe. Hg. von Wilhelm Weischedel. Frankfurt am Main 1995, Bd. X, B XXV-XXVI.
29 | Immanuel Kant: Logik. In: Ders.: Werkausgabe. Hg. von Wilhelm Weischedel. Frankfurt am Main 1991, Bd. VI, § 81 (S. 563).
30 | Vgl. unter anderem Reinhard Brandt: Kritischer Kommentar zu Kants Anthropologie in pragmatischer Hinsicht (1798). Hamburg 1999, S. 284f.
31 | Gottfried Gabriel: Der ›Witz‹ der reflektierenden Urteilskraft. In: Frithjof Rodi (Hg.): Urteilskraft und Heuristik in den Wissenschaften. Zur Entstehung des Neuen. Weilerswist 2004, S. 197-210, hier S. 203, Fn. 26.

Um die strukturelle Stellung zu verdeutlichen, die Kant dem Witz auf diese Weise zuweist, soll noch einmal kurz die Stellung der Urteilskraft im Kontext der oberen Erkenntnisvermögen rekapituliert werden. Kant unterscheidet drei obere Erkenntnisvermögen: Verstand, Urteilskraft und Vernunft. Der Verstand ist das Vermögen der Regeln; die Urteilskraft das Vermögen, das Besondere als einen Fall dieser Regel zu finden; und die Vernunft ist das Vermögen, von dem Allgemeinen das Besondere abzuleiten.[32] In einem Brief an den Fürsten von Beloselsky formuliert es Kant sehr prägnant, wenn er schreibt:

Man könnte sagen, durch Verstand sind wir im Stande zu erlernen (d. i. Regeln zu fassen) durch Urtheilskraft vom Erlernten Gebrauch zu machen (Regeln *in concreto* anzuwenden) durch Vernunft zu erfinden Principien für mannigfaltige Regeln auszudenken.[33]

Die Urteilskraft nimmt im Gefüge der Erkenntnisvermögen nun insofern eine Sonderstellung ein, weil Kant ihr die Funktion zuschreibt, zwischen Verstand und Vernunft zu vermitteln. Der reflektierenden Urteilskraft als Substitut des Witzes gesteht Kant allerdings nur eine »*subjektive* Gültigkeit« zu, denn »das Allgemeine, zu welchem sie vom Besondern fortschreitet, ist nur *empirische* Allgemeinheit«[34]. Die reflektierende Urteilskraft bestimmt daher auch nicht das Objekt, »sondern nur die Art der Reflexion über dasselbe, um zu einer Kenntnis zu gelangen«[35]. Die Möglichkeit konkreter Gegenstandserkenntnis bleibt der bestimmenden Urteilskraft vorbehalten.

Doch was bedeutet es nun genau, wenn sich Witz und reflektierende Urteilskraft im Theoriedesign der Transzendentalphilosophie wechselseitig substituieren? Worin besteht konkret der Witz der reflektierenden Urteilskraft? Zunächst ist festzuhalten, dass Kant dem Witz durchaus mit einer gewissen Skepsis begegnet. In der *Anthropologie* lesen wir: »Der Witz hascht nach *Einfällen*; die Urteilskraft strebt nach *Einsichten* [...] Der Witz geht mehr nach der *Brühe*, die Urteilskraft nach der *Nahrung*.«[36] Derjenige, dem es an Witz mangele, sei zwar »der stumpfe Kopf«, könne des ungeachtet aber dort, »wo es auf Verstand und Vernunft ankommt, ein sehr guter Kopf sein; nur muß man ihm nicht zumuten, den Poeten zu spielen«[37]. Was aber leistet dann der Witz konkret? Kant schreibt:

Der Witz *paart* (assimiliert) heterogene Vorstellungen, die oft nach dem Gesetze der Einbildungskraft (der Assoziation) weit auseinander liegen, und ist ein eigentümliches

---

32 | Vgl. Kant: Anthropologie, § 40 (S. 509).
33 | Immanuel Kant: Brief an Alexander Fürst von Beloselsky. Sommer 1792. In: Ders.: Akademie-Ausgabe. Bd. XI: Briefwechsel 1792, S. 346.
34 | Kant: Logik, § 81 (S. 563).
35 | Ebd., § 82 (S. 563).
36 | Kant: Anthropologie, § 52 (S. 539).
37 | Ebd., § 43 (S. 515).

Verähnlichungsvermögen, welches dem Verstande [...], sofern er die Gegenstände unter Gattungen bringt, angehört.[38]

Als ein Verähnlichungsvermögen, d. h. als eine Fähigkeit, »Ähnlichkeiten unter ungleichartigen Dingen aufzufinden«,[39] stiftet der Witz – respektive die reflektierende Urteilskraft – überraschende Sinnzusammenhänge. Im *Deutschen Wörterbuch* der Gebrüder Grimm heißt es entsprechend:

> in seinem umfassenden sinne meint *witz* die fähigkeit, versteckte zusammenhänge vermöge einer besonders lebhaften und vielseitigen combinationsgabe aufzudecken und durch eine treffende und überraschende formulierung zum ausdruck zu bringen.[40]

Überraschend sind die vom Witz aufgedeckten Zusammenhänge deshalb, weil die reflektierende Urteilskraft – zumindest im Bereich der logischen Erkenntnis – unkonventionell operiert, nämlich vom Besonderen zum Allgemeinen. Folgt man in diesem Zusammenhang der Argumentation von Gottfried Gabriel, so hat die reflektierende Urteilskraft vor allem eine heuristische Funktion, die darin besteht, »probeweise nach Möglichkeiten Ausschau zu halten, die isolierten Gegenstandserkenntnisse in einen einheitlichen Theoriezusammenhang zu bringen«[41]. Man könnte auch sagen, dass die reflektierende Urteilskraft vom Individuellen zur Gattung fortschreitet. Der Witz der reflektierenden Urteilskraft liegt also darin, dass sie von dem, was trennt, abstrahiert, um das zu suchen, was verbindet.

IV.

Ich möchte an dieser Stelle nun den Bereich der logischen Erkenntnis verlassen und mich der Frage zuwenden, welche Rolle die reflektierende Urteilskraft im Bereich des Ästhetischen spielt. Dabei gilt auch hier, dass alles, was über die reflektierende Urteilskraft und ihr apriorisches Prinzip der Zweckmäßigkeit gesagt wird, auch für den Witz gelten muss.[42] Das Ziel der folgenden Erörte-

---

38 | Ebd., § 51 (S. 537 f.).
39 | Ebd., § 52 (S. 539).
40 | Stichwort »witz« in: Deutsches Wörterbuch von Jacob Grimm und Wilhelm Grimm. Bd. 30, Sp. 874, zitiert nach http://dwb.uni-trier.de.
41 | Gabriel: Der ›Witz‹ der reflektierenden Urteilskraft, S. 207. Insofern sollte nach Gabriel die Betonung »weniger auf dem Vermögen (der Urteilskraft) als vielmehr auf der besonderen Tätigkeit (des Reflektierens) liegen« (ebd.).
42 | Anders als bei der bestimmenden Urteilskraft, deren Verfahren nur subsumierend ist und der die Gesetze durch den Verstand *a priori* vorgegeben sind, bedarf die

rungen ist es daher, aus der spezifischen Struktur des ästhetischen Urteils, das ein Urteil der reflektierenden Urteilskraft ist, zugleich etwas über das Wesen des Witzes in Erfahrung zu bringen. Kant fragt sich zunächst, was an einer Vorstellung notwendig subjektiv ist, was an ihr also »*gar kein Erkenntnisstück werden kann*«[43]. Seine Antwort lautet, dass die mit der Vorstellung verbundene Lust oder Unlust notwendig subjektiv sein müsse. Denn durch das Gefühl der Lust oder Unlust wird nichts am Gegenstand erkannt. Gleichzeitig ist die Idee der Zweckmäßigkeit nichts, was einem Gegenstand konkret anhaftet oder an ihm wahrgenommen werden kann. Kant folgert daher, dass ein Gegenstand genau deshalb zweckmäßig genannt wird, »weil seine Vorstellung unmittelbar mit dem Gefühle der Lust verbunden ist«[44]. Die Lust resultiert letztlich aus der unabsichtlichen Einstimmung von Einbildungskraft und Verstand, wie Kant in der folgenden Passage darlegt.

---

reflektierende Urteilskraft, weil sie vom Besonderen zum Allgemeinen fortschreitet, »eines Prinzips, welches die Einheit aller empirischen Prinzipien unter gleichfalls empirischen, aber höheren Prinzipien, und also die Möglichkeit der systematischen Unterordnung derselben unter einander, begründen soll« (KdU, B XXVII). Da die reflektierende Urteilskraft ein solches transzendentales Prinzip nicht von einer anderen Instanz hernehmen kann – wie das die bestimmende Urteilskraft tut – und auch nicht aus sich selbst heraus der Natur einfach vorschreiben kann, kann das Prinzip nur regulativ sein, d. h. die Art der Reflexion der reflektierenden Urteilskraft selbst bestimmen. Es ist das berühmte Prinzip der Zweckmäßigkeit, das Kant an dieser Stelle einführt. Mithilfe des apriorischen Begriffs der Zweckmäßigkeit kann sich die reflektierende Urteilskraft die Natur so vorstellen, »als ob ein Verstand den Grund der Einheit des Mannigfaltigen ihrer empirischen Gesetze enthalte« (KdU, B XXVIII). Kant verfolgt hier einen Gedanken weiter, den er bereits in der Kritik der reinen Vernunft entwickelt hat. Dort argumentiert er, dass es mit Blick auf das spekulative Interesse der Vernunft schlichtweg notwendig sei, »alle Anordnungen in der Welt so anzusehen, als ob sie aus Absicht einer allerhöchsten Vernunft entsprossen wäre« (KdV, B 714). Und eben dieser Gedanke, der der Natur hypothetisch ein Telos unterstellt, wird in der Kritik der Urteilskraft wieder aufgegriffen und zu einem Prinzip a priori der reflektierenden Urteilskraft ausgebaut. Allerdings gilt dieses Prinzip eben nur »in subjektiver Rücksicht«, schreibt Kant, denn es schreibt nicht der Natur (als Autonomie) ein Gesetz vor, sondern reglementiert das Reflexionsverfahren der Urteilskraft selbst. Mit anderen Worten, auch wenn die reflektierende Urteilskraft aus der Natur selbst kein apriorisches Gesetz ihrer Ordnungsmechanismen ableiten kann, wird doch eine für den Verstand erkennbare Ordnung angenommen bzw. unterstellt. Formale Zweckmäßigkeit ist nichts anderes als eine hypothetisch unterstellte Finalität im Modus des Als-ob. Die Natur wird so betrachtet, als ob sie in sich sinnvoll strukturiert wäre.
43 | KdU, B XLIII.
44 | Ebd.

Wenn mit der bloßen Auffassung (apprehensio) der Form eines Gegenstandes der Anschauung, ohne Beziehung derselben auf einen Begriff zu einem bestimmten Erkenntnis, Lust verbunden ist: so wird die Vorstellung dadurch nicht auf das Objekt, sondern lediglich auf das Subjekt bezogen; und die Lust kann nichts anders als die Angemessenheit desselben zu den Erkenntnisvermögen, die in der reflektierenden Urteilskraft im Spiel sind, und sofern sie darin sind, also bloß eine subjektive formale Zweckmäßigkeit des Objekts ausdrücken. Denn jene Auffassung der Formen in die Einbildungskraft kann niemals geschehen, ohne daß die reflektierende Urteilskraft, auch unabsichtlich, sie wenigstens mit ihrem Vermögen, Anschauungen auf Begriffe zu beziehen, vergliche. Wenn nun in dieser Vergleichung die Einbildungskraft (als Vermögen der Anschauungen a priori) zum Verstande, als Vermögen der Begriffe, durch eine gegebene Vorstellung unabsichtlich in Einstimmung versetzt und dadurch ein Gefühl der Lust erweckt wird, so muß der Gegenstand alsdann als zweckmäßig für die reflektierende Urteilskraft angesehen werden.[45]

Vor dem Hintergrund dieser spezifischen Konstellation formuliert Kant seine Ästhetik als eine Urteilslehre, was in dreifacher Hinsicht sinnvoll ist. Zum einen folgt er damit dem Muster seiner rationalistischen Vorgänger, zum anderen ist der Dreh- und Angelpunkt des ästhetischen Weltbezugs bei Kant die reflektierende Urteilskraft, d.h. konkret das Vermögen, Urteile zu fällen. Schließlich aber – und darauf kommt es mir hier besonders an – ist das Geschmacksurteil die *Conditio sine qua non* dafür, ästhetische Erlebnisse überhaupt mitteilbar zu machen. Mit anderen Worten, erst durch die Urteilsstruktur wird ein Raum geschaffen, in dem schöne Gegenstände erscheinen können, denn erst durch das Geschmacksurteil wird die subjektive Gemütsstimmung, d.h. jene spezifische Korrelation von Einbildungskraft und Verstand, allgemein mitteilbar. Zwar bedarf es zur Hervorbringung schöner Gegenstände des Genies – beurteilt aber werden diese schönen Gegenstände durch den Geschmack, betont Kant.[46] Daher hängt die Originalität des Künstlers von einem Sich-verständlich-Machen derjenigen ab, die keine Künstler sind.[47]

Von den vier Kategorien, die Kant beim Geschmacksurteil unterscheidet – also Qualität, Quantität, Relation und Modalität –, ist in diesem Kontext vor allem die Kategorie der Modalität interessant, weil Kant hier das Prinzip des *sensus communis* einführt. Überraschend ist dabei seine Feststellung, dass sich »Erkenntnisse und Urteile, samt der Überzeugung, die sie begleitet, allgemein mitteilen lassen [müssen], denn sonst käme ihnen keine Übereinstimmung mit dem Objekt zu«[48]. Genau betrachtet heißt das, dass die intersubjektive Bestätigung

---

45 | Ebd., B XLIV.
46 | Ebd., B 187.
47 | Vgl. Hannah Arendt: Das Urteilen. Texte zu Kants Politischer Philosophie. München 1998, S. 85.
48 | KdU, B 64.

konstitutiv für die Erkenntnis ist, was dem methodischen Solipsismus der ersten beiden Kritiken diametral entgegensteht. Dort nämlich wird die Gültigkeit von Urteilen durch die Einheit des Selbstbewusstseins garantiert – als transzendentale Bedingung der Möglichkeit von Erkenntnis überhaupt – und nicht durch den intersubjektiven Charakter der Urteile.[49] Wenn man Kants Werk auf diese Frage hin allerdings genauer durchgeht, dann finden sich doch einige sehr aufschlussreiche Stellen. So heißt es in Kants Schrift *Über den Gemeinspruch*: »[E]s ist ein Naturberuf der Menschheit, sich, vornehmlich in dem, was den Menschen überhaupt angeht, einander mitzuteilen.«[50] Und in den *Reflexionen zur Anthropologie* liest man: »Die Vernunft ist nicht dazu gemacht, daß sie sich isolire, sondern in Gemeinschaft setze. [...] Wir können das Besondere nur in allgemeiner Vernunft einsehen.«[51] Ich erinnere noch einmal daran, dass Kant die Vernunft als das Vermögen bestimmt, vom Allgemeinen das Besondere abzuleiten – und von diesem Besonderen heißt es nun, dass es nur in *allgemeiner* Vernunft einzusehen sei. Die Vernunft wird hier gleichsam einem Vergemeinschaftungsprinzip unterstellt. In analoger Weise wird in der *Kritik der Urteilskraft* auch die reflektierende Urteilskraft, die ja in umgekehrter Weise funktioniert, indem sie vom Besonderen zum Allgemeinen fortschreitet, aus der Einsamkeit der solipsistischen Reflexion befreit. Und dies geschieht eben durch das Prinzip des Gemeinsinns, den Kant wie folgt definiert:

Unter dem sensus *communis* aber muß man die Idee eines *gemeinschaftlichen* Sinnes, d.i. eines Beurteilungsvermögens verstehen, welches in seiner Reflexion auf die Vor-

---

49 | Auf den ersten Blick scheint sich ja auch das berühmte *Sapere aude!* in das Postulat des einsamen Selberdenkens einzufügen – ein Postulat übrigens, das sein Pendant in der von Platon und Aristoteles begründeten Auffassung findet, dass die höchste und dem Philosophen einzig angemessene Lebensweise der *bios theoretikos* sei. Allerdings ist der kantische Aufruf zur Mündigkeit und zum Selberdenken eben nicht voraussetzungslos zu haben, denn die theoretische Leistung der Benutzung des eigenen Verstandes basiert auf einer praktischen, ja sogar moralischen Leistung, wie Ottfried Höffe betont. Und diese praktische Leistung besteht in einer persönlichen, aber nicht privaten Vorbedingung, nämlich dem besagten Mut als unhintergehbare Voraussetzung für das schwierige Geschäft der Vernunftkritik. Vgl. Ottfried Höffe: ›Königliche Völker‹. Zu Kants kosmopolitischer Rechts- und Friedenstheorie. Frankfurt am Main 2001, S. 249.
50 | Immanuel Kant: Über den Gemeinspruch: Das mag in der Theorie richtig sein, taugt aber nicht für die Praxis. In: Ders.: Werkausgabe. Hg. von Wilhelm Weischedel. Frankfurt am Main 1996, Bd. XI, A 267.
51 | Immanuel Kant: Reflexionen zur Anthropologie. Nr. 897. In: Ders., Akademie-Ausgabe, Bd. XV, S. 392, zitiert nach Bonner Kant-Corpus online unter www.korpora.org/Kant/aa15/392.html.

stellungsart jedes andern in Gedanken (a priori) Rücksicht nimmt, um *gleichsam* an die gesamte Menschenvernunft sein Urteil zu halten.[52]

Der *sensus communis* begründet auf diese Weise eine »erweiterte Denkungsart«, führt Kant aus, weil »er sich über die subjektiven Privatbedingungen des Urteils« hinwegsetzt und den Menschen in Stand setzt, »aus einem *allgemeinen Standpunkte*« über sein eigenes Urteil zu reflektieren.[53] Hannah Arendt hat genau an dieser Stelle den Einlasspunkt für Kants ungeschriebene politische Philosophie lokalisiert. Da Kant den *sensus communis* dezidiert als ein Vermögen verstanden wissen will, das den logischen Eigensinn, d.h. also die Sphäre des Privaten transzendiert, kann der *sensus communis* mit Recht als ein spezifisch menschlicher Sinn zur Herstellung von Öffentlichkeit interpretiert werden. Wenn man – wie Arendt dies tut – in der Konstitution des öffentlichen Raumes die Grundvoraussetzung des Politischen erblickt, erscheint ihre Lesart der *Kritik der Urteilskraft* als einer implizit politischen Philosophie in der Tat plausibel.

Ich fasse den bisher zurückgelegten Argumentationsgang noch einmal kurz zusammen. Es ging mir zunächst darum zu zeigen, dass sich Witz und reflektierende Urteilskraft im Theoriedesign der Transzendentalphilosophie wechselseitig substituieren. Beide Vermögen verlaufen vom Besonderen zum Allgemeinen, wobei Kant den Witz als ein eigentümliches Verähnlichungsvermögen definiert, das in heterogenen Bereichen überraschende Zusammenhänge findet. Die besondere Stoßrichtung der reflektierenden Urteilskraft wird dann im Bereich des Ästhetischen durch einen spezifischen Sinn ergänzt – einen Sondersinn, der eine erweiterte Denkungsart einfordert und den Menschen auf diese Weise in eine Gemeinschaft einfügt. Der *sensus communis* erweist sich als ein Sinn, der das abstrakte Allgemeine, auf das die reflektierende Urteilskraft aus ist, auf die menschliche Gattung hin konkretisiert. Daher kann Hannah Arendt auch behaupten, dass sich im *sensus communis* die eigentliche Humanität des Menschen manifestiert.[54] Dem Verähnlichungsvermögen des Witzes auf der einen Seite entspricht somit auf der anderen Seite die durch den *sensus communis* evozierte erweiterte Denkungsart der reflektierenden Urteilskraft. Um es pointiert zu formulieren: Die politische Dimension des Witzes liegt in der Herstellung von Öffentlichkeit.

V.

Freilich stellt sich nun die Frage, ob diese politische Lesart eines spezifischen Vermögens im Rahmen der kantischen Transzendentalphilosophie auch dann noch Relevanz beanspruchen kann, wenn man den sukzessiven Verständnis-

---

52 | KdU, B 157.
53 | Ebd., B 159.
54 | Vgl. Arendt: Das Urteilen, S. 94.

wandel des Witzes von einem Geistesvermögen zu einem scherzhaften Bonmot berücksichtigt. Bringt man die gegenwärtige populäre Comedykultur in Anschlag, so leuchtet unmittelbar ein, dass diese wenig mit dem zu tun hat, was Kant über den Witz als *Ingenium* gesagt hat. Doch wann genau vollzog sich der entscheidende Bedeutungswandel? Einmal mehr war die Epochenschwelle um 1800 entscheidend, denn vor allem die Jenaer Frühromantik wies dem Witz eine Schlüsselfunktion im Rahmen ihrer Universalpoesie zu. Allerdings *findet* der Witz hier weniger Zusammenhänge, sondern *erfindet* sie. »Der Witz ist schöpferisch – er *macht* Ähnlichkeiten«, heißt es etwa bei Novalis.[55] Dieses Machen von Ähnlichkeiten spitzt den Witz immer mehr auf den witzigen Einfall zu – und eben hier vollzieht sich der Übergang zum Witz als Scherz.[56] Jetzt steht das Vergnügen des Verstandes beim schöpferischen Hervorzaubern von überraschenden und unerwarteten Bezügen im Vordergrund.

Nun ist es zweifelsohne so, dass auch der Witz, der überraschende Ähnlichkeiten erfindet, konstitutiv darauf hin angelegt ist, die Sphäre des Privaten zu transzendieren. Witze sind immer Kommunikationshandlungen, die eines Gesprächspartners bedürfen und insofern ohne Öffentlichkeit nicht zu haben sind. Allerdings ist es bei Kant ja so, dass die durch den *sensus communis* begründete erweiterte Denkungsart ihr Potenzial aus der Struktur des Urteils bezieht. Anspruch auf Mitteilbarkeit und allgemeine Zustimmung kann das Geschmacksurteil nur seiner inneren Form nach reklamieren, nicht mit Blick auf seinen Inhalt, auf den sich bekanntermaßen kein Interesse richtet. Als Scherz ist der Witz allerdings nicht länger an diese Urteilsstruktur gebunden, weil sich im Prozess des Erfindens von überraschenden Ähnlichkeiten das Gewicht zugunsten des schöpferischen Vermögens der Einbildungskraft verlagert. Dennoch geht, so meine ich, dadurch die politische Dimension des Witzes nicht grundsätzlich verloren. Denn nach wie vor stellt der Witz eine Form von Öffentlichkeit her, deren Potenzialität nachgerade daraufhin angelegt ist, im befreienden Lachen jene Angst der Beherrschten vor der Herrschaft zumindest für einen Augenblick zu kompensieren, wie schon aus den eingangs zitierten Passagen aus Ecos *Der Name der Rose* deutlich wurde.

Doch die Öffentlichkeit, die der Witz konstituiert, wäre ja im Wesentlichen anarchisch – oder, um es in Anlehnung an Jean Paul zu formulieren: Kennzeichen des Humors als das »umgekehrte Erhabene« ist es, das Endliche (also die Wirklichkeit) durch den Kontrast mit der Idee zu vernichten.[57] Dabei bedient sich der

---

55 | Novalis: Das Allgemeine Brouillon 1798/99, Nr. 732. In: Werke, Tagebücher und Briefe Friedrich von Hardenbergs. Hg. von Hans-Joachim Mähl und Richard Samuel. Bd. 2: Das philosophisch-theoretische Werk. Darmstadt 1999, S. 649.
56 | Vgl. Stichwort »Witz« in: Historisches Wörterbuch der Philosophie. Hg. von Joachim Ritter, Karlfried Gründer und Gottfried Gabriel. Bd. 12. Basel 2004, Sp. 988.
57 | Jean Paul: Vorschule der Ästhetik. In: Ders.: Sämmtliche Werke. Bd. XLI. Berlin 1827, § 32.

Humor eben jenes eigentümlichen Verähnlichungsvermögens des Witzes, das schon Kant hervorgehoben hatte. Wie aber lässt sich von hier aus ein produktives, politisches Potenzial entfalten? Wenn, wie oben vorgeschlagen, die politische Dimension des Witzes in der Herstellung von Öffentlichkeit liegt, dann bedeutet dies zweierlei. Zum einen geht es um die Evokation eines kollektiven Bewusstseins, das im Lachen unmittelbar erfahrbar wird: Da ist etwas, das uns verbindet, nämlich jenes eigentümliche Vermögen, aus dem Vergleich der Wirklichkeit mit der Idee an sich Humor zu schlagen. So stellt auch Henri Bergson in seiner Studie über das Lachen fest: »Wir würden die Komik nicht genießen, wenn wir uns allein fühlten. Offenbar braucht das Lachen ein Echo. [...] Unser Lachen ist immer das Lachen einer Gruppe.«[58]

Weiterhin aber stellen Humor und Witz zugleich eine Distanz zwischen den Subjekten und der Wirklichkeit, die sie beobachten, her. Und erst diese Distanz, die uns die Welt wie eine Bühne betrachten lässt, auf der sich Unmögliches ereignet, macht uns zu emanzipierten Zuschauern, um eine Formulierung von Jacques Rancière aufzugreifen.[59] Gleichzeitig aber liegt in dieser Distanznahme, die der Witz ermöglicht, auch die Gefahr begründet, die spezifisch moderne Ausgeschlossenheit des Individuums aus dem Zusammenhang der Dinge nicht nur zu beobachten, sondern eben auch zu kompensieren. Das, was Herbert Marcuse als den affirmativen Charakter der Kunst beschrieben hat, gilt ohne Frage auch für die entlastende Distanznahme, die der Witz ermöglicht:

> Wie die Kunst das Schöne als gegenwärtig zeigt, bringt sie die revoltierende Sehnsucht zur Ruhe. Zusammen mit den anderen Kulturgebieten hat sie zu der großen erzieherischen Leistung dieser Kultur beigetragen: Das befreite Individuum, für das die neue Freiheit eine neue Form der Knechtschaft gebracht hatte, so zu disziplinieren, daß es die Unfreiheit des gesellschaftlichen Daseins ertrage.[60]

Mit anderen Worten und übertragen auf den Witz: Wer über die bestehenden Verhältnisse noch lachen kann, wird wahrscheinlich wenig Energie aufbringen, sie tatsächlich zu ändern. Weiterhin ist der Witz – und hier liegt vielleicht der entscheidende Unterschied zu ästhetischen Kategorien wie dem Schönen – *per definitionem* nicht unschuldig. Auch wenn der ästhetische Schein, wie Schiller

---

58 | Henri Bergson: Das Lachen. Ein Essay über die Bedeutung des Komischen. Übersetzt von Roswitha Plancherel-Walter. Hamburg 2011, S. 15 f.
59 | Jacques Rancière (Der emanzipierte Zuschauer. Aus dem Französischen von Richard Steurer. Wien 2009, S. 27) schreibt über die Macht des emanzipierten Zuschauers: »Es ist die Macht, die jeder oder jede hat, das, was er/sie wahrnimmt, auf seine/ihre Weise mit dem besonderen intellektuellen Abenteuer zu verbinden, die sie jedem anderen ähnlich macht, insofern diese Abenteuer keinem anderen gleicht. Diese gemeinsame Macht der Gleichheit der Intelligenzen verbindet die Individuen [...].«
60 | Herbert Marcuse: Über den affirmativen Charakter der Kultur. In: Ders.: Kultur und Gesellschaft I. Frankfurt am Main 1965, S. 56-101, hier S. 89.

in seinen Briefen *Über die ästhetische Erziehung des Menschen* betont hat, notwendig getrennt von allen moralischen Kategorien gedacht werden muss,[61] bleibt er doch immerhin ein Vehikel auf dem Weg zum Vernunftstaat. Der Witz hingegen ist der Moral überhaupt nicht verpflichtet. »Es gibt Witze, die sind spitze«, singt Funny van Dannen.[62] Aber es gibt eben auch Witze, die richtig schlecht sind, weil sie auf Kosten von Minderheiten gehen, weil sie rassistisch oder sexistisch sind und vieles mehr. Auch sie konstituieren eine Gemeinschaft, aber der will man vielleicht lieber nicht angehören. Gleichzeitig aber scheint im Lachen, und sei es auch durch einen schlechten Witz evoziert, stets ein Momentum jener ursprünglichen Freiheit auf, die für jedwede Form des Widerstands gegen die Regierungsintensivierung unverzichtbar ist. Aus der Sicht der Psychoanalyse erklärt Freud das Potenzial dieses Widerstands wie folgt:

> Das Großartige [des Humors] liegt offenbar im Triumph des Narzißmus, in der siegreich behaupteten Unverletzlichkeit des Ichs. Das Ich verweigert es, sich durch die Veranlassungen aus der Realität kränken, zum Leiden nötigen zu lassen, es beharrt dabei, dass ihm die Traumen der Außenwelt nicht nahe gehen können, ja es zeigt, dass sie ihm nur Anlässe zum Lustgewinn sind [...]. Der Humor ist nicht resigniert, er ist trotzig, er bedeutet nicht nur den Triumph des Ichs, sondern auch den des Lustprinzips, das sich hier gegen die Unlust der realen Verhältnisse zu behaupten vermag.[63]

VI.

Aus Sicht der Literaturwissenschaft ließe sich allerdings noch eine weitere Antwort formulieren und diese hängt mit der bereits erwähnten semantischen Inkompatibilität zusammen, die dem Lachen eigen ist. Genauer: Das Lachen ließe sich als die vielleicht einzige intentionale Äußerung *lesen*, welche die Differenz von grammatikalischer und rhetorischer Bedeutung markiert und damit der Ideologie des Ästhetischen, auf der Paul de Man immer wieder insistiert, entkommt.

> What we call ideology is precisely the confusion of linguistic with natural reality, of reference with phenomenalism. It follows that, more than any other mode of inquiry, including economics, the linguistics of literariness is a powerful and indispensable

---

61 | »Nur soweit er *aufrichtig* ist, [sich von allem Anspruch auf Realität ausdrücklich lossagt] und nur soweit er *selbständig* ist, [allen Beistand der Realität entbehrt] ist der Schein ästhetisch.« (26. Brief)
62 | Funny van Dannen: Saufen. Auf: Basics (CD). 1996.
63 | Sigmund Freud: Der Humor. In: Ders.: Studienausgabe. Bd. 4, Frankfurt am Main 1972, S. 277-282, hier S. 278.

tool in the unmasking of ideological aberrations, as well as a determining factor in accounting for their occurrence.[64]

Was de Man zufolge nicht akzeptiert werden kann, ist, dass irgendein Leser oder gar ein Autor die vollständige Kontrolle über die Bedeutung eines Textes haben kann. Vielmehr ist es nach de Man unmöglich, den Wahrheitswert einer Interpretation durch Bezug auf den gelesenen Text zu verifizieren, denn die figurale Dimension der Sprache – der sich keine Lektüre entziehen kann – kollidiert stets mit dem Wunsch, einem Text eine feste Bedeutung zuzuschreiben. Interpretation meint ja eben dies: Entfaltung – und nicht: Schlichtung – der Spannung zwischen dem figurativen und referenziellen Sinn eines Textes; und diese Spannung teilt sich in ihrer Unauflöslichkeit der Interpretation selber mit.[65] In *Blindness and Insight* schreibt de Man:

Since they are not scientific, critical texts have to be read with the same awareness of ambivalence that is brought to the study of non-critical literary texts, and since the rhetoric of their discourse depends on categorical statements, the discrepancy between meaning and assertion is a constitutive part of their logic.[66]

Mit anderen Worten: Rhetorik ist ein Sprachgebrauch, der ständig auf etwas anderes als sich selbst verweist. Bei de Man kondensiert diese Einsicht in der rhetorischen Figur der Allegorie, deren Kennzeichen es ist, stets auf ein anderes Zeichen und nie auf die eigentliche Sache selbst zu verweisen. Im Anschluss an Walter Benjamin definiert de Man die Allegorie daher als eine Leerstelle, »that signifies precisely the non-being of what it represents«[67]. Dabei gilt, dass für de Man letztlich alle Erzählungen Allegorien sind, weil jede Lektüre nicht nur etwas hervorbringt, was die Erzählung nicht sagt, sondern auch etwas, was der Leser nicht zu sagen meint; daher bezieht sich die Interpretation eines Textes stets (auch) auf etwas anderes als den Text selbst. Genau aus diesem Grund hat sich de Man gegen alle Versuche gewehrt, zwischen einem primären Text, dessen vermeintlich eindeutige Botschaft durch die Materialität der Zeichen vermittelt wird, und einer vernunftbasierten Sprache der Interpretation zu unterscheiden.

---

64 | Paul de Man: The Resistance to Theory. Minneapolis/London 1986, S. 11.
65 | Werner Hamacher: Unlesbarkeit. In: Paul de Man: Allegorien des Lesens. Frankfurt am Main 1988, S. 7-27, hier S. 9.
66 | Paul de Man: Blindness and Insight. Essays in the Rhetoric of Contemporary Criticism. Minneapolis 1983.
67 | Ebd., S. 35. Das Zitat bezieht sich auf Walter Benjamin: Ursprung des deutschen Trauerspiels. In: Ders.: Gesammelte Schriften. Bd. I.1. Hg. von Rolf Tiedemann und Hermann Schweppenhäuser. Frankfurt am Main 1991, S. 406: »Das schlechthin Böse, das als bleibende Tiefe sie hegte, existiert nur in ihr, ist einzig und allein Allegorie, bedeutet etwas anderes als es ist. Und zwar bedeute es genau das Nichtsein dessen, was es vorstellt.«

Vielmehr hätte er darauf insistiert, dass jede Sprache, ob ästhetisch oder theoretisch, von der Materialität des Signifikanten beherrscht wird, von einem rhetorischen Milieu, das letztlich die Illusion jeder unvermittelten Referenz auflöst.

Indem de Mans Literaturtheorie auf die Linguistik der Literarizität abhebt, öffnet sich ihr Gegenstandsbereich weit über die Literatur hinaus und erscheint, wie de Man selbst betont, als »a powerful and indispensable tool in the unmasking of ideological aberrations«.[68] Dem stimmt auch der Politikwissenschaftler Ernesto Laclau zu:

> Gone are the times in which the transparency of social actors, of processes of representation, even of the presumed underlying logics of the social fabric could be accepted unproblematically. On the contrary, each political institution, each category of political analysis shows itself today as the locus of undecidable language games. The overdetermined nature of all political difference or identity opens the space for a generalized tropological movement and thus reveals the fruitfulness of de Man's intellectual project for ideological and political analysis.[69]

Laclau ist nicht ohne Grund von de Mans Ansatz fasziniert, steht doch auch im Zentrum seiner Hegemonietheorie des Politischen eine leere Struktur, genauer: ein leerer Signifikant, »der kein Signifikat hat, weil er die unmögliche Fülle der Gemeinschaft repräsentiert«.[70] Gesellschaft ist für Laclau und Mouffe kein feststehendes Konzept, das als Raum, in dem sich Identitäten entfalten, gedacht werden könnte. *Die* Gesellschaft als etwas objektiv Gegebenes existiert überhaupt nicht. Vielmehr begreifen Laclau und Mouffe in ihrem Buch *Hegemonie und radikale Demokratie* Gesellschaft als ein dynamisches Konstrukt, das gekennzeichnet ist von antagonistischen Interessen und Konstellationen, durch die überhaupt so etwas wie Gesellschaft erst entsteht. Soziale Konstellationen sind daher nichts anderes als dynamische, niemals abgeschlossene Momentaufnahmen politischer Kämpfe:

> Was wir hervorheben wollen ist, daß Politik als eine Praxis des Erzeugens, der Reproduktion und Transformation sozialer Verhältnisse nicht auf einer bestimmten Ebene des Gesellschaftlichen verortet werden kann, da das Problem des Politischen das Pro-

---

68 | De Man: The Resistance to Theory, S. 11.
69 | Ernesto Laclau: The Politics of Rhetoric. In: Material Events. Paul de Man and the Afterlife of Theory. Hg. von Tom Cohen, Barbara Cohen, J. Hillis Miller und Andrzej Warminski. Minneapolis/London 2001, S. 229-253, hier S. 230.
70 | Ernesto Laclau: Ideologie und Post-Marxismus. In: Martin Nonhoff (Hg.): Diskurs – radikale Demokratie – Hegemonie. Zum politischen Denken von Ernesto Laclau und Chantal Mouffe. Bielefeld 2007, S. 25-39, hier S. 31.

blem der Einrichtung des Sozialen ist, das heißt der Definition und Artikulation sozialer Beziehungen auf einem kreuz und quer von Antagonismen durchzogenen Feld.[71]

Damit wird der klassischen Vorstellung, die Gesellschaft als mehr oder minder klar definierten sozialen Raum denkt, ebenso eine Absage erteilt wie einem geschichtsphilosophischen Prozessmodell, demzufolge sich die Gesellschaft sukzessive (geleitet durch Hegels ›List der Vernunft‹ oder die Dynamik des marxschen Klassenkampfes) auf ein finales Telos zubewegt. Vielmehr entfaltet sich die Geschichte der Gesellschaft nicht nur durch die Antagonismen der Subjekte und Klassen, sondern sie wird durch diese überhaupt erst konstituiert. Mit anderen Worten, das, was man gemeinhin als stabile gesellschaftliche Handlungs- und Beziehungsmuster wahrnimmt, ist stets das Ergebnis von hegemonialen Auseinandersetzungen, deren kontroverser Charakter in Vergessenheit geraten ist. Was als selbstverständlich oder zumindest unpolitisch angesehen wird, ist das sedimentierte Soziale, wie Laclau betont:

> Insofar as an act of institution has been successful, a ›forgetting of the origins‹ tends to occur; the system of possible alternatives tends to vanish and the traces of the original contingency to fade. In this way, the instituted tends to assume the form of a mere objective presence. This is the moment of sedimentation.[72]

Wichtig ist nun, dass das dynamische Spiel der antagonistischen Kräfte, das Laclau als ›Diskurs‹ bezeichnet, getragen wird von der Idee eines leeren Signifikanten. Die Idee des leeren Signifikanten, der im Gravitationszentrum des von antagonistischen Kräften konstituierten Gesellschaftsdiskurses steht, ist deshalb so zentral, weil auf diese Weise die Idee eines letzten Garanten der Wahrheit verabschiedet wird. Verabschiedet wird damit auch jedwede Fiktion von Letztbegründung des Rechts oder der Macht, womit Laclau der Einsicht Rechnung trägt, dass der letzte Grund der Gesetze leer ist und leer bleiben muss. In den Worten Pierre Legendres: »Der Staat erweist sich im Prinzip als leere Form.«[73] Seine Fülle ist das Ergebnis einer Inszenierung des Mangels bzw. der Abwesenheit, wofür eben der leere Signifikant steht. Nur auf diese Weise bleiben die antagonistischen Kräfte gleichberechtigt aufeinander bezogen. Sie agieren wie die dekonstruierten Signifikanten in Saussures Signifikantenkette, d.h. als ein System der Differenzen: Sie bleiben stets nur aufeinander bezogen und bezeichnen *etwas* nur insofern, als dass sie stets die signifizierende Kraft

---

71 | Ernesto Laclau/Chantal Mouffe: Hegemonie und radikale Demokratie. Zur Dekonstruktion des Marxismus. 3. Aufl. Wien 2006, S. 193.
72 | Ernesto Laclau: New Reflections on The Revolutions of Our Time. London/New York 1990, S. 34.
73 | Pierre Legendre: Das politische Begehren Gottes. Studie über die Montagen des Staates und des Rechts. Aus dem Französischen von Katrin Becker. Wien/Berlin 2012, S. 90.

aller anderen Signifikanten mitführen und sich dazu ins Verhältnis setzen. Das Signifikat *an sich* bleibt ebenso unerreichbar wie das Intelligible bei Kant.

Ideologische Machtstrukturen tendieren nun dazu, jenen leeren Platz zu okkupieren und sich so als die Inkarnation des Willens der Gemeinschaft zu inszenieren. Damit wird wahre Demokratie allerdings unmöglich. Denn wie Laclau immer wieder betont, muss die echte demokratische Gesellschaft permanent die Kontingenz ihrer Grundlagen sichtbar machen.[74] Mit anderen Worten, keine partikulare Position des Diskurses darf den Ort des Universalen für sich okkupieren. Wenn man zeigen könnte, so Laclau,

dass es schon in der Struktur der Signifikation etwas in der Art einer *konstitutiven* Unmöglichkeit gäbe, wenn die essentielle Bedingung von Signifikation die Gegenwart von etwas wäre, das nicht signifiziert werden kann, dann wären wir der Lösung unseres Rätsels einen Schritt näher gekommen.[75]

Da, wie eben gezeigt, Laclau den antagonistischen Gesellschaftsdiskurs im Sinne eines Sprachspiels begreift, macht es durchaus Sinn, dass er bei der Suche nach einem Modell für den leeren Signifikanten im Bereich der Rhetorik fündig wird und die Figur der Katachrese ins Spiel bringt. Katachresen sind zum einen konventionalisierte Metaphern, deren metaphorische Bedeutung im alltäglichen Sprachgebrauch nicht mehr wahrgenommen wird (Tisch-Bein, Fluss-Bett usw.). Zum anderen aber sind Katachresen vor allem Bildbrüche, d.h. Übertragungen von einem semantischen Feld in ein anderes bzw. die Kombination von eigentlich heterogenen Metaphern: »Die konjunkturelle Talsohle ist nur die Spitze des Eisbergs.«[76] Auf diese Weise fungieren Katachresen als sprachliche Innovationsmotoren, da sie Ausdrücke für neuartige Gegenstände oder Forschungsfelder kreieren. Die Katachrese ist somit ein figürlicher Ausdruck, dem kein wörtlicher entspricht, wodurch sie, wie Laclau hervorhebt, als Modus der Signifikation die Komplementarität von wörtlich und figürlich beseitigt.[77] Daher ist die Katachrese keine spezifische Trope, sondern sie stellt eine Bewegung dar, die »in allen Tropen vorhanden ist und die Rhetorizität als solche auszeichnet.

---

[74] | »The only democratic society is one which permanently shows the contingency of its own foundations – in our terms, permanently keeps open the gap between the ethical moment and the normative order.« Ernesto Laclau: Identity and Hegemony. The Role of Universality in the Constitution of Political Logics. In: Judith Butler, Ernesto Laclau, Slavoj Zizek (Hg.): Contingency, Hegemony, Universality. Comtemporary Dialogues on the Left. London/New York 2000, S. 44-89, hier S. 86.
[75] | Laclau: Ideologie und Post-Marxismus, S. 29.
[76] | Hadumod Bußmann: Lexikon der Sprachwissenschaft. 2., völlig neu bearbeitete Aufl. Stuttgart 1990, S. 371.
[77] | Vgl. Laclau: Ideologie und Post-Marxismus, S. 30.

Wörtlich wären dann einfach jene Ausdrücke, die die Spuren der eigenen Rhetorizität verbergen; folglich wäre Rhetorizität für Sprache konstitutiv.«[78]

Überschaut man den bisherigen Gang der Argumentation, so fällt auf, dass Katachresen offensichtlich genau das leisten, was oben als Kennzeichen des Witzes beschrieben worden ist, nämlich das Stiften von Ähnlichkeiten. Gleichzeitig sind Katachresen selbst häufig sehr witzig, weil sie durch das systematische Übertreten semantischer Grenzen zunächst unstimmige sprachliche Bilder miteinander verbinden und dadurch überraschen (*Der Zahn der Zeit wird Gras darüber wachsen lassen*). Katachresen sind Stilmittel zur Erzeugung von Komik. Um noch einmal das Zitat von Kant in Erinnerung zu rufen: »Der Witz *paart* (assimiliert) heterogene Vorstellungen, die oft nach dem Gesetze der Einbildungskraft (der Assoziation) weit auseinander liegen.«[79] Die These wäre also, dass im Lachen ebenso wie in der Katachrese die Grenze zwischen dem figurativen und dem referenziellen Sinn unmöglich zu ziehen ist. Das Lachen ist insofern ein Grenzphänomen, das Bedeutungsmuster jedweder Art sofort wieder subvertiert, es lässt sich als jener leere Signifikant lesen, der stets aufs Neue die Idee subvertiert, dass eine partikulare Position des demokratischen Diskurses den Ort des Universalen für sich okkupiert. Kein Wunder also, dass Umberto Ecos greiser Jorge als Vertreter einer Institution, die im bzw. von dem Glauben lebt, dass *Omnia scrinia habet in pectore suo* (*der Kaiser trägt alle Archive in seiner Brust*),[80] alles unternimmt, um die Popularisierung eines solchen Mittels zu verhindern. Vergeblich, wie wir wissen. Denn der lachende, leere Signifikant poltert gerade dort besonders laut durch die Flure, wo das Haus wohl eingerichtet scheint und der Hausvater das Zepter schwingt. Natürlich stellt man einem solchen Hausgeist

keine schwierigen Fragen, sondern behandelt ihn – schon seine Winzigkeit verführt dazu – wie ein Kind. »Wie heißt du denn?« fragt man ihn. »Odradek«, sagt er. »Und wo wohnst du?« »Unbestimmter Wohnsitz«, sagt er und lacht; es ist aber nur ein Lachen, wie man es ohne Lungen hervorbringen kann. Es klingt etwa so, wie das Rascheln in gefallenen Blättern.[81]

---

78 | Ebd.
79 | Kant: Anthropologie, § 51 (S. 537f.).
80 | Vgl. dazu auch Pierre Legendre: ›Die Juden interpretieren verrückt.‹ Gutachten zu einem klassischen Text. In: Ders.: Vom Imperativ der Interpretation. Wien/Berlin 2010, S. 165-188.
81 | Franz Kafka: Die Sorge des Hausvaters. In: Ders.: Gesammelte Werke in zwölf Bänden. Nach der Kritischen Ausgabe hg. von Hans-Gerd Koch. Frankfurt am Main 2001, Bd. I, S. 222.

Forum on Pedagogy
Fachdidaktik

Mit Kollektivsymbolen politisch intervenieren
Theoretische Ausgangspunkte, methodisches Vorgehen, exemplarische Analysen

ROLF PARR

Abstract

Der Beitrag zeigt mit der Interdiskursanalyse zunächst die theoretische Basis der Kollektivsymbolanalyse auf und definiert Kollektivsymbole (solche, die von jedermann verstanden, aber auch selbst verwendet werden können), entwickelt dann das methodische Vorgehen einer Kollektivsymbolanalyse, um schließlich im dritten Schritt am Beispiel des Symbolgebrauchs von Greta Thunberg zu zeigen, wie mit Kollektivsymbolen politisch interveniert werden kann.[1]

1. THEORETISCHER RAHMEN: INTERDISKURSTHEORIE

Die Interdiskurstheorie, und als einer ihrer Zweige die Analyse von Kollektivsymbolen, setzt bei der Beobachtung an, dass sich moderne Gesellschaften und ihre Kulturen seit etwa der Mitte des 18. Jahrhunderts nicht nur in spezielle Wissensbereiche mit je eigenen Spezialdiskursen ausdifferenziert haben, sondern als Antwort darauf auch solche Formen der Rede ausgebildet haben, die zwischen den Spezialisierungen wieder neue Verbindungen herstellen (vgl. Link/Link-Heer 1990; Parr 2008; 2011; 2013a; die einschlägige Forschung verzeichnet Parr/Thiele 2010). Mit diesen diskursverbindenden Elementen und Verfahren wird die vielerorts thematisierte soziale Kohäsion moderner Gesellschaften aus Sicht der Interdiskurstheorie als Summe derjenigen Brückenschläge verstehbar, welche die *de facto* hochgradig geteilten und spezialisierten gesellschaftlichen Teilbereiche »imaginär in Lebenstotalität« (Link 1983, 27) verwandelt,

---

1 | Zuerst erschienen in japanischer Sprache: Rolf Parr (Rorufu Pāru): 集合的シンボルによる政治的介入-理論的出発点、方法論的プロセスと分析例 [Shūgōteki shinboru ni yoru seijiteki kainyū-rironteki shuppatsuten, hōhōronteki purosesu to bunsekirei]. Übers. von 猪狩ゆき (Ikari Yuki). In: Synthetic Anthropology Online 15 (2021), S. 61-70.

auch wenn diese Totalität stets fragmentarisch und brüchig bleiben muss. Ganze Kulturen sind dann *erstens* davon geprägt, welche Spezialdiskurse bzw. Gruppen von Spezialdiskursen (z. B. natur-, human- und geisteswissenschaftliche) sie jeweils ausgebildet haben, *zweitens* davon, in welchen Formationen und vor allem Hierarchien diese angeordnet sind, und *drittens* davon, welche Brücken diskursverbindende Elemente über die Grenzen der für eine Kultur jeweils relevanten Spezialdiskurse hinwegschlagen.

2. Was leisten Kollektivsymbole?

Diese Funktion der Reintegration übernehmen insbesondere alle analogiebildenden Verfahren wie Metaphern, Vergleiche, Allegorien und nicht zuletzt auch solche Symbole, die von jedermann verstanden und ebenso von jedermann verwendet werden können. So verknüpft beispielsweise die Rede vom ›Großstadtdschungel‹ die gesellschaftlichen Teilbereiche von ›Kultur‹ und ›Natur‹, die von einer Politikerin als ›Trainerin der Regierungsmannschaft‹ die von ›Sport‹ und ›Politik‹ und die Rede vom ›Angriff der Covid-Viren, denen mit einer medizinischen Abwehrschlacht begegnet werden müsse‹, diejenigen von ›Krieg‹ und ›Medizin‹. In allen diesen Fällen haben wir es mit einer Bildlichkeit (lat. *pictura*) zu tun, die für etwas anderes, eigentlich damit Gemeintes (lat. *subscriptio*) steht. Kollektivsymbole machen also einen gesellschaftlichen Teilbereich zum strukturierenden Medium eines anderen.

Eine der wichtigsten Funktionen solcher Kollektivsymbole ist es dabei, hoch spezialisierte Sachverhalte allgemeinverständlich zu machen, was wiederum erklärt, warum in Medien und Politik besonders häufig auf sie als zugleich kulturellen wie auch sozialen gesellschaftlichen ›Kitt‹ zurückgegriffen wird. Das geschieht insbesondere dann, wenn es gilt, komplexe Sachverhalte, für die meist das Wissen verschiedenster Spezialdisziplinen relevant ist, einer breiten Öffentlichkeit auf knappem Raum bzw. in kurzer Zeit und zugleich möglichst prägnant zu präsentieren. In medialen Kontexten wird man nämlich kaum so viel Zeit (etwa im Radio), so viel Platz (in der Zeitung) oder so viel Sendezeit (beispielsweise im Fernsehen) haben, um all das für eine Diskussion oder für ein Thema relevante Spezialwissen in seiner ganzen Komplexität ausführlich auszubreiten. Daher wird auf alltagsnahe Bildlichkeiten zurückgegriffen, die es erlauben, die vielen Spezialwissensbereiche, die an einer Thematik oder Diskussion beteiligt sind, prägnant zu formulieren, eben auf Kollektivsymbole.

Als Beispiel mag ein Gedankenexperiment dienen: Man stelle sich vor, dass eine Politikerin oder ein Politiker zwei Minuten Zeit hätte, um alle aktuellen innen- und außenpolitischen Problemlagen zu erläutern. Sie oder er würde in dieser Situation mit größter Wahrscheinlichkeit auf ein Kollektivsymbol zurückgreifen und höhere Rüstungskosten, weniger Steuereinnahmen, steigende Preise sowie hohe Sozialkosten (mit all den Statistiken, Berechnungen und Prognosen, die dazugehören) auf den einen symbolischen Nenner bringen: ›Wir alle müssen den Gürtel enger schnallen‹ (vgl. dazu Parr 1998).

Daher finden sich Kollektivsymbole nicht nur in literarisch-essayistischen und journalistischen Texten (Filme und andere audiovisuelle Medien eingeschlossen), sondern gerade auch in politisch intervenierenden Reden und Statements. Bei der deutschen Wiedervereinigung etwa galt es, das ›gemeinsame deutsche Haus‹ wiederherzustellen (vgl. Parr 1990); bei der Finanzkrise von 2008 wurden symbolische ›Börsenbrände‹ gelöscht und Politiker zu ›Feuerwehrleuten‹, die ›Brandmauern‹ gegen den endgültigen ›Absturz‹ des Finanzsystems errichteten (vgl. Parr 2009), und seit Beginn der Coronapandemie ist von einem durchaus militärisch konnotierten ›Kampf‹ gegen das Virus die Rede, bei dem es um nichts anderes als einen ›Sieg‹ gehe.

Wer in der mediopolitischen Öffentlichkeit gehört werden will – das zeigen bereits diese wenigen Beispiele –, scheint geradezu gezwungen zu sein, auf Kollektivsymbole zurückzugreifen, was sich unter anderem mit der Beobachtung belegen lässt, dass Radio, Fernsehen, Nachrichtendienste im Internet und Zeitungen aus komplexen Verlautbarungen, umfangreichen politischen Programmen und langen Reden meist nur die zur Kondensation geeigneten Kollektivsymbole auswählen und zitieren.

Kaum verwunderlich ist es daher, dass ein nicht geringer Teil auch des politisch intervenierenden Sprechens und Diskutierens (beispielsweise über den Klimawandel) durch Kollektivsymbole gerahmt ist. Dabei ermöglichen es die mit ganzen Clustern solcher Symbole verknüpften Wertungen kohärente, das heißt in sich stimmige, diskursive wie dann auch politische Positionen einzunehmen. Nicht zuletzt dadurch versetzen Kollektivsymbole ihre Rezipientinnen und Rezipienten in Subjektsituationen, die vielfach ein bestimmtes Handeln nahelegen. Denn wer möchte schon in einem geteilten Haus wohnen, wer einem Brand ausgesetzt sein oder einen Kampf auf Leben und Tod verlieren. Wenn ein Staatspräsident das Coronavirus als quasimilitärisch zu bekämpfenden ›Feind‹ wahrnimmt, dann ist es kaum verwunderlich, dass er sich selbst als ›Kriegspräsidenten‹ im ›Kampf‹ gegen diesen unsichtbaren Feind sieht (vgl. rw/Can Merey/DPA 2020; Packer 2020).

3. Definitionskriterien für Kollektivsymbole

Stellen Kollektivsymbole interdiskurstheoretisch betrachtet Kopplungen von Spezialdiskursen und Spezialwissensbereichen dar, so hat man es bei ihnen aus semiotischer Sicht mit komplexen, ikonisch motivierten und paradigmatisch expandierten Zeichen zu tun, die sich wie folgt definieren lassen:

Erstens vereinen Kollektivsymbole eine Bildseite (Pictura) und eine Seite des eigentlich mit der Bildlichkeit Gemeinten (Subscriptio, ›Sinn‹). Sie sind also zweigliedrig aufgebaut (zur Terminologie siehe Link 1978; Drews/Gerhard/Link 1985; Becker/Gerhard/Link 1997).

Zweitens besteht die Bildseite aus mehreren zusammengehörigen Teilbildern, die selbst längere und komplexere Text-Bild-Korrelate fortlaufend strukturieren können. Syntagmatisch betrachtet ist also ein Pictura- jeweils einem Subscriptioelement zugeordnet (z. B. die Bildelemente ›Kampf/Sieg‹ der Subscriptio ›Krieg‹), während Pictura- und Subscriptioseite eines Kollektivsymbols paradigmatisch zu zumindest rudimentären Isotopien expandiert sind. Diese Mehrgliedrigkeit unterscheidet Kollektivsymbole von klassischen Metaphern.

Drittens lässt sich die Beziehung zwischen Pictura und Subscriptio näher bestimmen. Sie ist nicht völlig willkürlich, sondern semantisch motiviert. Ein langsam sinkender Ballon kann als Symbol kaum für die Werbung zum Kauf von Aktien eingesetzt werden.

Viertens erfüllen Kollektivsymbole das Kriterium der Ikonizität, d. h. die Picturaelemente können bildlich dargestellt werden. Eine einfache Probe darauf, ob man es mit einem Kollektivsymbol zu tun hat, ist daher die Frage, ob sich ein entsprechender Text in beispielsweise eine Karikatur überführen lässt.

Ein *fünftes* Merkmal schließlich ist das der Tendenz zur Mehrdeutigkeit, d. h., unter einem Bild können durchaus verschiedene sinnvolle ›Bedeutungen‹ gebildet werden (nicht aber beliebige!).

4. KOLLEKTIVSYMBOLSYSTEME

Nun sind Kollektivsymbole keine Einzelerscheinungen. Sie bilden vielmehr ein eng aufeinander bezogenes, sich historisch zwar modifizierendes, synchron jedoch weitgehend stabiles und in sich kohärentes System von Anschauungsformen, mittels derer die in einer Kultur relevanten Diskussionen und Ereignisse kodiert werden können.

Dieser Systemcharakter resultiert daraus, dass Kollektivsymbole sowohl aufseiten der Pictura als auch auf derjenigen der Subscriptio zu paradigmatischen Äquivalenzklassen tendieren und somit geeignet sind, gegeneinander ausgetauscht zu werden. Zum einen können Bildelemente aus verschiedenen gesellschaftlichen Teilbereichen bei gleichbleibendem ›Sinn‹ untereinander ausgetauscht werden. So lässt sich eine Metropole mal als ›Organismus‹ (mit ›Kopf‹, ›Herz‹, den verschiedenen ›Gliedmaßen‹, dem ›Blutkreislauf‹ usw.), mal als ›Gewimmel von Insekten‹ oder auch als ›komplexe Maschine‹ darstellen, aber ebenso gut auch als ein ›extrem unter Dampf stehender Kessel‹. Daraus ergeben sich Ketten von gegeneinander ersetzbaren Bildern (Ketten von Picturaelementen) bei gleichbleibendem Sinn (Subscriptio). Beispiel: ›Tokio ist das *Herz* des japanischen

Finanzkapitals, ist der *Motor* einer perfekt laufenden Kapital*maschine*, bei der ein *Rädchen* ins andere greift, ist ein ständig wachsender Kern*organismus* der japanischen Wirtschaft.‹ Eine andere Kette gegeneinander ersetzbarer Picturaelemente für die im Kern gleichbleibende Subscriptio einer ›bedrohlichen Großstadt‹ geben z. B. die Bilder ›Krake‹, ›Moloch‹, ›Dschungel‹, ›Dickicht‹ und ›Labyrinth‹ ab.

Ist dies die erste Dimension der Verkettung von Kollektivsymbolen, so kommt als zweite Strukturdimension hinzu, dass umgekehrt verschiedene Sachverhalte unter einem Bild subsumiert werden können, das heißt, ein und dasselbe Bild (Pictura), beispielsweise das der ›Schieflage‹ der ökologischen Bilanz wirtschaftlich führender Nationen, für verschiedene damit gemeinte Sachverhalte (Subscriptiones) stehen kann: ›zu viel CO_2 in zu kurzer Zeit‹, ›zu wenig Elektroautos‹, ›zu schlechte Isolierung der Häuser‹. Bei dieser Dimension der Verkettung haben wir es also mit dem Gleiten verschiedener Subscriptiones unter einem Bild zu tun.

Aus beiden Strukturdimensionen – erstens den Ketten von Bildern bei gleichbleibender Subscriptio und zweitens der Realisierung einer Pictura durch verschiedene Bilder – resultiert insgesamt der Charakter der Kollektivsymbolik als synchrones System, das für den westeuropäischen Raum zwar aus vielen einzelnen, etwa 100 bis 150 relevanten Symbolen besteht (darunter vor allem Vehikel-, Konstrukt- und Körpersymbole), die untereinander aber durch die beiden Dimensionen der Austauschbarkeit in enge Beziehung zueinander gesetzt sind. Dieses System der Kollektivsymbole wird immer wieder herangezogen, um Ereignisse jeglicher Art in mediopolitischen Diskursen zu kodieren.

5. Die Analyse von Kollektivsymbolen

Kollektivsymbole lassen sich am einfachsten mithilfe eines 2-Kolonnen-Schemas analysieren, in das man im ersten Arbeitsschritt fortlaufend alle in einem Text vorfindbaren Pictura- und Subscriptioelemente einträgt, und zwar zunächst einmal die in einem Text oder einem Korpus von Texten denotierten, also wirklich im Text stehenden Elemente. Das Ergebnis dieses ersten Schrittes wird in der Regel sein, dass es Lücken sowohl auf der Seite der Pictura als auch der Seite der Subscriptio gibt. In einem zweiten Durchgang muss man dann versuchen, diese Lücken zu (er)schließen, d.h., man sucht die Lücken bei den P- und S-Elementen zu füllen, wobei die bereits vorhandenen Elemente zeigen, ob die Sinnbildung aufgeht. Dabei gibt es (Definitionskriterium Nr. 5: Mehrdeutigkeit) durchaus Spielräume, aber eben nur innerhalb der Grenzen dessen, was die gesamte Symbolik zulässt. Dieses Erschließen kann ebenso von der Pictura aus in Richtung Subscriptio erfolgen wie auch umgekehrt. Nur selten wird es Texte geben, die nur die Seite der Pictura entfalten, ohne selbst Hinweise auf die Subscriptio zu geben. Das Ergebnis kann dann Einsicht in die spezifische

Verwendung eines Kollektivsymbols (oder auch mehrerer miteinander kombinierter Symbole) ermöglichen. Am besten lässt sich das an einem konkreten Beispiel zeigen, hier einem Artikel aus der deutschen Wochenzeitung *Die Zeit* zur Frage, ob die amerikanische Gesellschaft gescheitert sei. Darin heißt es gleich zu Beginn:

> Als das Virus in den USA eintraf, fand es ein Land mit schweren Vorerkrankungen vor und nutzte sie skrupellos aus. Chronische Leiden – eine korrupte politische Klasse, eine erstarrte Bürokratie, eine herzlose Wirtschaft, eine gespaltene, abgelenkte Bevölkerung – waren seit Jahren nicht behandelt worden. Wie schwerwiegend sie waren, offenbarte sich erst durch die Erfahrung der Pandemie. Sie erschütterte uns Amerikaner mit der Erkenntnis, dass wir zur Hochrisikogruppe gehören. (Packer 2020, 2)

Als 2-Kolonnen-Schema der Pictura- und Subscriptioelemente lässt sich die hier verwendete Krankheitssymbolik wie folgt darstellen (erschlossene, nicht im Text denotierte Elemente stehen in eckigen Klammern):

	Pictura		*Subscriptio*
p 1	schwere Vorerkrankungen	s 1	[schon lange bekannte Probleme der amerikanischen Gesellschaft]
p 2	chronische Leiden	s 2	a: korrupte politische Klasse b: erstarrte Bürokratie c: herzlose Wirtschaft d: gespaltene, abgelenkte Bevölkerung
p 3	seit Jahren nicht behandelt	s 3	Probleme der Gesellschaft wurden ignoriert.
p 4	schwerwiegend(e) [Leiden]	s 4	[Leiden, die die gesellschaftliche Ordnung infrage stellen]
p 5	Hochrisikogruppe	s 5	a: [eine besonders gefährdete Gesellschaft] b: [eine am Rande des Zusammenbruchs stehende Gesellschaft]

Führt man solche Analysen nicht nur an einem einzelnen Text, sondern an umfangreicheren Textkorpora durch, dann lassen sich Aussagen über die rekurrente Verwendung von Symbolen machen, darüber, welche Symbole für ein und denselben Sachverhalt stehen und umgekehrt, welche verschiedenen Sachverhalte durch Rückgriff auf ein und dieselbe Symbolik miteinander in Konnex gebracht werden und – oft mindestens ebenso interessant – welche nicht.

Schaut man sich ergänzend dazu die Positiv- bzw. Negativwertungen an, mit denen Ketten von Symbolen in einer konkreten Diskussion oder politischen Auseinandersetzung verbunden werden, dann lassen sich zudem Aussagen über diskursive Positionen machen, die jeweils eingenommen werden: Wird mit der eingenommenen Diskursposition eine schon vorhandene bestätigt? Wird eine Alternative dazu entworfen? Oder stellt die jeweilige, über Kollektivsymbole generierte Position sogar eine Intervention dar? Das Wissen um solche Diskurspositionen ist wiederum die Voraussetzung, um diskurstaktische Überlegungen anzustellen: Welche Symbole sind in welchem – beispielsweise kulturellen oder politischen – Zusammenhang zu welchem Zweck sinnvoll einsetzbar? Wie reagiert man am besten auf Symboliken, die erfolgreich in Umlauf gebracht wurden, aber mit der eigenen diskursiven Position nicht zu vereinbaren sind? Fragt man zudem danach, wer mittels welcher Symbole welche diskursiven Positionen vertritt, dann lassen sich schließlich auch Aussagen über die Trägerschaften machen. Und last but not least kann man an den von Kollektivsymbolen hervorgerufenen Reaktionen sehen, welche für politische Interventionen und die mit ihnen verbundenen wertenden Positionen besonders geeignet sind.

6. Greta Thunberg und das Kollektivsymbol des ›brennenden Hauses‹

Ein gutes Beispiel für politisches Intervenieren mithilfe von Kollektivsymbolen stellen die Reden der schwedischen Klimaaktivistin Greta Thunberg dar. Lässt man die seit etwa 2018 von Thunberg gehaltenen Reden chronologisch Revue passieren, dann fällt auf, dass sich zwar das eine oder andere rhetorische Element darin findet, aber auf Kollektivsymbole zunächst noch nicht zurückgegriffen wird. Das ändert sich mit der Rede beim 49. Weltwirtschaftsforum in Davos am 25. Januar 2019, die gleich mit dem Symbol des ›brennenden Hauses‹ beginnt und es über die gesamte Rede hinweg mit dem Krisenszenario, dass wir uns in einer ›Fünf-vor-zwölf-Situation‹ befinden, verknüpft. Das ist ein gängiges Verfahren, denn Krisenszenarien und die Möglichkeiten des Handelns in solchen Situationen sind auch ihrerseits vielfach an Kollektivsymbole gekoppelt (vgl. Parr 2013b). Diese Rede war dann die bisher sicher meistzitierte, was noch einmal belegt, dass es vor allem prägnante, auf Kollektivsymbole zurückgreifende Formulierungen sind, die besondere mediale Aufmerksamkeit auf sich ziehen können und mit ihnen die vertretenen politischen Positionen.

Mit dem Kollektivsymbol vom ›brennenden Haus‹ – eigentlich schon zwei miteinander verknüpfte Symbole, nämlich ›Brand‹ und ›Haus‹ –, das sie auf engstem Raum mit einer daraus ableitbaren Subjektsituation koppelt, begann Thunberg ihre Rede beim Weltwirtschaftsforum:

Unser Haus steht in Flammen.
> Ich bin hier, um zu sagen, dass unser Haus in Flammen steht.
> Laut Klimarat sind wir weniger als zwölf Jahre von dem Punkt entfernt, an dem wir unsere Fehler nicht mehr korrigieren können. In dieser Zeit müssen beispiellose Veränderungen in allen Aspekten der Gesellschaft erfolgen – einschließlich der Reduktion unserer CO_2-Emissionen um mindestens fünfzig Prozent. (2019c, 43)[2]

Das war als klimapolitische Intervention nicht ungeschickt gemacht, und zwar aus gleich mehreren Gründen und auf mehreren Ebenen. Auf derjenigen der Kollektivsymbolik ist die Pictura ›brennendes Haus‹ zugleich konkret und abstrakt genug, um sie auf die verschiedensten symbolischen ›Häuser‹ zu beziehen, ein ›europäisches‹, ein ›amerikanisches‹, ›ein Haus der ganzen Welt‹ oder auch einfach nur auf das der am meisten CO_2 ausstoßenden Länder. Damit überlässt Thunberg den Rezipientinnen und Rezipienten ihrer Rede die Konkretisierung der Pictura aufseiten der Subscriptio. Der dritte, etwas längere Absatz entwickelt dann dasjenige ›Fünf-vor-zwölf‹-Krisenszenario, auf das die Symbolik des brennenden Hauses und mit ihr die beunruhigende Subjektsituation, das eigene Haus brennen zu sehen. Erst am Schluss ihrer Rede greift Thunberg Symbolik und Subjektsituation wieder auf, allerdings rhetorisch geschickt in umgekehrter Reihenfolge und zunächst mit umgekehrtem Vorzeichen, nämlich indem sie eine für ihr Publikum angenommene falsche Reaktion und damit verbundene falsche Subjektsituation verwirft, ihre Zuhörerinnen und Zuhörer dann in eine andere solche Situation versetzt, nämlich die des Krisenszenarios einer drohenden Klimakatastrophe, und all dies am Ende dann noch einmal der Wiederholung der Symbolik ›brennendes Haus‹ so verkoppelt, dass Pictura und Subjektsituation auf das Engste in einem einzigen prägnanten Satz zusammengeführt sind:

Erwachsene sagen ständig: »Wir sind es den jungen Leuten schuldig, ihnen Hoffnung zu machen.«
> Aber ich will eure Hoffnung nicht.
> Ich will nicht, dass ihr hoffnungsvoll seid.
> Ich will, dass ihr in Panik geratet.
> Ich will, dass ihr die gleiche Angst habt, die ich tagtäglich verspüre, und dann will ich, dass ihr handelt.
> Ich will, als befändet ihr euch in einer Krise.

---

2 | Im Original: »Our house is on fire, I am here to say our house is on fire. According to the IPCC we are less than 12 years away from not being able to undo our mistakes.« (Thunberg 2019a).

Ich will, dass ihr handelt, als stünde euer Haus in Flammen.
Denn das ist der Fall. (Thunberg 2019c, 48)[3]

Kollektivsymbol und Subjektsituation sind hier als Klimax konzipiert, die die Dringlichkeit des Umsteuerns in der Klimapolitik unterstreicht und »sofortiges Handeln der Politik und aller Menschen einfordert, um deren gemeinsam bewohntes ›Haus‹, also unseren Planeten, zu retten« (Greve 2019, 116). Ein weiteres Mal verstärkt Thunberg die Kopplung von Symbolik und Subjektsituation dann in »einem Beitrag auf Facebook vom 2. Februar 2019«, in dem es heißt:

Und wenn ich sage, dass ich will, dass ihr in Panik geratet, dann meine ich, dass wir die Krise als Krise behandeln müssen. Wenn euer Haus in Flammen steht, setzt ihr euch nicht hin und redet darüber, wie schön ihr es wieder aufbauen könnt, wenn ihr das Feuer erst einmal gelöscht habt. Wenn euer Haus in Flammen steht, lauft ihr hinaus und sorgt dafür, dass alle draußen sind, während ihr die Feuerwehr ruft. Das erfordert ein gewisses Maß an Panik. (Thunberg 2019c, 54)[4]

Was Thunberg hier macht, ist nichts anderes, als das von ihr in Umlauf gebrachte Kollektivsymbol wie auf einer Bühne vor ihren Facebookfollowern zu interpretieren, und zwar indem sie die an das Symbol gekoppelte Subscriptio sowie die Subjektsituation, in die sie ihre Rezipientinnen und Rezipienten versetzen möchte, weiter expliziert:

Das Haus brennt – man gerät in Panik – man tut etwas, um sich selbst zu retten – also tut man etwas, um das Haus zu retten, z. B. die Feuerwehr anrufen, um den Brand zu löschen. All dies ist auf die Klimakrise bezogen, wobei Thunberg unterstreicht, dass Panik durchaus angebracht sei, da der Planet bereits wortwörtlich ›brenne‹ und man vor dem ›Untergang‹ stehe; eine Subjektsituation, in der schnellstmögliches Reagieren nötig sei. Thunberg nutzt also zunächst ein Kollektivsymbol, erzielt ein Maximum an Appellkraft am Ende aber gerade dadurch, dass sie den ›nur‹ symbolischen Charakter der Rede vom ›brennenden Haus‹ leugnet. (Greve 2019, 116)

---

[3] | Im Original: »Adults keep saying we owe it to the young people to give them hope. But I don't want your hope, I don't want you to be hopeful. I want you to panic, I want you to feel the fear I feel every day. And then I want you to act, I want you to act as if you would in a crisis. I want you to act as if the house was on fire, because it is.« (Ebd.)

[4] | Im Original: »And when I say that I want you to panic I mean that we need to treat the crisis as a crisis. When your house is on fire you don't sit down and talk about how nice you can rebuild it once you put out the fire. If your house is on fire you run outside and make sure that everyone is out while you call the fire department. That requires some level of panic.« (Thunberg 2019b)

In ihren nachfolgenden Reden (so am 16. April 2019 vor dem Europäischen Parlament in Straßburg) wandelt Thunberg die Basissymbolik des ›brennenden eigenen Hauses‹ ab, indem sie – *erstens* – einzelne Picturaelemente hinzufügt und die Symbolik auf diese Weise expandiert (»house from burning to the ground« [Thunberg 2019d]), *zweitens* die Subjektsituation, in die sie ihre Rezipientinnen und Rezipienten versetzen will, weiter zuspitzt, *drittens* neue Symbole hinzunimmt (»castle built in the sand« [Thunberg 2019d], »Scheideweg« [Thunberg 2019c, 64]) und schließlich – *viertens* – in Form von kürzesten Belegerzählungen auf zu diesem Zeitpunkt aktuelle Beispiele von Bränden verweist: Notre Dame in Paris und die Waldbrände in Südamerika. Dies erlaubt es, auch kommende Ereignisse – etwa die Waldbrände in Kalifornien im Sommer 2020 – ebenfalls unter die Symbolik vom ›brennenden Haus Erde‹ zu subsumieren.

Greta Thunberg hat – so lässt sich resümieren – das Kollektivsymbol ›Our House is on fire‹ innerhalb weniger Wochen in der Diskussion um die Klimakrise fest etabliert, dabei ihre eigene diskursive und politische Position gefestigt und eine attraktive diskursive Schnittstelle für das ›Andocken‹ zahlreicher – nicht allein mehr nur junger Menschen – bereitgestellt.

Wie wirkungsvoll dies war und weiterhin ist, zeigt allein schon die enorm umfangreiche Rezeption in Printmedien, auf Webseiten und Social-Media-Kanälen wie Twitter, Facebook und anderen mehr. Dort wird die Symbolik aufgegriffen, kreativ weiterverarbeitet und über das Medium Wort hinaus verstärkt auch in bildlicher Form reproduziert, als Karikatur, Banner, Plakat und Collage (vgl. dazu Greve 2019). Möglich wird das durch den ikonischen Charakter von Kollektivsymbolen, die sich meist sehr einfach bildlich darstellen lassen und daher stets schon eine Basis an intermedialem Potenzial mit sich bringen.

Gekoppelt werden können Kollektivsymbole zudem mit Charakterbildern, die – wenn sie sich verfestigen – zu regelrechten Ikonen tendieren können. So konnte man beispielsweise beobachten, dass die markante optische Erscheinung von Greta Thunberg in Karikaturen und auf Coverabbildungen von Printmedien mit dem Kollektivsymbol ›Our House is on fire‹ gekoppelt wurde, wobei ihre runde Kopfform zum Erdball wurde (vgl. beispielsweise die Zeichnung des »Welt«-Karikaturisten Oliver Schoof vom 9. Dezember 2019).[5]

7. Fazit

Kollektivsymbole sind auch daher ein wichtiges Element der öffentlich-politischen Rede und Kommunikation. Wer mit ihnen intervenieren und eine politische Position erfolgreich vertreten und für sie werben will, der ist gut beraten,

---

[5] | Vgl. auch »Planet erde mit greta-farmen. die welt braucht junge klimaaktivisten. vector illustration«. https://www.canstockphoto.at/planet-erde-m%C3%A4delsz%C3%B6pfe-70611947.html.

sich mit der Funktionsweise und den Potenzialen von Kollektivsymbolen vertraut zu machen.

8. Quellen und Forschungsliteratur

Becker, Frank/Gerhard, Ute/Link, Jürgen (1997): Moderne Kollektivsymbolik. Ein diskurstheoretisch orientierter Forschungsbericht mit Auswahlbibliographie (Teil II). In: Internationales Archiv für Sozialgeschichte der Literatur 22 (1997), H. 1, S. 70-154.

Drews, Axel/Gerhard, Ute/Link, Jürgen (1985): Moderne Kollektivsymbolik. Eine diskurstheoretisch orientierte Einführung mit Auswahlbibliographie (Teil I). In: Internationales Archiv für Sozialgeschichte der deutschen Literatur (1985), 1. Sonderheft: Forschungsreferate, S. 256-375.

Greve, Sophie (2019): »Our house is on fire«. Greta Thunberg etabliert ein wirkungsmächtiges Kollektivsymbol. In: kultuRRevolution. zeitschrift für angewandte diskurstheorie 77 (2019), H. 8, S. 116-121.

Link, Jürgen (1978): Die Struktur des Symbols in der Sprache des Journalismus. Zum Verhältnis literarischer und pragmatischer Symbole. München: Fink 1978.

Link, Jürgen (1983): Elementare Literatur und generative Diskursanalyse (mit einem Beitrag von Jochen Hörisch und Hans-Georg Pott). München: Fink 1983.

Link, Jürgen (1991): Konturen medialer Kollektivsymbolik in der BRD und in den USA. In: Peter Grzybek (Hg.): Cultural Semiotics: Facts and Facets/Fakten und Facetten der Kultursemiotik. Bochum: Brockmeyer 1991, S. 95-135.

Link, Jürgen/Link-Heer, Ursula (1990): Diskurs/Interdiskurs und Literaturanalyse. In: LiLi. Zeitschrift für Literaturwissenschaft und Linguistik 20 (1990), H. 77, S. 88-99.

Packer, George (2020): Gescheitert? Inkompetenz, Verschwörungstheorien und Wunderheilmittel: Wie die Pandemie den Amerikanern zeigt, dass sie unter einem korrupten Regime leben. In: Die Zeit, Nr. 10 vom 29. April 2020, S. 2, online unter www.zeit.de/2020/19/usa-corona-krise-donald-trump-inkompetenz.

Parr, Rolf (1990): Was ist des Deutschen Vaterhaus? – Kleines Belegstellenarchiv zum ›Gemeinsamen europäischen Haus‹. In: kultuRRevolution. zeitschrift für angewandte diskurstheorie 23 (Juni 1990), S. 74-79.

Parr, Rolf (1998): »Gürtel enger schnallen.« – Ein Kollektivsymbol der neuen deutschen Normalität. In: kultuRRevolution. zeitschrift für angewandte diskurstheorie 37 (1998), S. 65-73.

Parr, Rolf (2008): Interdiskurstheorie/Interdiskursanalyse. In: Clemens Kammler/Rolf Parr/Ulrich Johannes Schneider (Hg.): Foucault-Handbuch. Leben – Werk – Wirkung. Weimar, Stuttgart: Metzler 2008, S. 202-195.

Parr, Rolf (2009): Wie Finanzkrisen in der Weltrisikogesellschaft Geld verdampfen lassen. Einige interdiskurstheoretische Überlegungen im Anschluss an Jakob Arnoldi. In: kultuRRevolution. zeitschrift für angewandte diskurstheorie 57 (2009), S. 54-57.

Parr, Rolf (2011): Interdiskursivität und Medialität. In: Georg Mein/Heinz Sieburg (Hg.): Medien des Wissens. Interdisziplinäre Aspekte von Medialität. Bielefeld: transcript 2011, S. 23-42.

Parr, Rolf (2013a): Räume, Symbole und kulturelle Konfrontationen. Kollektivsymbolsysteme als ›mental maps‹. In: Carla Dauven-van Knippenberg/Christian Moser/Rolf Parr (Hg.) unter Mitarbeit von Anna Seidl: Räumliche Darstellung kultureller Begegnungen. Heidelberg: Synchron 2013, S. 15-35.

Parr, Rolf (2013b): Krise/Katastrophe. Normalismustheoretische Überlegungen zu einem semantischen Differenzial. In: Martin Wengeler/Alexander Ziem (Hg.): Sprachliche Konstruktionen von Krisen. Interdisziplinäre Perspektiven auf ein fortwährend aktuelles Problem. Bremen: Hempen 2013 (Sprache – Politik – Gesellschaft 12), S. 289-303.

Parr, Rolf/Thiele, Matthias (2010): Link(s). Eine Bibliografie zu den Konzepten ›Interdiskurs‹, ›Kollektivsymbolik‹ und ›Normalismus‹ sowie einigen weiteren Fluchtlinien. 2., stark erw. u. überarb. Aufl. Heidelberg: Synchron 2010.

rw/Can Merey/DPA (2020): Die Rhetorik von »Kriegspräsident« Trump im Kampf gegen den »unsichtbaren Feind«. In: stern vom 3. April 2020, online unter www.stern.de/politik/ausland/usa---kriegspraesident--trump-im-kampf-gegen-den--unsichtbaren-feind--9210008.html.

Schoof, Oliver (2019): Planetenschutz gegen Greta-Thunberg-Religion (Stand: 9.12.2019), online unter www.oliverschopf.com/html/d_polkar/einzel_w/erde_no_planet_b.html.

Thunberg, Greta (2019a): Rede beim 49. Weltwirtschaftsforum in Davos am 25. Januar 2019, online unter www.fridaysforfuture.org/greta-speeches#greta_speech_jan25_2019.

Thunberg, Greta (2019b): Facebookbeitrag vom 2. Februar 2019, online unter www.facebook.com/gretathunbergsweden/posts/767646880269801?__tn__=K-R.

Thunberg, Greta (2019c): Ich will, dass ihr in Panik geratet! Meine Reden zum Klimaschutz. Frankfurt am Main: Fischer 2019.

Thunberg, Greta (2019d): Rede vor dem Europäischen Parlament in Straßburg am 16. April 2019, online unter www.fridaysforfuture.org/greta-speeches#greta_speech_apr16_2019.

Translation Theory
Übersetzungstheorie

The Translation and Localization of the 2020 Pandemic Response
A Transatlantic Lexicon

SPENCER HAWKINS

Fig. 1: The billboard advertises the Friedrichstadt-Palast, a performance venue that closed during the first corona wave in spring 2020. The poster expresses a generalizable sentiment: social distancing rules and business closures made it possible to feel like the city you live in had gone missing. Photograph from Brunnenstraße, Wedding, Berlin, Germany, August 2020.

As the vaccination campaign picks up speed within the higher-income countries, infection rates throughout Germany are lower than they have been in a year, and the long-awaited herd immunity may be approaching (if the more contagious Delta variant does not ravage the unvaccinated population). This latest prospect of an end to the pandemic is one flicker in the newsflux in which the need for up-to-date information has required the development of a linguistically hybrid discourse of pandemic life. And the discourse itself bears traces of the moods and informational needs of a worried population. Moments keep recurring in new locations, like the end of June 2021, where German and American hopes and worries overlap as closely as the terminology used to describe the pandemic.

The following discussion of German- and English-language corona discourses attempts to trace these developments over the last year and a half. It is an attempt to capture the ways that two West Germanic languages responded differentially to the sudden changes that affected their corresponding societies (here especially the United States and Germany). For instance, the German cognate, *Herdenimmunität*, exemplifies the »glocalized« German pandemic discourse although the more Germanic term, *Gemeinschaftsschutz*, has just as much currency among virologists. Just as when an individual has been sick and fully recovers, it can be difficult to recall the anguish of illness (not knowing how long one's symptoms will last and how much worse one's symptoms will become), the first glimmers of hope of return to old freedoms are already eclipsing the entrenched, pandemic-induced despair.

GERMANY, THE US, AND THE PANDEMIC
A RETROSPECTIVE FROM WITHIN

Compared to Mongolia or Thailand, which implemented sharp movement and travel restrictions even when they had extremely few confirmed infections, the European Union and the United States had relatively late coronavirus responses, taking their first major anti-pandemic measures around March 2020 and somehow needing until late April to acknowledge the scientific consensus in China and Korea that mask-wearing curtails the spread of corona-type viruses. But by the middle of March both federations implemented new travel bans when the spread of COVID-19 took a sharp upturn.

While the travel bans were nearly simultaneous, politicians in the United States long resisted suspending domestic business as usual. When Germany closed many »non-essential« businesses, it repeated the spending measures it had implemented after the 2007 financial market crash by expanding its seasonal unemployment program (*Kurzarbeit*) to cover the newly un(der)employed. Besides lacking such a system, a lack of political will during the forty-fifth presidential administration meant that residents of the United States had to survive a gutted pandemic response program and a federal government that repeatedly disregarded pathologists' advice.

While the US government response still lagged, Americans could feel proud of Johns Hopkins University. Germany's main news sources were citing the Johns Hopkins Coronavirus Resource Center website for information during the very months in mid-2020 when the American government could not take its own research institutions seriously enough to implement life-saving measures. Nothing demonstrates the range of the United States' national competences and incompetences, like the fact that the country least capable of containing the outbreak in the world houses the university that was providing the most trusted metrics on the global pandemic.

Another point of contrast: Germany implemented federal-level restrictions on movement when they were still on the state-level in the United States. In mid-June, holding large gatherings was forbidden, as was meeting with more than ten people, and breaking the social distancing policies. In May, state-specific travel bans were implemented specifically by the governments of the coastal northern German states of Mecklenburg-Vorpommern and Schleswig-Holstein – popular domestic tourist destinations. In June, states are allowed to decide separately if and when they will reopen schools, restaurants, and stores.[1] Typically for the United States, whose »laboratory of democracy« approach to federalism means wide state-by-state variation in policy, the states with the most restrictive quarantine policies for incoming travelers were the ones that had already experienced the highest infection rates (New York and its neighbors) and the ones best positioned geographically to control borders (Hawaii and Alaska). In other words, in April, when infection rates were spiking, the German medical response was comparatively unified where it was federalized in the United States, to the ire of experts.[2]

Both regions have also had their corruption scandals. Summer 2021 headlines advertise the investigation into German Health Minister Jens Spahn's deals involving the sale and distribution of poor-quality masks whose distributor his husband worked for. Comparatively underreported in Spring 2020 in the United States was the executive decision to auction federally contracted medical supplies to states, so that the highest bid, rather than the highest need, would determine who would get them.[3] Running a nation like a business means treating public health resources like consumer products. Such an especially egregious case was swept under the rug during a presidential term in the United States where the main tactic was to publicize frivolous scandals to distract from complex, yet more dire scandals.

---

1 | Cf. Das sind die geltenden Regeln und Einschränkungen (steadily updated), online at www.bundesregierung.de/breg-de/themen/coronavirus/corona-massnahmen-1734724.
2 | Ken Dilanian/Dan De Luce: Trump administration's lack of a unified coronavirus strategy will cost lives, say a dozen experts, online at www.nbcnews.com/politics/donald-trump/trump-administration-s-lack-unified-coronavirus-strategy-will-cost-lives-n1175126.
3 | Providers in bidding war with states, federal agencies on medical supplies, online at www.modernhealthcare.com/supply-chain/providers-bidding-war-states-federal-agencies-medical-supplies.

The pandemic was less politicized in Germany than in the US, probably because the former society did not have a populist movement operating on the scale of Trumpism in 2020. Nevertheless, to be a coronavirus denier (*Coronaleugner*) in Germany carries a tinge of the stigma of extremism of being a holocaust denier. That stigmatizing connotation involves more than an accident of language; both kinds of deniers overlook the deadliness of a well-documented source of mass death (coincidentally, often by suffocation),[4] and such denial runs against postwar Germany's ethos of social solidarity, which requires a notion of shared truth. The most common slur for a coronavirus denier, *Querdenker*, began as a positively connotated self-reference, signifying »someone who thinks against the grain,« or, as Google translates it, »lateral thinker«. Machine translation services have simply not kept pace well with the linguistic shifts around the pandemic. The tabloid paper *Bild Zeitung* ran an article whose headline (which translates »Is it legitimate not to be afraid of the Coronavirus?«) misleadingly implies that Peter Sloterdijk considers the coronavirus nothing to fear.[5] Afterwards, »Germany's smartest philosopher« (*Deutschlands klügster Philosoph*, as *Bild* designates him) responded in a *Spiegel* interview with Volker Weidermann that he is not a *Querdenker*, and that this term sounds so insulting because it implies someone has a board in front of their head (»ich sah bei dem Ausdruck immer ein Brett vor dem Kopf«).[6] Even without politicizing the pandemic measures, contempt for non-conformity has been a major part of the German pandemic discourse. Jürgen Link has observed, every crisis is defined by the »denormalization« that it imposes, but the discourse around this crisis emphasizes more than ever the longing for normalcy through the media's repetition of the longed-for notion of a »return to normal« (*Rückkehr in die Normalität*) or at least a »piece of normalcy« (*Stück Normalität*).[7]

The above gives a simple overview of these two best-friend nations' divergent responses to the pandemic. The linguistic differences in the approach to the virus seem to have less to do with differences in the two nations' anti-infection measures and their implementations. Instead, these differences involve the characteristic divergences in sound and etymology within the larger lives of the German and

---

4 | For the chilling point of between the ventilator and the gas chamber, I thank a conversation with Manuela Hauschild.

5 | W. A. Tell: Deutschlands berühmtester Philosoph Peter Sloterdijk: Ist es legitim, vor Corona keine Angst zu haben? In: Bild online, October 16, 2020, online at www.bild.de/politik/kolumnen/kolumne/peter-sloterdijk-ist-es-legitim-vor-corona-keine-angst-zu-haben-73441584.bild.html.

6 | Philosoph Peter Sloterdijk über Jogi Löw, die Pandemie und Querdenker (Büchershow Spitzentitel), November 26, 2020, online at www.youtube.com/watch?v=oTt6H57WC2w.

7 | Jürgen Link: Für welche Krise ist »Corona« der Name? »Neue Normalität« zwischen dem Traum vom hyperflexiblen Normalismus und massiv protonormalistischen Tendenzen. In: jenseits von corona: welche neue normalität? 79 (2020), No. 20, pp. 7-16, p. 9.

English languages. The place of the new public health vocabulary. The language for addressing the pandemic is all but a controlled vocabulary, standardized as it is, through top-down safety recommendations and laws. But such an omnipresent discourse inevitably shows the effects of the societal preferences and trends that become linguistic habits.

COMPOSITA CORONENSIA

Das *Online-Wortschatz-Informationssystem Deutsch* (OWID), a dictionary project of the Leibniz Center for the German Language, has kept a registry of new coinages related to the COVID-19 pandemic. A few of these neologisms involve witty wordplay like: »[E]ine gefährliche Variante des Hobby-Virologen, besser bekannt als *Wirrologe*« or »[d]ass die eigene Haut an ›Maskne‹ leidet, also einer Akne-ähnlichen Erscheinung«.[8] Both humorous neologisms call on the solidarity elicited by suffering together through the discomforting uncertainties (*Wirrung*) and skin conditions (*Akne*) resulting from the pandemic measures.

Crisis engenders anxiety and suffering, but also plenty of creative chaos, and the latter shows with particular clarity in the linguistic cleverness unleashed in 2020. German is known for its high tolerance of polysemy. OWID shows that neologisms associated with the coronavirus exhibit that familiar tendency: *Coronaturbo*, for instance, can refer either to the fast spread of the virus or to an economic upswing in certain regions or industries during the pandemic. *Coronawende* can refer to three unrelated phenomena: 1) a turn for the better in the pandemic, 2) a change in social norms or economic circumstances as a result of the pandemic, and 3) a shift in the political measures taken due to the pandemic. Unlike other composita registered in OWID, where the morpheme *corona-* modifies another root – like corona belly (*Coronabauch*), corona panic (*Coronapanik*), or corona denier (*Coronaleugner*) – *Coronawende* and *Coronaturbo* do not let us rely on one single relationship between *corona* and the next morpheme in the sentence. In both cases, corona infections can be either the subject or the object of the turn or speed up, either an uptick in corona cases or other societal changes as a result of the pandemic.

---

8 | Neuer Wortschatz rund um die Coronapandemie, online at www.owid.de/docs/neo/listen/corona.jsp (emphasis with bold text in original).

Fig. 2: Maske *or* Schutz
In a clothing store chain in a shopping center, the standard German term is sufficient.

At a co-working space just north of Mitte, where many are working digitally and thus in English, The terms for »mask« in German and English are represented side-by-side.

The same co-working space borrows the language of a government announcement requiring Germans to follow the AHA rules: Abstand-Hygiene-Alltagsmaske. The last part of the rule, »everyday mask« (Alltagsmaske) occurs primarily in the context of government announcements and is meant to normalize the wearing of masks. In fact, the government announcement of June 8, 2020 is titled »The AHA Rules in the new everyday« (Die AHA-Regeln im neuen Alltag).⁹

The term »mask requirement« (Maskenpflicht) is a government term that has been more thoroughly integrated – although this sign from a shopping center clearly had a different term before this photo was taken in August.

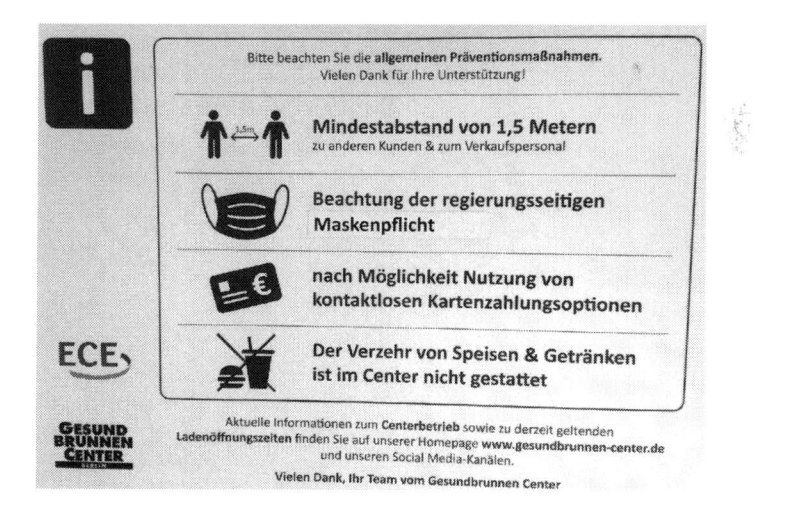

---

9 | Video: Die »AHA-Regeln« im neuen Alltag, online at www.bundesregierung.de/breg-de/themen/coronavirus/die-aha-regeln-im-neuen-alltag-1758514.

To board the ferry to Berlin's Lindwerder Island, you must wear a Mund-Nasen-Bedeckung, *at six syllables the longest and most serious sounding name for a mask.*

A profaned sign from the Berlin bar Golden Gate shows that resistance to masks can more closely resemble of adolescent rebellion rather than political conviction.

The most familiar examples of ambiguity involve words that are themselves centuries old, like *Grund* (ground and reasons) or *aufheben* (cancel, elevate, and preserve). In a period of such rapid social change, rapid linguistic change means more indeterminacy between subjective and objective genitive relations (e. g., objective, as in the murder of Abraham Lincoln, vs. subjective, as in the murders of Charles Manson). Rarely does language tolerate such newly introduced ambiguity for long: as the »murder« example shows where the default is objective and only the plural makes it clear that the root noun must be the murderer – since one can only be murdered once. The corona pandemic is thus a period of rare tolerance for ambiguity.[10]

MUND-NASEN-SCHUTZ

Considering masks' historical functions gives insight into the resistance to the requirement to wear masks that was so well reported in German and American media in late 2020. In Germany, the laws requiring the population to wear masks (*Maskenpflicht*) constitutes an exception to Germany's ban on facial concealment (*Vermummungsverbot*) since the identifiability of one's face is part of the basis for being able to trust strangers in public not to behave criminally. The most notable precedent for *Maskenpflicht* is carnival, where the dukes and lords of centuries past used to require masks from all celebrants, supposedly so that the nobility could mingle undiscovered and enjoy an evening's reprieve from the social restrictions of their high station.

A mask is never just a functional tool for restricting the contact of the face with environmental contaminants. It always also adds a meaningful absence to the performance of self. Masks conceal individuating facial features and simultaneously emphasize the role that the mask imparts, whether with religious or medical seriousness or with theatrical gaiety. To wear a mask is to signal that participation in a social institution or event is more important than self-exposure through the face. Ursula Krechel and Michael Stolleis remark on this compromise in their discussion of *Gesichtsmaske* on *Coronas Wörter*, a series of video blogs about the impact of the pandemic on language, published online by the German Academy of Language and Poetry.[11]

What people wear to fend against COVID-19 infection was first referred to almost solely as »protection« (*Atemschutz*, *Mundschutz*, or *Mund-Nasen-Schutz*) or »covering« (*Bedeckung*) in German. The German terms are more specific and

---

10 | In a radio interview, linguist Annette Klosa-Kückelhaus notes that neologisms take time to achieve concrete meanings, and it is only at that point that lexicographers enter them into the dictionary. (Her examples include anglicisms like »lockdown« or »Wuhan shake« – meaning a foot-bump instead of a handshake). Dr. Annette Klosa-Kückelhaus interviewed by Frauke Oppenberg: Von »Abstandsgebot« bis »Zoomfatigue« – Wie Krisenzeiten die Sprache verändern. In: »swr2 online, June 15, 2020, online at www.swr.de/swr2/leben-und-gesellschaft/von-abstandsgebot-bis-zoomfatigue-wie-krisenzeiten-die-sprache-veraendern-swr2-tandem-2020-06-16-100.html.

11 | Coronas Wörter: Deutsche Akademie für Sprache und Dichtung, online at www.deutscheakademie.de/de/aktuell/2020-06-25/coronas-woerter.

unambiguous, though they all require more sounds than *mask* (*Maske*). On March 4, around the time that the German government had started recommending that citizens wear masks in public, it posted a video with the title: »Ist das Tragen eines Mund-Nasen-Schutzes in der Allgemeinbevölkerung zum Schutz vor akuten Atemwegsinfektionen sinnvoll?«[12] The antanaclastic repetition of *Schutz* in nominal and gerundive meanings suggests a positive answer – although the video ends with the outdated information that only sick or high-risk people should wear masks. For everyone else, a mask offers more risk than safety since it could give a *false* sense of comfort. (This recalls the American recommendation during the same period to *quit* buying masks so that medical professionals would not run out of supply.)

Fig. 3 Photo 1 by https://coronabrowser.com/1406
Photo 2 by Manuela Hauschild, July 23, 2020

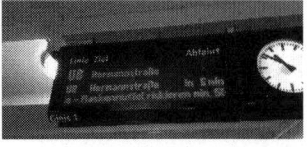

A few months into the new year, however, a new Anglicism was available in the German virus-containment discourse. By the end of spring, the word *Maske* was omnipresent, especially in official discourses, which spoke of the »mask requirement« (*Maskenpflicht*). A late summer warning on the subway about the penalties for refusal to wear a mask coins the word »mask-disdainers« (*Maskenmuffel*). Besides being shorter and more international, a *Maske* promises privacy, beauty, and enhanced (rather than muted) authenticity. »Mask,« after all, evokes empowering connotations from ancient tragedy to Renaissance Venice to premium skin care. It was inevitable that a new garment take on less bureaucratic language, but perhaps the fact that it began as a *Schutz* was necessary for a society to take it more seriously at the beginning. It was only a matter of time before the German discourse caught up with the fact that any »mouth covering«

---

12 | Erklärvideo der BZgA: Schützt ein Mundschutz vor Ansteckung? (March 5, 2020), online at www.bundesregierung.de/breg-de/themen/coronavirus/schuetzt-ein-mund schutz-vor-ansteckung--1728426.

will eventually take on social meaning and thus function performatively, that is, as a mask.

While the *AHA-Regel* continues to contain the word, »everyday mask« (*Alltagsmaske*), the word definitively refers to either surgical masks or FFP2 masks now. But according to OWIS, *Alltagsmaske* meant a »(handmade) replacement for a *Mund-Nasen-Schutz*, which usually does not meet the requirements of industrially manufactured products.«[13]

ABSTAND HALTEN

The concreteness of *Abstand* is exemplary of the German language's deep surface – its tendency to say more than English by saying it with more familiar and thus more visceral morphemes. A conceptually precise translation of *Abstand* would be »margin;« the word *Abstand* carries a sense of an intentional and precisely quantified distance, which suits the context of maintaining a margin of separation from others in public during a pandemic. German author Michael Krüger thinks that the Anglicism »social distancing« did not catch on in German because it has too many syllables and because it is a poor description of the concept of keeping a physical distance from others.[14] The English term's misleading connotations have brought criticisms from the English-language thinkers too. Stanford psychologist Jamil Zaki points out that »physical distancing« is a better description of the official demand. Zaki also proposes that »distant socializing« would take the emphasis off of the privation of up-close social contact. Exactly that shift (from *sociale* to *physique*) became *de rigueur* a couple of months into 2020 in France.[15]

---

13 | Cf. Neuer Wortschatz rund um die Coronapandemie, online at www.owid.de/docs/neo/listen/corona.jsp#alltagsmaske (my translation).
14 | Coronas Wörter (accessed June 25, 2020), online at www.deutscheakademie.de/de/aktuell/2020-06-25/coronas-woerter.
15 | Adrien Rivierre explains that the barbaric cognate, *distanciation sociale* appeared frequently in French at the beginning of the pandemic, but was ultimately rejected across all media channels in favor of *distanciation physique* because *sociale* evokes a collective action by one social class to elevate themselves above another (which is unfortunately relevant when some people can afford to stop working more easily than others). The shift was unanimous as a way to avoid sounding like the pandemic policy means to reintroduce »social distinctions« – which runs against a core value in post-Revolutionary French political rhetoric. Editorial Staff: Pourquoi l'expression »distanciation physique« a remplacé celle de »distanciation sociale«. In: May 28, 2020, online at www.nouvelobs.com/coronavirus-de-wuhan/20200528.OBS29430/pourquoi-l-expression-distanciation-physique-a-remplace-celle-de-distanciation-sociale.html.

Fig. 4: Posted April 23, 2020

Maske auf und mit Abstand schön.
Entdecken Sie unsere Gesichtsmasken-Auswahl und die neuen Frühjahr/Sommer 2020 Neuheiten.

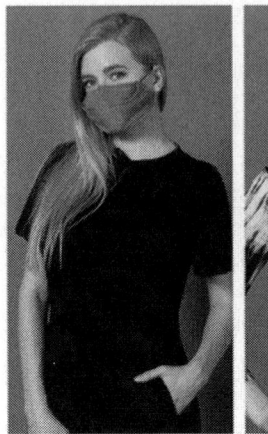

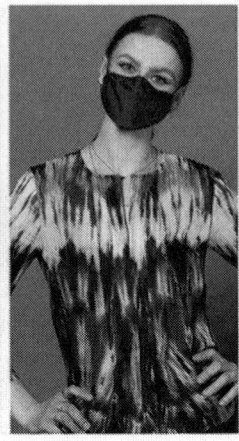

Despite the perfect fit of the term *Abstand*, which sounds both familiar and precise in German, germanized forms of the Anglicism »social distancing« (*soziale Distanzierung*) sometimes rears its ugly head and syllable-laden tail. The word Distanzierung appears with a variety of embarrassed modifiers, including *soziale, öffentliche,* and *räumliche*. Sometimes both words of the English collocation are *eingedeutscht*, as in: »Maßnahmen zur räumlichen Trennung.«[16] The English term is not new in pathology discourse, and thus translating is the English term is a longstanding problem in German. Some EU documents as far back as 2009 had given up on trying to capture the concept of »social distancing« and just translate it with another concept entirely, the far more extreme Quarantäne.[17]

While the German COVID-containment discourse occasionally uses the anglicism »social distancing,« the prevalence of the translation, *Abstand halten*, resonates with the much more familiar »keep a distance« – allowing us to hear the non-plague-time motivations for keeping distance, such as social anxiety, playing

---

16 | On the other hand, the fact that *linguee.de* is still citing examples involving a »flu pandemic« shows how slowly they are updating their corpus. Linguee, online at www.linguee.de/englisch-deutsch/uebersetzung/social+distancing.html.

17 | Beschluss der Kommission. *Amtsblatt der Europäischen Union*, February 2, 2020, online at https://eur-lex.europa.eu/LexUriServ/LexUriServ.do?uri=OJ:L:2009:053:0041:0073:DE:PDF.

it cool, or feelings of aversion. Besides that, *mit Abstand* can mean »by far,« which gives Evelin Brandt's marketing slogan for designer face masks a triple meaning: *Maske auf und mit Abstand schön.*[18]

The sentence plays on the augmentative use of *mit Abstand*: »be the most beautiful by far (*mit Abstand*),« but such a formulation would require the superlative adjective *am schönsten* in German as it would in English. Without the superlative, it means: »Wear a mask and be beautiful while social distancing.« Yet even the corona-related meaning mobilizes the mask as a veil that allows for the socially legible, even attractive forms of distance in romantic contexts – flirtation and discretion – rather than simply of obedience to public health protocols.

A more rhetorically pointed pun on *mit Abstand* is the summer 2020 motto of the open-air cinema on the Biesdorf Castle grounds: *Sie sind mit Abstand die besten Gäste.* Here *mit Abstand* presents two thoughts that can be read either separately or together: You are the best guests 1) *by far*, or 2) *by following the social distancing rules*. The first amplifies the positive judgment while the second introduces a condition. In the conditional reading, rule-abiding makes you especially appreciated – which amounts to a softened version of the rules announced elsewhere on their website: namely, that rule-breakers are not allowed in at all. That sort of pun on *mit Abstand* does not ring very light-hearted because they underscore the deadly seriousness with which the rules are enforced (not to mention the potential deadliness of infection by the virus).

MIT CORONA

In the summer of 2020, the most common German phrase to designate the status of the conditions and measures taken to prevent the spread of the COVID-19 virus is »due to corona« (*wegen Corona*) with 11 million results in a Google search.[19] Far less popular is »against« (gegen) with 5 million, and »with« (*mit*) with four million.[20] Signage with the slogan, *Gemeinsam gegen Corona*, is posted in and around Berlin public transportation. In everyday speech, however, the phrase »with corona« encompasses a wider concept. The everyday use of »with« means »with [the threat of]« or »[under the conditions of coping] with.« It is an elliptical phrase akin to »à la [manière de]« used in English to mean »in the style of,« as in »The Spanish flu was a full-on pandemic à la corona.« or the use of »like« to introduce direct speech, as in, »I was like, ›are you seriously going to

---

18 | Cf. www.evelin-brandt.de/de-de/en_GB (updated steadily; accessed June 16, 2020).
19 | Results based on searches conducted on July 5, 2020.
20 | The trend holds (with less dramatic margins) one year later: »wegen corona« (6,640,000), »gegen corona« (4,950,000), and »mit corona« (2,980,000) Google search: www.google.com (accessed July 30, 2021).

Jaime's corona party?!« The phrase *mit Corona* occurs in spoken sentences like »hat der Laden auch jetzt mit Corona offen?«

Within the mainstream German public discourse, any stance that does not oppose the spread of COVID-19 is not taken seriously, and even those who call for reopening to prioritize the economy are simply in denial – not in support – of the risks involved. Even fringe groups tend not to call for risks that would accelerate »herd immunity.« Society is thus discursively united »against« corona, but we are all »with« corona, in the sense that we all live *with* the new conditions for which the virus' name has become a metonym. In Chancellor Merkel's words in her June 20 announcement about the Corona warning app for smartphones: »Solange kein Impfstoff gefunden ist, müssen wir lernen, mit dem Virus zu leben.«[21] In that sense, we are living (in German and English) »with corona« (*mit Corona*).

Mit corona has another sense in German. German news articles distinguish carefully between corona infection as cause of death and corona infection that accompanied another terminal condition, by using the prepositions *an* and *mit* respectively: »9249 Menschen sind an beziehungsweise mit einer Coronavirus-Infektion gestorben.«[22] The German media use the clause »dying with corona« (*sterben mit Corona*) especially when discussing a popular suspicion that corona death counts include an error factor. The rumor is that many, who are infected with corona, die »with corona« but »of« a different cause. Because many corona patients are older and some catch the virus in hospitals, the rumor emerged that corona was incidental to the deaths of these vulnerable patients. Fortunately, even populist news sources are promoting new autopsy research that refutes this suspicion. The newspaper *Bild* has shown a lukewarm sympathy with the corona protesters when it called the decision to ban corona protests a political mistake (without considering the infection risks involved).[23] But even *Bild* makes it clear that corona kills with their characteristic high-impact rhetoric: »86 Procent Die From Corona, Not With Corona« (*86 Prozent sterben wegen, nicht mit Corona*).[24] German television news channel NTV reinforces the point

---

21 | Corona-Warn-App: Unterstützt uns im Kampf gegen Corona. June 15, 2020, online at www.bundesregierung.de/breg-de/themen/corona-warn-app.

22 | Fast 71 Neuinfektionen pro 100.000 Einwohner: Hamm reißt kritische Marke deutlich. In: Focus online, September 23, 2020, online at https://m.focus.de/gesundheit/news/news-zur-pandemie-tausende-schweden-bekamen-falsches-testergebnislaender-verschaerfen-bussgelder-gegen-maskenverweigerer_id_12358783.html.

23 | Editorial staff: Inakzeptabler Angriff auf eines unserer höchsten Grundrechte. In: Bild online, August 29, 2020, online at www.bild.de/politik/inland/politik-inland/demo-verbot-in-berlin-angriff-auf-eines-unserer-hoechsten-grundrechte-72580918.bild.html.

24 | Editorial staff: Deutscher Pathologenverband veröffentlicht neue Zahlen: 86 Prozent sterben wegen, nicht mit Corona. In: Bild online, August 21, 2020, online at www.bild.de/bild-plus/ratgeber/2020/ratgeber/bundesverband-deutscher-patholo gen-86-prozent-sterben-wegen-nicht-mit-corona-72503306.

with its own punchy headline contrasting the two prepositions' senses: »People die ›of‹ corona – not ›with.‹« *(Menschen sterben ›an‹ Corona – nicht ›mit.‹)*[25] In the anti-conspiracy discourse, dying »with corona« – like living »with corona« measures – is a way of keeping its incapacitating and often deadly spread at an emotional distance.

CORONA AND TRANSNATIONALISM

While the ease of global air travel is one of the factors that facilitated the rapid spread of the ongoing pandemic, international discourse has provided forms of moral and informational support in this crisis (not to mention German-American business collaboration like that between BioNTech and Pfizer, which already began in 2018, before the first stirrings of this pandemic).[26] Global information sharing often requires the overcoming of linguistic differences and of regional prejudices regarding whose research is legitimate. While politically globalization often amounts to a race to attract capital at the cost of, say, imposing adequate taxes to provide for one's community, the kind of internationalism that emerges in a global crisis can mimic the best of federalism. Like America's »laboratory of democracy,« different societies can learn from each other's' ideas, leadership, and self-discipline, and from naming and critiquing »the new normal.« Having near-equivalent terms for common concepts has facilitated this sharing. On the other hand, terminological differences can themselves be revealing of the successes of different discursive strategies in achieving the kind of »protonormalism« (social discipline) that often replaces the freedom of individualized »flexible normalism« so dear to members of liberally governed societies.[27] Comparing different societies' responses to the pandemic is a reminder that this pandemic – like climate change and economic globalization – exerts immensely differential effects on the world population who live »with« its consequences, more or less severe. As President of the University of Mainz Georg Krausch put it: »If now we ask the younger generation to show solidarity with the elderly who are particularly at risk, then we, the older generation, ought to remember this during the next discussions about climate change – and act accordingly.«[28] Ideally, decision-makers and knowl-

---

25 | ntv.de/jog: Pathologen räumen mit Mär auf. Menschen sterben »an« Corona - nicht »mit.« In: NTV Wissen, August 22, 2020, online at www.n-tv.de/wissen/ Menschen-sterben-an-Corona-nicht-mit-article21988304.html.
26 | BioNTech Corporate Site https://biontech.de/covid-19.
27 | Terms derived from Jürgen Link: Versuch über den Normalismus: Wie Normalität produziert wird. Göttingen 2006.
28 | Address by JGU President Georg Krausch concerning the COVID-19 pandemic (March 26, 2020), online at www.youtube.com/watch?v=EzYz0ewSctY (July 1, 2021).

edge-producers will extend some of the sense of urgency that the pandemic has taught us to feel about problems that affect communities beyond our own cultural, linguistic, generational, and media bubbles.

**Special Section
Schwerpunkt**

Media, Memory and the City

Media, Memory and the City
Introduction

JENS MARTIN GURR / ROLF PARR

This collection results from a workshop on *Media, Memory and the City* held at the Institute for Advanced Study in the Humanities/Kulturwissenschaftliches Institut (KWI) in Essen on November 26, 2019. The workshop took place in the context of a week-long stay of L.A.-based urban historian, media scholar and novelist Norman M. Klein, Professor of Critical Studies at the California Institute of the Arts. Hosted by Jens Martin Gurr, Norman Klein visited the Department of Anglophone Studies of the University of Duisburg-Essen for the KWI workshop, several guest lectures and a meeting with the CityScripts research group[1], for whom Klein's notion of »scripted spaces« as outlined in his 2004 monograph *Vatican to Vegas: A History of Special Effects* was especially relevant.

Organized on the occasion of Klein's visit, the workshop revolved around what are arguably the three concepts central to his work over at least three decades: Both in his scholarly work, for instance his monograph *The History of Forgetting: Los Angeles and the Erasure of Memory* (1997/2008), as well as in his two multimedia novels *Bleeding Through: Layers of Los Angeles 1920-1986* (2003) and *The Imaginary 20th Century* (2016), Klein explores the interplay between the city, its medial representation, and questions of individual as well as collective memory (and its obverse, erasure and forgetting). A recurring interest here is with various forms of layering, both in the sense of a palimpsestic layering of different historical strata in the city as well as with various techniques of representing such layers in the form of multimedia documentaries. *Bleeding Through*, for instance, combines a print novella of some 40 pages recounting key phases of one woman's life in L.A. with a multimedia DVD containing thousands of photographs, newspaper clippings, film scenes and various levels of narration. These are presented by means of a then unprecedented user-navigated interface based on a database archive accessed in non-linear randomized ways. An iconic feature of the multimedia documentary are overlays of historical and more recent photographs of identical sites represent-

---

1 | This is the Graduate Research Group fully entitled »Scripts for Postindustrial Urban Futures: American Models, Transatlantic Interventions«, funded by the Volkswagen Foundation (2018-2022), directed by Barbara Buchenau and co-directed by Jens Martin Gurr; see www.cityscripts.de.

ing these different layers – Klein refers to them as »bleeds«. His understanding of layered urban memory and its physical and mental representation owes much to Walter Benjamin's *Arcades Project* and its notion of »superposition«: implicitly invoked in *Bleeding Through*, Benjamin is a key presence in Klein's *History of Forgetting*, on which *Bleeding Through* is partly based (for a discussion of *Bleeding Through* and its representation of urban memory, see Gurr 2021, 62-83; for a discussion of key aspects of Klein's urban historiography, cf. Parr in this issue).

Without being confined exclusively to Klein's work, the workshop thus took its cue from some of his key concerns and explored the interrelation of media, memory and the city in a curated sequence of papers. Moreover, both of Klein's interactive multimedia novels, *Bleeding Through* and *The Imaginary 20th Century*, where on display in an exhibition set up in the KWI's library during and after the conference. Also during the workshop, a group of students from the University of Duisburg-Essen and the University of Cincinnati presented their transatlantic project *The Future of Our Two Cities (Cincinnati and Essen)*, which took the form of two photo/film essays.

In addition to selected essays based on papers presented during the workshop, this special issue also contains a number of specifically commissioned essays. The collection begins with two essays on literary representations of urban memory, JULIA SATTLER'S *»City of Conscience«: Fragments, Empty Spaces, and the Psychogeography of Detroit in Kristin Palm's »The Straits«*, a discussion of Palm's highly allusive and reflexive exploration of urban memory and identity in Detroit, as well as LENA MATTHEIS and JENS MARTIN GURR'S *»Routine« versus »Event«: Media, Memory and the City in B. S. Johnson's »The Unfortunates«*, arguably one of the most ambitious explorations of the interplay of memory and the city in a highly media-conscious and self-reflexive novel of the British experimental tradition. Two essays on Norman Klein's work then frame artist MISCHA KUBALL'S photo collage on *res·o·nant*, his celebrated installation in the Jewish Museum in Berlin (2017–2019), which functions as an artistic centrepiece: First, NORMAN KLEIN'S essay *Memory, Media and the City in Multimedia Docufiction: Notes and Layers from 2001 to 2021«*, a contextualization of his own practice in his media novels; second, ROLF PARR'S *»Seinszustände« und ihre »Dokufabeln«: Norman M. Klein und das Medial-Imaginäre der Städte*, a wide-ranging discussion of the interplay of media, memory and the city – or, as Parr argues it should more precisely be – »Cities, Memory, and the Media« in both Klein's media novels and his scholarly work on urban memory. The final two essays tie in with Klein's interest in U.S. popular culture, theme parks and scripted spaces, as well as in architecture and urban development (e. g., in the »docufable« *Freud in Coney Island, and Other Tales* and in his scholarly work): FLORIAN FREITAG'S *»Share a Luna Park Memory... and Make a New One!«: Memorializing Coney Island* traces Coney Island's rich and layered history as evidenced by its theme parks and rides and their frequently self-reflexive harking back to earlier installations, while ALEXANDER GUTZMER'S essay *Workspacization of the City: The New Capitalist Reappropriation of the Urban Realm* engages with the pervasive »googlefication« both of contemporary workspace architecture and, by implication, of urban development as a whole through the trend of urban co-working spaces in cities worldwide.

* * *

The editors are grateful to the KWI and its director Julika Griem for generously providing a venue, and to KWI fellow Stefan Höhne and KWI research assistant David O'Neill for helping to prepare the workshop and setting up the exhibition. Thanks also to Christine Cangemi for all her help with the organization and logistics of the workshop and the exhibition. We also wish to thank Svenja Donner at the University of Duisburg-Essen for her meticulous help in formatting and proofreading this collection. We are also grateful to Lisa Krosse and Jan Niederprüm for their filmic take on the workshop and on Klein's visit and his work, a film that will accompany the updated edition of *Bleeding Through* planned for early 2022. Finally, our heartfelt thanks to the contributors for their scholarly commitment, for the smooth and pleasant cooperation during the editing process, and for their willingness to respond to queries and requests.

Works Cited

Benjamin, Walter (1999): The Arcades Project. Trans. Howard Eiland and Kevin McLaughlin. Cambridge (MA): The Belknap Press of Harvard University Press.
Gurr, Jens Martin (2021): Charting Literary Urban Studies: Texts as Models of and for the City. New York/London: Routledge.
Klein, Norman M. (2006): Freud in Coney Island, and Other Tales. Los Angeles: Otis Books.
Klein, Norman M. (2008): The History of Forgetting: Los Angeles and the Erasure of Memory [1997]. New York: Verso.
Klein, Norman M. (2004): The Vatican to Vegas: A History of Special Effects. New York: The New Press.
Klein, Norman M./Bistis, Margo (2016): The Imaginary 20th Century. Karlsruhe: ZKM.
Klein, Norman M./Comella, Rosemary/Kratky, Andreas (2003): Bleeding Through: Layers of Los Angeles 1920-1986. Karlsruhe: ZKM/Ostfildern: Hatje Cantz.

»City of Conscience«
Fragments, Empty Spaces, and the Psychogeography of Detroit in Kristin Palm's *The Straits*

JULIA SATTLER

Throughout the past three decades, the city of Detroit, Michigan, has received significant media attention due to what is oftentimes subsumed under the header of ›spectacular urban decay‹: In the US context, Detroit is, to speak with historian Dora Apel, »the central locus for the anxiety of decline« (5). Detroit's urban decline is visible in the city – from its grandiose (mostly) abandoned sites such as the Packard Plant to its smaller left-behind structures such as neighborhood stores and family homes. Detroit's status and state as a city has become subject to a variety of academic studies but has also been made visible via the photographs and accounts of urban explorers, for example. The images of decaying buildings and infrastructure that can be found on blogs or in the shape of coffee table books show Detroit's supposedly ruined landscape and promote the idea of a city that has not only seen its best days, but that is also by and large abandoned: devoid of both, people and possibility.

Without offering much clarification as to why the city of Detroit, which was once known for its economic power and its large-scale auto production, has fallen into this state, these images contribute to hiding the reasons behind decline and abandonment. Such publications showing staggering decay without any textual explanation appear to suggest that the city of Detroit and its population are to blame for the »hypercrisis« (Smith/Kirkpatrick 2015, vii). And indeed, all too often, Detroit's »dramatic decline is [....] dismissed as either the result of a pathological subculture or as an inevitable outcome of deindustrialization« (ibid., xii). This in turn means that other relevant factors – such as strategic disinvestment into Detroit's businesses or the significance of racial discrimination – are routinely left out of the equation.

Detroit is a city that is both, challenging and charged; and one where »contentious land politics [...] follow socio-historical fault lines« (Safransky 2017, 1090). More often than not, Urban Planning, the discipline commonly tasked with finding a solution to the city's problems, uses a deficit-oriented language in order to make a case for how to deal with its ›uneven‹ checker-board style urban landscape shaped by abandoned and burned-down homes, empty lots, newly inhabited skyscrapers, industrial ›ruins‹ and colorful art projects. This deficit-oriented language is not only to strengthen an economic (investor-led) or developmental argument behind new projects to be completed in the city (or on the supposedly empty canvas that used to be the city), but also due to the fact that, as a discipline, Urban Planning »has only little to say about what cities should become following decline« (Dewar/Kelly/Morrison 2013, 289). At the same time, to assume that the postindustrial city of Detroit is an urban planning challenge alone is beside the point: it is a multidisciplinary undertaking that also includes fields like economics, agricultural sciences, sociology, and even literary and cultural studies.

The interest in Detroit and in postindustrial cities generally among scholars of the literary and cultural fields is not only because Urban Planning and other disciplines regularly borrow from popular culture in their proposals (Buchenau/Gurr 2018, 136), or because »urban theory uses literature and culture as analogies of the city« (ibid., 140). It also has to do with the understanding that »texts contribute to unconscious and collectively shared building blocks of understanding and behavior« (ibid., 136), and thus offer new pathways to approach the challenge of the contemporary postindustrial city more generally, and Detroit specifically. In addition to this, the literary and cultural disciplines can possibly contribute to finding a new, and much less failure-oriented language to address the situation one the ground, which is characterized by »population and employment loss, property disinvestment, and property abandonment« (Dewar/Kelly/Morrison 2013, 289).

Poetry and Radical Urban Transformation

In recent years, poetry has developed its own strategies of investigating the radical changes in the city of Detroit. Faced with the city's conditions, the genre has begun to confront the question of how Detroit's intensely divisive history can and should be told, and by whom. Poetry can work as a powerful force of unbuilding and rebuilding the city, of re-imagining it beyond economic investment strategies, and of uncovering its hidden layers and secret caverns. Much like urban exploration, a poem can enter into abandoned sites and zoom in on a place's unique features and expose the reasons behind decay.

Detroit poetry, and specifically the poetry I term the ›poetry of radical urban transformation‹ has enabled a different way of looking at the city. This type of writing openly confronts the so-called ›ruins‹ but without sensationalizing them or opening them for future investment; it thus also speaks up against the utilitarian approaches to art that some investors – such as Dan Gilbert, who at this time owns a significant number of buildings in downtown Detroit (Runyan/Mondry 2020) – have brought to the city in their regeneration efforts. The poem thus offers a re-assessment of existing ›versions‹, literary and other, of the city. Taken seriously, re-reading Detroit via its poetry is an intertextual and interdisciplinary undertaking, and one that requires careful study of terms, of their history, of the contentions associated with them. It also requires attention to form. The poetry of radical urban transformation pays attention to the different ways in which Detroit is charged. It simultaneously speaks to the built environment and urban form as well as to the city's different layers of memory and meaning. It critically comments on the way language shapes the perception of urban processes in the past, present and future.

In the following, I will explore an example of this poetry. Set in Detroit, Kristin Palm's »City of Conscience« is part of a volume called *The Straits*, published in 2008, and thus at a point when Detroit's urban crisis had reached a new low. At this time, in the middle of the worldwide financial crisis, images of the ›fall of the Motor City‹ went around the world. In summer of 2013, Detroit became the largest US city to declare bankruptcy, arguably the culmination of these earlier developments. Together, the two poems in Palm's volume offer a portrait of the city that amounts to a »poetic investigatory tour de force«, as fellow poet Rodrigo Toscano describes it on the book cover. The first text in the volume, an epic-like poem titled »The Straits«, explores Detroit's urban history based on the claim that it is characterized by a continuous chain of displacement, disappointment and injustice. It argues that there are parallels between the colonial foundation and the auto industry's aggressive taking over of the land, between the violent removal of Native Americans and 1950s urban renewal; between 19th-century racial violence and the 1967 rebellion that killed 43 Detroiters and that is often referred to as the beginning of city's radical downfall. The follow-up poem »City of Conscience« addresses the different narrative layers of the city of Detroit and establishes a psychogeography of the city in decline. It is not shy of asking whether it is worth staying in the city despite all its problems. In this poem, the answer is negative, and the speaker decides to leave the city behind.

The poems in *The Straits* insist that while Detroit was built on land, on dreams and on promises, the factor that was constantly ignored, whether in the 18th, 19th, or 20th centuries was that »there are people here« (Palm 2008, 60). The city is not just its materiality, its structures, or its buildings, its profit or the lack thereof, but its people – those it rejected, removed and neglected over centuries. Incorporating photographs and maps, quotes from newspaper articles and other publications, as well as a number of idiosyncratic lists of materials, occupations, places, both »The Straits« and »City of Conscience« are artistic investigations of what happens when a city is built on »*a speculative frame of mind*« (ibid., 26; italics in original), when its sole focus on big industry and money making (quite literally) blocks the view of what the city actually can and should be, and when its structures, »the tireless handiwork of craftsmen and laborers« (ibid., 56) become nothing but »mournful testaments to ›better days‹« (ibid.).

In its negotiation of the manifold layers of the postindustrial city, the poetry of radical urban transformation finds ways of »addressing the interrelation between the planned, built environment of the city of Detroit and the process of literally

›spelling out‹ this specific place in a text« (Sattler 2018, 121). In that sense, it is at once locally specific and simultaneously opens up a connection between art and the world at large, what Adrienne Rich has called the »permeable membrane between art and society« (2006, 210). By the same token, the poetry of radical urban transformation is not and should not be understood as a way of depicting a supposed ›reality‹ of Detroit – or any other transforming city – at a particular moment in time. Rather, it constitutes a mode of research on and analysis of the situation at hand, as well as a strategy of resistance to conceptions for the future city that look at its transformation merely from an economic standpoint. In short, it offers a different way to think about the city, one that is not obliged to any specific agenda, e.g. in terms of having to come up with a strategic plan for a site in the city – a poem is not a development plan, after all. Understood as documentations of the urban experience in their own right, urban poems can »expose aspects of urban experience invisible to other modes of analysis, propose alternatives to the status quo, and politicize the need for change« (Mickelson 2018, 4).

Poetry thus conceived is then not just part of the ›world‹ (or the city) as it is, but it also has the opportunity to contribute to and generate change. Via its work with words, but also with their absence, this kind of writing contributes to the visibility of relationships between things, between people, between events and between different layers of time and space that are not obvious at first sight, or that are repressed. It can also establish new relationships or connections that do not immediately come to mind: it has constitutive power. Via the representation of Detroit, of daily life in the city, or even just the careful linguistic analysis of singular built structures in the city, poetry offers the opportunity to re-assess the process that is subsumed under umbrella terms like ›turbulent urbanism‹ or ›urban decline‹. In contrast to the photographic ruin porn genre that does not ask for the reasons behind decline, this kind of writing is able to explore the mechanisms leading to it and their long-term consequences. The poetry of radical urban transformation is processual, and it is simultaneously creative and archival. It relates to and builds on the documentary impulse. As a fictional composition, it is able to dive into the past and construct a different future. It can offer explanations for the city's decline that are not part of any sociological or economic evaluation. Thus, ideally, this kind of writing can help make sense of the postindustrial landscape in different ways compared to official documents, be they planning proposals or masterplans. It speaks to the affective, emotional dimension of the city and can thus also generate hope or at least perseverance.

»YET STRUCTURES EXIST«
THE PSYCHOGEOGRAPHY OF DETROIT

»City of Conscience« provides an insight into the multiple spatial and narrative layers that make up the city of Detroit: It is set in the early 21st century, but also considers earlier phases of the city's history and development; it speaks to the different ways how a specific image of Detroit is constructed in the media and beyond. This commentary is achieved via the inclusion of photographic images and the mentioning of important events for the city, but also via the use of line breaks and almost empty pages throughout, leading to the impression of Detroit as an accumulation of fragments and recollections of what it used to be. Here, the reader is confronted with ideas about Detroit that are well-known, but this time, gains an insider's perspective on what is happening in the city. This is achieved via the inclusion of statements relating to everyday life in Detroit and by exploring how the community deals with its environment, including abandoned spaces or decaying buildings. »City of Conscience« comments in some detail, for example, on the way the city and its inhabitants »use the land« (Palm 2008, 81) – meaning the land that has become available due to the transformation of Detroit. It becomes clear that it is difficult to reduce Detroit to just one specific image or idea, as is often the case in media reports about it. While it is true that abandoned sites across the city have become dumping grounds for a variety of unusable items and even »*human feces, bodies*« (ibid., 81, italics in original), Detroit's citizens have also learned to »turn detritus into art« (ibid.) or use abandoned land for »farming« (ibid.).

Therefore, it can be argued that the poem amounts to a kind of psychogeography of Detroit. Guy Debord describes psychography as the »study of the precise laws and specific effects of the geographical environment, consciously organized or not, on the emotions and behavior of individuals« (»Introduction to a Critique of Urban Geography«), which comes very close to what »City of Conscience« accomplishes due to its play with content and form, but also due to its allusions to the way the city affects those living in it: »›space commands bodies‹« (ibid., 70), as the text proclaims, adding that these are »people with bodies/ space to be lived in by people with bodies« (idid). By way of its irregular layout, the poem does not only comment on the way Detroit looks in the early 2000s, but it also alludes to the way in which human behavior and human reaction are unpredictable in the face of the situation.

In essence, the poem is a type of collage made of tidbits of daily life in a stream-of-consciousness style. It includes the speaker's reflections on language, takes into account people moving in space and shaping their surroundings, offers commentaries on the physical form of the city of Detroit, and ways to make use of this space. It works with repetition and with passages that re-appear throughout, but in slightly altered form, leading the reader to seek for connection and, indeed, for structure. »City of Conscience« lists and adds up, defines and re-defines. In that sense, the poem shares many characteristics with the American urban long poem, e.g. Charles Olson's *The Maximus Poems* or William Carlos Williams' *Paterson*, and even quotes from these earlier works. While a detailed analysis of its dialogue and relationship with this form would provide enough material for another essay, »City of Conscience« can productively be described as a »compound mosaic« – a term John Wrighton (2012, 28) has used in connection with Olson's *Maximus*.

It quite literally picks up the materials and materiality of the city from its predecessor poem *The Straits* by listing its

alluvial earth
geodiferous limestone
lias limestone
salt
quicksand
yellow clay (Palm 2008, 66) –

the materials of the city at its origin. It also refers to the defining markers of Detroit's growth and decline, which are discussed at length in *The Straits* (»assembly line / urban renewal / what's good for _____ / is good for the nation/ police raid on a blind pig«). The first lines are thus not random lists of words relating to Detroit; rather, they point to the different layers of its development over time and their meaning, answering, possibly, the question of what the city is, what defines and shapes it. It is, of course, the physical ground it is built on, but it is more than that: Detroit is held together by specific events and processes – industrialization and mechanization, the profit principle, racial unrest. Early on in the poem, the text establishes the speaker's positionality in relation to these key words or key events (»you are here •«). Here, the speaker, despite her decisive role for the text's perspective, is just one little dot on the page, literally – the poem offers one specific point of view on the situation.

In its entirety, »City of Conscience« is fragmentary instead of cohesive, associative rather focused on a particular style or topic or thing, »a field / (open)« (ibid., 65) rather than a result of fixed structures. In that sense it is much in tune with the physical condition of the city at the time of the poem's publication – and with the idea that Detroit is no longer a city, but something else entirely. Remarkably, most pages of »City of Conscience« center around emptiness – there are several pages with fewer than 20 words on them, and not even these few words stand closely together in all cases (see fig. 1). There are structures that look like a regular poem with verses, but there are also parts that look like prose or that can even be described as a more or less coherent narrative. There are line breaks and empty lines, brackets and passages in italics, blanks, arrows and crosses. The empty space can be read as an allusion to one of the most popular narratives about Detroit: The idea of an abandoned or mostly abandoned city, or as Jerry Herron has explicated, the »un-city« of Detroit (»Motor City Breakdown«) – a city that does not fulfill the central parameters of urbanity anymore. It also lends much weight to the few words that *are* on the page. At the same time, the poem recognizes that »no space disappears completely« (Palm 2008, 91), but that even structures – and people – that are no longer there have left their mark: here, it becomes clear that the city is even more layered than its visuality might give away. This presentation is well in tune with Jerry Herron's observation that Detroit »exemplifies our careless delinquency when it comes to whoever and whatever gets left behind« (Herron 2007, 671) and establishes a new angle on the city or, rather, its remains.

Certainly, the complex and irregular structure of the poem shapes the reader's interpretation of Detroit – there is, for example, no apparent order to the different types of fragments. Rather, their disorder resembles the experience of the physical city of Detroit in which it is difficult to orient oneself. Often, the visual experience of walking or driving through the city is akin to finding different pieces of a puzzle – a situation where the visitor never knows what comes around the next corner: A luxury hotel or an abandoned and burned-out home. The poem in that sense tries to convey this experience via language and form – not in the form of an accusation, but from an ›equal‹ perspective with the city.

»City of Conscience« speaks from the point of view of a white female person with a background in the arts. It is taking the stance of a member of a population in Detroit that is, at least in the early 2000s, feared or hated as much as it is needed in order to preserve some semblance of economic stability. At times, the poem also uses the pronoun »we,« standing in for the larger group of young, educated and rather privileged people in the city who have developed specific coping strategies – from »never leav[ing] returnables in the car« to »treat[ing] stoplights as optional« (Palm 2008, 87): An urban postindustrial *habitus* of young white people in Detroit to deal with a situation that can be experienced as unsafe or threatening. These parts generally focus on activities or concepts that drive collective identity in the city: Shopping, making friends, spending time studying. In addressing the young people's *habitus*, the fragments also speak to the way »→space commands bodies←« (ibid., 70).

In the latter part of the poem, the speaker begins to carefully weigh her options in relation to her future, and whether she can image spending this time in Detroit. In this part, she reflects about what she likes about the city, and what terrifies her about her experience in it, and decides to leave – thus establishing the most coherent storyline in the poem if one were to search for it: Recalling her perceptions of and experiences in the city, a young white woman decides to leave Detroit: »City, I could write about you until the end of time and it would not make me able to return to you« (ibid., 90). This ambivalent narrative sublayer of »City of Conscience« and its psychogeography of Detroit both contests and confirms the assumption that young white people come to the city to profit and then leave. If the speaker profits, then this profit is not of the financial sort – it is the freedom to be able to leave, to have a choice, that marks her as privileged. By introducing the reader to her strategies of moving around in Detroit, of interpreting the sites and the people she encounters, the speaker offers her – however inconclusive – interpretation of the city. In that sense, she becomes a reporter, an observer, a commentator, social critic, and, finally, historian; and one more interpreter of Detroit and its challenges. She can also be read in line with the early Situationists on a *dérive* and encountering and dealing with a variety of everyday situations.

Fig. 1: Pages 88 and 89 from Palm's The Straits *(2008), illustrating the text's dialogue with Olson as well as its various comments on the city of Detroit and its perception.*

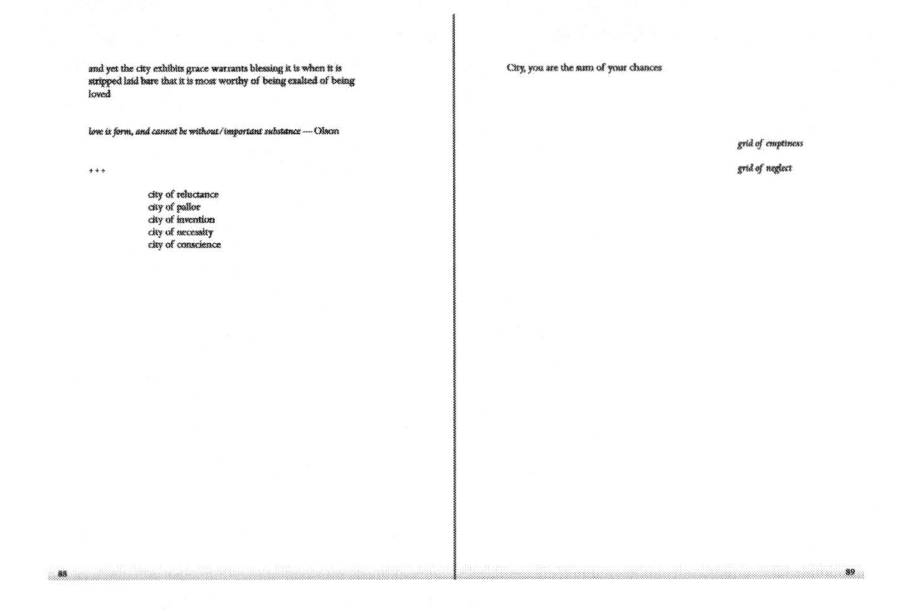

```
and yet the city exhibits grace warrants blessing it is when it is
stripped laid bare that it is most worthy of being exalted of being
loved

love is form, and cannot be without/important substance — Olson

+ + +
            city of reluctance
            city of pallor
            city of invention
            city of necessity
            city of conscience
```

```
City, you are the sum of your chances



                                                grid of emptiness

                                                grid of neglect
```

»THE CITY IS NOT A CONVERSATION«
DISCURSIVE LAYERS OF DETROIT

In talking about the daily experience of Detroit from this particular point of view, »City of Conscience« introduces one angle on Detroit's postindustrial urbanism. In its attempts to find adequate words to address the experience of Detroit, »City of Conscience« alludes to and at times even quotes from the work of Henri Lefebvre. This is certainly worth noting, as it was Lefebvre who, in *The Production of Space*, looked at the different modes of spatialization in their relation to capitalism and production, and reflected about the relationship between language and space, which is another important layer of Detroit as depicted in

»City of Conscience«: There is more to Detroit than its physical experience that shapes its spatial practice, to borrow yet another term from Lefebvre (1991). The page with the least text on it states this quite plainly: »The city is not a conversation« (Palm 2008, 68), but rather, as the poem shows, has become a collection of discourses that contribute to the interpretation of physical space, and the human experience of it.

The poem confronts the reader with several explanations for Detroit's decline. It includes ideas that circulate in the media and elsewhere in relation to »Detroit«, which in some ways has become a chiffre, a symbol of urban decline and »modernity in ruins« (Apel 2015, 6). Detroit is both, »city of accumulation« and »city of lack« (Palm 2008, 69) – its contrasts are staggering. To complicate this apparent contrast between »accumulation« and »lack,« it can be argued – with David Harvey – that accumulation in the capitalist system has produced lack in the first place: the process Harvey describes as »accumulation by dispossession« which in turn produces a new kind of imperialism. This is a process that overall is well in tune with Detroit's current tendency of both the gentrification and »imperialization« of downtown into spaces owned by a small group of large-scale investors, and the persistent poverty and decline in the surrounding areas. It is certainly not a coincidence that in relation to these projects, in recent years, colonial terms have been used by both citizens and the media (Sattler 2018, 131).

»City of Conscience« considers that the language used to address the city matters, as do memories and interpretations of its urban spaces: »City, you are what I read and what I remember« (Palm 2008, 74). Both of these types of associations – what the speaker reads and what she remembers – play into the poem. Her memories do not only include everyday encounters or events that she recalls fondly (e.g. »biking on Belle Isle«, ibid., 76) or not so fondly (e.g. »wild dogs«, ibid., 77), but also events that have been formative for the city of Detroit at large, e.g. the demolition by implosion of Hudson's department store in 1997, that also marked the end of department stores in downtown Detroit. This crucial event is not only remembered in the speaker's direct address to the city, recalling, in prose, the moment she »watched [...] as they wrested that building away from you, its ashes raining into the street, onto cars, over people, into the river« (ibid., 82), but it is also recalled in the form of three photographs that are part of the poem's visual layer: one of the implosion, one of the building falling down, and a third of the empty Hudson site (ibid., 84). Not only was Hudson's iconic as a department store – but its implosion and the emptiness it left behind have changed the outlook of the city, its economic opportunity, and its attractiveness to investors, tourists and citizens alike. The Hudson site is thus not a neutral site, nor was it ever one.

The speaker alludes to different reasons why Hudson's was torn down: it was deemed an »eyesore« (ibid., 82), it had »water damage« (ibid.), and »it holds too many memories« (ibid.). These memories are certainly not just of middle-class Detroiters and others shopping in the large-scale department store, but also of the racial discrimination that was and is part and parcel of Detroit. In Detroit, memories are contested, as they run along racial fault lines (e.g. Eisinger 2017)– African Americans will remember urban renewal as a time of upheaval and loss, for example, and not as a time of reinvention in the interest of economic uplift – a »*city of erasure*« (Palm 2008, 75, italics in original) rather than one of support, as the demolition of the African American neighborhood during urban renewal attests.

In a similar manner, the reasons for Detroit's decline are a matter of contestation: whether one blames the city's sole focus on the auto industry, for example, or decisions relating to its urban layout, or outmigration of the more prosperous – and generally white – population into the suburbs following the racial unrest of the 1960s is not only a matter of politics, but also of experience. Detroit is, indeed, a »city of perception« (ibid., 92) and in many ways one of »circumstance« (ibid.), as the speaker describes it – and the spatial structure and landscape that emerges due to this situation can be understood as both, a disaster or »(an object emerging from the hands / of an artist« (ibid.).

There are even those who would like to consider Detroit as a city on the way to recovery, as the city's motto, which »City of Conscience« includes both in Latin and in English, indicates, albeit in reversed order. This motto, »We hope for better things / it will arise from ashes«, attests to Detroit's perseverance and its »rebirth« following devastation by fire in 1805. In reversed order, these lines – »it will arise from ashes/ we hope for better things« (ibid., 74) – indicate that while hope exists, Detroit's rebirth is not a certain fact this time around, an observation that will certainly be shared by many scholars of the city: »What has risen in Detroit is a human disaster that makes it difficult to sustain a belief in our common decency as people« (Herron 2007, 671). In the early 2000s, the city is plagued by so many problems and issues that it is unclear whether it can be rebuilt or restructured via urban regeneration programs or neoliberal investment tactics. This understanding of the city's condition is certainly hard to grasp given the fact that in essence, in the early 20th century, Detroit was where the modern world and the American Dream came into being – it was known for its wealth, and the comparative well-being it offered to the workers, who rose to the middle class, until these people departed, »rushing along the world's first concrete highways out into the green world of suburbia« (ibid., 674).

Detroit, as the poem highlights, is »a linguistic act« (Palm 2008, 73), but it is also a physical reality – a place that can be experienced, explored, and photographed in all its beauty, but also in all its decay. Its layout can be read as a »grid of memory« (ibid., 83) recalling its reconstruction following the fire of 1805 as well as the industrial and working class history explicated above, for example, but it is simultaneously also a »grid of chaos« and »grid of loneliness«, thinking of its abandoned structures, its manifold instances of racial unrest, the economic pressures faced by the citizens, and the feeling of isolation that can emerge in a place that has lost both, citizens and structure. From this perspective, »the city is not a conversation« because it has become impossible to talk about it: The city is »the sum of its chances« (ibid., 89), but, at the end of the poem, it seems in a stalemate with no future direction clearly pointed out, and no past to look back to without significant pain or contestation – a »*grid of emptiness*« and »*grid of neglect*« (ibid., italics in original).

The processes of construction and erasure that simultaneously make and unmake Detroit – both in the past and in the present – are, to argue with Jerry Herron, exemplary for the American condition at large (2007, 675). Modernity and modern production led to the workforce giving up on their individual pasts and exchanging it for mass cultural« consumption, producing, as it were, »a melting-pot culture of sameness« (ibid., 676) via capitalist practices. But in the postindustrial age, Detroit »becomes a junkyard of no longer relevant forgetting machines« (ibid.), an urban landscape full of reminders of a time when the city was still a site of hope and of growth. In the present, however, it no longer stands for American aspirations, but for their neglect, which necessitates, in a sense, a new way of dealing »with the visible remains of history« (ibid., 677). This process is a matter of addressing memory and trauma more than anything else and as such, needs a new productive language – and is, hence, the subject of poetry at large and of »City of Conscience« specifically.

POETRY – A NEW WAY OF WRITING THE POSTINDUSTRIAL CITY?

In »City of Conscience« the speaker – or the poem at large – does not come up with any readymade explanations for what ails the city, or solutions how to fix it. While the speaker knows Detroit well enough to be aware of »all its attendant problems (broken streetlights, failing schools, Crazy Larry pushing his shopping cart down the left turn lane of Woodward Ave., come here, he says, and me all belligerent, no you come here, and he does to show me a picture of a baby girl – can he have a dollar – who may or may not be his)« (Palm 2008, 90); these are listed in a stream-of-consciousness in prose style, without judging and without alluding to any strategies to react to them. There are problems relating to the physical structure and financial situation of Detroit, problems rooted in these financial issues, as well as problems relating to the population and its physical and mental health, including but not limited to far-reaching poverty and lacking social security.

Rather than suggesting about what is to be done, in its attempt to speak to the lack of words for the situation, the poem asks »What takes precedence? What do we view together and in isolation?« (ibid.), suggesting that what ails the city and what would potentially cure it is a matter of interpretation and of language, of expressing what indeed »takes precedence.« The idea that there needs to be a definition before there can be a solution suggests the necessity of a scripting process akin to the one the settlers experienced in the colonial period, and one that »The Straits« refers to as a process of becoming »*cartog-*

raphers« who »*made up names«* (ibid., 7). This is a process of taking control over the land – though in this latter rendition of the narrative of Detroit, the question of who is able to take this control is left open: the speaker, the white settler, leaves the city behind.

In speaking to the complication of finding the right language to address the contested past, present and even future of the postindustrial city, the poems in the collection *The Straits* still answer to the calls of, for example, Peter Marcuse, who advocated for progressive urban planners to understand themselves as interpreters of urban life instead of as constructors of space who can find a solution to a problem via a technical approach. Instead of finding an answer in construction, an approach like the one promoted by Marcuse calls for exposing the root causes of the problem, the proposition of alternatives and politicization of both problem and solution (Mickelson 2018, 3). This process necessitates archival work as well as paying attention to personal experiences and practical knowledge in order to identify what is not working. The poems, in their attempt to find a language and a form for the psychogeography of Detroit and uncovering the different layers adding to the city's decline can possibly find terms that go beyond those with negative connotations, such as »abandonment,« »decline« or »decay.«

In the long run, including poetry into processes of planning could transform existing notions of knowledge and its bearers in the field of urban planning. Poetry can help expose the urban complexity (ibid., 181) that needs to be considered when working with a site. It points to those affective dimensions of space that too often are not considered, but that could bear much significance in a city like Detroit, in which postindustrial and other sites bring back memories of segregation, and in which urban planning has contributed to the city's decline. It would also do justice to the fact that »confronting injustice requires more than theorizing and articulating visions of a better urban future in isolation« (ibid., 179) and allow for a bottom-up reading of the city, doing justice to those layers of the city that may up to now be invisible to the eye.

WORKS CITED

Apel, Dora (2015): Beautiful Terrible Ruins. Detroit and the Anxiety of Decline. New Brunswick: Rutgers UP.

Buchenau, Barbara/Gurr, Jens Martin (2018): »On the Textuality of American Cities and Their Others: A Disputation.« Projecting American Studies. Essays on Theory, Method, and Practice. Ed. by Frank Kelleter and Alexander Starre. Heidelberg: Winter, pp. 135-152.

Debord, Guy-Ernest (1955): Introduction to a Critique of Urban Geography. Trans. by Ken Knabb. In: The Situationist International, online at www.cddc.vt.edu/sionline/presitu/geography.html.

Dewar, Margaret/Thomas, June Manning (2013): Introduction: The City After Abandonment. In: The City After Abandonment. Ed. by eadem. Philadelphia: Penn Press, pp. 1-14.

Eisinger, Peter (2003): Reimagining Detroit. In: City and Community 2, No. 2, pp. 85-99, online at https://onlinelibrary.wiley.com/doi/abs/10.1111/1540-6040.00042.

Harvey, David (2004): The ›New‹ Imperialism: Accumulation by Dispossession. In: Socialist Register 40, pp. 63-87, online at https://eur-lex.europa.eu/LexUriServ/LexUriServ.do?uri=OJ:L:2009:053:0041:0073:DE:PDF.

Herron, Jerry (2007): Detroit: Disaster Deferred, Disaster in Progress. In: South Atlantic Quarterly 106, No. 4, pp. 664-682, online at http://courses.jamesjbrownjr.net/system/files/Herron%20-%20Detroit,%20Disaster%20Deferred.pdf.

Herron, Jerry (2013): Motor City Breakdown. Detroit in literature and film. In: Places Journal, April, online at https://placesjournal.org/article/motor-city-breakdown/?cn-reloaded=1.

Lefebvre, Henri (1991): The Production of Space. Hoboken: Blackwell.

Mickelson, Nate (2018): City Poems and American Urban Crisis: 1945 to the Present. London: Bloomsbury.

Olson, Charles (1983): The Maximus Poems. Oakland: University of California Press.

Palm, Kristin (2008): The Straits. Long Beach: Palm Press.

Rich, Adrienne (2006): Permeable Membrane. An Essay. In: The Virginia Quarterly Review 82, No. 2, pp. 208-210, online at www.stbrigidpress.net/books/permeable-membrane.

Runyan, Robin/Mondry, Aaron (2020): Dan Gilbert's biggest developments in Detroit mapped. In: Curbed Detroit, January 3, online at https://detroit.curbed.com/maps/dan-gilbert-detroit-development-mapped.

Sattler, Julia (2018): Finding Words: American Studies in Dialogue with Urban Planning. In: Projecting American Studies. Essays on Theory, Method, and Practice. Ed. by Frank Kelleter and Alexander Starre. Heidelberg: Winter, pp. 121-134.

Safransky, Sara (2017): Rethinking Land Struggle in the Postindustrial City. In: Antipode. A Radical Journal of Geography 49, No. 4, pp. 1079-1100, online at https://onlinelibrary.wiley.com/doi/abs/10.1111/anti.12225.

Smith, Michael Peter/Kirkpatrick, L. Owen (2015): Introduction: Reiventing Detroit: Urban Decline and the Politics of Possibility. In: Reinventing Detroit. The Politics of Possibility. Ed. by Michael Peter Smith and L. Owen Kirkpatrick. London: Routledge, pp. vii-xvii.

Williams, William Carlos (1995): Paterson. New York City: New Directions.

Wrighton, John (2012): Ethics and Politics in Modern American Poetry. London: Routledge.

»Routine« *versus* »Event«
Media, Memory and the City in B. S. Johnson's
The Unfortunates

LENA MATTHEIS / JENS MARTIN GURR

> The street conducts the flaneur into a vanished time. For him, every street is precipitous. It leads downward – [...] into a past [...]
>
> Benjamin 1999, M1,2 (416)[1]

> I stumbled on this photograph, [...]
> It took me way back,
> Back down memory lane
>
> Minnie Riperton: *Memory Lane* (1979)

1. INTRODUCTION

27 unnumbered and separately bound chapters delivered in a cardboard box in apparently random order[2] and ranging between a mere 10 lines to 12 pages in length – this is B. S. Johnson's 1969 novel *The Unfortunates*, of which the »First« chapter begins as follows:

But I know this city! This green ticket-hall, the long office half-rounded at its ends, that iron clerestory, brown glazed tiles, green below, the same, the decorative hammerbeams supporting nothing, above, of course! I know this city! How did I not realize when he said, Go and do City this week, that it was this city!
Tony. His cheeks sallowed and collapsed round the insinuated bones, the gums shrivelled, was it, or shrunken [...].

---

1 | Original: »Den Flanierenden leitet die Straße in eine entschwundene Zeit. Ihm ist eine jede abschüssig. Sie führt hinab [...] in eine Vergangenheit« (524).
2 | Only the »First« and the »Last« chapters are marked as such. We follow the established system of referring to chapters by their opening words (or as »First« or »Last«) and by citing page numbers within the respective chapter. All references follow the 1999 edition.

> Covered courtyards, taxis, take a taxi, always take a taxi in a strange city, but no, I know this city! The mind circles, at random, does not remember, from one moment to another, other things interpose themselves, the mind's   The station exits on a bridge, yes of course, and the blackened gantries rise like steel gibbets above the Midland red wall opposite.   I should turn right, right, towards the city centre, yes, ah, and that pub! (»First«, 1 f.; gaps and incomplete sentences original unless indicated [...])

The Unfortunates is the interior monologue of an ambitious if unsuccessful writer who has to make a living as a football reporter, sent to report a match in an unnamed city[3] – recognizable as Nottingham – and who, only as he leaves the train, realizes that this is a city he knows well as the city in which, as a young writer, he had spent a lot of time with his then best friend, Tony, an aspiring literary scholar, who had died of cancer at the age of 29 a few years before the time of the novel.[4] The entire narrative then oscillates between the narrator's rendering of the hours spent in the city before, during and after the match and analepses to time spent with Tony, memories frequently triggered by visual cues during the city walk. Thus, a pub on a corner may remind the narrator of time spent there with Tony or, in a more erratic movement of the mind, the built environment of the train station reminds him he is in Nottingham, which, in turn, conjures up Tony's emaciated face, as happens in the opening passage quoted above.

This loose and non-chronological structure of the narrative is mirrored in the act of reading and the materiality of the text: readers need to decide in which order to read the 25 freely disposable sections of Johnson's ›book in a box‹. Not all permutations make sense: The section in which the narrator watches the football match and writes his report must logically come after the section in which he makes his way to the stadium, just as it makes little sense to imagine him eating and contemplating his main course before he has had the starter of his lunch before the match. Nonetheless, there are technically a vast number of possible permutations – the result is the factorial of 25 (noted as 25!), yielding just over 1.55×10^{25} different possible sequences. Taking this most striking feature of the novel – its flaunted non-linearity and breach of print conventions – as our starting point, we ask what this fundamental medial choice and strategy of representation contributes to the book's representation of the city and of memory, taking our cue from Hayden White's notion of »The Content of the Form«. While White is – more generally *and* more specifically – concerned with the connection between »Narrative Discourse and Historical Representation«, as his subtitle has it, we

---

3 | In fact, the match report, by-lined »B. S. Johnson«, is reprinted on the inside of the cardboard box containing the separate chapters. The novel makes no attempt to veil the fact that it is closely autobiographical.

4 | Disease and death are a further central theme of the novel not explored here; for a discussion cf. Gurr 2017 and Lea 2015.

inquire how the form of Johnson's novel supports, reinforces – or simulates in the first place – its thematic concerns, particularly in the representation of memory and the city: How, in other words, does the way in which the text works *as* a medium support or enhance what it discursively says *about* the workings of media, memory and the city and their representation generally?

We propose to take the dichotomy of ›routine‹ vs. ›event‹ as a conceptual tool, arguing that Johnson pits his own use of the novel as a medium and his own highly idiosyncratic use of language against a routinized consumption of other media – mainly »radio« and »the telly« – which appear as little more than a constant background noise. We begin by outlining the notion of ›routine‹ vs. ›event‹, arguing that Johnson's own programmatic views on the function of the novel in its media-historical context pit his own innovations in novelistic practice as the ›event‹ in an otherwise routinized mainstream production (Johnson 1973, 13). We then go on to discuss the way *The Unfortunates* represents the interplay between the city and memory as directly resulting from its highly original use of the medium.

Almost exactly 100 years after the 1922 media »revolution that was *Ulysses*« (ibid., 6) and in the context of our own media-historical moment of another widely debated media revolution surrounding digitalization, streaming services and social media, we thus argue that it may be worth exploring how a highly media-conscious writer like B. S. Johnson conceptualized the consequences of such a media change for the representation of the interplay between memory and the city.[5]

›Routine‹ *versus* ›Event‹ and the Function of the Novel

In *Rythmanalysis* (1992), Henri Lefebvre's last book, published in the year after his death, the urbanist philosopher distinguishes between the cyclical and the alternate (or linear) rhythms that create urban space. While cyclical rhythms are large and slow intervals (think of the seasons changing), Lefebvre places urban routines in the realm of alternate/linear rhythms: »the daily grind« of »journeys to and fro« (ibid., 30). These journeys connect familiar places: the home and the work place, the work place and the pub, etc. What Johnson creates in *The Unfortunates* is then, at first glance, a linear rhythm. His alter-ego protagonist tells us about his job of reporting on football matches, which requires him to take trains to various English cities on the weekends and to find his way to the local football field. Having done this for longer than he cares for, he no longer consciously thinks about navigating these urban spaces. An automated routine kicks in, which tells him to »take a taxi, always take a taxi in a strange

---

5 | Another reason Johnson's writing remains relevant in the 21st century are the parallels to a current trend of (frequently serial) life writing or novels of autofiction by writers such as Maggie Nelson or John Burnside (cf. Menn 2018).

city« (»First«, 1) from the train station. This is where it becomes interesting: his routine applies exclusively to strange cities, to *un*familiar spaces. The linear rhythm here connects anonymous train stations to anonymous football fields. The sudden realisation that he happens to be in a *familiar* city therefore shocks the protagonist out of his routine and forms the first sentence of the *in medias res* opening of the novel: »But I know this city!« (Ibid.) It is because he knows the city, because it is a familiar space, that his routine is disrupted and continues to be disrupted by memories of his late friend Tony, who used to live in »this city«.

In contrast to this disruption, the stream-of-consciousness (or stream-of-memories) narration attempts to draw the protagonist back into his linear routine whenever he is reminded of his work: »It's after two! I must get to the ground then, how my mind has been taken off. Now how to get to the ground, yes, always take a taxi in strange city, no, not that again« (»Time!«, 1). His thoughts interrupt themselves when they threaten to drift off into the comforting anonymity of the city routine and bring him back to the painful memories of his friend's slow and painful physical decay. In Lefebvre's terms, this part of the narration, the memories which are triggered by the urban space, is concerned with cyclical rhythms. It deals with a long friendship that grows closer, more distant and closer again, with lovers coming together and drifting apart, and with the continuous struggle between life and death. The friction between long cyclical and repetitive linear rhythms and between routine and disrupting event – with Jacques Derrida, »it is worth recalling that an event implies surprise, exposure, the unanticipatable« (441) – then forms the underlying tension of the narrative.

As work on routine and rhythm by prominent urban scholars such as Michel de Certeau (1984) or, more recently, Nigel Thrift (2003) shows, urban space is as much constituted and/or shaped by routine as routine is constituted and/or shaped by urban space. This deep entanglement is therefore essential to understanding the ways in which *The Unfortunates* presents its unnamed (yet so blatant) city. Routine, however, also guides our *reading* experience. With the materiality and mediality of the ›book in a box‹ being so unusual, we need our minds to constantly readjust and reapply reading routines. To come full circle, the novel then also comments on routines of media production and consumption while itself enacting and contradicting some of these media-related routines.

The tension between ›routine‹ and ›event‹ is therefore not only an essential part of how *The Unfortunates* works as a novel, it also connects the three main areas of interest for this article and this special issue, as media, memory and the city all require routines to function, but are essentially characterized by ›event‹ interruptions of these routines.[6]

---

6 | For everyday life in the city, Thrift describes the interplay as follows: »[W]hen the minutiae of everyday interaction are closely looked at, what we see is not just routines but also all kinds of creative improvisations which are not routine at all (though they may have the effect of allowing that routine to continue). So, in everyday life, what

Johnson's own conception of the function of the novel at his own media-historical moment can largely be understood in terms of the dichotomy of ›routine‹ vs. ›event‹ as well: In the most sustained programmatic account of his own literary and critical beliefs, his 1973 »Introduction« to *Aren't You Rather Young To Be Writing Your Memoirs*, a collection of his shorter prose works, Johnson argues that the novel – like its predecessor, the long narrative poem before it – has in turn lost its function of being the prime story-telling medium, this time to film and TV:

[N]o novelist's description of a battle squadron at sea in a gale could really hope to compete with that in a well-shot film; and why should anyone who simply wanted to be told a story spend all his spare time for a week or weeks reading a book when he could experience the same thing in a version in some ways superior at his local cinema in only one evening? (*Aren't you rather young* 4)

His discussion makes much of an observation that opens the text, the fact that James Joyce, having fully understood the potential of the new medium, was – if briefly – co-owner of the first cinema in Dublin in 1909. He argues that »[l]iterary forms do become exhausted« (6) and that this is precisely what has happened to the traditional, story-telling novel. Commenting on Joyce's insight into the changing function of different media and the new niche he believed he had to create for the novel, Johnson argues:

Joyce is the Einstein of the novel. His subject-matter in *Ulysses* was available to anyone, the events of one day in one place; but by means of form, style and technique in language he made it into something very much more, a novel, not a story about anything. What happens is nothing like as important as how it is written, as the medium of the words and form through which it is made to happen to the reader. And for style alone *Ulysses* would have been a revolution. (4)

Thus, somewhat paradoxically, we might say that the events narrated in *Ulysses* are mere routine and that it is the representation of routine by means of a unique use of language that makes the novel an event. The same, it seems, is true of *The Unfortunates*: a football reporter spending a day in the city he has been routinely sent to for his match report is so uneventful, it is hardly the stuff ›routine‹ novels are made of.

Given Joyce's fundamental insight into the need for radical change in the function, subject matter and representational strategies of the novel, Johnson voices dismay at the newly conventional mainstream of British fiction after the end of High Modernism: »Why«, he asks, »do so many novelists still write as though the revolution that was *Ulysses* had never happened [...]?« He goes on to polemi-

is striking is how people are able to use events over which they often have very little control to open up little spaces in which they can assert themselves, however faintly.« (103)

cize against the vast majority of contemporary English writers »shackled by tradition« – routine – and against the »stultifyingly philistine [...] general book culture of [his] country« (13), an intellectual and artistic stand-still collusion of uninspired writers and undemanding readers (for a discussion of *The Unfortunates* in this context and its role in Johnson's œuvre as a whole, cf. Gurr 2017).

3. *THE UNFORTUNATES* AS HIGHLY MEDIA-CONSCIOUS SIMULATION OF MEMORY AND CITY

A passage from Johnson's programmatic »Introduction« lends itself to being used as a starting point for our analysis, combining as it does an explicit reflection on the role of ›routines‹ – note that he uses the term himself – and their interruption by unexpected events (»it hit me«) to the genesis and the functioning of *The Unfortunates* as a novel. Moreover, in this passage, which needs to be quoted at some length, Johnson connects all three of our central concerns in this essay (›media‹, ›memory‹ and ›city‹) when he argues that it is precisely the unusual material form of the novel with its loose unnumbered sections that allows him adequately to represent the interplay between city and memory:

> With each of my novels there has always been a certain point when what has been until then just a mass of subject-matter, the material of living, of my life, comes to have a shape, a form that I recognise as a novel. [...] The moment at which *The Unfortunates* (1969) occurred was on the main railway station at Nottingham. I had been sent there to report a soccer match for the *Observer*, a quite routine League match, nothing special. I had hardly thought about where I was going, specifically: when you are going away to report soccer in a different city each Saturday you get the mechanics of travelling to and finding your way about in a strange place to an almost automatic state. But when I came up the stairs from the platform into the entrance hall, it hit me: I knew this city, I knew it very well. It was the city in which a very great friend of mine, one who had helped me with my work when no one else was interested, had lived until his tragic early death from cancer some two years before.
>
> It was the first time I had been back since his death, and all the afternoon I was there the things we had done together kept coming back to me as I was going about this routine job of reporting a soccer match: the dead past and the living present interacted and transposed themselves in my mind. [...]
>
> The main technical problem with *The Unfortunates* was the randomness of the material. That is, the memories of Tony and the routine football reporting, the past and the present, interwove in a completely random manner, without chronology. [...] This randomness was directly in conflict with the technological fact of the bound book: for the bound book imposes an order, a fixed page order, on the material (Johnson 1973, 10 f.).

3.1 *The Unfortunates* on Media and as Medium

The Unfortunates frequently refers to everyday media –»telly«, »radio«, »recorder«, »the paper«, »photos« – which are here represented as partly annoying background noise routinely consumed without requiring a lot of attention: »[Tony] had a transistor radio [...] to take him out of himself, to take his mind off it, ha, it went everywhere with him, carried, it was not pocket size, he had it on the bed, toyed with it, when he was sitting downstairs, too« (»Then they had moved«, 6). Even more frequent references are to television as a medium of distraction: »we watched the cricket on the telly, there were test matches, I don't take much notice, myself [...] no doubt I dropped off to sleep« (»Sometime that summer« 2).[7] A similarly dismissive reference concerns a shop window display of TV sets: »I am not at all drawn to this windowful of NO-DEPOSIT television sets« (»Cast parapet«, 2 f.).[8] As for the contrast between journalistic language use and the highly self-conscious artistic use of language, he suspects that his routine journalism is harmful to his writing: »Does this bloody reporting affect, destroy even, my own interest in language« (»The pitch worn«, 7; cf. also »Time!«, 2 f.).[9]

By contrast, and in keeping with Johnson's views on the function of the novel, the text itself as a medium with its self-reflexive use of language frequently – routinely – breaks routines by drawing attention to itself: The scrupulous, halting and searching prose style does more than merely simulate the associative nature of a stream of consciousness: More importantly in our context, the frequent re-formulations within the individual sentence – often long, sprawling, associative clauses extending over more than half a page – and the numerous qualifications make explicit the process of writing itself:

---

[7] | Here as elsewhere, such references to everyday media are often directly juxtaposed with references to »the new novel«.

[8] | For further references to everyday media, see »Then they had moved«, 6 and 7; »Up there«, 5 and 8; »Away from the ground«, 1 and 2; »That short occasion«, 1; »For recuperation« 1, 2, 4 and elsewhere.

[9] | Bored with the game and with the report he is writing, Johnson entertains himself by trying to sneak literary allusions into his match report: »*Devoid of real incident, the match dragged its slow length*, no, yes, there's Alexander, earlier, when he hit the bar. *Alexander, dragging his slow length along* from right back, hit a long one which beat Phipps but struck the intersection, *like a wounded snake* has to be worked in somewhere, no, it'll never work, too contrived, scrub it.« (»The pitch worn«, 6, italics original). The reference is of course to Alexander Pope's *Essay on Criticism* and its self-reflexive performative critique of the tedious writing of inferior poets: »*A needless Alexandrine* ends the Song / That like a wounded Snake, drags its slow length along.« (ll. 356 f., italics original)

And yes, there is a castle here [...] sandstone, as I remember [...] did Tony tell me, he had a great mind for such trivia, is that the right word, no, nor is detail, trivia it is to me, perhaps, to him important [...] he had a good mind for such detail, it crowded his mind like documents in the Public Records Office, there, a good image, perhaps easy, but it was even something like as efficient, tidy, his mind, not as mine is, random [...] how he embraced conversation, think of an image, no. [...] I learnt, I selected and elected to hear what I needed, what was of most use to me, at that time most use, from his discourse, yes, the word is not too pompous [...]. (»First«, 3 f.)

Jordan even speaks of an »excess of prosaic scrupulousness« and argues that »[e]ach sentence contains its own first – and sometimes second and third – draft« (2014, 746). It is characteristic of the self-reflexive nature of Johnson's prose that this tentative, iteratively self-corrective writing process is again made explicit when the text refers to the process of »[w]orking more specifically, this time, on and around my first novel, discussing, improving, refining, deleting« (»Again the house«, 1; cf. also Jordan 2014, 759). This is further supported by the unusual spacing throughout the text: frequent blanks far longer than the common single space after a full stop – often extending to half a line or more – also appear to suggest the halting nature of the prose style and simulate pauses in thought or speech.

This is also apparent in the description of his journalism in writing the match report: The repeated routine of reporting is not one Johnson presents as novel or exciting. It seems in fact that both Johnsons find the activity rather dull and tedious. The drill of producing the same kind of match report over and over again allows Johnson to engage with the anticipated mediality of the article as it is being created and thereby to comment on how his own text works as a medium. A repeatedly used device in this context is the blank space. Just as blanks are part of any writing process and empty spaces or placeholders mark where content still needs to be delivered in publishing and reporting, the reading or writing mind can sometimes draw a blank as well. Johnson reminds readers of the mediality and materiality of any published work and forces them to engage with the creative process when he writes: »The pitch worn, the worn patches, like   There might be an image there, I could use an image, there, if I can think of one« (»The pitch worn«, 1). The blank space on the page manifests, first of all, what is being described: a worn patch. Before the reader can settle on the idea of the patchy field being thus materialised on the page, Johnson shifts the meaning of the blank with the second sentence of the chapter and proposes that »there might be an image there«, suggesting that he still needs to think of an appropriate metaphor or simile to fill the gap. The continuation of the sentence, however, takes us elsewhere yet again: »I could use an image, there, *if I can think of one*« (our emphasis). The deictic »there« is a fainter repetition of the blank, and the »image« now suggests both the rhetorical device still to be found by the journalist – or the author of the novel – and a photograph that could be used by the paper to illustrate the article. Johnson thereby cleverly has us reflecting on various levels of mediality and reminds us of how the text in front of us works as a medium, all by adding a few additional spaces. The rest of this particular chapter documents the process of composition and of how the finished piece is then mediated to the paper via dictation on the telephone.

The device of the blank or gap is prominent here but also honeycombs the entire novel. It is frequently read as a manifestation of the death and decay that perforates the story (cf. Gurr 2017; Jordan 2014; Lea 2015), but it also always points to how the text comments on itself as a medium. Especially when the gap is taken literally, in a somewhat humorous way, this reflection on its own mediality becomes prominent. Take for example this instance of narrativised space manifesting itself on the page when Johnson describes a local pub he has been to before: »   Here it must have been I sat, for the music, for the poem, this space cleared for the musicians, the piano, the violinists' musicstand, here.   « (»Yates's is friendly«, 3). The description of the cleared space is positioned in the middle of a blank space on the page, the printed text echoing the described space, almost reminiscent of Apollinaire and concrete poetry. Of course, the blank space also shows how Johnson attempts to resurrect his incomplete memories of the place by aligning remembered place with experienced place.

The Unfortunates thus complicates its reflections *on* media by foregrounding its own mediality, its material existence *as* a medium. By pointing to the tired routines of other media, such as the match report, the novel highlights its own event-like disruptions of reading routines, for example in the form of the unusual blank spaces. The plethora of possible meanings that could fill the blanks is not only suggested, but *mediated* and moderated by the ever-self-conscious narrator/ author figure navigating his own memories as well as the city.

3.2. *The Unfortunates* as a Meditation on Urban Memory[10]

An unattributed motto on the inside of the box in which the chapters are delivered is from Sterne's *Tristram Shandy*: »I will tell you in three words what the book is. – It is a history. – A history! Of who? what? where? when? Don't hurry yourself. – It is a history-book, Sir (which may possibly commend it to the world) of what passes in a man's own mind.« (Sterne 1965 II, chap. 2). Since the novel's 27 sections make up one extended stream of consciousness detailing »what passes in [Johnson's] own mind« on one day, this highly apposite motto highlights two central observations: Firstly, *The Unfortunates* is arguably more concerned with the elegist than with the deceased; secondly, it emphasises the centrality of thought processes and particularly of the workings of memory. Numerous passages detail, for instance, the way in which memory rearranges events based on spatial and temporal contiguity – »The mind is confused, was it

---

10 | Section 3.2. in parts reuses material from Gurr 2017, 329-331.

this visit, or another, the mind has telescoped time here, runs events near to one another in place, into one another in time.« (»Again the house«, 4f.) – or retrospectively modifies assessments of situations, people or relationships based on later events: »[M]emories are not now of [Wendy] so much, but only of her in relation to him. So his death changes the past: yet it should not. Yet she too, Wendy, is changed in my mind by what happened later.« (»Up there, yes«, 1).

Similarly, he comments on the ethical impulse to embellish or sentimentalize remembrance, possibly because of the internalized notion of *de mortuis nil nisi bene dicendum* or to assuage one's own conscience: »I sentimentalize again, the past is always to be sentimentalized, inevitably, everything about him I see now in the light of what happened later, his slow disintegration, his death. The waves of the past batter at the sea defences of my sandy sanity, need to be safely pictured, still, romanticized, prettified« (»I had a lovely flat«, 2).

Moreover, the narrator remarks on the mind's similarly self-protecting tendency to forget particularly poignant or painful moments in the compelling analogy of the »fuse« as a protective device against overvoltage or power surges: »Some said, it must have been June, that there were times when Tony broke down, knew and said he would never live to see the boy grow up.   I fail to remember, the mind has fuses.« (»Then they had moved«, 5).

Most importantly, however, as we have seen in his account of the technical challenges in *The Unfortunates* in his programmatic »Introduction«, the subdivision of the novel into unnumbered sections to be read in random order is clearly designed to reproduce the non-linear, non-chronological and associative nature of memory, or, more precisely, to produce »as nearly as possible a re-created transcript of how my mind worked during eight hours on this particular Saturday« (»*Aren't you rather young*«, 11).

It has been argued that Johnson's approach here should be regarded as inconsistent or insufficiently radical. Thus, Coe has maintained that »a longish, twelve-page section [...] would impose its own narrative sequence [and] any attempt at conveying randomness would be suspended for a good span of reading time« (1999, x). In her study on *Chance and the Modern British Novel*, however, Jordan plausibly defends Johnson's method as follows:

Memories and recollection of experience do not return to us in a linear, tightly plotted, traditionally novelistic way; but neither do they come to us as entirely disjointed flashes, or individual images. It is common enough to remember whole events and with them their significance, but not to remember these discrete entities in the correct, chronological order. Memories are not necessarily analogous to single words or even single sentences, but they are often episodic, and fragmented: much like the sections of *The Unfortunates*. (2010, 110)

In one of the most perceptive discussions of *The Unfortunates*, Tredell states that »the novel's topography of mourning and remembrance is urban and suburban« (1985, 40). Indeed, the novel's opening sentence already marks the event of recognizing that the setting of the novel is not just any city routinely travelled to and through on the way to reporting a match: »But I know this city!«. To emphasise the point further, »this city« – repeated 31 times in the novel and 8 times in the first chapter alone – remains unnamed throughout, but is recognizable as Nottingham by its Midlands cityscape, the architectural style of its train station and the surrounding area in particular. It is the specific topography and architecture of »this city« which reminds the narrator of Tony, just as memories of Tony induce the narrator to seek out specific sites: »surely I must have gone into a pub around here with Tony, yes, there, of course, Yates's Wine Lodge, marvellous, a drink there, Tony introduced me to it, of course, the great bar downstairs, the gallery round [...] the poem I wrote afterwards, after my first visit there.« (»This poky lane«, 7). In a second associative step, it is memories of Tony that then trigger memories of having visited Tony together with Johnson's former girlfriend Wendy, whose later betrayal was to be traumatic for him: »I even now forget what it was she betrayed me over, some other man, yes, but I have dealt with that, I do not have to think of that any more, it is past, why does Tony's death and this city throw them up at me again?« (»His dog«, 5). It is passages such as this that show the close connection between »city« and »memory« in the novel: palimpsestic layers of memory triggered by urban landmarks and locations such as pubs or street corners are thematically and aesthetically central to the novel.

All in all, in keeping with everyday psychological experience, the novel suggests that it is events rather than routines we remember: Johnson mindlessly goes to Nottingham, believing this to be a routine visit, until a flash of recognition clearly designated as an ›event‹ makes him realize this is the city associated with his friend Tony.

These flashes of recognition also play with a Benjaminian view of memory and city as deeply connected: Johnson's representation of urban memory as spatialized, layered and topographically anchored, and at the same time as fragmented, disjointed, non-linear and ultimately hypertextual can helpfully be conceptualized in terms of Walter Benjamin's notion of »superposition« (for the following, cf. the more detailed discussion in Gurr 2017 and 2021, 52-109). In the *Arcades Project*, Benjamin develops a view of the interpenetration of different layers of time and of their simultaneous co-presence in urban space, a phenomenon he refers to as »superposition« (1999, 172, 418, 854 *et passim*). Given a certain frame of mind – which Benjamin characterizes as that of the *flâneur*[11] – this simultaneous co-presence can be perceived and understood by an urban observer. He even speaks of

---

11 | The notion of the flâneur's – originally a white, male, cis, able-bodied walker in a Western European city – as the ultimate urban perspective can and should be problematized (for a helpful discussion of such criticism, see Knittle 2021, 108), but it speaks to both Johnson's and Benjamin's urban experience.

this »interpenetration and superposed transparency« of different times in a given space as the »perception of space [unique to] the flâneur« (1999, 546): »Thanks to this phenomenon, anything that ever potentially happened in a space is perceived simultaneously. Space winks at the flâneur: ›Well, whatever may have happened here?‹« (1999, 418, translation modified; cf. also 4, 390, 392, 418, 462, 841, 854 and 879f.).[12]

These parallels become even more persuasive if one bears in mind the similarities in the strategy of representation: *The Arcades Project, Das Passagenwerk*, is a vast collection of about 1000 pages of some 3500 quotations and thoughts on 19th-century Paris, organized into 36 folders or sections [»Konvolute«] and a number of essays and outlines, proceeding not discursively, but by means of suggestive juxtaposition and montage. There are, for instance, multiple cross-references and some 30 different symbols marking thematic clusters *across* the different folders. This system of internal cross-references instead of a linear presentation strongly invites a kind of hypertextual reading following certain threads or thematic strands; Bolle here speaks of a »network-like reading« (Bolle 2010, 25; our translation). The non-linear representation both in the *Arcades Project* and in *The Unfortunates* is vital to the conceptualization of urban space as a space of layered, spatialized memory.

4. Conclusion

Above, we have cited at some length Johnson's own account of the day in Nottingham which led to the writing of *The Unfortunates*. This was the day when the »routine job of reporting a soccer match« and »the mechanics of travelling to and finding your way about in a strange place« led »to an almost automatic state«, only to be interrupted by a sudden recognition: »it hit me: I knew this city, I knew it very well.« That day, Johnson recalls, »all the afternoon I was there the things we had done together kept coming back to me as I was going about this routine job of reporting a soccer match: the dead past and the living present interacted and transposed themselves in my mind.« (Johnson 1973, 10-11). Just how closely the themes of city and memory are interconnected in the novel, how memory is anchored to specific sights, how a specific frame of mind allows for the overlay of past and present – and how these interrelations of memory, media and the city are consistently formulated in a highly self-reflexive, media-conscious way – is also indicated in a further key passage in the novel:

---

[12] | The original reads: »Kraft dieses Phänomens wird simultan was alles nur in diesem Raume potentiell geschehen ist, wahrgenommen. Der Raum blinzelt den Flaneur an: ›Nun, was mag sich in mir wohl zugetragen haben?‹« (Benjamin 1992, 527).

This poky lane by a blackened sandstone church leads, is on my way up to the Council House, now it comes back to me, now I remember, the Council House, the local name for the Town Hall, in this city, where the Council meets, logical enough, now it comes back to me, the Council House. [...] The architecture nothing, here, in general, as I remember, not even interesting houses behind the grasping façades of the businessmen's shops [...] but what was there before, here before, that was subsequently disfigured? The cash drive, evident everywhere, why this is thought to be a booming city, ha, this was not a village before the industrial revolution, but nor was it developed, or at least if it was then they tore so much of it down, replaced it with these Victorian and Edwardian blocks, villas, dwellings, whatever. My mind passes dully over the familiar ground of my prejudices, so much of thought is repetition, is dullness, is sameness. [...] Yes, this narrower part must be older, though it is hard to see it whole, outwardly. [...] [»This poky lane«, 1 f.]

While it is probably a truism to state that, with literally any novel, its manner of presentation – narrative perspective, style, structure, treatment of chronology – will in one way or another correspond to its subject matter, there is hardly a novel of which this is more centrally true than of *The Unfortunates*: The non-linearity and the juxtaposition of routine and event are central to the representation of how memory works, how it is triggered by urban settings and how this is mediated in the novel – and how the novel itself functions as the attention-seeking ›event‹ device set against routines of media consumption (and contemporary literary production) that do not demand (or, in Johnson's view, deserve) anywhere near as much attention. The ›book in a box‹ is as much a novel *about* media, memory and the city, as it is a novel that wants to be self-consciously read *as* medium, memory and city.

WORKS CITED

Benjamin, Walter (1999): The Arcades Project. Trans. Howard Eiland and Kevin McLaughlin. Cambridge (MA): The Belknap Press of Harvard University Press.
Benjamin, Walter (1992): Das Passagen-Werk. 2 vols. Ed. by Rolf Tiedemann. Frankfurt am Main: Suhrkamp.
Bolle, Willi (2010): Metropole & Megastadt: Zur Ordnung des Wissens in Walter Benjamins Passagen. In: Urbane Beobachtungen: Walter Benjamin und die neuen Städte. Ed. by Ralph Buchenhorst and Miguel Vedda. Bielefeld: transcript, pp. 17–51.
Coe, Jonathan (1999): Introduction. In: B. S. Johnson: The Unfortunates. London: Picador, pp. v–xv.
De Certeau, Michel (1984): The Practice of Everyday Life. Trans. by Steven Randall. Berkeley: University of California Press.
Derrida, Jacques (2007): A Certain Impossible Possibility of Saying the Event. Trans. by Gila Walker. In: Critical Inquiry 33, No. 2, pp. 441–461.

Gurr, Jens Martin (2017): B. S. Johnson, The Unfortunates. In: Handbook of the English Novel of the Twentieth and Twenty-First Centuries: Text and Theory. Ed. by Christoph Reinfandt. Berlin/Boston: de Gruyter, pp. 323-343.

Gurr, Jens Martin (2021): Charting Literary Urban Studies: Texts as Models of and for the City. New York/London: Routledge.

Johnson, B. S. (1999): The Unfortunates [1969]. New York: New Directions.

Johnson, B. S. (1985): Introduction to Aren't You Rather Young to Be Writing Your Memoirs [1973]. In: Review of Contemporary Fiction 5, No. 2 [Special Issue on B. S. Johnson], pp. 4-13.

Jordan, Julia (2014): »For recuperation«: Elegy, Form, and the Aleatory in B. S. Johnson's The Unfortunates. In: Textual Practice 28, No. 5, pp. 745-761.

Jordan, Julia (2010): Chance and the Modern British Novel: From Henry Green to Iris Murdoch. London: Continuum.

Knittle, Davy (2021): »Hints that are Revelations«: James Schuyler, Obsolescence, and the Urban Curative Imaginary. In: GLQ. A Journal of Lesbian and Gay Studies 27, No. 2, pp. 173-200.

Lea, Daniel (2015): Narrative Wreckage: Cancer and the Unfortunate Body in B. S. Johnson. In: English Studies 96, No. 7, pp. 785-798.

Lefebvre, Henri (2004): Rythmanalysis: Space, Time and Everyday Life [1992]. Trans. by Stuart Elden and Gerald Moore. London/New York: Continuum.

Menn, Ricarda (2018): Unpicked and Remade: Creative Imperatives in John Burnside's Autofictions. In: Autofiction in English. Ed. by Hywel Dix. Cham: Palgrave Macmillan, pp. 163-178.

Pope, Alexander (1963): An Essay on Criticism [1711]. In: The Poems of Alexander Pope. Ed. by John Butt. London/New York: Routledge, pp. 143-168.

Sterne, Laurence (1965): The Life and Opinions of Tristram Shandy, Gentleman [1759-1767]. Ed. by Ian Watt. Boston: Houghton Mifflin.

Thrift, Nigel (2003): Space: The Fundamental Stuff of Geography. In: Key Concepts in Geography. Ed. by Nicholas J. Clifford, Sarah L. Holloway, Stephen P. Rice and Gill Valentine. London: Sage, pp. 95-107.

Tredell, Nicolas (1985): Telling Life, Telling Death: The Unfortunates. In: Review of Contemporary Fiction 5, No. 2, pp. 34-42.

White, Hayden (1987): The Content of the Form: Narrative Discourse and Historical Representation. Baltimore: Johns Hopkins University Press.

Memory, Media and the City in Multimedia Docufiction
Notes and Layers from 2001 to 2021

Norman M. Klein

2001

In Amsterdam, along its canals, many eighteenth-century buildings look freshly awakened. But in fact, these artifacts were recently leveled. Then, their bricks were stacked neatly, and mortared back together as façade. Next, the façade was laid on a wooden flat like a movie set, or a dead gunslinger ready for a daguerreotype. Anything behind that flat can be erased. Even the patina left by centuries of weather could be erased, to leave a building impermeable to all forms of moisture and greenhouse gases. Only the picturesque eighteenth-century façade is needed, what the camera will see. Beyond that first millimeter of brick, any kind of ahistorical white cube is fine.

2001

Hollywood noir by 1950 was as much an invention of German émigrés as by Americans. In fact, Hollywood is in strange ways a German imaginary. I often lecture on INDEPENDENCE DAY as the great German blockbuster of the 1990s, a film reenacting the bombing of Stuttgart in 1945 – as invasion by Martians, as the Gulf War, as wars of the worlds. With that in mind, I led a workshop in Stuttgart. Five German college students spent a bleary week watching forty American films set in Los Angeles. But whose L.A. was that? As with most Hollywood films, each VHS had to be dubbed in German. From those in German, the students selected poignant moments, sound bites of less than thirty seconds. These were then transferred to black and white keys – like a piano for forgetting – by sound engineer Otto Kränzler. Next, Kränzler scored the noise into an eerie sonata, with leaks and breaks. He manipulated the gasps of German-remembered L.A.: the plaintive voices, gunshots, roars of anomie, the whiny theme music (»Well-come to LAAAA.«). Sometimes he let a phrase of legible dialogue crawl out from the roar; then made it disappear again. His eight minute »sound pavilion« premiered in an empty room at the Künstlerhaus.[1] As I explained to the audience, this was »all that actually exists« of Los Angeles. Global L.A. is another greenhouse gas, turned into Mozartian amnesia, into very organized, very white noise.

2001

A scripted space is designed to be navigated as a »fun« pilgrimage – a story about free will where the viewer is a central character. En route, »players« engage in a »mock« struggle with the program, a lucid wrestling with the angels. I often call it a case of the patient and doctor faking their surgery together. The player already knows that the risks are a fake, a simulacrum, even a cheat. But pretending to cheat them back makes for sim-citizenship.

With these issues in mind, I tried another angle for a workshop in Rotterdam, which led to a group installation at the former Witte de With in Rotterdam (2000).[2] There, a team of young architects and installation artists converted two rooms into an imaginary Dutch landfill. The windows were underlined in black tape, to highlight where the Nazis had bombed the street (1945), only a trace after the 1960s recovery. The elevator leading to the second floor was hyperbolized into a machine about circulation, like roads pointing vertically, too, in an endless loop. Subways transmogrified into the elevator, in an arc of perpetual motion. The exhibition itself used sound walls and rebus puzzles, to suggest archaeologists coming back five hundred years later, trying to figure out what happened to Holland. We talked about how to design an ethnography of the indeterminate.

As in a labyrinth, indeterminacy was supposed to suggest the overlapping and self-distracting impact of war and postwar together, as well as tourism. The point was that globalization shrinks urban identity, into only two rooms for Global Rotterdam. Much of Holland – and most noticeably, Amsterdam – has been refashioned into a walkable tourist museum, a lowlands pop-up book. It has been shrunken back, like water when land is added to the shoreline. The group in the workshop also decided that Global Los Angeles is very much like imaginary landfill in Holland, theoretical but very solid, expanding into a blank sea.

---

1 | *Scripted Spaces: The Global L.A. Pavilion*, June 25 to July 25, 1999. For generations, German theaters tended to exhibit Hollywood films dubbed in German. The same voice does John Wayne, Jack Nicholson and Robert De Niro. Dialogues on film that I recommended sounded utterly flat in German, more sexist, macho, shrill, blunt.

2 | »As part of the exhibition [›Scripted Spaces‹], Norman Klein has given a workshop titled *imaginary.nl*, in which [six] artists, architects and (media) designers explored [the notion of] the social *imaginary* of Holland.« See online www.fkawdw.nl/en/our_program/exhibitions/scripted_spaces.

Clearly, this was another updated variation of cognitive mapping. Meanings for cognitive mapping have evolved considerably since the 1980s, when it was championed by Jameson (1988; see 1991, chap. 4, etc.), borrowing from the method for mapping a city set up by Kevin Lynch (1960). It migrated in the nineties to applications for education, e-business design, architectural modeling (Centre for Advanced Spatial Analysis, London [www.ucl.ac.uk/bartlett/casa], etc.); and even museum design, notably Daniel Libeskind's extraordinary Jewish Museum in Berlin. The term usually refers to mapping the unfindable, like the Situationist psychogeography (and Bakhtin's chronotope), in new spatial metaphors for alienation: mapping the state of mind, the memories that erase as we walk.

This has extraordinary applications to docufable. But can we apply it as well to an ethnography of digital culture, to transnational neighborhoods today? How has the referent for cognitive mapping changed since the late eighties? Certainly, we can remove its apocalyptic quality; the gloom of late capitalism. I am convinced, as McLuhan indicated – the world as mosaic – that cognitive mapping has turned into a visual pleasure as research. We like the noir edge. So, we update by going backward a few centuries. The map is navigable as scholarly picaresque. Consider Renaissance maps of terra incognita, of the unfindable: why in the blank corners did they need to add Patagonian giants, natives with eyes in their stomach, rhino-dragons, zebroid unicorns? (One among many, see Zerubavel 1992) What has that to do with mariners sailing the Atlantic? These chimeras were more than just icons on an interface. They were interface as fable.

Thus, mapping has always been a kind of docufable, about paramnesia, mis-rememberings, imaginaries, about slipping off the path. In that frame of mind, why is Professor Martin Dodge trying to map the Internet, to do a »killer« map? When I met Dodge in 2000, he said that the unfindability of the map was its pleasure. Maps were precise, but clinically accurate hoaxes; they were quixotic, like a mad physicist looking for donuts at the birth of the universe. So as a subset of docufable, we quickly review maps as »forgetting.« Maps are elisions; inductive journeys. We mentally »walk through« the spaces left out.

2001

Over the past year, I have been videotaped on three different occasions while walking through the Belmont Tunnel in Los Angeles. For L.A., this tunnel is fast becoming the wild wall for collective anxiety. It has been abandoned since 1958, when the subway was canceled. It runs over a mile but has been blocked more than halfway across. The Belmont Tunnel is haunted by vast and highly skilled graffiti, like cabalistic instructions inside a long grotto. On the floor, I found red filter paper from old film crews. Movie crews have shot dozens of music videos, and crime/horror films there. It is now a social imaginary for paranoia, like a murderous panel in a graphic novel about cyber-ethnicity. But after the videos are done, the final editing of the Belmont Tunnel takes place in the wall-to-wall carpeting of a digital editing bay, the last suburb, a ludic version of white flight.

2001
Three Months Before Beginning Work on *Bleeding Through*

With Professor Stephen Mamber, I designed a three-tiered space for Los Angeles, similar to the tiers in *Metropolis* or *Blade Runner*. The highest tier shows the city grid at night from overhead, diamonds on black velvet, as it is called. The middle tier reveals places in the city where cinematic death has been featured, zones of death. The bottom tier is the netherworld, the infrastructure of sewers, concrete riverbanks. Even freeways are usually shot as if below ground, an asphalt gulch. As the key film for this code, Professor Mamber selected *He Walked by Night* (1948), about a pharmacist and serial killer played by Richard Basehart, who outwits the police by escaping through the sewers of L.A. Finally, he is trapped like a rat, like Harry Lime running through the sewers of Vienna in *The Third Man* (1949).

[Explanatory note from 2021: a kind of deep mapping was going to be used for all three, similar to Joachim Sauter's *The Invisible Shapes of Things Past* (2005; interactive layers through Berlin's history; see Sauter's webside). The L. A. mapping project was never completed. It was supposed »to resemble space as scholarly paramnesia.« That year, I went ahead with the first stages of *Bleeding Through* instead.]

2001

What lies beyond the »silent echoes,« as film historian John Bengtson calls Keaton's film locations?[3] Can the computer docufable help track echoes like that, from film to neighborhood memories, with all the neo-noir baggage avoided? Or does the computer virtualize the problem even more? In a space made more diaphanous by the global economy, forgetting a poor neighborhood feels even more natural.

---

3 | Movie locations in L. A. are still never sited with plaques, etc. After a movie set is torn down, it is forgotten, like the plowing after a harvest.

2020

In the nineties, Berlin was transformed for a while into a globalist hub for epic memories of the lost century. For years, the Mitte felt like a prairie. You were not sure which part of the epic story you were looking at, before 1870 or after 1945. Theories on what to do went in every possible direction; what traces to keep, which to reinscribe. There was even talk of installing huge architectural screens, to sustain and enshrine the Mitte – either as Checkpoint Charlieland or as a neoliberal petting zoo. Berlin remained the epic city of the twentieth century. There were still mortar holes in Museum Square, and a centrifuge of scars across East Berlin.

Libeskind finally gets the commission to build a museum to the memory and erasures of the Holocaust. Inside the chambers of the museum were so-called voids, to suggest the generations of Jews who never survived or were not even born. They are shafts of Piranesian light; the site of death itself. One room apparently symbolizes being dead, which, architecturally speaking, means cold and nearly blind.

November 2019
The KWI Symposium

An imaginary noir Los Angeles is combined with an imaginary Weimar Berlin, for the exhibition that accompanies the symposium on »Media, Memory and the City« at the KWI in Essen. This is set inside a vocabulary that allows the viewer to migrate from image to text to cinema, and finally to an installation space. All this together is a mode of expanded literature, more than simply of »interactivity.«

The exhibition is entitled »Urban Memory in Database Narratives: *Bleeding Through* and *The Imaginary 20th Century*.« The exhibit has four parts. One is the media novel *Bleeding Through*, from 2002/03, installed on a computer and projected onto a bare wall, to be interactively explored by visitor-users. The form was also called a database narrative, because the interfaces were so elaborated, rhythmic. It contains 1000 images, films, videos and texts. They tell a story, through archive, about Molly, an old woman living in Los Angeles, who, many decades earlier, may have murdered her second husband. The source is a docufable entitled *The Unreliable Narrator* – from my book on Los Angeles, *The History of Forgetting* (1997).

This media novel – or database narrative – is set up in layers. Each layer tells you more of the truth behind Molly's life. However, at the end, you can see that photos and cinema distract and hide the facts surrounding her story, as much as they reveal them; perhaps they distract more than they reveal, since the photos and documents are so convincing somehow.

Next to *Bleeding Through*, there is a wall of movie and production stills, with texts connected to a noir classic, *Criss Cross* (1949) that I featured in *The History of Forgetting*. I also – in my mind's eye – mentally modelled some of *Bleeding Through* on how the film came across to me, as a social realist noir fable. It was shot mostly in the downtown L. A. neighborhood of Bunker Hill, which was erased in 1961, bulldozed entirely. So it would seem to be a social document, but an unreliable narrator, in an essential way. The same question applies to *Bleeding Through*.

We look at the three men most responsible for *Criss Cross*: first, the screenwriter, Daniel Fuchs, who all but hated Los Angeles. He would not even encourage his children to play there. Instead, he would drive them to movie sets at Twentieth Century Fox on the west side, anything but the streets of this boring midwestern city, as he saw it. Fuchs wrote a famous trilogy of novels on Brooklyn. In fact, his dialogue is straight out of Brooklyn. Luckily, Burt Lancaster was from East Harlem, Dan Duryea (Slim the gangster) from White Plains in Westchester County. Only Anna – Yvonne De Carlo – Duryea's cute but evil wife, had spent much time in L. A. and somehow looked like a neighborhood girl. The director, Robert Siodmak, brilliantly evolved the UFA-style that he had developed in the late twenties. His films from the mid-forties are magnificent, like *The Killers* (1946), for example; but they are mythic German realism as much as American. In all, Siodmak directed twelve classic American film noirs, helped define the look of American noir, but returned to Germany in 1953, after a bad experience directing a comedy swashbuckler, *The Crimson Pirate* (1952). Mike Davis writes: »As Ava Gardner's biographer Lee Server pointed out, Siodmak liked to joke that he ›got out of Germany just ahead of Hitler – and out of Hollywood just ahead of CinemaScope.‹« He also recruited the cinematographer Franz Planer to ensure »a Berlin touch.« Planer was originally from Vienna, shot 130 films, mostly in the US after 1937. He also developed his technique at UFA: I have always felt that his nightclub scenography in this film could easily have been set in Berlin.

Now to the next: *The Imaginary 20th Century* is on the second screen. The production is co-directed and curated by historian Margo Bistis. This media novel or database narrative has 2,200 images, films and voice-overs. Its story covers the years 1893 to 1925. Its archive was developed by Harry Brown, who for over fifty years was hired by the oligarchs of Los Angeles to erase crimes that were embarrassing. The rhythm of the interface is as close as we can get to what Harry Brown set up, from 1917 to perhaps 1930, about his beloved niece Carrie, a woman with a checkered history. As an update of Benjamin's theories on the city[4], *Bleeding Through* also plays with what lies hidden behind mid-twentieth century modernism, as well as film locations: first, cinema and photography as forgetting – the vehicle of social imaginaries. This is shown visually through displacement, apertures chosen, as a kind of editing against the narrator. But much of the story

---

4 | For a reading of *Bleeding Through* and layered urban memory in the light of Walter Benjamin, see Gurr 2021, 62-78.

is hidden, perhaps by Molly herself. Also, displacement layer by layer, lapse dissolve by lapse dissolve (replacing time). Second, layers: the horizontality of culture and power in our era. Also, about displacement, erasure, alternative to montage strategies, or a montage that is sedimented, rather than segmented. Third, *The Imaginary 20th Century* (2005–2016; and again 2021, as a novel that never ends): the tale is set historically in 1893–1925 (interactive website with a print novel, and a short film in production).

Since much of this story deals with espionage set against urban realities, we are shown what lies hidden behind the global industrial take-off after 1880. Progress blows off course between 1898–1950: Harry Brown's being hired to erase crimes embarrassing to the oligarchs of Los Angeles also draws him steadily into capitalist politics in Latin America, the Philippines, New York, and both world wars. But a comic picaresque is all that Harry left us, in the form of a vast, secretive archive. He stored it in a building on his estate and mechanized its hundreds of files like a vast dry-cleaning shop. As its most crucial layer, Harry centers the many documents and illustrations around his lifelong obsessions about his splendid, erratic niece. All these layers and doubles are meant to hide his espionage (always available, in case his enemies try to get him). In this archival »docufable,« fact and fiction split off and return. First, Harry often says that espionage is a kind of seduction. And considering the misadventures of his niece, surely seduction was a form of espionage. Second, the picaresque: much of Harry's archive traces the comic mistakes in the American struggle to match the imperialist hegemony of Europe. As in all picaresque tales, rogues and swindlers operate at the center (as in *Bleeding Through*). Harry liked to keep track, week by week, how the world was getting systematically worse; despite the myth of progress after 1900. His Gilded Age picaresque matches the noir caricature in Molly's version of Los Angeles, from 1920 to 1965. Third, clearly, the espionage/seduction formula applies to the Internet, like hacking and phishing in 2015 (when some of *The Imaginary 20th Century* was written); and like the weaponizing of social networks and digital analytics today. All historical fiction is an allegory of the present. Fourth, these two media novels are both double objects, with books and interfaces as companions telling different versions of the same tale. *The Imaginary 20th Century* is very elaborate in that respect. You would have to take the double journey through Carrie's archive and the print novel, and scholarly essays. But a new edition of *Bleeding Through* may be underway, which considerably widens its crossovers as well. As Margo says, the double object generates »gaps as well as trails and threads.« We wrote this together: »Readers and viewers make the transit from text to image and back again, from narrative hooks in the story, to the spaces between fiction and non-fiction, collective memory and incomplete versions of the modern.« Finally, this incompleteness is very much how computer-driven storytelling often works (as I have discovered after many experiments over the years). Artists and writers have not quite figured out how best to use story interfaces, beyond games.

Another point to be made here: computer programming resembles parasites at work, like pirates, rogues, liars, from 1910 and 2019; and like pirates in the age of mercantilism, i. e. the early eighteenth century. A feudo-mercantilist condition has taken over the world economy, for now (in 2021, the pattern reversed, after the pandemic). We find parallels between the risk economy of 1700 (especially in trade across Asia), the risk economy after 1870 (Western imperialism), and finally, the risk economy identified with globalization after 1973.

For example, in *The Imaginary 20th Century*, there are multiple narrators to widen the slender line between fact and fiction. Never before has speed – as a medium – made us so slow to respond; in spite of dramatic events (soon to be the end of Trump, the arrival of the pandemic, then constitutional struggles afterward). Each of the two novels is designed to excavate what we refuse to see in the present. (As I explain in my next book: we live in the moment, but almost never in the present. Novels pretend that this is possible.) In 1920 in New York, caricaturists sometimes called this phenomenon »the worm's-eye view.« What an interactive archive leaves out conspicuously makes a mental picture. This picture is like the aperture of a camera, either wider or narrower, etc. The computer adds a kind of entropy to the engine, despite the speed. How then to capture the same irony, where the archive seems to be random but still contains a hidden unbreachable story; like money stores in a tax haven. Or like the contours of fiction that we love. However, computer-driven characters tend to be flatter than in print novels; yet the »digital« world they inhabit is so layered; as if the worlds were the character. For example: bleeds of time.

Fig. 1

Bleeding Through, in particular, uses layers, as in photo bleeds, where an old photograph morphs into a more recent image taken of the same site and from the same angle, sometimes with entirely new buildings (cf. Fig. 1); in tiers as chapter groupings; curated image assemblages can also be photos *versus* illustration, *versus* cinema, *versus* literary texts, and cut-out articles. The sum of these is closer to collage, even montage (certainly closer to what Benjamin meant). But today, the layers are more granulated, like data itself. *The Imaginary 20th Century* is more like a comic travel novel, with many evaporated spaces between, images that cross many continents and »lost worlds.« It was invented as an inversion of *Bleeding Through*, which stays within three square miles in Los Angeles. Both tales are like crime novels that lose interest in the crime itself, because the immersion, the scholarly world-building, hides so much more. First, the experience is viewer enhanced, highlighting how the »read« feels to the viewer: in effect, there are two narrators: one is unreliable, as in picaresque – on behalf of the reader.

Fig. 2

The other is a multiple narrator speaking for the characters, which is often at war with their facts. Telling any version of the whole truth is unmistakably against the illogic of the world itself. Second, since we are mostly witnesses after the crime takes place, the future can only be told in reverse. What is more, this future tends to age faster than the present. The viewer finds it impossible to live thoroughly inside Molly's present, or Harry/Carrie's. A contrapuntal present appears, but we only experience it partially. The artifacts within the archive, as another layer, are contrapuntal in that sense (in ironic, strangely parallel collision). They were specifically chosen to feel »everyday,« like clippings in someone's drawer. Harry wanted his archive to conceal, and yet seem quite open. He felt, particularly due to his strange profession, that underlying causes of events reach the public only in flashes. The public senses them as foreboding. The public wants unreliable narrators to deliver this foreboding, to be a comfort more than a jeremiad. The unreliable narrator has a dark sense of humor. We need that quasi-fictive voice, Huck Finn's, to »unguide« us through the clouds of unknowing. They must remind us how ordinary the drama of our lives may be, even while the roof caves in.

This mode of literature is universal. It is really how all fiction must be told. But our two examples exist in crossover, as the digital overlapping print (cf. Fig. 2). This offers new grammatical options, as far as unreliable narrators go, and, spaces between the layers of the present. The print version operates in counterpoint to the media narrative. The print novella for *Bleeding Through* exists as an aporia – that which can never begin. *The Imaginary 20th Century* is a *wunderroman*, a story like a river that never has to end. The new digital capitalist world of commodities plays those kinds of narrative tricks on us. So we may as well invent forms in revenge.

Works Cited

Bengtson, John (2000): Silent Echoes: Discovering Early Hollywood Through the Films of Buster Keaton. Santa Monica: Santa Monica Press.

Gurr, Jens Martin (2021): Charting Literary Urban Studies: Texts as Models of and for the City. New York: Routledge.

Jameson, Fredric (1988): Cognitive Mapping. In: Marxism and the Interpretation of Culture. Ed. by Cary Nelson and Lawrence Grossberg. Urbana: University of Illinois Press, pp. 347–360.

Jameson, Fredric (1991): Postmodernism, or, The Cultural Logic of Late Capitalism. Durham: Duke University Press.

Lynch, Kevin (1960): The Image of the City. Cambridge (MA): MIT Press.

Sauter, Joachim: The Invisible Shapes of Things Past. 1995 – now, online at www.joachimsauter.com/en/work/invisibleshapes.html.

Zerubavel, Eviatar (1992): Terra Cognita: The Mental Discovery of America. New Brunswick: Rutgers University Press.

res·o·nant
light / sound / public
A contextual relational concept for the Jewish Museum Berlin
(November 2017 – September 2019)

Mischa Kuball

res·o·nant sees itself as a reflection on the integrity of the human being.

Oranienstraße 1
Mir wuchs Zinn in die Hand,
ich wußte mir nicht
zu helfen:
modeln mochte ich nicht,
lesen mocht es mich nicht –

Wenn sich jetzt
Ossietzkys letzte
Trinkschale fände,
ließ ich das Zinn
von ihr lernen,

und das Heer der Pilger-
stäbe
durchschwiege, durchstünde die Stunde.

Paul Celan, 1967

res·o·nant \ n·ənt \ adj 1: continuing to sound: echoing 2: of, relating to, or showing resonance 3: intensified and enriched by resonance – res·o·nant·ly adv

res·o·nate \ ˈre-zə-ˌnāt \ vi 1: to produce or exhibit resonance 2: reecho; esound [Latin resonare »to resound«]

res·o·na·tor \ āt-ər \ n: something (as a device for increasing the resonance of a musical instrument) that resounds or resonates

res·o·nant is created in the resonance of architecture and skin.
res·o·nant puts vision into rotation.
res·o·nant is formed and shaped by the diversity of the composition of sound and space.

The installation focuses on a state of resonance as well as the conscious reflection of a state. res·o·nant goes back to a project by Mischa Kuball from 1994 in the synagogue in Stommeln: refraction house. There, the light developed the work from the inside out and the architecture shaped the light, which made the place a visual attraction and at the same time appeared inaccessible due to the defensive walls and the track light. Through this reflective effect, attention was drawn back to the location and the recipients themselves.

res·o·nant creates renewing moments of space.
res·o·nant connects the inside with an outside.

res·o·nant does not produce new images!
res·o·nant creates situations.
res·o·nant addresses the public sphere.

res·o·nant also tries to make a kind of echo tangible. An echo that is not generated by calling in, but that exists in the room itself. The material processed in the room prompts you to enter into a dialogue with the room and the people in the room. The focus is on different levels of the room experience: on how the viewer moves in the room and on how the room moves in the room: it constantly opens up and offers new insights. If the visitor moves in the void, the room appears in a new way, since the angles and points of incidence are constantly superimposed differently.

res·o·nant is inviting interaction on social media.
res·o·nant encourages us to distrust the obvious.

… first, in order to remember, something must be forgotten; second, the place where memories are stored has no boundaries. In other words, forgetting is a twin; its tandem effect is best called »simultaneous« distraction, the instant when one memory defoliates another. This fuzzy double – one devouring the other – presumably inhibits learning.*

res·o·nant encounter to explore relationships between sound and architecture, body and mind.
res·o·nant questions the inside and the outside.
res·o·nant resonates from critical reflections.

© Mischa Kuball 2021 – dedicated to and * quoting Norman M. Klein, who toured us thru his version of Los Angeles in September 2019.

A photo collage with pictures of:
res·o·nant (2017), Installation Jüdisches Museum Berlin
© Archive Mischa Kuball, Düsseldorf / VG Bild-Kunst, Bonn 2021
Ladislav Zajac, Berlin
Alexander Basile, Cologne
Jule Roehr, Berlin
Svea Pietschmann, Berlin
Jens Tenhaeff, Berlin
Daniel Libeskind, New York

res·o·nant

e

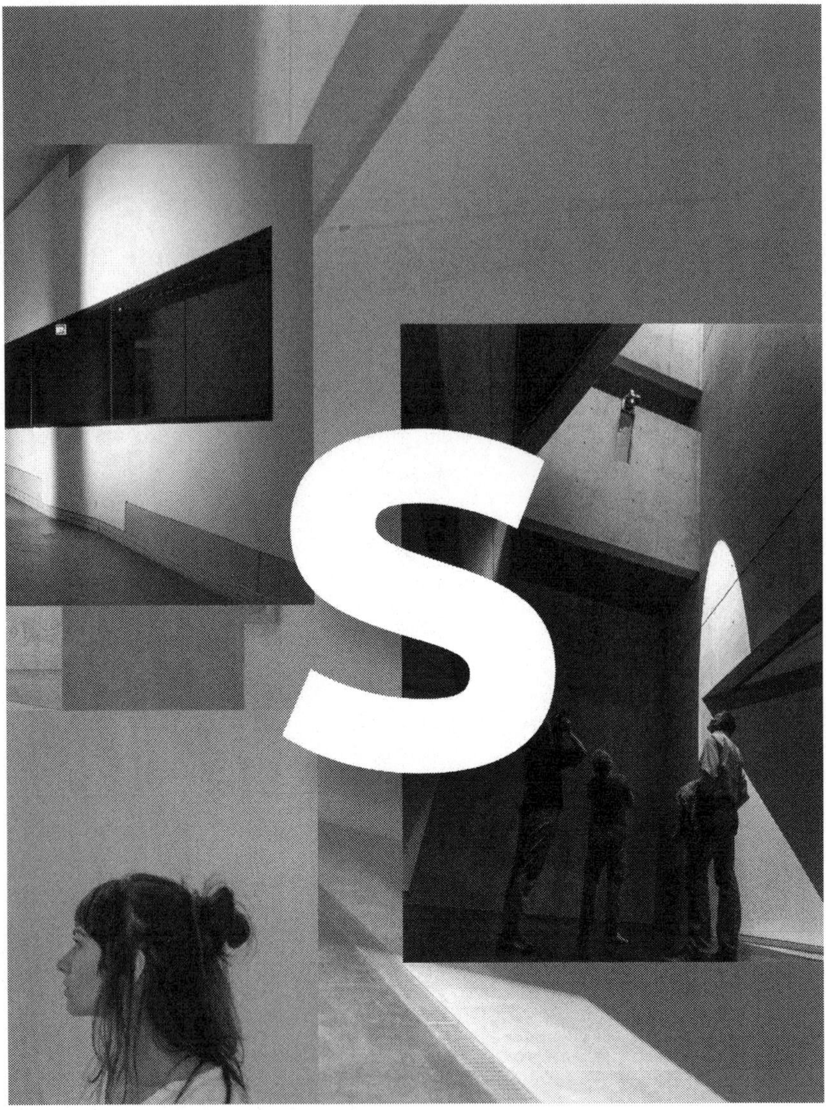
S

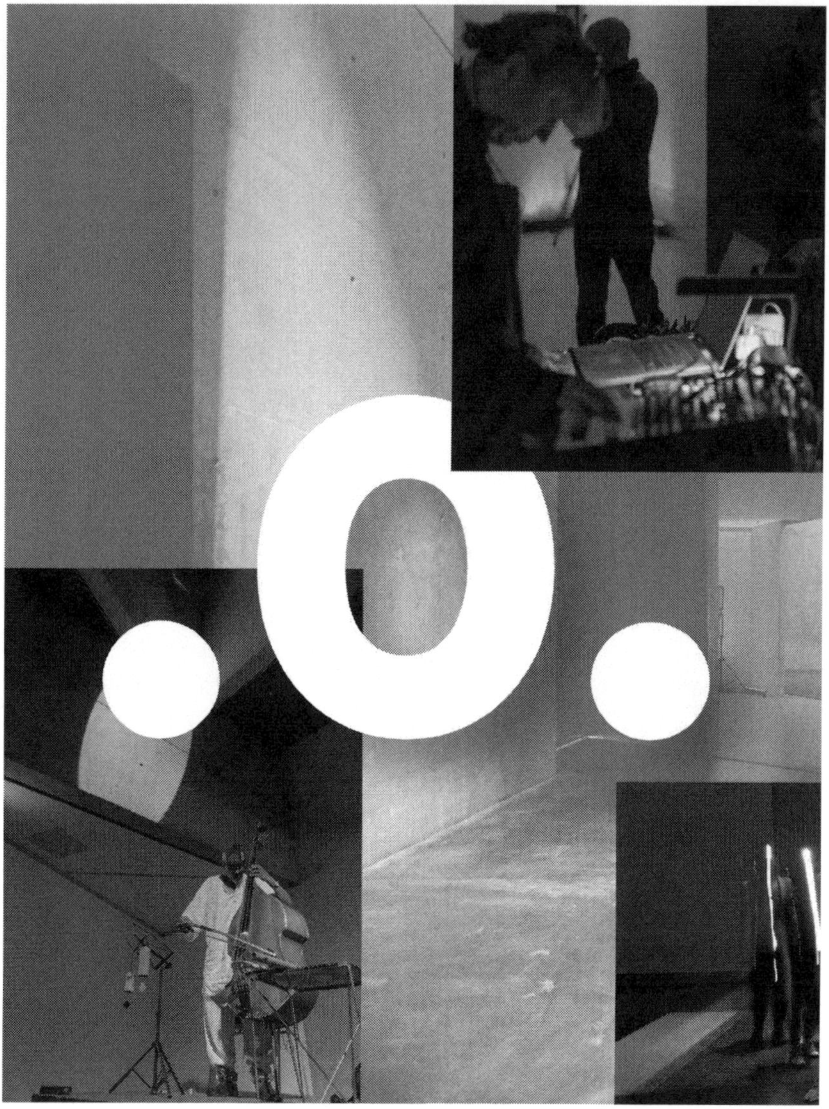

n

a

ORANIENSTRASSE 1

Mir wuchs Zinn in die Hand,
ich wußte mir nicht
zu helfen:
modeln mochte ich nicht,
lesen mocht es mich nicht –

Wenn sich jetzt
Ossietzkys letzte
Trinkschale fände,
ließ ich das Zinn
von ihr lernen,

und das Heer der Pilger-
stäbe
durchschwiege, durchstünde d

Paul Celan, 1967

© Daniel Libeskind

t

»Seinszustände« und ihre »Dokufabeln«
Norman M. Klein und das Medial-Imaginäre der Städte[1]

ROLF PARR

> Archives are constructions by their very nature, but they are carefully detailed, highly selective, very political but filled with secret histories.
>
> Norman M. Klein, in: Kim 2016

1. IM DREIECK VON STÄDTEN, ERINNERUNGEN UND MEDIEN

Warum »Memory, Media, and the City« oder – vielleicht noch besser – »Cities, Memory, and the Media«? Weil Norman M. Klein sich über seine auf den ersten Blick so verschiedenen Texte und Projekte hinweg ganz konsequent für eines interessiert hat, nämlich dafür, was passiert, wenn die medial-narrativ tradierten Erinnerungen an Städte, Stadtteile, Straßen, Gebäude und Bewohner die Probe der Konfrontation mit ihrer historischen Realität nicht bestehen und bisweilen auch gar nicht bestehen können. Die medial geskripteten Räume erzählen nämlich nicht nur eine Geschichte, sondern gleich viele Ge-Schichten mit vielen Möglichkeiten, um »Fakten und Erinnerungsbruchstücke zu kombinieren« (internationales literaturfestival berlin, o. J., o. S.), nicht unähnlich dem, was man heute als eine der Basisstrukturen von Computerspielen kennt.

Während ein Buch wie *The History of Forgetting. Los Angeles and the Erasure of Memory* (2008) und auch der »Datenbankroman« (Klein 2007, o. S.) *Bleeding Through. Layers of Los Angeles, 1920–1986* (2003) genau dies im Modus der essayistisch-wissenschaftlichen bzw. computeranimierten narrativen Darstellung und Analyse am Beispiel der Geschichte von Los Angeles durchspielen, weitet *The Imaginary 20th Century* (2016) dieses In-den-Blick-Nehmen von Cities, Narrationen und Medien in struktureller Hinsicht durch seine vier Erzählstränge, in zeitlicher Dimension auf ein ganzes Jahrhundert aus und geht zudem in räumlicher Perspektive punktuell über die USA hinaus. Wiederum aber sind es Städte, die

---

1 | Thomas Küpper (Universität Duisburg-Essen) sei an dieser Stelle ganz herzlich für seine kritische Lektüre und vielfältige Anregungen gedankt.

den Brennpunkt abgeben, nicht zuletzt New York und Los Angeles, aber auch London.

2. CINEMATIC MAPS, ODER: NORMAN M. KLEIN *IN NUCE*

Besonders interessant, weil viele rote Fäden seines Werkes bündelnd, ist das Nachwort von Klein zu *Cinematic Maps* (2007), einem Band mit Fotos von Karina Nimmerfall aus den Jahren 2004 bis 2006, bei dem bereits der Titel auf eine Formulierung von Klein zurückgreift. Für diesen Band hat die Fotografin in amerikanischen Großstädten solche Orte und Adressen aufgesucht, die in Fernsehserien explizit genannt werden, bei denen die gemachten Ortsangaben aber *de facto* (und mit Absicht) nicht zu den im Fernsehen gezeigten Lokalitäten führen. Fotografiert hat Nimmerfall das, was an diesen Stellen tatsächlich zu finden ist, in den TV-Serien aber gerade nicht zu sehen war.

Die »eigene ästhetische Strategie« von Nimmerfalls Projekt hat Raimar Stange daher darin gesehen, dass es »die Darstellungsmodi von Raum und dessen Zuordnung in US-amerikanischen Film- und Fernsehproduktionen« – wie beispielsweise in »der TV-Serie *Law and Order*« – aufgreift, aber zugleich auch wieder dekonstruiert. Denn täusche die Serie mit ihren »vermeintlich präzise[n] Adressenangaben wie ›Chandler Hinton Stock Brokerage 19 Broad Street‹« einen geradezu dokumentarischen Realismus vor, so unterliefen Nimmerfalls Kombinationen von Foto plus diesmal korrekter Ortsangabe genau dies. Möglich werde das dadurch, dass schon die Adressangaben in der TV-Serie unpräzise seien. Etwa stimme »die Hausnummer nicht, sie« stehe »vielmehr für eine freie Fläche in besagter Straße«. Für Stange sind es diese Ungenauigkeiten, die Nimmerfall zeigt, die von ihr fotografierten »Leerstellen«, die zu dem Effekt führen, dass jetzt zugleich »alles und nichts mehr« stimmt:

»Sachliche« Dokumentation, unterstrichen durch das Schwarzweiß der Aufnahmen, tritt an gegen unser »imaginäres Museum« (André Malraux), das längst gefüllt ist mit Eindrücken von TV-Serien der Marke *Law and Order*. Eine »objektive« Dokumentation ist also nicht (mehr) möglich, Assoziationshöfe schwingen dank medialer Prägungen (unseres Gedächtnisses) bei der Rezeption selbst nüchternster Bilder entscheidend mit. (Stange 2007, o. S.)

Ein Projekt wie dieses musste Klein interessieren, kommen im Versuch, »[d]as Unauffindbare« zu »fotografieren«, doch Medien – hier durch TV-Serie und Fotokamera sogar doppelt vertreten –, Cities und Erinnerung auf gleich mehreren Ebenen zusammen und kann weiter gezeigt werden, wie sich »die subtile Überlappung von Erinnerungsfragmenten in den urbanen Fakten erfassen« lässt (Klein 2007, o. S.). Zudem hat man es auch hier wieder mit Imaginationen des Städtischen in Form von letztlich ins Leere gehenden Erinnerungen zu tun, die stets Voreinstellungen für die Wahrnehmung einer vermeintlich vorgängigen, hier aber gar nicht existenten Realität sind.

3. Von architektonischen Entwürfen zu den Imaginationen eines Jahrhunderts

Eine Parallele zu Nimmerfalls Fotoband und auch eine Parallele der Faszination, die von ihm für Klein ausgehen musste, findet sich in Form solcher architektonischen Entwürfe, nach denen (noch) nicht gebaut wurde, die aber schon konkret mit Blick auf bestimmte Städte, Lagen und sogar Grundstücke entwickelt wurden. Den wiederum gleichermaßen narrativen wie imaginären Status derartiger Entwürfe analysiert Klein in seinem Essay *New Trends in Urban Erasure* (2003b), geschrieben für den Katalog zur Ausstellung *Schindler's Paradise. Architectural Resistance. Juried Exhibition of 20 Conceptual Architectural Proposals for the Site Adjacent to the Schindler House, West Hollywood*, die im Jahre 2003 im Center for Art and Architecture, L.A., zu sehen war (vgl. Noever 2003, 5): »Architectural proposals have always struck me as urban fantasy, like a picaresque into places that were imagined, but never existed, like parallel universes in science fiction.« (Klein 2003b, 66)

Hier wird deutlich, dass die architektonischen Entwürfe im Denken von Klein einen ähnlichen Status haben wie jene fiktiven Bilder, die Fotografie, Kino und Fernsehen mit solcher Intensität von bekannten Städten distribuiert haben, dass etwa ein europäischer New-York-Erstbesucher an jeder Straßenecke das, was er da gerade sieht, schon gesehen zu haben glaubt, bei genauerem Nachdenken allerdings nur aus unzähligen Fernseh- und Kinofilmen kennt: den Central Park, die Eisbahn vor dem Rockefeller Center, die Fähre nach Brooklyn, die große Uhr von Central Station, Metroeingänge, Zeitungsverkäufer, heulende Polizeiautos, gelbe Taxis.

Von den imaginierten Architekturen aus ist es dann ein nur konsequenter Schritt, auch ein ganzes imaginiertes Jahrhundert in den Blick zu nehmen, wie Klein es zusammen mit Margo Bistis in *The Imaginary 20th Century* (2016) getan hat. Das Ergebnis ist – wie es in der *L.A. Review of Books* hieß – »a narrative engine *wunder-roman*« (Kim 2016), der Mengen von Archivmaterial (auch hier wieder vorwiegend Fotos und Filme) in den erzählerischen Rahmen einer Fiktion rückt. Damit stellt Klein das Modell seiner tendenziell eher wissenschaftlichen Analysen des Zustandekommens von Stadtwahrnehmung als Erinnerung an schon Gesehenes, Gehörtes und Gelesenes um und nutzt die eigentlich bereits selbst fiktionale Geschichten erzählenden Fotos, Zeichnungen und Comics noch einmal für eine eigene Fiktion auf einer zweiten Ebene. Auch hier gilt demnach das, was Klein immer wieder betont hat und was einem Workshop mit ihm an der Hochschule für Gestaltung in Karlsruhe den Titel gegeben hat: »The Future

Can Only Be Told in Reverse« (www.hfg-karlsruhe.de/aktuelles/workshop-mit-norman-m-klein/).

4. IDEOLOGIEKRITIK JA/NEIN?

Gemeinsam ist den besprochenen und darüber hinaus vielen weiteren Arbeiten von Norman M. Klein, dass die Medien letztlich dasjenige Element sind, über das der konstruierende bzw. bisweilen auch dekonstruierende Charakter der Erinnerung und damit die Spezifik der ›verschobenen‹ (Klein spricht von der ›fragmentarischen‹ bzw. ›fragmentierten‹) Wahrnehmung von Städten, Stadtteilen, Straßen und Gebäuden sichtbar gemacht werden kann.

Dabei steht Klein in der Tradition einer zwar älteren, in der von ihm praktizierten (das heißt nicht unbedingt auch explizit theoretisch vertretenen) Form aber ungeheuer produktiven Variante ideologiekritischen Denkens, insbesondere in einer über seine Walter-Benjamin-Rezeption vermittelten Traditionslinie, die von Karl Marx bis hin zu Max Horkheimer und Theodor W. Adorno reicht. Immerhin hat Klein eine Professur für »Critical Studies« am »California Institute of the Arts« inne und gehört zu jenen weniger werdenden kritischen Intellektuellen, die noch von ›Klassen‹ sprechen, ohne den Begriff gleich infrage zu stellen, wenn sie ihn auch neu akzentuieren (vgl. den Titel, den Klein einer Aufsatzsammlung von 2019 gegeben hat: *Tales of the Floating Class*).

Lässt sich das marxsche Ideologiemodell (vgl. dazu Link 1985, 1996 und 2005) stark vereinfacht in dem Bild vom ideologischen ›Schleier‹ bzw. ›Vorhang‹ ausmachen, den man beiseiteziehen muss, um einen freien Blick auf die ansonsten verdeckte Wirklichkeit und Realität zu erhalten, so ist für Klein festzustellen, dass er auf der einen Seite entfernt in der Tradition dieses Denkmodells steht und es in Ansätzen noch punktuell aufgreift – nämlich insoweit, als er mit der Möglichkeit spielt, sich auf eine der ideologisch verstellten Welt vorgängige Ebene zu beziehen und von dieser Ebene aus rück- und vorausblickend entmythisierende, dekonstruierende und bisweilen eben auch ideologiekritische essayistisch-wissenschaftliche Erzählungen entwickeln zu können. Denen ist eines gemeinsam: die Wahrnehmung von bereits gescripteten Städten (scripted spaces) noch einmal zu re-scripten (vgl. Klein 2003b, 70), und zwar auch dann, wenn die Örtlichkeiten, von denen jeweils die Rede ist, inzwischen *de facto* vielleicht völlig ausgelöscht sind.

Mit der Formulierung ›scripted spaces‹, die bei Norman M. Klein eher offen angelegt ist und daher nicht unbedingt die Prägnanz einer ja stets auch ausgrenzend wirkenden Definition gewonnen hat, wird auf die durch wiederkehrende Erzählungen, Simulationen, aber auch Special Effects und anderes mehr voreingestellte Wahrnehmung von Räumen, vielfach von städtischen (Teil-)Räumen abgezielt, also auf das »dominant model for consumer-built environments« (Klein 2004, 321f.):

Scripted spaces are a walk-through or click-through environment (a mall, a church, a casino, a theme park, a computer game). They are designed to *emphasize* the viewer's journey – the space between – rather than the gimmicks on the wall. The audience walks *into* the story. What's more, this walk should respond to each viewer's whims. Even though each step along the way is prescribed (or should I say preordained?). It is gentle repression posing as free will. (Ebd., 11)

Eine Seite weiter heißt es dann noch einmal knapp und den Rezeptionsaspekt betonend: »By scripted spaces, I mean primarily *a mode of perception*, a way of seeing.« (Ebd., 12) Damit wird das marxsche Modell von Schleier und Realität und indirekt auch seine ideologiekritische Adaption – wenn auch auf ganz anderen Wegen – zwar der Tendenz nach fortgeschrieben, allerdings stellt sich Kleins Ebene hinter dem ›Schleier‹ als – um in der Metapher zu bleiben – eine Vielzahl ineinander gestaffelter ›Vorhänge‹ oder ›Schleier‹ dar, von denen der jeweils vorgängige gegenüber dem nachfolgenden als Bezugsebene (und – wenn man so will – als Ersatz für eine ›vorgängige Realität‹) dienen kann.

So heißt es bei Klein über Karina Nimmerfall in einer Passage, die man schon fast als Definition von Ideologiekritik lesen kann, dass sie »den Blick genügend« verlangsame, um die »flüchtigen Spuren aufzudecken [sic!], zu zeigen, wie sie unser inneres Auge« so »beherrschen«, dass dabei »falsche Stadterinnerung« entsteht. Diese »Spuren« (»traces«) sind für Klein solche »der kollektiven Fehlerinnerung [...] an imaginäre Orte und Augenblicke«, die sich als Gesamtheit der ›Schleier‹ und ›Vorhänge‹ zu einer Art von »Geisterfotografie« akkumulieren (Klein 2007, o. S.). Im Falle der »kinematografische[n] Fotografie« von Nimmerfall ist dies für Klein das »in einen globalen Schleier [sic!] verwandelte soziale Imaginäre der Stadt, ein kollektives Gedächtnis des Unauffindbaren« (ebd.).

Auf der anderen Seite löst Klein sich aber vom ideologiekritischen Modell von Schleier und Realität, indem er durch seine Analysen, Beschreibungen und manchmal einfach auch – wie etwa in *Bleeding Through* und in *The Vatican to Vegas* – durch das Präsentieren von Archivmaterial auf den generellen Konstruktionscharakter der Wahrnehmung von Städten und ihrer Strukturen qua Medien hinweist. Dabei begnügt sich Klein nicht damit, das *eine* Medium (meist zunächst das Kino) als den *einen* ›Vorhang der Ideologie‹ zu begreifen, den es wegzuziehen gilt. Vielmehr sieht er sehr genau auch die medialen Genealogien dahinter, etwa die Menge der unendlich oft reproduzierten Fotos von Los Angeles und New York aus den 1920er-Jahren, die dann das Kinobild, das kinematografisch konstituierte und distribuierte Image dieser Städte prägten und die das Fernsehen dann noch einmal mit Serien wie eben *Law and Order* (1990–2010) und ihrer ›städtischen Bildästhetik‹ beerbte. Zusammengenommen sind das all die »Streiche, die uns das Gedächtnis bei der Stadtwahrnehmung spielt« (Klein 2007, o. S.) oder – mit Norman M. Klein noch einmal anders formuliert – all die Dinge, mit denen das »social imaginary« für »collective misremembering« (Klein 2003b, 70) sorgt:

Die klassischen Städte für diese Fotos waren Paris, London, Berlin, Chicago und, vor allem nach 1910, New York – die epische Metropole schlechthin. Die schimmernden Fotos etwa, die Fritz Lang 1924 von Manhattan machte, wurden eindeutig zum Bühnenbild für *Metropolis* (1927), fast eine Coda zu Paul Strands elegischer Dokumentation *Mannahatta* (1927). In den Zwanzigerjahren wurde das moderne fotografische Echo der modernen Stadtlandschaft erfunden: In den Filmen von Vertov, Ruttmann, Vidor, im schimmernden imaginären New York von Hugh Ferris [...].

Das Kino hat lediglich zusammengetragen, was Jahrzehnte der Fotografie und der Architekturkarikatur zur modernen Großstadt hinterlassen haben. Geleitet von all diesen vorgängigen Bildern, verwandelt die Filmkamera die Straßen- und Luftbilder in Nocturnes – Seinszustände. (Klein 2007, o. S.)

Damit geht Klein von der Ideologiekritik an Inhalten und Gegenständen auf die Ebene der Frage nach den medialen Möglichkeiten der Darstellung über. In dieser Hinsicht knüpft er an die Frankfurter Schule an: Gibt es doch bei Horkheimer/Adorno mindestens zwei Stoßrichtungen kritischen Denkens, nämlich zum einen diejenige, bei der es darum geht, die das Reale überdeckenden ›Schleier‹ und ›Vorhänge‹ zu lüften (Stichwort »Kulturindustrie«, vgl. nur Horkheimer/Adorno 1969, 5), und zum anderen diejenige, die darauf abzielt, die verbreiteten ›falschen‹ Vorstellungen und Erzählungen mit Gegenvorstellungen zu konfrontieren und an alternative bzw. vergessene Denkmöglichkeiten zu erinnern (vgl. auch die Unterscheidung zwischen bewusst machender und rettender Kritik bei Habermas 1972). Kleins Verfahren des ›Sichtbarmachens von medial vermittelten Erinnerungen‹ bestehen in der Kombination beider Richtungen: Er deckt auf, aber nicht so etwas wie ›Realitäten‹, sondern ›Bilder‹, die stets nur neue, kaskadenähnlich gestaffelte ›Bilder‹ zeigen, also wiederum Mediales, und steuert dann auf die zweite Strategie hin um, nämlich alternative eigene mediale Angebote zu machen, wie etwa in *Bleeding Through*. Ideologiekritik bezieht sich dann auch bei Klein zugleich auf etwas aus dem Blickfeld Geratenes (erste Richtung) und etwas neu in das Blickfeld Gerücktes (zweite Richtung). Beides liegt bei Klein nicht außerhalb der Medien, Erzählungen und Imaginationen.

Vor diesem Hintergrund verwundert es dann kaum mehr, dass Klein auch von seinem eigenen Schreiben ganz explizit als einer »Mischung aus wissenschaftlicher Übertreibung und kollektivem Gedächtnis« spricht, von einem Schreiben, bei dem man es mit »Dokufabeln« zu tun habe (Klein 2007, o. S.). Dies hat einen Medienforscher wie Peter Lunenfeld (1998, o. S.) dazu gebracht, Kleins Werk als »Verschmelzung von Archivrecherche und kritischer Theorie« zu charakterisieren, bei der dann Benjamin – auch über den Ansatz der Ideologiekritik hinaus – eine noch größere Rolle spielt, als Horkheimer/Adorno es tun. Dafür spricht etwa das Kapitel »Noir as the ruins of the left« in *The History of Forgetting* (Klein 1997, 233–240), in dem im Rückgriff auf Mike Davis durchgespielt wird, wie Benjamin – wäre er in den USA angekommen – Los Angeles und Pacific Palisades wahrgenommen hätte und was Benjamin geschrieben hätte, etwa eine

»*Chronik* on Hollywood studios, particularly those at Gower Gulch, the marginal ones that produce horse operas and cheesy Flash Gordon serials« (Klein 1997, 234). In diesem Kapitel scheint Klein immer weiter in Benjamins Denken hineinzugleiten und umgekehrt scheint immer mehr Norman M. Klein via Benjamin kommuniziert zu werden.

In einer etwas moderneren Terminologie hat Jan Baetens (2016, 118) dies in seiner Besprechung von *The Imaginary 20th Century* als »shaping and reshaping of storytelling« bezeichnet, »a deepening of previous experiments and the result of new reflections on forms and formats of storytelling in the digital age«. Auf der Hand liegen würde für eines der nächsten Projekte von Norman M. Klein oder derjenigen, die ihn weiterdenken, dann eigentlich der Übergang zu interaktiven digitalen Scrollytelling-Formaten.

LITERATUR, QUELLEN, FILME

Anonymus (2005): Norman M. Klein – internationales literaturfestival berlin, online unter https://ilb.e-laborat.eu/autoren-en/autoren-2005-en/norman-m.-klein?set_language=en.
Baetens, Jan (2016): Norman M. Klein & Margo Bistis, The Imaginary 20th Century. In: Image & Narrative 17, No. 3, p. 118.
Habermas, Jürgen (1972): Bewußtmachende oder rettende Kritik. Die Aktualität Walter Benjamins. In: Ders. (Hg.) (1978): Politik, Kunst, Religion. Essays über zeitgenössische Philosophen. Stuttgart: Reclam, S. 48-95.
Horkheimer, Max/Adorno, Theodor W.: Vorrede. In: Dies.: Dialektik der Aufklärung. Philosophische Fragmente. Frankfurt am Main: Fischer 1969, S. 1-7.
Kim, Maxi (2016): The Imaginary 20th Century. In: Entropy (April 6), online unter https://entropymag.org/the-imaginary-20th-century.
Klein, Norman M. (2003a): Bleeding Through. Layers of Los Angeles 1920-1986. Los Angeles: Annenberg Center for Communication, University of Southern California/Karlsruhe: ZKM/Zentrum für Kunst und Medientechnologie Karlsruhe.
Klein, Norman M. (2003b): New Trends in Urban Erasure. In: Peter Noever (Hg.): Architecture Resistance. Contemporary Architects Face Schindler Today. Wien: MAK, S. 66-73.
Klein, Norman M. (2004): The Vatican to Vegas. A History of Special Effects. New York/London: The New Press.
Klein, Norman M. (2007): Cinématic Photography and the Misremembering of the City. In: Maren Lübbke-Tidow (Hg.): Karin Nimmerfall: Cinematic Maps. 2004-2006. Graz: Kunsthaus Graz [o. S.].
Klein, Norman M. (2008): The History of Forgetting. Los Angeles and the Erasure of Memory [1997]. London/New York: Verso.
Klein, Norman M./Bistis, Margo (2016): The Imaginary 20th Century. Karlsruhe: Center of Arts and Media Studies.
Law and Order. USA, NBC 1990-2010. 465 Episoden in 20 Staffeln.

Link, Jürgen (1985): Warum Foucault aufhörte, Symbole zu analysieren: Mutmaßungen über »Ideologie« und »Interdiskurs«. In: Gesa Dane/Wolfgang Eßbach/Christa Karpenstein-Eßbach/Michael Makropoulos (Hg.): Anschlüsse. Versuche nach Michel Foucault. Tübingen: edition diskord im Konkursbuchverlag, S. 105-114.

Link, Jürgen (1996): Wie »ideologisch« war der Ideologiebegriff von Marx? Zur verkannten Materialität der Diskurse und Subjektivitäten im Marxschen Materialismus. In: Rüdiger Scholz (Hg.): Materialistische Literaturwissenschaft heute? Festschrift für Hans-Peter Hermanns. Opladen: Westdeutscher Verlag, S. 1-16.

Link, Jürgen (2005): Das Gespenst der Ideologie. In: Moritz Baßler/Bettina Gruber/Martina Wagner-Egelhaaf (Hg.): Gespenster. Erscheinungen – Medien – Theorien. Würzburg: Königshausen & Neumann, S. 335-347.

Lunenfeld, Peter (2008): Leben und Sterben in StimCity. Eine Rezension von Norman M. Klein: The History of Forgetting: Los Angeles and the Erasure of Memory. In: Telepolis vom 5. Februar 2008, online unter www.heise.de/tp/features/Leben-und-Sterben-in-StimCity-3441225.html.

Noever, Peter (Hg.) (2003): Architecture Resistance. Contemporary Architects Face Schindler Today. Wien: MAK.

Stange, Raimar (2007): Preface. In: Maren Lübbke-Tidow (Hg.): Karin Nimmerfall: Cinematic Maps. 2004-2006. Graz: Kunsthaus Graz [o.S.].

»Share a Luna Park Memory ... and Make a New One!«
Memorializing Coney Island

FLORIAN FREITAG

INTRODUCTION: *COOL MEMORIES*

»At Disneyworld in Florida,« Jean Baudrillard notes in *Cool Memories II* (first published in 1990), »they are building a giant mock-up of Hollywood, with the boulevards, studios, etc. One more spiral in the simulacrum. One day they will rebuild Disneyland at Disneyworld« (42). Though obviously intended to be sarcastic, Baudrillard's comment turned out to be prophetic: in fact, in 2007 Disneyland was to be rebuilt, at Disneyland in Anaheim, California, itself rather than at Walt Disney World, in the shape of the »Dream Suite« – a rentable apartment each of whose individual rooms is themed to one of the park's various sections (see Freitag 2021, 187). But already around the time Baudrillard wrote his comment – construction on the »giant mock-up of Hollywood,« the Disney-MGM Studios theme park, lasted from 1987 to 1989 – Horace Bullard, an East Harlem-born millionaire, was busy buying up land and developing plans in order to rebuild, not »Disneyland at Disneyworld,« but Steeplechase Park at Coney Island. As Coney historian Charles Denson writes in his *Coney Island: Lost and Found* (2002), Bullard had obtained a lease on the city-owned property that from 1897 to 1964 had been occupied by George C. Tilyou's famous Steeplechase Park and had commissioned a plan for an amusement park that »paid homage to Coney's past« and »revived past attractions from Luna Park, Dreamland, and the original Steeplechase« (212).[1] »[F]ondly recall[ing] Steeplechase Park,« Bullard was, as he told a *New York Post* reporter in 1985, »determined to make Coney Island a safe place again for a family outing« (Nathanson 1985, 11).

---

1 | Luna Park (1903-1944), Dreamland (1904-1911), and Steeplechase Park (1897-1964) refer to three of the four amusement parks opened in rapid succession on Coney Island around the turn of the twentieth century. The fourth and earliest park, Sea Lion Park, operated from 1895 to 1903 on the site later occupied by the »original« Luna Park.

Bullard's ambitious plans would eventually come to naught (see e.g. Denson 2002, 212–221), but his idea was revived in 2010, when Central Amusement International, a company owned by Italian amusement rides manufacturer Zamperla, opened Luna Park in Coney Island. Named after Frederic Thompson and Elmer »Skip« Dundy's 1903 »original« Luna Park, located partly on the site formerly occupied by Dreamland, and featuring numerous references to Steeplechase Park (as well as the other parks) both on site and in its paratexts,[2] Zamperla's Luna Park constitutes one of several examples of how contemporary Coney Island has become »nostalgic for itself« (Dawdy 2016, 110). Indeed, getting off the D, F, N, or Q train at the Coney Island-Stillwell Avenue station (itself a tribute to the past with its historic terra-cotta parapet; see Spellen 2010), visitors to Coney Island nowadays encounter several designated landmarks and places that celebrate Coney and its history: right across the station, for instance, in the landmark building at 1208 Surf Avenue, the not-for-profit arts organization Coney Island USA keeps »defending the honor of American popular culture« (Coney Island USA) with its sideshow performances and events, advertised by a barker's ballyhoo and colorful hand-painted banners designed in retro-style (see Denson 2002, 224–239). A little further down West 12th Street and right below the »Wonder Wheel« (a ferris wheel that celebrated its 100th anniversary in 2020 and another New York City designated landmark), the Exhibition Center of the not-for-profit Coney Island History Project displays a stunning collection of historical artefacts and curiosities from Coney's past, including old photographs and maps, vehicles and decorations from long-gone amusement rides, and a toll house sign from 1823 (see Coney Island History Project 2020). Through Amanda Deutch, who occasionally conducts oral history interviews for the Coney Island History Project, the organization is connected to Parachute Literary Arts, yet another not-for-profit, which organizes events to celebrate Coney Island's literary legacy – events such as the 2015 Poem-a-Rama, for which the cars of the »Wonder Wheel« were turned into small literary salons as New York City-based poets read their own and others' Coney Island poetry to an audience of three (because each car holds a maximum of four people; see Deutch 2019).

Amidst these nonprofit grassroots organizations, the decidedly commercial and administratively conceived Luna Park[3] may appear somewhat incongruous and ill-fitting with the traditionally unregulated development and anarchic atmosphere of Coney (as memorably captured in Joseph Stella's 1913–14 painting »Battle of Lights, Coney Island, Mardi Gras«). Yet far from simply relying on a »retro marketing strategy,« as Frank (261) has maintained, the current Luna Park,

---

2 | For a definition of (theme park) paratexts, see below.

3 | The project formed the centerpiece of a comprehensive rezoning plan by the New York Department of City Planning, developed upon recommendations by the Coney Island Development Corporation and officially approved by the City Council in 2009 (see Parascandola/Parascandola 2014, 35 f.; Frank 2015, 261).

too, employs one of Coney's »native« art forms and media – namely, the theme park – to pay homage to Coney Island history and legacy. This is precisely what I would like to focus on in the following. More specifically, drawing on the concept of »autotheming« as well as the notion of theme park paratextuality, I seek to examine the particular story or image of Coney Island and its amusement parks that is mediated through Luna Park itself as well as through its promotional material, including poster advertisements, websites, and social media posts. As I will show, Luna Park employs the full range of theme parks' hybrid, composite, or meta-mediality as well as theming's »politics of inclusion/exclusion« (Lukas 2007, 277) to paint a highly sanitized and nostalgic picture of Coney's turn-of-the-century amusement parks that not only completely ignores these parks' original modernity, but also their much less restrictive politics of theming. Likewise, while also appealing to New Yorkers' local pride by emphasizing the bygone parks' role in the development of contemporary theme parks, Luna's paratexts offer a highly selective image of Steeplechase Park, Dreamland, and the »original« Luna Park in order to stress the site's continuity with its predecessors as a provider of fun and »cool memories« for all New Yorkers.

AUTOTHEMING, THEME PARK PARATEXTUALITY, AND THE »POLITICS OF INCLUSION/EXCLUSION«

Zamperla's 2010 Luna Park is by no means the first or only theme park that is themed to (a former version of) itself. As I have argued elsewhere (see Freitag 2016), although especially theme parks belonging to such multimedia entertainment conglomerates as The Walt Disney Company or NBCUniversal, but also such smaller, family-owned parks as Europa-Park (Germany) have increasingly used fictional themes based on transmedia franchises,[4] the past two decades have also seen the rise of »autotheming« – a theming strategy in which theme parks draw on themselves and their own past as thematic sources. Thus the aforementioned »Dream Suite« at Disneyland simply evokes the park itself, while Europa-Park's »Historama« show (2010–2017) dramatized the rise of that park from a small, regional attraction to one of the most visited theme park resorts in Europe (see Freitag 2021, 132–135). Occasionally, autothemed rides, shows, restaurants, and areas reach back in time even further and to the pre-

---

[4] See, among many other examples, »The Wizarding World of Harry Potter« at Universal Studios Florida (2014), Japan (2014), and Hollywood (2016), adapted from the children's book series by J. K. Rowling; the *Star Wars*-based *Star Wars: Galaxy's Edge* at Disneyland in Anaheim (CA) and Walt Disney World (both 2019); or the »Arthur« area at Europa-Park (2014), themed to Luc Besson's *Arthur et les Minimoys* movie trilogy.

decessors of the contemporary theme park. For example, the »Pixar Pier« area (2001) at Disney California Adventure in Anaheim, California, is themed to a Victorian-era seaside amusement pier on the California coast, while »Toyville Trolley Park« (2012), located in the New York City-themed »American Waterfront« area at Tokyo DisneySea in Japan, architecturally evokes Coney Island and its turn-of-the-century amusement parks. In her recent *Theme Park Fandom* (2020), Rebecca Williams has investigated theme park fans' manifold efforts at memorializing »lost« theme parks (211–242), but the parks themselves have not ignored the creative potential of their own history either.

Like other forms of theming, however, autotheming, too, is governed by theme parks' general representational politics and strategies. The latter involve, on the one hand, the combination of various art forms or media – e.g. architecture, landscaping, painting, sculpture, music, performance, film, language, and digital media – into multisensory environments that, visually separated from each other and especially from the world outside the theme park, provide visitors with a high level of immersivity (see Freitag et al. 2020). Hence, fusing multiple media that have conventionally and historically been considered distinct, the theme park can be referred to as a »hybrid« (Rajewsky 2002), »composite« (Wolf 2007), or »meta-medium« (Geppert 2010). While scholars have examined the specific roles of some of these media within theme parks' hybrid, composite, or meta-mediality in considerable detail,[5] however, those of others – including landscaping, digital media, and language – have been comparatively neglected. As I will show below, especially the latter, in the shape of attraction signage, forms an integral part of Luna Park's autotheming.

On the other hand, theme parks employ strategies of selection or what Lukas has termed a »politics of inclusion/exclusion« (2007, 277) in order to choose themes that are easily recognizable to as many people as possible, but also in order to avoid controversial themes or aspects of themes that may offend or alienate potential customers – usually anything involving violence, death, politics, religion, as well as sexuality. Within the context of historical theming (including autotheming), this has resulted in depictions of the past that have been severely criticized for their multiple omissions and their general »whitewashing« (see e.g. Wallace's notion of »Mickey Mouse history« [1985]; or Fjellman's »Distory« [1992, 59]). To be sure, what exactly may be considered »offensive« or potentially »alienating« to visitors ultimately depends on local and historically changing notions of appropriateness, and the history of theme parks provides numerous examples of specific elements that have been adapted, altered, or even completely removed due to their newfound »offensiveness.«[6] Zamperla's Luna Park constitutes yet another case

---

5 | See e.g. Marling 1997 (on architecture); Carson 2004 as well as Camp 2017 (on music); Freitag 2017 (on film); most recently, Kokai/Robson 2019 (on performance).

6 | For a case study of Disneyland's »New Orleans Square« area and its problematic depictions of race and gender, see Freitag 2021, 165-170.

in point: as I will argue below, for Luna Park the turn-of-the-century parks' rather eclectic roster of attractions, which included mechanical rides (coasters and other thrill rides), but also dark rides, shows, and exhibits, was reduced to typical »fun fair« amusement rides, also because of the rather controversial themes of some of Dreamland's and (the »original«) Luna Park's non-mechanical attractions.

Theme parks' strategies of thematic selection and their »politics of inclusion/ exclusion« also extend to their paratexts, however. As mentioned earlier, theme parks offer a high level of immersivity, with the result that, unlike e.g. in the (movie) theater, the distinction between the mediated space and the space of medial reception collapses: in a theme park, visitors find themselves right in the middle of the action. Somewhat paradoxically, however, visitors only rarely experience this space immediately (in the literal sense of the term). Instead, multimedia representations of the park or its parts, usually produced by the parks themselves, serve as medial interfaces between visitors and the park landscapes before, after, and even during the visit. Drawing on the work of literary scholar Gérard Genette (1997) and media scholar Jonathan Gray (2010), Rebecca Williams has referred to these medial interfaces as theme park »paratexts« (2020, 159): in the shape of guide maps and apps, but also ads, signs, announcements, websites, and pictures and videos posted on social media, theme park paratexts, like other media paratexts, provide visitors with »frames and filters« (Gray 2010, 3) or entire »scripts« (see Akrich 1992; Buchenau/Gurr 2016) on how to experience the sites.

At the same time, theme park paratexts also apply the »politics of inclusion/ exclusion« to their depictions of theme parks. Yandell, for instance, speaks of an »agenda of perfection« (2012, 34) in the context of Disneyland souvenir maps, which liberally adjust distances and scales as well as omit and hide »backstage« elements such as service roads and show buildings in order to reach »a level of control and perfection not achievable by moving through a hands-on world, even through a simulation like Disneyland« (25). The same applies to other paratexts as well: pictorial representations of theme parks like postcards or pictures and videos posted on social media, for example, never show the parks during periods of inclement weather, extremely high attendance, or maintenance and renovation. And just as theme parks »whitewash« the past in their representations of historical themes, historiographical paratexts like coffee-table books or »throwback« videos and posts on social media sanitize the parks' own history: accidents or mishaps, unsuccessful attractions, and elements that have been altered or removed due to changing notions of cultural appropriateness (see earlier) are regularly excised from paratextual park histories. In the case of Zamperla's Luna Park in Coney Island, it is, as I will show, not so much the site's own history – not too much has changed since Luna Park opened in 2010 – but rather that of its thematic sources Steeplechase Park, Dreamland, and the »original« Luna Park that is paratextually sanitized. But first, let us explore Luna Park itself.

Autotheming Coney in Luna Park

Zamperla's »new« Luna Park evokes Coney's turn-of-the-century amusement parks primarily through architecture, signage, and cleverly adapted rides. This is hardly surprising, as these are the elements of the »original« parks that via historic photographs and films, but also via representations of Coney in popular culture and the arts, are probably the most well-known and, hence, the most easily recognizable ones for Luna's potential audience, whereas much less is popularly known about, e. g., the music and the general soundscape of Steeplechase Park, Dreamland, and (the »old«) Luna Park. One of the most prominent among these elements is certainly the iconic entrance to the »original« Luna Park, which was located next to the Kister building and thus right across from »new« Luna Park's main entry gate on the corner of Surf Avenue and West 10th Street (see the map provided in Denson 2002, 27). With its four tall obelisks topped by balls as well as its giant pinwheels hugged by the word »Luna,« the new gate clearly references the archway of the »original« Luna, even though it is much smaller and features a bright orange and purple color scheme rather than the old gate's pure white.[7]

It is important to note that the new gate serves purely ornamental or thematic purposes: in contrast to Coney's turn-of-the-century amusement parks as well as, later, Disneyland, Luna Park does not charge a general admission fee in order to socially regulate access and replace »the anarchy outside the gates with an ordered environment conducive to profit making« (Sterngass 2001, 230; see also Freitag 2021, 215–268). Instead, everyone is welcome to enter the park through the main gate or one of the additional entries facing Surf Avenue or the boardwalk and to then buy tickets to the individual rides. Neither does the main entry area provide, as is the case in other theme parks, guest services or opportunities for shopping and dining. Instead, its function is simply to visually pay homage to the »old« Luna Park and to thus connect the two sites. It does so, however, in a way that completely erases the self-proclaimed modernity of the turn-of-the-century parks and rather paints them in a nostalgic hue: whereas the original entry featured the word »Luna« in »the sans-serif, Machine-Age typography that branded Coney Island as modern« (Frank 2015, 40), the »new« Luna Park uses a playful art nouveau font that not only goes well with the swirls and scrolls surrounding the pinwheels (another feature copied from the »original« design) but that also lends a certain »pastness« (see Carlà 2016, 23) to the entrance and thus presumably better meets visitors' expectations about turn-of-the-century Coney than »modern« typography would.

---

7 | Kasson (1983) has contrasted the »old« Luna Park's »Super-Saracenic or Oriental Orgasmic« architecture with the »formalism of the Columbian Exposition [1893]« (65), but at least with respect to daytime color schemes, Luna Park and Chicago's »White City« were surprisingly similar.

Besides contributing to Luna Park's nostalgic atmosphere, the art nouveau font also provides, along with the orange and purple color scheme, visual continuity to visitors and thus helps holding the park's various segments together:[8] not only is it used on all the entrances to Luna Park, but frequently also on in-park signage and especially on attraction marquees such as that of the pendulum ride »Luna 360,« which also features a pinwheel. On other marquees, including that of the Wild Mouse coaster »The Tickler,« by contrast, the font is combined with a reproduction of the famous »Steeplechase Funny Face.« This drawing of the face of a broadly grinning young man served as the logo of George C. Tilyou's Steeplechase Park and was prominently displayed, among other locations, on the façade of the park's steel-and-glass »Pavilion of Fun« building. In addition to the load and unload station of the park's titular Steeplechase ride (see below), the »Pavilion of Fun« housed some of Steeplechase Park's more outré attractions: the »Human Roulette Wheel,« for example, where visitors would sit on – and eventually be thrown off – a huge spinning turntable (as memorably depicted in Reginald Marsh's 1936 painting *George C. Tilyou's Steeplechase Park*), or the »Blowhole Theater«, where patrons would watch other visitors getting off the Steeplechase ride and get shocked with a cattle prod by a little person (in the case of men) or have their skirts blown up by jets of air (in the case of women; see Denson 2002, 35). It is for this reason that scholars have regularly associated the »stretched, grinning red mouth« of the »Steeplechase Funny Face« with Coney's »performance tradition of blackface minstrels, the contorted bodies of ›freaks‹ and other sideshow performers, the exaggerated smiles of barkers, and the behavior of the crowd that sometimes sought experiences tinged with intimations of sex and violence« (Frank 2015, 36).[9] At Zamperla's Luna Park, by contrast, the »Funny Face« merely functions to evoke Steeplechase Park in general and to thus depict Luna as the heir of not just the »original« Luna, but of all of Coney's turn-of-the-century parks.

To be sure, the »Funny Face« is by no means Luna Park's only reference to Tilyou's Steeplechase Park. Several amusement rides at the park – all manufactured by Zamperla, for which Luna doubles as a showcase for its products – use ride systems and theming to reference attractions from the »old« parks; and perhaps the most obvious case is that of »new« Luna Park's »new« Steeplechase ride – a so-called »motorbike coaster« whose trains »position guests astride a seat, similar to riding a motorbike« (Younger 2016, 428). Rather than to motorbikes – as in the case of, e.g., Shanghai Disneyland's »Tron Lightcycle Power Run« (2016) – the

---

8 | As of 2020, Luna Park extends over five blocks that are separated from each other by public roads leading to the beach. Unlike other theme parks bisected by public roads such as Phantasialand (Germany), however, so far Luna Park has chosen not to install pedestrian bridges for its visitors, with the result that technically, visitors are forced to continually leave and re-enter the park as they move from block to block.
9 | In 2014, the Coney Island History Project even dedicated an exhibition to the »Funny Face« (see Coney Island History Project 2020b).

trains of »Steeplechase« are themed to horses in order to evoke the signature attraction of Steeplechase Park, a gravity-powered horseracing ride with parallel tracks that surrounded the park and that itself paid homage to »Coney's reputation as a racing center« (Sterngass 2001, 229).[10] While Luna's »Steeplechase« coaster is comparatively short and, due to the lack of parallel tracks, does not offer a »competition« element, the experience nevertheless constitutes a charming allusion to the original »Steeplechase« ride, an allusion that, as we will see below, Luna Park's paratexts also capitalize on. Likewise, »The Tickler« uses the »medium« of the ride system to translate a turn-of-the-century gravity-based thrill ride into a twenty-first century amusement experience. Located right across from Luna Park's iconic »Electric Tower« (see the map provided in Denson 2002, 36), the »original« »Tickler« sent riders in round tubs down a gently sloped zigzag path, exposing them to high lateral accelerations. The very same effect is produced by the tight unbanked turns of the »new« »Tickler,« a so-called Wild Mouse coaster, in the horizontal »back-and-forth« section of its track. The coaster further mimics its »predecessor« by allowing the round cars to spin freely as they navigate the track and by positioning its giant marquee high above the attraction (for a depiction of the »original« »Tickler«, see Stanton 1998).

Yet what is even more interesting than the various turn-of-the-century rides Zamperla's Luna Park *does* allude to, are the attractions and experiences from the »original« parks that it silences or ignores: today's visitors to Luna Park can find no references whatsoever to Dreamland's Biblically themed dark rides (»Creation« and »Hell Gate«), its »Lilliputia« exhibit of little persons, or its »Fighting the Flames« catastrophe spectacular (see Cross/Walton 2005, 42–44 and 88; Palladini 2018), the »original« Luna Park's »Infant Incubators,« where actual prematurely born infants were displayed (see Cross/Walton 2005, 94), or Steeplechase Park's »Human Roulette Wheel« or »Blowhole Theater« (see earlier). Conceived and designed long before the much more restrictive theming strategies of contemporary theme parks were implemented, these – by today's standards – inappropriate, voyeuristic, and degrading attractions have been rigidly excluded from the 2010 Luna Park's highly sanitized autotheming of turn-of-the-century Coney Island amusement parks.

10 | Starting with William Engeman's Brighton Beach racetrack in 1879, three racetracks opened on Coney Island around the 1880s. As Sterngass (2001) writes, »Coney's visitors could now gamble on horses virtually every day in the summer, and with its trio of racetracks, Coney Island replaced Saratoga as the center of American thoroughbred racing until the New York State legislature criminalized bookmaking in 1908« (232).

Memorializing Coney in Luna Park Paratexts

Whereas the »new« Luna Park's autothematic references to Dreamland, Steeplechase Park, and the »original« Luna Park are only recognizable to those who know about the history of Coney,[11] the park's paratexts – especially its ad campaigns, website, and posts on social media – make the connections explicit and thus seek to authenticate the new development and integrate Luna Park into Coney history, legacy, and memory. For its fifth anniversary in 2015, for instance, Luna Park launched the »Share a Luna Park Memory« campaign, which featured poster ads, e. g., at the Atlantic Terminal in Brooklyn, from where visitors can take the N or Q train directly to the Coney Island-Stillwell Avenue station. Created by local graphic designer Maggie Rossetti, the triptych posters used their centerpieces to promote the park's official hashtag #mylunapark; the left and right sides, however, juxtaposed historic and contemporary photographs of Coney rides as well as the captions »Share a Luna Park Memory...« (below the historic black-and-white picture to the left) and »... and Make a New One!« (below the contemporary full-color picture to the right) in order to link (Coney Island) past and (Luna Park) present. For example, one poster motif showed two photographs of the wooden »Cyclone« roller coaster, a designated New York City landmark and part of the National Register of Historic Places, which was originally opened as an independently operated attraction in 1927 and was integrated into Zamperla's Luna Park in 2011. Another motif, however, paired off a photograph of the »original« »Steeplechase« ride at Steeplechase Park with a picture of Luna Park's »new« »Steeplechase,« thus making Zamperla's strategy of autotheming explicit (see fig. 1 and 2).

Interestingly, then, the campaign sought to (re)activate New York City's collective memory of the Coney Island of yesteryear, literally asking passersby to »Share a [...] Memory,« only to then invite them not to link this memory to a new experience at Luna, but rather to instantly memorialize their visit to the park (»... and Make a New [Memory]!«). While possibly inspired by a 2011 to 2014 promotional campaign for Disney's domestic parks in California and Florida, which used the tagline »Let the Memories Begin« and thus similarly marketed the sites as providers of memories rather than experiences (see Weiss 2021),

---

11 | At several spots in Luna Park, the park designers have installed poster-sized reproductions of historic photographs of Coney, but since the posters have been left unlabeled and their positioning appears rather random (e.g. a view of the »original« Luna Park's main entry gate opposite the »new« »Steeplechase« coaster), they do not readily assist visitors in identifying autothematic references.

Fig. 1: Poster ad for Luna Park at the Atlantic Terminal (2015)
Photo: Florian Freitag

Fig. 2: Poster ad for Luna Park at the Atlantic Terminal (2015)
Photo: Florian Freitag

this strategy perfectly fit the »new« Luna Park's attempts to nostalgically evoke Coney's past and to integrate itself into Coney history and memory – to position itself as a »lieu de mémoire« (Nora 1984–1994) for Coney Island. In addition to the autotheming at Luna Park itself and the 2015 »Share a Luna Park Memory« campaign, further evidence of this strategy can be found in the park's other paratexts, notably its official social media profiles and website. Visitors to the latter, for instance, may discover a webpage dedicated to »Our History,« whose timeline, however, neither starts in 2010 (when the »new« Luna Park was opened) nor in 2002 (when Luna Park's owner-operator Central Amusement International was founded) or in 1966 (the founding year of Zamperla, Central Amusement International's parent company), but in 1884, when the first roller coaster was installed on Coney Island and »when the thrill started« (Luna Park, »About«). Further milestones on the timeline include the opening years of Steeplechase Park, the »original« Luna Park (illustrated, confusingly, by a picture of Dreamland), and the »Cyclone« roller coaster. Hence, Luna Park claims *all* of Coney's history of amusement parks and rides as its own, but as in the park itself, the company liberally applies strategies of selection or the »politics of inclusion/exclusion« to the depiction of this history on its website. Here, too, past attractions whose theming may be considered inappropriate by today's standards are simply ignored, and so are entire parks: Luna Park's claim that it constitutes »the first new amusement park in Coney Island in over 40 years« (Luna Park, »About«) may be correct with respect to Astroland, which operated from 1962 to 2008 on the very site now occupied by Luna Park (see Denson 2011, 126), but flatly denies the existence of the family-owned and -operated Deno's Wonder Wheel Amusement Park, founded in the early 1980s around the historic »Wonder Wheel« (see Denson 2002, 165; and 2011, 123; see also my discussion earlier). According to its own historiography, Zamperla's Luna Park alone abides to time-honored Coney traditions.

The same applies to Luna Park's *Instagram* account, where carefully selected pictures of past Coney Island are freely mixed with (no less carefully chosen) impressions of contemporary Luna Park (see Luna Park, »Luna«). One particular post from August 6, 2020, for example, not only upholds Luna Park's exclusive claim to the history of Coney Island, but even extends it to the entire history of the US theme and amusement park industry. Captioned »As the birthplace of the amusement park, Coney Island, Brooklyn was visited by the most iconic names in the industry and inspired amusement and theme parks all over the world including Disneyland and Disney World« (see Luna Park 2020b), the picture shows a smiling Walt Disney on the »Zip« coaster at Steeplechase Park. Prior to the opening of Disneyland in Anaheim, California, in 1955, Disney and his team had indeed undertaken field trips to various tourist attractions and amusement parks, including Coney Island, but ironically, Disneyland would later attempt to distance itself from supposedly seedy and poorly organized playgrounds and amusement parks such as those of Coney Island (see Weinstein 1992). Via this post on its

Instagram account, however, Luna Park not only stresses the centrality of Coney among Disneyland's antecedents, but also and once again its own relevance as the sole heir to this rich tradition.

At the same time, Luna Park also engages in a different sort of »Distory« (Fjellman 1992, 59; see earlier) on *Instagram*. On August 13, 2020, the company posted yet another black-and-white picture of cheering people riding a Coney Island roller coaster – in this case, the »Cyclone« – and commented: »The historic Cyclone has been a rite of passage for thrill seeking New Yorkers and guests from around the world since its inception on June 26, 1927. Do you remember your first time?« (Luna Park 2020). Dated »circa 1962« in the post, the picture exclusively shows African American riders and thus perpetuates the widespread notion of Coney as »a crucible of democratic freedom and equality« (Kasson 1983, 95) in recreation and entertainment – a place for *all* New Yorkers (and others) to have fun (see fig. 3).

Fig. 3: Instagram post by Luna Park (August 13, 2020)
Screenshot: Florian Freitag.

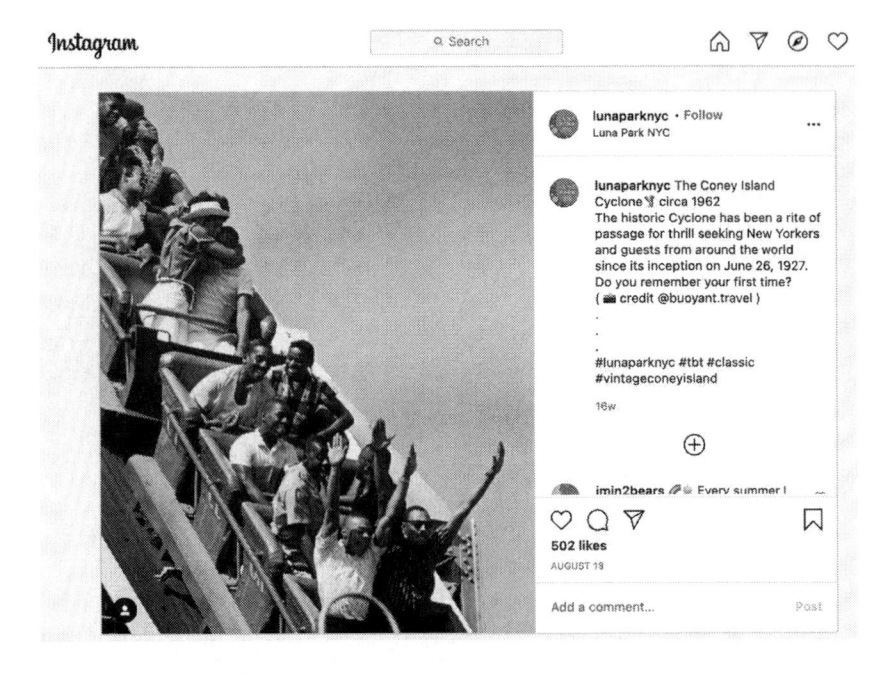

The history of racial discrimination in US theme and amusement parks in general and in Coney in particular is much more complex, however: Disneyland, for instance, was »the only Orange County location listed in the *Green Book* for black Americans wishing for a ›vacation without aggravation‹« (Morris 2019, 214) but nevertheless drew heavily on racial stereotypes in its depiction of African Americans (see Freitag 2021, 166 f.; see also Wolcott 2012). Similarly, at turn-of-the-century Coney Island,

[h]ostility against dark-skinned peoples also took symbolic form. At Coney, any national prejudice could be gratified by knocking over Turks, Frenchmen, or Prussians in the shooting galleries and rifle ranges, but the various »Kill the Coon« (or »African Dodger«) ball-throwing games remained the most popular aggressive amusements. (Sterngass 2001, 105)

In addition, African Americans were also »subjected to an unofficial color line, assigned Jim Crow bathhouses, and discouraged from bathing on certain sections of the beach« (ibid.). As late as 1964, Steeplechase Park chose to close down rather than integrate its outdoor pool (see Denson 2002, 135). Although other historic photographs and paintings depict what appear to be mixed crowds enjoying the »Cyclone« (e.g. Alfred Gescheidt's photographs from the 1950s and 60s; see »Alfred Gescheidt«) and other Coney rides (e.g. Joseph Delaney's 1932 painting *Coney Island*), it generally remains unclear what the official policies and actual operational practices regarding race were at specific Coney Island locations at different points in time. In any case, Luna Park's *Instagram* post glosses over any instances of racial segregation or discrimination at Coney, perpetuating the notion and memory of the site as a provider of fun and »cool memories« for everyone.

Conclusion

»A stationary Luna Park,« co-founder Frederic Thompson once said about his 1903 amusement park, »would be an anomaly« (qtd. in Immerso 2002, 74). Indeed, in the field of theme and amusement parks (as well as out-of-home entertainment in general), where novelty, innovation, and uniqueness are paramount, tradition, authenticity, and memories – even »cool« ones – may not appear to be particularly relevant. Yet as Erik Cohen has pointed out, specifically citing (Disney) theme parks as an example, through a process of »emergent authenticity,« »it is possible for any newfangled gimmick, which at one point appeared to be nothing but a staged ›tourist trap,‹ to become over time, and under appropriate conditions, widely recognized as an ›authentic‹ manifestation of local culture« (1988, 380). At some point in the future this may even apply to Zamperla's park itself and result, as has been the case at Disneyland (see earlier), in Luna Park becoming its own thematic source. Up to now, however, the company has mainly sought to capitalize on both the public's interest in novelty and their reverence for Coney Island's past through autothemed designs and paratexts that evoke Coney's turn-of-the-century amusement parks and rides. And it continues to do so: for its 10th anniversary season in 2020, Luna Park had planned to add a new water coaster whose »splash« sections, spanned by decorative arches, look singularly reminiscent of the famous »Shoot-the-Chutes« ride at the »original« Luna Park (see Cohen 2019; for a 1903 recording of the »original« ride see Library of Congress). When the coaster will be built,[12] it will further contribute to Luna Park's highly selective, sanitized, and nostalgic – in short, its theme park – depiction of the Coney of yesteryear.

While Luna Park's family-friendly approach to Coney's past thus links the site to such other »Distoried« imaginings of Coney and turn-of-the-century seaside amusement parks as Tokyo DisneySea's »Toyville Trolley Park« or Disney California Adventure's »Pixar Pier« (see earlier), it also marks the contrast between the amusement park and its many neighbors, which also draw on and celebrate Coney history and legacy, but do so without the restrictions imposed by thematic selection and the »politics of inclusion/exclusion«: the Coney Island History Project, whose collection of artifacts and curiosities also throws light on the more controversial aspects of old Coney's amusement parks and other attractions, and Coney Island USA, whose »Sideshows by the Seashore« performances revive and continue the tradition of the »side-« or »freak show« – like Luna Park, Coney Island USA also makes use of the »Steeplechase Funny Face« in its logo, but for altogether different reasons – and critically reflect on this tradition at the same time. In her appearances as »Helen Melon« on the stage of »Sideshows by the Seashore,« for instance, performer Katy Dierlam simultaneously »acknowledged the clichés of the sideshow Fat Lady« and »challenge[d] onlookers to look beyond her appearance,« with the result that her performance ultimately works »much as a reflection in the funhouse mirror. That is, it ultimately fails to be about her and becomes instead about us, about our lapses and failures as we attempt to measure up (or down) to the dominant ideal« (Mazer 2001, 257 and 271). Similarly, in Donald Thomas's »Sideshows by the Seashore« performances as the »human blockhead,« during which he hammers six-inch nails up his nostrils, it is the audience's reaction that »becomes the show« (2014, 308). The sideshow at Coney Island USA thus combines the »new« Luna Park's affective approach to the past with the Coney Island History Project's critical gaze at the legacy of New York City's most famous playground.

Employing Coney's various »native« art forms and media (the theme park, the sideshow, and the museum of curiosities), then, contemporary Coney Island simultaneously offers many different ways or modes of remembering the pleasures of yesterday – from the museal to the affective, from the nostalgic to the critical, and from the purely entertaining to the ultimately introspectional. Under the boardwalk, down by the sea, there's really something for everyone.

---

12 | Like many other theme parks (e.g. Efteling in the Netherlands), Luna Park has put expansion plans on hold due to the COVID-19 pandemic.

Works Cited

Akrich, Madeleine (1992): The De-Scription of Technical Objects. Trans. by Geoffrey Bowker. In: Shaping Technology/Building Society: Studies in Sociotechnical Change. Ed. by Wiebe E. Bijker and John Law. Cambridge (MA): MIT, pp. 205-24.

Alfred Gescheidt, 1926-2012, 2 Coney Island Photos. In: Litchfield County Auctions, online at https://bid.litchfieldcountyauctions.com/lots/view/1-M8ANP/alfred-gescheidt-1926-2012-2-coney-island-photos.

Baudrillard, Jean (1996): Cool Memories II: 1987-1990. Trans. by Chris Turner [1990]. Durham: Duke University Press.

Buchenau, Barbara/Gurr, Jens Martin (2016): City Scripts: Urban American Studies and the Conjunction of Textual Strategies and Spatial Processes. In: Urban Transformations in the U.S.A.: Spaces, Communities, Representations. Ed. by Julia Sattler. Bielefeld: transcript, pp. 395-420.

Camp, Gregory (2017): Mickey Mouse Muzak: Shaping Experience Musically at Walt Disney World. In: Journal of the Society for American Music 11, No. 1, pp. 53-69.

Carlà, Filippo (2016): The Uses of History in Themed Spaces. In: A Reader in Themed and Immersive Spaces. Ed. by Scott A. Lukas. Pittsburgh: ETC, pp. 19-29.

Carson, Charles (2004): »Whole New Worlds«: Music and the Disney Theme Park Experience. In: Ethnomusicology Forum 13, No. 2, pp. 228-235.

Cohen, Erik (1988): Authenticity and Commoditization in Tourism. In: Annals of Tourism Research 15, No. 3, pp. 371-386.

Cohen, Michelle (2019): Coney Island's Luna Park Looks to the Public to Name New Attractions. 6sqft, August 14, online at www.6sqft.com/coney-islands-luna-park-looks-to-the-public-to-name-new-attractions.

Coney Island History Project (2020): »Exhibition Center.« In: Coney Island History Project, online at www.coneyislandhistory.org/exhibition-center.

Coney Island History Project (2020b): »The Face Of Steeplechase«. Opening May 24 at the Coney Island History Project. In: Coney Island History Project, online at www.coneyislandhistory.org/blog/news/face-steeplechase-opening-may-24-coney-island-history-project.

Coney Island USA (2020). Coney Island USA: A Nonprofit Arts Organization Defending the Honor of American Popular Culture!, online at www.coneyisland.com.

Cross, Gary S./Walton, John K. (2005): The Playful Crowd: Pleasure Places in the Twentieth Century. New York: Columbia University Press.

Dawdy, Shannon Lee (2016): Patina: A Profane Archaeology. Chicago: University of Chicago Press.

Denson, Charles (2011): Coney Island and Astroland. Charleston: Arcadia.

Denson, Charles (2002): Coney Island: Lost and Found. Berkeley: Ten Speed.

Deutch, Amanda (2019): POEM-a-RAMA 2015 Photo Gallery. In: Parachute Literary Arts, online at www.parachutearts.org/whatwedo#/poem-a-ramaphotos.

Fjellman, Stephen M. (1992): Vinyl Leaves: Walt Disney World and America. Boulder: Westview.

Frank, Robin Jaffee (ed.) (2015): Coney Island: Visions of an American Dreamland, 1861-2008. New Haven: Yale University Press.
Freitag, Florian (2016): Autotheming: Themed and Immersive Spaces in Self-Dialogue. In: A Reader in Themed and Immersive Spaces. Ed. by Scott A. Lukas. Pittsburgh: ETC, pp. 141-149.
Freitag, Florian (2017): »Like Walking into a Movie«: Intermedial Relations between Theme Parks and Movies. In: The Journal of Popular Culture 50, No. 4, pp. 704-722.
Freitag, Florian (2021): Popular New Orleans: The Crescent City in Periodicals, Theme Parks, and Opera, 1875-2015. New York: Routledge.
Freitag, Florian et al. (2020): Immersivity: An Interdisciplinary Approach to Spaces of Immersion. In: Ambiances: International Journal of Sensory Environment, Architecture and Urban Space, online at https://journals.openedition.org/ambiances/3233.
Genette, Gérard (1997): Paratexts: Thresholds of Interpretation [1987]. Trans. by Jane E. Lewin. Cambridge: Cambridge University Press.
Geppert, Alexander C. T. (2010): Fleeting Cities: Imperial Expositions in Fin-de-Siècle Europe. New York: Palgrave Macmillan.
Gray, Jonathan (2010): Show Sold Separately: Promos, Spoilers, and Other Media Paratexts. New York: New York University Press.
Immerso, Michael (2002): Coney Island: The People's Playground. New Brunswick: Rutgers University Press.
Kasson, John F. (1983): Amusing the Million: Coney Island at the Turn of the Century. New York: Hill and Wang.
Kokai, Jennifer A./Robson, Tom (eds.) (2019): Performance and the Disney Theme Park Experience: The Tourist as Actor. Cham: Palgrave Macmillan.
Library of Congress (2010): Shooting the Chutes, Luna Park, Coney Island. On: YouTube, April 15, online at www.youtube.com/watch?v=EYa2EGs6BnM.
Lukas, Scott A. (2007): A Politics of Reverence and Irreverence: Social Discourse on Theming Controversies. In: The Themed Space: Locating Culture, Nation, and Self. Ed. by idem. Lanham: Lexington, pp. 271-293.
Luna Park: About: Our History: Where It All Began. In: Luna Park NYC, online at https://lunaparknyc.com/about.
Luna Park: Luna Park in Coney Island. In: Instagram, online at www.instagram.com/lunaparknyc.
Luna Park (2020): The Coney Island Cyclone. In: Instagram, August 13, online at www.instagram.com/p/CD1hUQAn_Kh.
Luna Park (2020b): Walt Disney in Coney Island Circa 1953. In: Instagram, August 6, online at www.instagram.com/p/CDjcbf_H3DA.
Marling, Karal Ann (1997): Imagineering the Disney Theme Parks. In: Designing Disney's Theme Parks: The Architecture of Reassurance. Ed. by eadem. Paris: Flammarion, pp. 29-177.
Mazer, Sharon (2001): »She's so fat...«: Facing the Fat Lady at Coney Island's Sideshows by the Seashore. In: Bodies Out of Bounds: Fatness and Transgression. Ed. by Jana Evans Braziel and Kathleen LeBesco. Berkeley: University of California Press, pp. 256-276.

Morris, Jill Anne (2019). Disney's Influence on the Modern Theme Park and the Codification of Colorblind Racism in the American Amusement Industry. In: Performance and the Disney Theme Park Experience: The Tourist as Actor. Ed. by Jennifer A. Kokai and Tom Robson. Cham: Palgrave Macmillan, pp. 213-227.

Nathanson, Larry (1985): Chicken King Lays Golden Egg on Coney Island. In: New York Post, October 22, p. 11.

Nora, Pierre: Les lieux de mémoire. 7 vols. Paris: Gallimard 1984-1994.

Palladini, Giulia (2018): The Rise and Fall of Coney Island: Amusement, Catastrophe and the Dead Fire of Consumption. In: Catastrophe & Spectacle: Variations of a Conceptual Relation from the 17th to the 21st Century. Ed. by Jörg Dünne, Gesine Hindemith, and Judith Kasper. Berlin: Neofelis, pp. 103-111.

Parascandola, Louis J./Parascandola, John (2014): Introduction. In: A Coney Island Reader: Through Dizzy Gates of Illusion. Ed. by eadem. New York: Columbia University Press, pp. 1-47.

Rajewsky, Irina O. (2002): Intermedialität. Tübingen: Francke.

Spellen, Suzanne (2010): Building of the Day: Coney Island/Stillwell Ave Subway Terminal. In: The Brownstoner, August 11, online at www.brownstoner.com/architecture/building-of-the-114.

Stanton, Jeffrey: Coney Island: Luna Park. In: Coney Island History Site, 1 May 1998, online at www.westland.net/coneyisland/articles/lunapark.htm.

Sterngass, Jon (2001): First Resorts: Pursuing Pleasure at Saratoga Springs, Newport & Coney Island. Baltimore: Johns Hopkins University Press.

Thomas, Donald (2014): Confessions of a Coney Island Sideshow Performer. In: A Coney Island Reader: Through Dizzy Gates of Illusion. Ed. by Louis J. Parascandola and John Parascandola. New York: Columbia University Press, pp. 306-309.

Wallace, Mike (1985): Mickey Mouse History: Portraying the Past at Disney World. In: Radical History Review 32, pp. 33-57.

Weinstein, Raymond M. (1992): Disneyland and Coney Island: Reflections on the Evolution of the Modern Amusement Park. In: The Journal of Popular Culture 26, No. 1, pp. 131-164.

Weiss, Werner (2020): The End of »Let the Memories Begin«. In: Yesterland, March 9, online at www.yesterland.com/letthememories.html.

Williams, Rebecca (2020): Theme Park Fandom: Spatial Transmedia, Materiality and Participatory Cultures. Amsterdam: Amsterdam University Press.

Wolcott, Victoria W. (2012): Race, Riots, and Roller Coasters: The Struggle over Segregated Recreation in America. Philadelphia: University of Pennsylvania Press.

Wolf, Werner (2007): Art. »Intermediality«. In: Routledge Encyclopedia of Narrative Theory. Ed. by David Herman, Manfred Jahn, and Marie-Laure Ryan. London: Routledge, pp. 252-256.

Yandell, Stephen (2012): Mapping the Happiest Place on Earth: Disney's Medieval Cartography. In: The Disney Middle Ages: A Fairy-Tale and Fantasy Past. Ed. by Tison Pugh and Susan Aronstein. New York: Palgrave Macmillan, pp. 21-38.

Younger, David (2016): Theme Park Design and the Art of Themed Entertainment. N. p.: Inklingwood.

# Workspacization of the City

The New Capitalist Reappropriation of the Urban Realm

ALEXANDER GUTZMER

1. INTRODUCTION: WORKSPACIZATION AND ITS PREDECESSOR

A new mega-phenomenon is electricizing contemporary capitalism and the discourses it influences, one of which is that on architecture and the urban realm. The phenomenon I am referring to is alternately called »workspace,« »workspace design,« or »workspace architecture.« Under the differing headlines, countless consultancy firms and other service providers are offering their help in making this or that workspace better, more human, or more efficient. »New work,« the concept proposed by Austro-American social philosopher Frithjof Bergmann in the 1970s, is experiencing a new surge in popularity.[1] Companies all over the world are promoting themselves as staunch drivers of this brave new world of work. Its proclaimed ideas: independence, creativity, communication, work from home, and, most of all, work only on projects that you as an employer actually »like.« There is a sense that people live to work but that work itself is roughly the same as »life.«

The promises the term »new work« carries certainly sound tempting – for subjects and corporations alike. The idea of a higher degree of choice for the subject in the professional world, a more self-aware management of one's own professional and personal endeavors, combined with an implied increase in economic productivity on a macro level, seems like a proto-capitalist dream come true. And whenever there is such a harmonistic vision of a brighter future ahead, unifying economy and culture, the field of architecture wants to have a part in that. Therefore, successful contemporary architecture firms are happily assisting the vision of a space that can be economically productive and culturally and individually enriching at the same time. Big architecture firms such as Gensler are carrying out their own extensive workspace research projects. Architects and designers have realized that there is an increasing demand for ever more elaborate concepts for

---

1 | See for instance Heiko Weckmüller: New Work. Sinnstiftung durch Arbeit. In: Personal Quarterly 1 (2016), pp. 46-49.

the spaces in which »new work« is taking place and aim at delivering these concepts.

Their ambitions come in handy, as the promoters of the »new work« revolution themselves are in the process of developing a spatial reconfiguration of what »new work« actually means. There is currently a thorough spatialization of the »new work« strategies going on.[2] The promises of »new work« are finding concrete designed and architectural expressions. In this process, the cityscape itself is being conquered. »New work« is turning out to be an inherently urban undertaking. It is this undertaking that this paper will concern itself with. Given the new interest in the world of work and its architectural ramifications, it seems to be the right moment to reflect on the spatial implications this rethinking of the world of work seems to bring about. This essay will do so, making the point that the imperatives of »new work« transform the ways in which we perceive the urban realm, and the ways in which we live both in and with the city. City space itself, it will be argued, is essentially becoming a tool in the generation of a still-capitalist regime of »new work.«

This endeavor seems all timelier as the current state of the world of work has been strongly impacted upon by the new coronavirus and the ways in which it calls into question how we work and live. The COVID-19 pandemic is currently forcing us thoroughly to rethink the spatial system of capitalist productivity. Hence, COVID-19 will serve as an undercurrent to my argument, even if the long-term effects of the virus on the social arrangement of the global capitalist society are by no means certain yet. Nevertheless, the impact of the pandemic on the workspace discourse and the ways in which it is already transforming our urban lives will be reflected here, based on what can be said at this point late in 2020.

I will first look at the new and highly mediated narrative the workspace orientation is based upon and explain why this narrative is an inherently urban one. I will outline the ways in which the principles of the new thinking on workspace are delimiting workspace design and discuss the strategic position of big tech companies such as Google in that process. From there, I will move to a critical engagement with the position of the worker, the subject, in the new »workspaced« city. This will be followed by a discussion of the ways in which this new »workspaced« city – and the workers within it – are subjected to a new regime of creativity; in this context, it will be asked to what degree this regime can be seen as one of liberation or of ideologization. This, then, will lead to a discussion of the relationship between the workspaced urban realm and the generation and employment of data within it.

---

2 | See Ruth Slavid: New Work, New Workspace. Innovative Design in a Connected World. London 2020.

2. Workspace and the New Workspace Narrative

The workspace boom and the ways in which it relates to notions of the urban, and in which it is transforming what urbanity means, is significantly a media phenomenon. This does not, of course, mean that it is not »real.« It is real, but its reality is at the same time highly mediatized. Architecture and the mediatized reflection of architectural solutions have to be understood as essentially the same thing.[3] The architectural and urbanist translations of the new workspace philosophy are a topic with a high mediatization potential, with mediatization understood along the lines outlined by Couldry and Hepp.[4] First of all, the new workspaces themselves function as media, displaying the basic assumptions under which they make sense at all. The high degree of openness that contemporary office spaces (not exclusively, but most significantly coworking spaces) have, the architectural emphasis on teamwork and communication, the explicit playfulness many spaces exhibit, the many different micro-spaces a knowledge worker is architecturally invited to choose from in contemporary office buildings – all these are mediating displays of a certain philosophy that is the basis of the spatial regime at play here. Moreover, the fact that the concept of the coworking space is conquering our inner cities is functioning as a display of the new regime of capitalist flexibility and relaxed freelance creativity that is step by step displacing the old regime of rigid hierarchy and organization.

What is more, there are more and more books, magazine articles, websites, and blogs dedicated to this new kind of architectural work. The website www.transformational-buildings.de, a cooperation between my current employer Euroboden and the architecture magazine *AD*, can be seen as a good example. The idea is essentially to create a think tank, looking for best practices in terms of future office design. My former employer, publishing house Callwey Media, has also started a workplace-oriented media initiative: the awards campaign and website www.bestworkspaces.com. The whole award competition is about the innovative potential of currently opened workspaces, essentially asking whether the architectural settings created adhere to the imperatives of the »new work« regime. I was part of the jury during the initial months, which meant I had to evaluate the architecturally best new workspaces proposed every month, based on an elaborate scheme of complex and rather abstract categories.

---

3 | Alain Thierstein, Nadia Alaily-Mattar and Johannes Dreher have outlined how this works in a process model they develop in a book about star architecture: Star Architecture's Interplays and Effects on Cities. In: About Star Architecture. Reflecting on Cities in Europe. Ed. by eadem, Davide Ponzini and idem. Cham 2020, pp. 45-53.
4 | For their concept of mediatization see for instance Nick Couldry/Andreas Hepp: Conceptualizing Mediatization. Contexts, Traditions, Arguments. In: Communication Theory 23 (2013), No. 3, pp. 191-202.

268 | ALEXANDER GUTZMER

In terms of the mediatization of the workspace narrative, it was interesting to witness the high degree to which the jury process was mediatized. The whole evaluation process took place entirely digitally, implying that jury work at the same time meant mediatized work. New jury members were added frequently, which served as material for PR activities. In the end, what counted in terms of our jury work were almost exclusively the marks we generated, which were displayed almost instantly online in an appealing and dynamic way. The whole jury process seemed to have been optimized for the generation of mediatized data and for the ready communication of evaluation results. At the same time, the entire process was continuously accompanied by various press activities of the publishing house. It seemed as if the mediatization of the jury process was a media story in itself (or was transformed into one – by communicating about it).

The narrative of »new work,« and of the evaluation of spatial arrangements according to whether they cater to that narrative, has been a strong one ever since the second wave of the »new work« discourse started. However, that was before the coronavirus called into question a lot of what we take for granted in terms of today's cultural capitalist work regime. The pre-COVID-19 narrative about workplaces, the city and »new work« was clearly based on the assumption that »new work« is breaking down boundaries. Work is everywhere, and the new workers see no sense in defining completely workless spaces. Rather, they sit in cafés or lounge-style coworking spaces and are effortlessly productive, while at the same time engaging in a social, one could also say pseudo-urban, exchange with coworkers they hardly know (an interesting similarity to Richard Sennett's assertion[5] that cities are places where strangers meet).

Fig. 1: Opening page of competition platform »Best workspaces« (Source: Google)

---

5 | For a discussion, see Werner Schiffauer: The City and the Stranger. In: Anthropological Journal on European Cultures 2 (1993), No. 2, pp. 67–82, here p. 67.

Fig. 2: At work in the café at Google (Source: Google)

In this imagery, the city is interpreted as an eternal office space. This notion has, of course, changed through COVID-19. Home office has, for a while at least, become the new normal, and boundaries to the outside world were part of what made it appealing. And even once employees return to their offices, the question remains to what degree the old nine-to-five office world will return. Most experts agree that it will not return at all.

Now, in terms of my key argument here – that the city and its mechanisms are, as it were, swallowed by the world of work – where is that argument left by the new developments initiated by the COVID-19 pandemic? The point I want to make is that it is made even stronger. Particularly as the classical notion of nine-to-five office work weakens, the idea of an urban way of productivity can offer the missing link between the imperatives of work on the one hand and the atmosphere of flexibility and permanent manageability that people expect from the spaces in which they choose to work on the other. Essentially, we have three distinct spatial spheres: the sphere of classical big offices; the sphere of home; and the third and arguably more ambiguous sphere of the new urban productive spaces, such as coworking spaces and their adaptations by corporations desiring innovation. Sphere 1 can be argued to suffer through COVID-19. Sphere 2, however, is less than inspiring in the long run. So the societal and economic focus will be on sphere 3. The new productive spatial regime needs new and more flexible spaces that offer something of an alternative to the classical office world. This is where flexible production spaces such as coworking labs etc. come in. Flexibility and individual manageability are a key part of what they promise. This holds true for the real coworking spaces as well as for the new, urbanized workspaces offered by capitalist corporations. Big companies intent on keeping their employees within their premises will have to offer them something beyond the classical big office cubicle. They will have to offer an array of flexible spaces that give the impression that whoever engages in capitalist productive activity there, will have a high degree of choice and will essentially be able to renegotiate the spatial arrangements of his or her own office day at any time – not only in terms of working under conditions of COVID-19, but also in terms of a general permanent capacity for task-related spatial optimization. This narrative of ultimate flexibility is offered by a space that is itself flexible, open, and connected to the world outside – an urbanized office space; a space spatializing all the imperatives of »new work.« In this sense, the workspace movement initiated by key ideas of the concept of »new work« and triggered by certain new expectations of the generation Z can be argued to have actually gained momentum through the irritations we currently perceive under the header of COVID-19.

And then, there is yet another COVID-19-driven aspect that adds relevance to the takeover of city structures by the world of work. Arguably, a lot of what urban space is about – density, chance encounters, spontaneous exchange – is seen as dangerous in times of the COVID-19 pandemic. Yet, people still desire urbanity. Hence, a kind of weak urbanity, an urbanity with a safety net, will be looked for. This »*urbanity light*« is what clever office design can realize. In this sense, the urbanized office space, be it an office in the inner city or one pretending to be part of a city, might be the solution to creatives fearing COVID-19. »New work«-offices offer us cityness without the complexity of real cities.

Some contemporary office designs even claim to inhabit urban structure internally. The Australian infrastructure company Transurban, for example, recently realized such a city simulation. It had asked for an office space »that reflect[s] the modern cities it serves.«[6] The Australian architecture firm Hassell provided. »Across eight floors of a new building in Melbourne's Dockland areas,« the architects »created an ›internal streetscape,‹ arranging desks, booths, lounges and work bays into a ›village‹ formation. Tree beds are designed into the floors, with corridors mimicking a city footpath, while hanging plants layer upon the timber vaulted ceiling and blackened steel joinery.«[7] Simulated urban life for sure, but also an extension of what »urbanity« means.

---

6 | Office Design. The Latest Trends in Workspace Architecture. In: Wallpaper*, December 4, 2019, online at www.wallpaper.com/gallery/architecture/office-design-latest-trends-workspace-architecture.

7 | Ibid.

3. Limitless Workspace Design and Google Urbanism

The spiritual epicenter of the new workspace movement is, of course, Silicon Valley. Just as European media managers undertook pilgrimages to California some years ago to learn the business secrets of the digital behemoths Facebook, Apple and co., architects, designers and heads of Human Resources are now making their trips west to find out about the innovative new places of work that pop up there. They visit Apple's over-dimensioned »donut« designed by Norman Foster, or the new Facebook headquarters, Frank Gehry's controversial creation of the largest open floor plan in the world of office design. Both architectural projects are interpreted as showcases of what the future of work might look like. And again, they are, of course, media phenomena. Highly publicized, with an instant worldwide mega-presence on social media, these are buildings that function as media. And they do so not only as traditional architectural icons, but also as icons of a new way of thinking about work.

This holds true, even more so, for another complex of corporate architecture that is currently taking shape: the new Google campus, or rather, the new Google campuses. Google, respectively its parent company Alphabet Inc., has a new campus at its headquarters in Mountain View by Bjarke Ingels and Thomas Heatherwick in the works; what is more, it recently announced plans for a new spatially ambitious additional campus in nearby Sunnyvale.[8]

One could, of course, argue that building in Silicon Valley is the opposite of building in an urban sphere. It is true that the Valley is not part of a metropolis in the classical sense. One thing it does, however, is redefine what metropolis means, as the Valley continuously renegotiates whether it is actually part of San Francisco. The relationship between the metropolis San Francisco and Silicon Valley is a complicated one; some authors actually see San Francisco under siege by the logic of the Valley.[9] And yet, from my point of view, it would also be a misunderstanding to perceive the building activities there as part of a neo-rural movement. San Francisco and Silicon Valley are connected. And the Valley itself is engaging with what urbanity means in the digital sphere. The spatial activities of the tech giants could even be argued to be aimed at generating new ways of thinking urban and creating urban spaces in the absence of the restraints that classical urban centers bring with them. Or, as Margaret O'Mara writes: »Landscapes of office parks and campuses that rarely are considered ›cities‹ have become some of the most allur-

---

8 | See Tim Nelson: Bjarke Ingels Group Unveils Designs for New Google Campus in Sunnyvale, California. In: Architectural Digest, January 4, 2018, online at www.architecturaldigest.com/story/bjarke-ingels-group-google-campus-in-sunnyvale-california.
9 | See Rebecca Solnit/Susan Schwartzenberg: Hollow City. The Siege of San Francisco and the Crisis of American Urbanism. London 2000.

ing sorts of urbanism, and are widely imitated.«[10] What is more, as we will see, Silicon Valley urbanism does not stop in the Valley by any means.

Also, the way in which tech companies build there does not always proceed by means of the isolated creation of architectural monoliths. Google's Mountain View project, for instance, has a degree of spatial integration to it – one, however, of internal integration. The new project is building on older Google architecture, it is essentially an extension of the »original« »Googleplex« that opened in 2013 and that has been the first major architectural intervention of the then young internet company. One could even argue that Google architecture »grows« iteratively – just like cities grow.

Fig. 3: The original Googleplex campus (Source: Google)

And the company seems to have learned in terms of architecture. The original »Googleplex« has often been criticized for the superficial way in which it creates a pseudo-urban life, with a lot of colorful applications, Disneyesque installations and an often hilarious neon imaginary. In terms of the new campus, this atmosphere has apparently become slightly more »earnest.« The architecture seems to be aimed at being more in line with the ambition of the architectural profession as a whole to create »real« solutions for a planet in crisis. Sustainability is

---

10 | Margaret O'Mara: The Environmental Contradictions of High-Tech Urbanism. In: Now Urbanism. The Future City is Here. Ed. by Jeffrey Hou, Benjamin Spencer, Thaisa Way and Ken Yocom. London 2020, pp. 26-42, here p. 26.

key. Google seems to be trying to create an almost-urban office space that can function as a showcase for a future, sustainable urbanity.

And yet, the spectacular is never far away. One of its major (and clearly spectacular) architectural innovations is the idea of an artificial sky.[11] The ceiling is carried by »four enormous glass canopies, each stretched over a series of steel pillars of different heights.«[12] The artificial sky is no simple case of architectural simulation; rather, it is carried by the idea that the company can now create its own system of air regulation. This was deemed innovative even some years ago, and has presumably become even more relevant, but also more demanding, as a result of COVID-19, given the possibility and necessity of introducing a coherent strategy of safe air management.

As a whole, the idea of corporate space management in this complex is part of what one could call the company's »architectural identity.« This identity is connected to a high degree of spatial management capacity. The company demonstrates its capacity to modify space at will. Not only can it manage the air above the created spaces. It can also manage and alter the spaces themselves. The architects have developed a system through which Google can, in the case of altered spatial requirements, add, stack, or remove offices as necessary. Once again, Google office architecture here seems to be aimed at adapting certain mechanisms that we know from cities – in this case, the spatial adaptiveness. One thing, however, is clearly un-urban here: the question of who is in charge. The high degree of manageability of the complex provides the company with a new position of spatial power. In this sense, this is Google-powered pseudo-urbanity – a notion that will become very telling once we look at Google's architectural activities beyond the only semi-urban corporate headquarters and analyze how the company becomes engaged in city planning and building all over the globe.

Before we do that, however, one more observation: In order to be able to alter the spaces as outlined, the company has not only developed an ambition in terms of architectural innovation, but also in terms of innovation in the building industry. Alphabet Inc. has declared it is about to invent its own portable crane-robots, called »crabots.«[13] Essentially, this means that this is a company that is developing both an architectural strategy and at the same time the tools to carry out this strategy.

As a whole, the new buildings aim at making a visual impression, but it has to be an impression of gentleness. Their most striking aspect are different sloped roofs, forming ramps that Google employees are supposed to »use to travel out-

---

11 | See Brad Stone: Big and Weird. The Architectural Genius of Bjarke Ingels and Thomas Heatherwick. In: Bloomberg Businessweek, May 7, 2015, online at www.bloomberg.com/news/features/2015-05-07/google-s-new-campus-architects-ingels-heatherwick-s-moon-shot.
12 | Ibid.
13 | See ibid.

side between the building's levels,«[14] as has been declared. This is presented by Google PR as an »inventive approach« which »allows for the integration of the park's natural qualities.«[15]

To sum up, what is interesting is the high degree of architectural and near-urban thinking the company seems to employ. Apparently, Google thinks that architecture and city planning are inherent qualities of the company, and that these qualities set it apart from other digital behemoths. Consequently, Google seems to be happy with other companies following their »best practice« example. The company obviously has the ambition of being an architectural innovator. »Housing is part of our thought process,« says Mark Golan, COO of Google's global real estate investments and development group. »A new mixed-use community where you have live-work capabilities, makes a lot of sense.«[16]

It has become obvious by now that while coming from the purely digital sphere, the tech company Google wants to have an impact on space, and on the workspace in particular. And this ambition is a worldwide one. There is, one can argue, a universal »googlefication« of the workplace going on.

Fig. 4: Google office in Kuala Lumpur (Source: Google)

---

14 | Nelson: Bjarke Ingels Group Unveils Designs for New Google Campus in Sunnyvale.
15 | Ibid.
16 | Quoted in ibid.

Google does not stop at equipping its head office in the ultimate un-urban landscape, Silicon Valley. Google urbanism works on a worldwide basis, and the company is also involved in European city planning to a high degree, for instance with its European headquarters in London. In its projects all over the globe, the company seems to create a combination of all that it has learned by building in Silicon Valley. Sustainability is highly prioritized, but the colors are still deliriously bright, and the tables are always used for something playful. The implication: work is fun. The other implication: the fun must never stop. Do not look for identity or self-actualization outside your office. You work, therefore you are.

This ideology has a strong impact on the contemporary city. On the one hand, Google itself is building. On the other hand, other companies are following the models that Google continues to set. This works significantly through the communication activities of Google. Through these initiatives, the workspace narrative is globalizing. The image-conscious company has managed to create a global imagery that sets the standards for a workplace-related state of the art all over the world, especially in the major metropolises of the service economy.

What is more, if there is one spatial institution exemplifying the googlefication of the workspace, and the workspacization of our inner cities, beyond Google itself, then this is the coworking space. Architects are fascinated with designing coworking spaces in city centers these days. If there is an architectural award to be given out to office architecture, it is hard for even the most average coworking space not to win. Even traditional corporate headquarters accept the convention of having to integrate coworking elements into their spatial program today, and even more so into their mediatized reflection of that program (check Instagram, with some 650,000 entries on #coworkingspace).

But what do the coworking imperatives do to the worker? In how far is the story of an eternal space of creative freedom misleading? What we encounter here is what I call the »transparency paradox.« Transparency is key to the ideology of every coworking program. But how transparent, open and, most of all, free of hierarchies is the new coworking capitalism? Are all coworkers really the same? Are there really no limits in the mechanisms of cooperation? I doubt it. De Peuter, Cohen and Saraco see coworking as full of ambivalence.[17] For them, coworking arrangements are a response to precarity. They argue that a certain social and political ambivalence is intrinsic to the culture of coworking. And it is true: in the end, people still have to get paid. And we are still operating in a knowledge economy, which means that knowledge and networks are still power, which, in turn, means that they will be protected. Or do people really share groundbreaking business ideas or patents freely in coworking arenas today?

---

17 | See Greig de Peuter/Nicole S. Cohen/Francesca Saraco: The Ambivalence of Coworking. On the Politics of an Emerging Work Practice. In: European Journal of Cultural Studies 20 (2017), No. 6, pp. 687-706.

4. THE NEW WORKER IN THE WORKSPACED CITY

If we are looking for a functioning metaphor for the kind of »new work« that arises from the imperatives of coworking capitalism, then it might be the »transmedia worker.« Capitalist productivity in the (largely urban) coworking economies is based on the permanent extension of what »media« is, and the permanent switch from one medium to another. Swedish media theorists Karin Fast and André Jansson call this the »regime of transmedia work.«[18] This regime, they argue, is increasingly dominating the old logic of mass media. They identify two agents that influence how we (co)work today: information and communication technology (ICT) on the one hand, and the urban coworking space industry on the other. Fast and Jansson discuss the ideological implications of the transmedia work discourse as produced by ICT companies and coworking spaces. They suggest that both streams of discourse work to legitimize transmediatization and develop a cultural-materialist critique of the promises made by coworking spaces In this critique, they demonstrate how by constructing mobility, networking, and self-entrepreneurship as virtues in the new world of work, workspace capitalism steers transmedia workers into work in non-traditional workplace settings and new work modes. The technology discourse constructs an ideal urban worker who submits to the demands of the new work economy: flexibility, responsibility, proactivity, mobility, permanent productivity, eternal capitalist creativity, and so on.

Creativity is a key term here. It is the vaguely poetic glue over the workspacization of our living environments – and of urban life. The »creative city« has always been a tempting catchphrase for urban marketing. The term is intricately connected to the increasingly excessive use of urban space by the creative economy. And, thinking it further in economic terms, it has created its own mode of capitalist urban productivity As Allen J. Scott observes, there is a creative field being constituted in contemporary cities.[19] The interventions of Google and the likes create a new creativity regime. Hence, cities large and small in many different parts of the world are most assuredly being transformed in economic terms into drivers of what Scott analyzes as a new cognitive-cultural economy. He points to the distinctive stratum of highly paid workers with much intellectual and affective human capital for whom the city is an economic playground; in the sense that it is the place where start-ups are founded, the city is the place for inner-economic modes of protest. The start-up is a way of protesting within the economic realm against the limits set by this realm. This is a brilliant way capitalism has found to preserve the mode of protest and opposition, while making it its very own principle.

---

18 | Karin Fast/André Jansson: Transmedia Work. Privilege and Precariousness in Digital Modernity. London/New York 2019, p. 41.
19 | See Allen J. Scott: Beyond the Creative City. Cognitive-Cultural Capitalism and the New Urbanism. In: Regional Studies 48 (2014), No. 4, pp. 565-578.

Of course, this ostensibly cheerful image of a capitalism of small oppositions is counterbalanced in our metropolises by the emergence of a low-wage service underclass and all that this implies in terms of the socio-spatial segmentation of urban life. The rising wealth of cities worldwide has to be seen in the context of a continually intensifying pressure on cities to assert their global presence and ambitions by means of vibrant visual images and branding campaigns emphasizing local attractions such as lifestyle, cultural facilities and historical heritage. This is why the coworking spaces, and their image, are of such importance for the workspacization of the city to gain momentum.

Scott is searching for the social and economic forces rooted in the dynamics of cognitive-cultural capitalism. The primary theoretical challenge, he argues, is to reveal how these dynamics undergird the spatial and temporal logic of urbanization today. An exclusive focus on the creativity-generating capacities of the city, as such, misses much of what is most crucial in this challenge, namely the social and economic forces that bring specific modes of urban life into being in the first place. For him, and for me, too, the »creative city script« contains a lot of wishful thinking, not to mention an encouragement of top-down, leadership-style political recuperation and of regressive policy-making. So even if its time has come, the concept of creativity and of creative workspaces in economic and urban geography needs to be approached with caution.

What is interesting, however, is the difference in the perception of concepts such as »new work« in this overall framework of capitalist productivity. The »creativity regime« Scott addresses is essentially a system of creative exploitation, making the most of the workers' creative force. The key is that they are supposed to feel free while, in fact, performing according to the capitalist idea of productivity. This works through the notion of community: the coworker of today feels as part of a creative community, while thereby becoming a more effective production factor. In this context, an interesting empirical research has recently been carried out by economists Nick Clifton, Anita Füzi and Gareth Loudon.[20] They asked workers based in a coworking structure what motivated them in their choice to work there, and what was the result of their being engaged in coworking. The study essentially showed that what they first and foremost sought by being based in a coworking environment was social interaction. They wanted, it seems, a bit of urban or near-urban exchange when setting up shop in a coworking space. The result, however, was a different one: they became more productive in the capitalist sense of innovation. The authors found »that coworkers reported enhanced levels of innovation, despite this typically not being their explicit motivation.«[21] Cowork-

---

20 | See Nick Clifton/Anita Füzi/Gareth Loudon: Coworking in the Digital Economy. Context, Motivations, and Outcomes. In: Futures (in press), online at www.sciencedirect.com/science/article/abs/pii/S0016328717304901. https://doi.org/10.1016/j.futures.2019.102439.
21 | Ibid.

ing, it seems, is simply a highly effective strategy for capitalism. And the urbanization of the world of work, the bringing-together of urban reality and capitalist production, seems to be an optimal way of ensuring that workers maintain a high degree of capitalist commitment, while not feeling the need to search for an urban reality outside of productive capitalist activity.

5. THE URBAN WORKSPACE AND THE EXPLOITATION OF DATA

At the same time, the new urbanized work environments are also highly digital ones. They are intricately connected to the notion of data. The new digital nomads work with data, they exploit data, but they also create data. Every online search is a step towards a new data set. Moreover, urbanized workplaces such as coworking spaces appeal to companies in terms of data-driven research. The new worker in the coworking environment can easily be researched – and they are; the most comprehensive of the many studies on how digital nomads work in coworking spaces is the annual »Global Coworking Survey.«

In a way, the notion of data generation through urbanized work brings us back to Google. For, the eternal workspace of the urban realm is not just anyone's workspace, it is Google's. Whoever your employer is, in the end you, in a way, also work for Google today. This is a particularly sinister twist in the workspacization of society. Whatever you do, you create data. And Google uses these data. Therefore, we are all freelance data miners for Google. The increasingly Google-designed stage settings undermine that. This is a new twist to the concept of immaterial labor. It is not just that you don't see the limits of the process of work. You also don't see the limits of the implications of work. Just as any journalist, in fact, works for Google today, because he or she creates content that will be promoted via Google, thereby generating advertising value for the company, so any office worker is part of the never-ending process of data generation that feeds into Google's business model.

At this point, it can hardly be surprising that Google also started its own initiative with the explicit goal of enriching urban planning and city-related decision-making through its own business subsidiary. Operating under the name of »Sidewalk Labs,« Google's parent company Alphabet Inc. has ventured deep into the field of city planning. Sidewalk Labs started outright urban and city planning initiatives.

However, this approach is not a trivial one. One of the most comprehensive city planning initiatives carried out by Sidewalk Labs has recently been abandoned by the company. The City of Toronto had awarded Sidewalk Labs the job to design a whole district on the city's waterfront, the Quayside. Many had seen Toronto's decision not only as a signal for a different model of professional practice, but also as a conceptual shift away from citizen to urban consumer. By engaging a private technology company, one that collects data on its customers and resells them to third parties, Toronto's smart city pointed to a significant change in the understanding and practice of contemporary urban planning and design.

Eventually, the project was, however, cancelled. In May 2020, Sidewalk Labs announced that it would stop the Quayside project. Officially, they based their decision on the COVID-19 pandemic and the high degree of economic uncertainty. But was that the whole reason? The rhetoric around the cancellation did not at all sound like Google. After all, taking risks in a positive way is part of its corporate culture. Rather, it seems that the pandemic has provided the company with a reason to stop a project that proved more complex than previously anticipated. City planning, Sidewalk Labs seems to have come to realize, is simply more complex and often more contradictory than developing purely digital products or more generally engaging with the purely virtual sphere. Cities, it seems, have their own degree of ambiguity and complexity. Managing this requires competencies that even a company like Google apparently finds difficult to build up internally, or to acquire externally.[22]

And yet, we should not see the abandonment of the Toronto project as a renouncement of the idea of Google engaging in city planning altogether. The company is eager to learn, and this is exactly what Sidewalk Labs seems to be intent on doing now. In this sense, we can expect the conquering of the urban space by Google to continue. It makes perfect sense that Tierney (2019) argues for the overall urban operation of Google and other tech companies to thoroughly change what we understand as city.[23] She makes the point that these activities can essentially be seen as an effort to transform the city into a site of »disciplinary disruption.«[24] Her principal concern is with the transformation of personal and environmental data

---

22 | In the public discourse, the project was largely discussed as an experiment of a data-driven enhancement of what an urban realm is, or what it can be. However, Sidewalk Labs had understood early on that when Google starts becoming involved in urban planning, then the expectations are high, also regarding purely architectural categories. The question would certainly have been put up to what degree the innovation-based company finds a way for this new area of the city to be innovative beyond the use of data, e. g. in terms of its architecture. Sidewalk Labs brought together architecture firms Heatherwick and Snøhetta, who developed an architectural concept based on a material often seen as synonymous with construction-based sustainability: timber. The development was to be built entirely from mass timber. Indeed, the extensive use of modular cross-laminated timber and glue-laminated timber was a chief selling point of the design. See Mike Yorke: Op-ed. The Upshot of Sidewalk Labs' Canceled Toronto Project. In: The Architect's Newspaper, June 19, 2020, online at www.archpaper.com/2020/06/the-upshot-of-sidewalk-labs-canceled-quayside.
23 | See Thérèse F. Tierney: Toronto's Smart City. Everyday Life or Google Life? In: Architecture_Media_Politics_Society 15 (2019), No. 1, online at www.scienceopen.com/document?vid=665c1905-950b-4bbe-ac52-570d5a796535.
24 | Ibid.

into an economic resource. Seen through that particular lens, she rightly argues that Google-driven smart city planning creates urban spaces that have internalized relations of colonization, whereby the economic objectives of a multinational technology company take on new configurations at a local level of human (and non-human) information extraction – thereby restructuring not only public land, but also everyday urban life into a zone of unmitigated data generation.

6. Conclusion

This essay has engaged with the relationship of the current trend of »new work« and the transformation of city space. »New work« has been argued to have developed spatial imperatives that are displayed in the urban realm. City space has been shown to be altered in shape and social functionality through the architecture and design principles the new workspace discourse promotes. This workspacization of the city and the effects it has on the human subject in the urban sphere have been outlined as a trend as a trend that is enforced, rather than weakened by the COVID-19 crisis.

In this discussion, the workspacization of the city has been presented as part of a larger process of a reinvention of capitalism in the digital sphere. While it is certainly a strong testimony to the scope of the forces of digital culture, the workspacization of the city is not its only, or even its key element. The digital transformation of culture does not end with the urban realm, and neither does it end with the notion of »workspace.« True, workspace is everywhere today – but it would hardly be surprising if the concept of the workspace itself were to vanish at some point. Capitalism has a strong tendency of naturalizing things. So it would not come as much of a surprise if the overwhelming success of the workspacization of the urban realm meant that at some point, there is no longer a non-workspace.

Alfred Doppler zum 100. Geburtstag

On June 11, 2021, the Universität Innsbruck bestowed an honorary doctorate of philosophy on Alfred Doppler – only the second time in the history of the university that one of its own faculty members has been so honored. The occasion for this »Festakt« – his 100th birthday (June 12, 2021; see www.youtube.com/watch?v=nLnS79h-aMQ) – provided an opportunity to reflect on Doppler's many contributions as a scholar and as a beloved teacher. His decade-long appointment in the Middlebury College German School meant that he touched the lives of numerous US-based students as well as the hundreds of those who studied with him in Innsbruck. In this way Doppler's career exemplifies the mission of »transatlantic German Studies« to which this journal is dedicated.

Selbstgespräch mit Alfred Doppler über Freude, Freiheit und Dialog
Festrede zum 100. Geburtstag am 12. Juni 2021*

Cristoph König

Liebe Gäste, sehr geehrter, lieber Herr Professor Doppler,

ich spreche heute über meinen Lehrer, zu meinem Lehrer, ich möchte ein Gespräch in diesem besonderen Augenblick wieder aufnehmen, am Tag vor Ihrem 100. Geburtstag, im akademischen Rahmen, da die Universität sich ehrt, indem Sie die Ehrendoktorwürde annehmen – ich möchte ein Gespräch fortführen, das ich mit Ihnen über die Jahrzehnte hin geführt habe, ein Selbstgespräch mit Ihnen und mir über die Samen, die Sie gelegt haben, im Fach, in mir (der ich Ihr Fach ergriffen habe), in den vielen, die hier – beispielhaft – versammelt sind. Ein Gespräch in Dankbarkeit, das immer wieder zu drei Worten »Freude«, »Freiheit«, »Dialog« zurückkehrt und unter dem – wie Paul Celan sagt – »Neigungswinkel« der Literatur steht.

In meiner Mitschrift zu Ihrer Vorlesung über »Die erzählende Dichtung des 19. und des frühen 20. Jahrhunderts« im Wintersemester 1975/76 notiere ich einen emphatischen Beginn. Es geht sofort um alles. Was Literatur nicht sei, zählen Sie auf: kein Trost, kein Bildungsgut, ohne Leitbilder für das Schöne und Gute, kein Mittel des Überschwangs. Sie sei vielmehr die Erkenntnisform von Gegenmöglichkeiten zur Gesellschaft, Anweisung für ein menschenwürdiges Leben (Sie zitieren Kafkas Wort von der »Expedition nach der Wahrheit«), auch: Quelle des Vergnügens in beweglicher Fantasie. Und dann fällt das erste der Worte, von denen ich sprechen möchte: ›Freude‹ (in meinem Skript dick unterstrichen, und in Versalien). Ihr Gesicht dabei habe ich noch in Erinnerung, wie ich es auch jetzt sehen darf: Die lausbübische Freude über einen gelungenen Coup spiegelt sich darauf. Wir Studenten sind begeistert, denn der Satz ist beglaubigt. Eine große Anständigkeit ist spürbar, doch woher sie rührt, können wir im ersten Semester nicht wissen.

---

* | Die Festrede hielt ich am 11. Juni 2021 im Rahmen des Festakts der Universität Innsbruck zur Verleihung der Ehrendoktorwürde an Alfred Doppler.

Heute habe ich zumindest eine Vermutung. Die Lektüre Ihrer Habilitationsschrift über das Motiv des Abgrunds (1968) bestärkt mich in der Vermutung, dass die Freude eine Freiheit voraussetzt, wie sie der Kommentar gibt. Spreche ich vom Kommentar, dann meine ich damit die Reflexion, die Erläuterung, die Stellungnahme, ein Habitus des Sekundären, der zweiten Autorschaft, wenn man so will, wie er uns Philologen eigen ist. Wir kommen ja *nach* der Literatur (nur wissen es viele Kollegen nicht), und wir können die Literatur in guten Momenten verstehen, weil auch sie im Kommentar entsteht, weil ihre Kreativität andere Bücher voraussetzt. Insofern wäre auch sie philologisch. Eine philologische Freiheit antwortet also, sekundär, auf die andere, die literarische Freiheit. In Ihrem Buch über den ›Abgrund‹ zeigen Sie, dass literarische Werke in Kritik und Kommentar Stellung nehmen, Stellung nehmen zu Traditionen und zur eigenen Erfahrung des Autors. So unterscheiden Sie in Ihrem Buch, wie die einzelnen Dichter auf eben den ›Abgrund‹ reagieren (Schiller und Hölderlin sind dabei, auch Nietzsche) – sie tun das entweder durch Ignorieren im schönen Schein oder durch Absturz und gesuchte Depression oder drittens durch formales Bestehen der Gefahr. In Gestalt Ferdinand Ebners, der den Schlussstein bildet (und dem Sie in Innsbruck und der Zeitschrift *Der Brenner* wiederbegegnet sind), tritt das dialogische Prinzip, ein Gespräch von Du und Ich im Abgrund auf. Das Gespräch ermöglicht die Bemeisterung des Abgrunds in der Form. Ich zitiere, wie Sie, lieber Herr Professor Doppler, Ebner zitieren: »Das Ich, das im Selbstgenuß absolute Mitte ist, endet im heillosen Abgrund, dagegen führt der Dialog über den Abgründen des Daseins zur Einsicht, daß [und nun kommt Ebner zu Wort] ›alle Geistigkeit des Lebens am Rande eines Abgrunds aufleuchtet und alle Tiefe des Geistes gar nichts anderes ist als die Tiefe dieses Abgrunds‹.« (S. 206) Die Freude, um das Wort wieder aufzunehmen, ist an eine Freiheit gebunden, die durch den Gang durch den Abgrund möglich wird (in der Tradition des *descendite, ut ascendatis*) – den die Literatur geht und dem der Interpret, in eigener, gegenstands*gebundener*, kommentierender *Freiheit* gerecht wird. Ein Akt schöner, froher, eben abgründiger Solidarität.

Erlauben Sie dem Wissenschaftshistoriker, an dieser Stelle auf Ihre herausragende Stellung im Fach hinzuweisen, die wir heute auch würdigen, Ihre ›Wissenschaftswirksamkeit‹ im Sinn der Exzellenz des Werks und im Sinn der Ausstrahlung Ihres Œuvres, wie sie mit der Aufnahme in das *Internationale Germanistenlexikon 1800–1950* (2003 bei de Gruyter) bestätigt wurde – von 12 000 Germanisten weltweit und über die Zeit seit der Gründung der Germanistik hin sind zuletzt nur 1 500 aufgenommen worden. Dabei eben auch Sie! Ihre Laufbahn, die dort dokumentiert ist, von Graz über München nach Innsbruck, vom Gymnasium an die Universität, gibt freilich kaum Auskunft über die Stellung im Fach. Auch hier ist auf die Freiheit zu achten. Sie bildeten sich gerade in der Unterscheidung von allgemeinen Strömungen in der Germanistik ihre Stellung und weitläufige Zitadelle. Im Nachhinein erkenne ich die vielen Winde, auch Stürme, in denen Sie standen, ausgelöst von Menschen, die alle – auf ihre jeweilige Weise – die Literatur nutzten, statt sie zu verstehen. Über die existenzialphilosophisch geprägte Werkimmanenz (Emil Staigers und Wilhelm Emrichs) waren Sie hinaus; die strategischen Reformer im Fach (um Eberhard Lämmert), die die Massenuniversität einleiteten, waren fern; die Methodendiskussion, die mit der Szientifizierung des Fachs seit 1960 einherging, führten Sie (Ihr Methoden-Seminar war über Jahre das Lebenszentrum der Studenten), doch einer ›Theory‹ gaben Sie sich nicht hin; die Linguistik (die in Innsbruck ihre Exzellenz besaß) nahmen Sie freundlich hin (als Student hatte man nie den Eindruck, wie an anderen Universitäten üblich, in einer zerrütteten Ehe von einer Seite zur anderen, von der Literaturwissenschaft zur Sprachwissenschaft wechseln zu müssen). Die lautesten Studenten waren überzeugte Marxisten und Maoisten. Stürmisch das alles, doch Sie hielten an ihrer kritischen, emphatischen Literaturpraxis fest, achteten darauf, dass nichts von außen an die Literatur herangetragen wurde – Sie wollten gelesen, aber nicht nachgeahmt werden. So waren Ihnen auch die Dichter nahe, Elfriede Jelinek etwa, auch Ernst Jandl und Friederike Mayröcker, die sich in die Tabula gratulatoria der Festschrift zum sechzigsten Geburtstag 1981 eintragen ließen.

Das dritte Wort »Dialog« möchte ich – es wird Sie nicht verwundern – von Hofmannsthals Komödie *Der Schwierige* her einführen. In Ihrem großen Aufsatz aus dem Jahr 1975 stellen Sie das verborgene Substanzielle im Drama gegen eine komisch gewordene gesellschaftliche Ordnung. Das Substanzielle ist das Gespräch. Im Stück bleibt der adeligen Gesellschaft im Salon das zunächst scheiternde und dann, eingedenk der drohenden Tragödie gelingende Gespräch zwischen Hans Karl und Helene verborgen. Die große Frage, die das Stück aufwirft, wie es vom zweiten zum dritten Akt kommen soll, warum Hans Karl wieder in den Salon zurückkehrt (und also die Tragödie vermeidet), nehmen Sie als Geheimnis, das unbeantwortet bleiben soll, ernst. Sein Schwierigsein hat Hans Karl freigestellt und nun entsteht dort, im von der Gesellschaft geschaffenen und von ihr abgewandten Verborgenen der Dialog. Nochmals darf ich Sie zitieren: »Die beiden großen Szenen [II.14, III.8], in denen Hans Karl und Helene miteinander sprechen, führen den Prozeß der Umwandlung [der Konversation in den Dialog] in allen Einzelheiten vor, und mit der Verwandlung der Sprache, die nun trotz aller Konvention den Reiz des Persönlichen und Intimen erhält, vollzieht sich auch die Verwandlung des Menschen.« (1975, S. 75) Und nochmals: ›... und mit der Verwandlung der Sprache, die nun trotz aller Konvention den Reiz des Persönlichen und Intimen erhält, vollzieht sich auch die Verwandlung des Menschen ...‹. Das Verborgene gibt so die Freiheit, die den Dialog schafft und damit die Figuren in die Komödie, zur Freude führt.

Schließen will ich meine kleine Rede noch mal mit einer Erinnerung aus der Studentenzeit. Ich bringe die Erinnerung zusammen mit einer späteren Widmung Ihrer Aufsatzsammlung von 1990; die Widmung lautet: »Für Waltraut / als Dank für viele gemeinsame Gespräche«, eine der schönsten Widmungen, die man sich denken kann, deren tieferen Sinn ich zu verstehen versucht habe. Meine Erinnerung, von der ich spreche, gehört zur Widmung im Zeichen des

Dialogs: Regelmäßig saß während der Vorlesung, in einer der vorderen Reihen im Saal, am äußeren Rand, Ihre Frau, mit der Sie dann, plaudernd, im Gespräch, und Hand in Hand, die Vorlesung verließen. Natürlich war nicht zu hören, was Sie sprachen. Das Bild ist für mich zeitlebens zu einem Emblem geworden.

Ich danke Ihnen, lieber Herr Doppler, dass Sie meinem Gespräch mit Ihnen zugehört haben. Sie haben mich und uns alle beschenkt.

Doppler-Effekte
Der sanfte Germanist aus Innsbruck

WILLIAM COLLINS DONAHUE

Ehrlich gesagt bin ich mit der Lyrik nie so richtig warm geworden. Deshalb machte mich die Aussicht auf ein Überblicksseminar mit Texten von Klopstock bis Jandl ziemlich nervös. Normalerweise ließ ich gern durchblicken, wie motiviert ich war, und setzte mich in die erste Reihe, aber diesmal suchte ich mir einen Platz ganz hinten in dem schwach beleuchteten Raum, neben einer Frau, die ungefähr so alt war wie meine Mutter. Schauplatz: Middlebury College, das Inbild eines beschaulichen amerikanischen Campus, in hübscher Tallage zwischen den Green Mountains und den Adirondacks, mitten in Vermont. Zeit der Handlung: 1985 – das erste Jahr, in dem Alfred Doppler eine Gastprofessur an der beinah sagenumwobenen Middlebury German School wahrnahm.

Und was für ein Einstand das war. Zum Glück wurde das Gefühl, bei der Kurswahl einen Riesenfehler gemacht zu haben, durch eine neue Sorge ersetzt: Meine Nachbarin begrüßte mich mit Smalltalk. Ihr starker österreichischer Akzent war mir fremd, und das Deutsche ging mir noch nicht so flott über die Lippen. So war ich schwer beschäftigt – und froh, dass plötzlich die Tür aufging. Ein Streifen glorreichen Vermonter Sommerlichts fiel zu uns herein, und da kam auch, als beträte er eine Bühne, Alfred Doppler. Noch bevor wir seinen freundlichen Blick, seinen Kahlkopf und seine Adlernase erspähten, hörten wir diese Stimme. Oder, genauer gesagt: mehrere Stimmen. Ich wurde schon wieder nervös.

Es war im wahrsten Sinne des Wortes ein Auftritt. Er rezitierte nicht, er brachte etwas zur Aufführung – eines der Gedichte, um die es im Seminar dann gehen sollte. Heute noch höre ich, wie er Heines *Sie saßen und tranken am Theetisch* deklamierte und den subtilen Humor des Gedichts herauskehrte, der einem beim Lesen so leicht entgeht. Ich lachte laut auf und wusste von da an, dass ich hier richtig war. Ich belegte jeden einzelnen Kurs, den er in den folgenden Jahren als Gastprofessor anbot.

Allerdings ging es an jenem ersten Tag eher um einen der anakreontischen Dichter oder, weil man anfängt, wo's am schönsten ist, um Goethes *Prometheus*. Ich weiß es nicht mehr, denn der gesamte Kursverlauf war von großartigen Aufführungen geprägt. Sicher bin ich mir, dass der *Prometheus* irgendwann dran war. Nie werde ich vergessen, wie er uns entgegendonnerte:

> Hier sitz' ich, forme Menschen
> Nach meinem Bilde,
> Ein Geschlecht, das mir gleich sei,
> Zu leiden, weinen,
> Genießen und zu freuen sich,

Kunstpause, Blick auf die Anwesenden und durch uns hindurch, und dann scholl es himmelwärts:

> Und dein nicht zu achten,
> Wie ich.

Wie so mancher von uns war Doppler zunächst Gymnasiallehrer gewesen. In der Schule hatte er gelernt, wie man sich ein Publikum verschafft. Er wusste, dass man sich nicht darauf verlassen durfte, dass alle den Stoff an sich schon spannend genug finden würden. Ganz im Gegenteil: Man musste ihn den Studentinnen und Studenten nahebringen, sie begeistern, hier und heute und in ihrer Mitte. Als junger Mann stand er wohl auf so mancher kleinen Bühne, und er sagte, er habe mehrere »tragende Rollen« gespielt. Das Wortspiel leuchtete uns, die wir Deutsch erst als Zweitsprache gelernt hatten, nicht gleich ein. Wir überlegten, ob dieser so bescheidene Mann sich wirklich brüstete, große Rollen gespielt zu haben, da erklärte er uns die Sache schon, indem er uns einen Kellner vorführte, mit unsichtbarer Serviette über dem einen Arm und einem Tablett auf der anderen Hand. Nein, es seien alles nur Nebenrollen gewesen, sagte er, und tatsächlich auch die eines Kellners. Damit konnte ich mich identifizieren, denn der Höhepunkt meiner eigenen Schauspielerlaufbahn war ein Auftritt in der Rolle des Franz gewesen; den Butler aus *The Sound of Music* behält wohl niemand in Erinnerung.

Wenn ich Alfred Doppler so beschreibe, laufe ich Gefahr, gerade denen ein falsches Bild zu vermitteln, die ihn noch nicht kennen. Denn er ist alles andere als ein selbstverliebter Professor, der gern die eigene Stimme hört. Im Gegenteil, er hätte kaum zurückhaltender sein können. (Eine Ausnahme mag die Regel bestätigen: Er unterstützte mich dabei, meinen ersten Aufsatz zur Veröffentlichung zu bringen. Naiv fragte ich ihn mit Bezug auf den Herausgeber der entsprechenden Zeitschrift: »Ach, Sie kennen den?« Dopplers Antwort: »Nein, aber er kennt mich wahrscheinlich.«) Doppler gab nie den akademischen Bonzen. Er kümmerte sich um uns, die wir bei ihm studierten. Gedichte auswendig zu lernen und herzusagen ist weder Kunststück noch reine Begeisterungsmaßnahme. Im Kern liegt darin sein Verständnis sowohl von Ästhetik als auch von Pädagogik.

So gut er sich in der Linguistik und der Literaturtheorie auskennt, ist Doppler im Grunde doch ein Literaturhistoriker, der es für wichtig hält, dass wir wichtigen literarischen Werken Gehör verschaffen, Raum und im Zweifel sogar Recht geben. Anders als jene furchtlosen Recken, deren »kritische« Methoden ihnen immer schon vorher eingeben, welche Antworten die richtigen sind, deren lange ungebrochene Vorherrschaft dank der jüngsten und geistreichen Beiträge von Rita Felski, Toril Moi, Amanda Anderson und anderen nun aber langsam zu Ende zu gehen scheint, war Doppler nie ein Verfechter allumfassender Theorien.[1] Er verkörperte das, was meine andere akademische Lehrerin Margaret R. Miles einprägsam »die Hermeneutik des guten Willens« nannte. Dazu gehört das redliche Bemühen, erst einmal *mit* dem Text zu lesen und ihn allenfalls danach dekonstruktivistisch gegen den Strich zu bürsten. Ich kann heute nicht mehr sagen, ob Doppler damals Heidegger oder Gadamer zitierte; jedenfalls führte er uns die (immer nur vorläufige) Verschmelzung von Selbst und Kunstwerk in der dichterischen Vergegenwärtigung vor Augen, die er keineswegs für sich allein reklamierte, sondern uns allen empfahl.

Allerdings macht das Wort »Empfehlung« nicht deutlich genug, wie behutsam und doch bestimmt er uns davon überzeugte (und keineswegs dazu verpflichtete), gemeinsam einen »Liederabend« auf die Beine zu stellen. Die Variante, auf die wir uns einigten, sollte auch Avantgarde- und experimentelle Lyrik enthalten. Jeder suchte sich ein oder zwei Gedichte aus, lernte sie auswendig und führte sie am Semesterende vor der versammelten Studierendenschaft und dem Lehrkörper der German School auf. Wie er auch für jeden von uns eine eigene Prüfungsfrage formulierte, so achtete er darauf, dass in jedem ausgesuchten Gedicht etwas Persönliches zum Ausdruck kam. Er probte einzeln mit uns und half uns, Lücken zu schließen und Fehltritte zu vermeiden. Den Abend werde ich nie vergessen – und zwar nicht nur, weil ich bei Heines *Die Wanderratten* (zweimal) hängenblieb (Doppler sprang mir bei, indem er mir die Zeilen zuflüsterte). Einen Moment der Verlegenheit empfinde ich nicht als Schande. Nein, mir ist der ungeheure Spaß in Erinnerung geblieben, den wir beim szenischen Spiel hatten, und die Verbundenheit mit Heine, die sich während der vielen Stunden einstellte, in denen ich (eben nicht völlig erfolgreich) versuchte, mir seine Zeilen einzuprägen. Ich lernte das Gedicht gleichsam von innen her kennen. Und die Worte anderer großer Dichter wurden mir durch die Stimme des einen und den Tonfall des anderen Kommilitonen vertraut.

Wir gingen das Ganze keineswegs blauäugig an, und Doppler erst recht nicht. Er sagte mir, einige Kollegen witzelten über die angeblich »rückständige« und irgendwie »verdächtige« Veranstaltung, bei der es übrigens keineswegs darum ging, Werke der Hochkultur unkritisch anzuhimmeln. Zugegeben, der *Erlkönig* war mit dabei – welcher amerikanische Deutschstudent kann dem schon wider-

---

1 | Man könnte in diesem Sinne Doppler einigermaßen als den Ahnherrn der folgenden Schlüsseltexte ansehen: Toril Moi: Revolution of the Ordinary. Literary Studies After Wittgenstein, Austin, and Cavell. Chicago 2017; Rita Felski: The Limits of Critique. Chicago 2015; Rita Felski: Hooked. Art and Attachment. Chicago 2020; Character. Three Inquiries in Literary Studies. Hg. von Amanda Anderson, Rita Felski und Toril Moi. Chicago 2019.

stehen? Aber neben ein paar weiteren romantischen Liedern gab es auch Jandl (mehrstimmig und damit noch witziger!), Brecht, Celan, Schwitters, Benn, Enzensberger, Kunert und viele, viele andere. Dank dieser Übung lebt in mir noch heute mehr deutsche Dichtung als durch jede wissenschaftliche Methode, die ich je angewandt habe. Wie aus dem Nichts tauchen manche Zeilen auch nach all den Jahren noch hin und wieder auf.

Wir lernten skandieren, untersuchten Metren, Rhythmen und Genres. Und wir widmeten uns natürlich auch geschichtlichen Umständen und Biografien. Aber im Kern ging es darum, ein Gedicht (oder Werk) zur Heimat zu machen und es dann erst kritisch zu beäugen. Doppler blieb auch hierbei wachsam: Wir können uns nie ganz selbst vergessen, um einem Gedicht den Vorrang zu lassen, und das wäre auch nicht richtig. Brecht zufolge müssen wir einem Kunstwerk manchmal auch widersprechen (»talk back«, sagt David Constantine[2]). Doppler wollte nur, dass wir erst einmal genau hinhören und uns das Gedicht so sehr zu eigen machen, dass es uns später einmal unaufgefordert ansprechen und auch überraschen würde.

In mein eigenes pädagogisches Repertoire habe ich das sofort aufgenommen. Jahrelang habe ich meinen Studentinnen und Studenten die Kassette mit der Aufnahme aus Middlebury vorgespielt – bis es keine Kassettenrekorder mehr gab. Viele haben freudig gelernt, aufgeführt und mitgeschnitten oder sogar eigene Verse verfasst.[3] Doppler hat auf diese Weise das Leben vieler Studierender bereichert, denen er nie begegnet ist.

Die kritischen Intellektuellen der Nachkriegszeit und besonders der 1960er-Jahre und ihrer Nachwehen betrachteten den literarischen Kanon mit immer größeren Vorbehalten und wehrten sich gegen die vermeintliche ideologische Unterwanderung durch geheime Botschaften. Der spannungsvolle Höhepunkt war möglicherweise mit der Habermas/Gadamer-Debatte erreicht, und es ist wohl unstrittig, dass Habermas den Sieg davongetragen hat.[4] Unsere Aufgabe war es, die Tradition »auf den Prüfstand zu stellen« und dafür »subversive« Texte zu finden, die sich der herrschenden Machtverhältnisse erwehrten. Um jeden Preis sollten wir vermeiden, dass unser Fach zum Bestandteil dessen wurde, was Adorno »affirmative Kultur« nannte.

Dopplers wissenschaftliche Laufbahn begann zeitgleich mit dem Aufkommen kritischer Theorien, und er hat sich mit ihren Vorreitern ausführlich beschäftigt: mit der Kulturkritik von Freud, Karl Kraus, Broch und Canetti und mit der litera-

---

2 | David Constantine: The Poet, the Reader and the Citizen. The 2004 Craig Lecture. Rutgers German Studies Occasional Papers 6. New Brunswick, NJ 2006.
3 | William Collins Donahue: Creative Writing in the Elementary German Classroom. A Plädoyer for Poetry. In: Die Unterrichtspraxis 24.2 (1991), S. 183-189.
4 | Thomas Pfau sprach darüber in seinem noch ungedruckten Vortrag *The Habermas-Gadamer Debate 50 Years On*. University of North Carolina-Chapel Hill Center for the Humanities. Februar 2015.

rischen Verarbeitung der nationalsozialistischen Vergangenheit (die auch mich seit Langem umtreibt). Hierfür stehen unter anderem Peter Weiss, Peter Handkes *Wunschloses Unglück* und Thomas Bernhards Autobiografie. Doppler erklärte in Forschung und Lehre, dass es ihm keineswegs darum gehe, ein bestimmtes »Kulturgut« als Statussymbol an den Mann zu bringen. Die literarische Tradition müsse ihren Wert immer erst erweisen. Unsere Sache ist das Urteil, nicht das Aburteilen. Widerstand hat Wert, aber er darf nicht in Unkenntnis gegründet sein.

Alfred Doppler mit 100 Jahren in Mutters, Österreich (13.06.2021)
Foto: William Donahue

Seine lange Arbeit an der gewaltigen historisch-kritischen Stifterausgabe hat ihm jene eigenartige Mischung aus höflichem Respekt und unterschwelliger Herablassung eingetragen, die unser Berufsstand für solche Fälle bereithält. Obwohl wir alle auf solche Ausgaben angewiesen sind und obwohl keiner besser als unsereins einschätzen kann, wie viel Arbeit darin steckt, zollen wir ihnen kaum je die gebührende Anerkennung. In den Vereinigten Staaten gelten sie nicht einmal als wegweisende »First tier«-Forschung, als Publikation ersten Ranges, auf deren Grundlage man sich an den Eliteuniversitäten des Landes um Festanstellung und Beförderung bewerben kann. Es handele sich um reines Quellenmaterial und nicht um eigenständige Forschung. Doch weiß jeder, der sich eingehend mit der Stifterausgabe befasst hat, wie viele originäre Einsichten, Einschätzungen und Interpretationen dort zu finden sind. Sie umfasst so viel mehr als sorgfältig zusammengetragene historische Dokumente und philologisches Datenmaterial.

Wenn einige Kollegen Doppler unterschätzen, liegt das nicht nur am Image der Herausgebertätigkeit, sondern auch an Stifter selbst, der allzu oft als konservativer, »kulturell affirmativer« Biedermeierautor verschrien wird, den die Österreicher aus Gründen ihrer historisch-kulturellen Entwicklung irgendwie schätzen, der aber sonst nicht mehr von Interesse ist. Diese Ansicht ist nicht völlig von der Hand zu weisen, wie Doppler uns im Seminar erklärte. Immerhin hatte der Autor des »sanften Gesetzes« eine traditionalistische Agenda. Aber in großen Autoren konvergieren oft sehr verschiedenartige oder sogar gegenstrebige kulturelle Stimmen; das hat Bachtin eindrücklich gezeigt. Stifter ist da keine Ausnahme. Doppler stellte sich hinter Friedrich Sengle, der Stifter für einen der »ernstzunehmenden« Autoren der Sattelzeit hielt und keineswegs für einen altbackenen Heimatdichter.

Zudem stellte er die These auf, dass bei Stifter noch eine ganze Menge zu entdecken sei. Existenzielle Fragen von großer zeitgenössischer Relevanz würden hier verhandelt. In seinem jüngsten Aufsatz zeigte Doppler 2019 (!), dass Stifter sowohl seine eigenen als auch die Briefe anderer literarisch überhöhte. Beispielsweise trage der Freiherr von Risach, der Protagonist des Großromans *Der Nachsommer*, »nicht wenige Züge des auf Schloss Tegel residierenden [Wilhelm von] Humboldt«[5]. Hier geht es natürlich nicht einfach darum, Ähnlichkeiten aufzuzeigen und damit Quellen anzudeuten. Im Gegenteil: Erst dadurch, dass Doppler zeigt, wie bewusst Stifter den Briefwechsel der Brüder Humboldt verarbeitete, kann er erfassen, dass der Autor auch deren grundlegenden weltanschaulichen Konflikt (zwischen Atheismus und christlichem Glauben) in sein Werk aufnahm. Diese sorgfältige Einschätzung des Briefwechsels, die ihn weder einfach als Literatur noch schlicht als Konvolut biografischer Zeugnisse ansieht, lässt Stifter in Dopplers Interpretation zu einem Autor der »Angst und Verzweiflung« werden, wie er der Forschung und der Leserschaft bisher nicht vor Augen stand.[6]

Es sind nicht dicke, bahnbrechende Bände, die Doppler zum großen Germanisten machten. Seine Welt sind kürzere Aufsätze. Mit Ausnahme der Dissertation sind selbst seine Bücher Aufsatzsammlungen. Das Genre liegt ihm im Blut, und das Fach profitiert davon.

Mit Blick auf die Canetti-Forschung, mit der ich relativ gut vertraut bin, kann ich von der erstaunlichen Wirkung dreier Aufsätze berichten, die mehr erreicht haben als manche Monografie. Man täte dem gut- und sanftmütigen Kollegen, dem ausgesprochen höflichen und freundlichen Kollegen Unrecht, wenn man verschwiege, dass er bei entsprechender Gelegenheit in wissenschaftlichen Diskussionen entschieden Stellung bezieht. Doppler verteidigte *Das Augenspiel*, den Schlussband von Canettis viel gerühmter autobiografischer Trilogie, mit deutlichen Worten gegen einige Grazer Germanistenkollegen, die das Buch als Augen-

---

[5] | Alfred Doppler: Die Briefkultur des 18. und 19. Jahrhunderts und die Briefe Adalbert Stifters. In: Adalbert Stifter und das literarische Leben seiner Zeit: Netzwerk, Gattung, Materialität. Hg. von Werner Michler und Karl Wagner. Jahrbuch. Adalbert-Stifter-Institut des Landes Oberösterreich, Bd. 26 (2019), S. 173.
[6] | Ebd., S. 182.

wischerei abtaten, das sich genau das zuschulden kommen lasse, was Canetti in *Masse und Macht* selbst so deutlich kritisiert habe.[7] Doppler hielt mit seiner Meinung nicht hinter dem Berg:

> Das Deutungsverfahren, wie es in Experte der Macht sich darbietet, stellt Canetti in die Nähe verblendeter ästhetischer Machthaber, die geschichtliche Abläufe auf anthropologische Grundmuster reduzieren; es [...] gibt sich ideologiekritisch, indem es verborgene Tiefenschichten durch Zitatmontage ans Licht zu heben trachtet. Die Beweiskraft der vorgelegten Fakten ist allerdings gering, sie durchstoßen nirgendwo die Oberfläche; denn sie sind weit auseinanderliegenden Textstellen entnommen, die, dem Kontext entfremdet, ihren strukturbestimmten Stellenwert verloren haben und als Gedankensplitter einem vorbestimmten Deutungssystem mühelos sich einfügen.[8]

Das ist nicht einfach Parteinahme. Denn Doppler scheut sich an anderer Stelle auch nicht vor einem kritischen Urteil über Canetti. Über »Die Münchner Rede«, auf die Canetti so stolz war, weil er in ihr seine gesamte Ästhetik konzentriert sah, schrieb Doppler, sie »gehört in ihrer Gedankenführung nicht zu Canettis überzeugenden essayistischen Versuchen«[9]. In gewisser Weise versucht Doppler dann, die von ihm diagnostizierte Selbstbeschädigung Canettis auszuputzen, indem er den Hintergrund des Konzepts der »Verwandlung« erläutert, das alle Werke Canettis strukturiere und sogar als dessen Lebensziel gedient habe.

Dopplers großes wissenschaftliches Talent liegt darin, Leserinnen und Leser mit dem auszustatten, was sie in die Lage versetzt, einem literarischen Werk selbst zu begegnen. Er liefert, und so nannte er das im Seminar auch selbst, die »Impulse« zu Interpretationen, keine ausführlichen Erklärungen oder Beweisführungen. Sonst würde er die Freiheit des einzelnen Lesers beschränken, und das wollte er ebenso wenig, wie seine Studentinnen und Studenten zu zügeln und zu bändigen. In diesem Sinne sind Forschung und Lehre bei ihm eine echte Einheit. Aus den eben erwähnten Canetti-Aufsätzen spricht eine weitreichende Gelehrsamkeit, eine Vertrautheit beispielsweise mit den verstreuten und teils rätselhaften »Aufzeichnungen«, die die Autobiografie aus dem Würgegriff einer Lektüre befreit, die sie gegenüber den früheren, vermeintlich subtileren Werken im Stil der klassischen Moderne als minderwertig darstellt. Doppler sei Dank erkennen wir nun, dass die autobiografische Trilogie nicht als Rückfall in eine überkommene Ästhetik gelesen werden muss, dergemäß das autobiografische Ich ein

---

7 | Die besagten Kollegen sind Bernd Witte, Sigrid Schmid-Bortenschlager, Gerhard Melzer und Kurt Bartsch; siehe Elias Canetti – Experte der Macht. Hg. von Kurt Bartsch und Gerhard Melzer. Graz 1985.
8 | Alfred Doppler: Der Tod der Mutter (Zu Elias Canettis Lebensgeschichte *Das Augenspiel*). In: Arbitrium 4.1 (1986), S. 101–106, hier S. 102.
9 | Alfred Doppler: »Der Hüter der Verwandlungen«. Canettis Bestimmung des Dichters. In: Elias Canetti. Blendung als Lebensform. Hg. von Friedbert Aspetsberger and Gerald Stieg. Königstein 1985. S. 45–56, hier S. 46.

augustinisch selbstbewusster Erzähler ist, sondern als ein Werk, das von einem wahrhaft verstörenden Mutter/Sohn-Konflikt durchzogen und weniger durch erzählerisches Selbstbewusstsein als durch existenzielle Angst geprägt ist.[10]

Meinen Hinweis auf Canetti bitte ich nicht nur meiner Betriebsblindheit zuzuschreiben. Ich glaube, dass Doppler sich wie Canetti dem Gedanken an eine »Verwandlung« des Menschen durch die Kunst verpflichtet fühlt, eben an eine »Erweiterung des Daseins«, die, wie er mit Bezug auf *Das Augenspiel* selbst sagte, »immer mit schrecklichen Geburtswehen verbunden ist«.[11] Besser als jeder andere Wissenschaftler, den ich kenne, kann er diese Haltung erklären, und sein Lebenswandel bezeugt, dass er es ernst damit meint. Er forscht nicht nur zur Lyrik, rezitiert nicht einfach, sondern richtet sich in der Dichtung ein, und er gestattet es ihr, auf wundersame Weise seine Seele zu verwandeln und zu weiten. Dieses Geschenk macht er all seinen Studentinnen und Studenten und sicher auch allen, die ihn lesen.

* * *

Vor einigen Jahren besuchte ich Alfred Doppler zu Hause in der Schulgasse in Mutters, unweit von Innsbruck, und er brachte mir eines von Trakls längeren, komplizierten Werken zu Gehör. Ich hörte nicht weniger gebannt zu als 35 Jahre zuvor, bei meiner ersten Begegnung mit ihm. Übrigens handelte es sich bei der Dame mittleren Alters, die (nicht nur) in jener ersten Seminarsitzung neben mir saß, um Waltraut Doppler, seine geliebte Ehefrau. Wir waren ihr bald so innig verbunden wie ihm. Mancher munkelte, sie habe sich nur deshalb ins Seminar begeben, damit ihr Mann nicht auf dumme Gedanken komme, aber das kam uns allen völlig abwegig vor. Sie war unseretwegen und seinetwegen da. Wenn sie merkte, dass er eine unserer Fragen nicht richtig verstanden hatte oder dass jemand unsicher war, sich aber nicht traute, eine Frage zu stellen, lieh sie uns ihre Stimme. Die beiden waren ein echtes Paar, und seine Pädagogik trug nicht zuletzt aufgrund ihrer Einschaltungen Früchte. Mein Lebensthema verdanke ich auch ihr, denn während jener Sommer in Middlebury vermittelte sie mir ihre Bewunderung für Canetti.

Aus dem Englischen von Christophe Fricker

---

10 | Alfred Doppler: Gestalten und Figuren als Elemente der Zeit- und Lebensgeschichte. Canettis autobiographische Bücher. In: Autobiografien in der österreichischen Literatur. Von Franz Grillparzer bis Thomas Bernhard. Hg. von Klaus Amann und Karl Wagner. Innsbruck 1998 (Schriftenreihe Literatur des Instituts für Österreichkunde 3), S. 113-123; hier S. 115ff.
11 | Ebd., S. 117.

Reviews
Rezensionen

Muttersprache und Mördersprache
Wolfgang Emmerich gibt erschöpfende und zugleich verstörende Auskunft über Paul Celan und die Deutschen

Wer Paul Celan den wichtigsten Dichter deutscher Sprache in der zweiten Hälfte des 20. Jahrhunderts nennt – also aus der Generation nach Gottfried Benn und Bertolt Brecht –, muss längst nicht mehr mit Widerspruch rechnen. Zugleich gilt Celans umfangreiches lyrisches Werk immer noch als schwer zugänglich, teilweise rätselhaft. Das erschwert besonders den Versuch, seine Gedichte im literaturwissenschaftlichen Studium oder im Deutschunterricht der Oberstufe bekannt zu machen und zu diskutieren. Auch das Gebirge von Sekundärliteratur, das sein weltweit wachsender Ruhm seit einem halben Jahrhundert aufgetürmt hatte, hat die Wege zu einem angemessenen und produktiven Verständnis seiner Texte nicht immer hilfreich markiert. Dennoch ist die Auseinandersetzung mit Celans Dichtung und Person im anspruchsvollen Literaturunterricht und -studium unverzichtbar, wenn es um die Aporien und Möglichkeiten von Kunst und Literatur nach Weltkrieg und Holocaust gehen soll.[1]

Ausgangspunkt kann, ja muss meiner Meinung nach die enge Verflechtung von Celans Sprache, Dichtung und Poetik mit seiner an Beschädigungen, Krisen und Konflikten überreichen Biografie sein, die ihrerseits in der Gewaltgeschichte Europas seit dem Ersten Weltkrieg wurzelt. Diese Verflochtenheit hat sich in seinem Fall als besonders destruktiv, ja ausweglos erwiesen, auch im Vergleich mit jenen älteren Kollegen, die zwar ebenfalls »finstere Zeiten« (so Brecht) zu durchleben hatten, jedoch offensichtlich über Energien und Strategien der Abwehr oder auch der Verdrängung verfügten, die Paul Celan schlichtweg fehlten.

Dessen persönliche Problematik war in ihren Grundzügen bekannt, seit Literaturkritik und Literaturwissenschaft sich in den 1970er-Jahren, das heißt auch: nach seinem Tod, ernsthaft auf sein Werk und Schicksal einließen, verstärkt und fundiert dann durch die Forschung seit den 1990er-Jahren. Als fraglos beste Ein-

---

1 | Als Textausgabe steht seit 2020 die von Emmerich benutzte neue Gesamtausgabe in einem Band (2018) auch im Taschenbuch zur Verfügung. Unter den zweisprachigen Ausgaben (deutsch/englisch) dürften sich vor allem für den Unterrichtsgebrauch die *Selected Poems*, hg. vom Übersetzer Michael Hamburger (2002), empfehlen (auch als Taschenbuch).

führung darf auch heute noch die schlanke Werkbiografie gelten, die der Bremer Literatur- und Kulturwissenschaftler Wolfgang Emmerich 1999 in der Reihe Rowohlts Monografien vorlegte. Noch während des Weltkriegs geboren, gehört Emmerich zu einer Wissenschaftlergeneration, die sich in der Bundesrepublik energisch für eine Neuorientierung der teils noch ›völkisch‹ belasteten, teils nur oberflächlich ›gewendeten‹ Germanistik engagierten. Seine Arbeiten zur Literatur des 20. Jahrhunderts schlagen den Bogen vom Wilhelminischen Kaiserreich über die Exilliteratur bis zur Gegenwart. Internationales Renommee hat Emmerich, der auch mehrmals in den USA gelehrt hat, als einer der besten westdeutschen Kenner der DDR-Literatur gewonnen, was nicht zuletzt seine mehrfach revidierte und erweiterte *Kleine Literaturgeschichte der DDR* belegt.[2]

Nun aber, nach mehr als 20 Jahren, wendet er sich nochmals Paul Celan zu. Warum? Dass Emmerichs Studie mit dem Titel *Nahe Fremde. Paul Celan und die Deutschen*, ein stattlicher Band von genau 400 Seiten, im Jahr 2020 erschien, in dem sich der Geburtstag des Dichters zum 100. und sein Todestag zum 50. Mal jährte, mag für Verlag und Buchhandel eine Rolle gespielt haben, bleibt aber nebensächlich. Bei der Lektüre drängt sich vielmehr der Eindruck auf, dass der Autor mit der individuellen Problematik des Dichters und ihren Auswirkungen, auch in der (west-)deutschen Literaturgeschichte, so treffend er sie 1999 schon skizziert hatte, noch nicht »fertig« war.

Emmerich nennt sein Buch mit gutem Grund nicht »Biografie«, sondern spricht mehrfach von einer »Studie«. Ob eine umfassende und gar ›abschließende‹ Biografie Celans noch aussteht, wie die Literaturkritikerin Iris Radisch meint, ob eine solche irgendwo schon in Arbeit ist, entzieht sich meiner Kenntnis – ob sie überhaupt möglich ist, scheint mir zweifelhaft. Ich erlaube mir indessen, Emmerichs Buch eine »fokussierte Biografie« zu nennen: Sie folgt, unter Verzicht auf zahlreiche weitere Aspekte und Zusammenhänge, konsequent einem roten Faden, man könnte auch sagen: der *Lebens- und Todesspur* des Dichters, die der Titel zweifach umschreibt. Deutschland liegt ihm, der den größten Teil seines Erwachsenenlebens in Paris verbringt, geografisch halbwegs »nah« und er besuchte es zwischen 1952 und dem Todesjahr 1970 häufiger, nicht zuletzt zur Entgegennahme von Preisen für sein dichterisches Werk, aber etwa auch zu einer ziemlich zwiespältigen Begegnung mit dem Philosophen Martin Heidegger in Freiburg und in dessen legendärer Schwarzwaldhütte (1967). Dennoch, das Deutsche ist und bleibt, wie er mehrfach betont, seine Mutter- wie seine Dichtersprache.

Aber Paul Celan ist »ein deutscher Dichter *jüdischer* Abstammung« (so beginnt Emmerich sein erstes Kapitel) – mit fast allen nur denkbaren Konsequenzen. Nach der Ermordung beider Eltern zählt dazu seine lebenslange, offensichtlich nicht aufhebbare »Ferne«, Fremdheit, ja Feindlichkeit (um nicht zu sagen:

---

[2] | Wolfgang Emmerich: Proletarische Lebensläufe (Hg.), 1978; Heinrich Mann – Der Untertan, 1980; Lyrik des Exils (Hg.), 1985; Kleine Literaturgeschichte der DDR, 1981/1996; Paul Celan, 1999; Gottfried Benn, 2006.

Feindseligkeit) gegenüber Deutschland und den Deutschen. An die biografische Vorgeschichte darf ich hier kurz erinnern.

Paul Antschel, geboren 1920, der seit 1948 das französisch getönte Anagramm »Celan« benutzt, wuchs bekanntlich in einer gutbürgerlich-jüdischen, kulturell aufgeschlossenen Familie in Czernowitz, Hauptstadt der multiethnischen Bukowina (Buchenland), auf, die habsburgisch geprägt war, 1918 an Rumänien, nach 1945 zur Sowjetunion kam und heute zur Ukraine gehört. Für den Dichter war sie lebenslang ein verlorenes Paradies, »wo Menschen und Bücher lebten«. Durch den Vater war er mit der jüdischen Tradition, auch mit dem Hebräischen vertraut, durch Mutter Friederike, der er sich besonders eng verbunden fühlte, mit der deutschen Literatur. Das Deutsche ist und bleibt im *doppelten* Sinne seine »Muttersprache«, von der er sich nicht lösen kann und will.

Zugleich ist es aber, wie er bald aufs Bitterste erfahren muss, die Sprache »todbringender Rede«, die »Mördersprache«. Czernowitz wird 1941 von der Roten Armee, bald aber von rumänischen Truppen und der SS besetzt; die Eltern Antschel im Juli 1942 verschleppt, der Vater verhungert in einem Lager, die Mutter wird dort erschossen. Der Sohn überlebt Arbeits- und Straflager, kann 1944 nach Czernowitz zurückkehren, flieht nach Bukarest, wo er Kontakte ins literarische Milieu findet und erste Texte veröffentlicht, 1947 weiter nach Wien, wo er der jungen Dichterin Ingeborg Bachmann begegnet, mit der ihn eine lebenslange und zugleich »unlebbare Liebe« verbinden wird, und schließlich weiter nach Paris, das er von einem Studienaufenthalt 1937 in der französischen Provinz her schon kennt. Erfolgreich bemüht er sich dort um einen Studienabschluss, um die Einbürgerung, findet eine Anstellung als Sprachlektor an einer der Pariser Elitehochschulen und heiratet 1952 die Malerin Gisèle Lestrange aus einer aristokratischen Familie; 1955 wird ihr Sohn Eric geboren. Paris wird, alles in allem, für Paul Celan keine ›zweite Heimat‹, ist aber auch mehr als bloße »Durchgangsstation« wie für den biografisch halbwegs vergleichbaren Peter Weiss:[3] Paris ist für Celan immerhin dauernder Wohnsitz, letztes Exil, die raumzeitliche Form seiner existenziellen Verlorenheit und schließlich der Ort, wo er seiner zunehmend zerquälten Existenz im Frühjahr 1970 ein Ende setzt.

Was hier biografisch nur grob skizziert ist, wird von Emmerich in 20 Kapiteln weitgehend chronologisch dargestellt und mit vielen neuen Fakten und Zitaten vertieft, im Wechsel mit thematischen Kapiteln und der Diskussion einiger weniger Gedichte, die für das Selbstverständnis, die Selbstzweifel und Existenzängste dieses »deutschen Dichters jüdischer Herkunft« zentral und aufschlussreich sind.

Da ist zunächst, fast unvermeidlich das »Jahrhundertgedicht« (so Emmerich), die *Todesfuge* (ursprünglich ›Todestango‹), das bereits 1945 konzipiert, 1947 zum

---

[3] | Schon vor Emmerichs Monografie von 1999 habe ich eine Spekulation gewagt: Jochen Vogt: Treffpunkt im Unendlichen? Über Peter Weiss und Paul Celan. In: Martin Rector/Jochen Vogt (Hg.): Peter Weiss Jahrbuch, Bd. 4 (1995), S. 102-121.

ersten Mal gedruckt wurde und dessen Formel vom Tod als »Meister aus Deutschland« zum oft und auch missbräuchlich zitierten Schlagwort wird. Überhaupt wurde das Gedicht, das eine artifizielle Sprachästhetik mit dem Schrecklichsten aller Themen »enggeführt« hat, in vielen Lesebüchern und ›Festreden‹ der 1950er- und 1960er-Jahre, also in der Zeit des verlogenen Verschweigens und verlegenen Verdrängens der Naziverbrechen als willkommenes Alibi des offiziellen ›Wiedergutmachungs‹-Betriebs in der Bundesrepublik zelebriert. Dass Celan selbst, der schon 1952 bei der Gruppe 47 mit dem Gedicht auf Unverständnis stieß und sich auch persönlich abgelehnt fühlte, es nach 1960 aus seinem Repertoire strich, als er zwar mit dem Büchnerpreis geehrt wurde, aber auch bösartigste und völlig unbegründete Plagiatsvorwürfe erdulden musste, leuchtet unmittelbar ein. Ob ein – insgesamt sehr unglücklicher – Staatsakt im Jahr 1988, als die *Todesfuge* von der jüdischen Schauspielerin Ida Ehre im Deutschen Bundestag vorgetragen wurde, diese fragwürdige Rezeptionslinie überwand oder eher fortsetzte, könnte – übrigens auch im Unterricht und sogar digital – mit Gewinn diskutiert werden.

Drei weitere Gedichte werden in eigenen Kapiteln oder jedenfalls ausführlich behandelt. Zwei davon – das Berlin-Gedicht *Du liegst im großen Gelausche* und *Tübingen, Jänner* – stammen aus den letzten Lebensjahren Celans und haben durch ihre bildhafte Verknüpfung sehr persönlicher Empfindungen mit historischen Orten und Figuren und zugleich mit exemplarischen deutschen Leidensgeschichten (die Ermordung Rosa Luxemburgs und Karl Liebknechts; Friedrich Hölderlins Geisteskrankheit) schon bisher große Aufmerksamkeit bei der Leserschaft und in der Forschung gefunden.

Sehr viel weniger bekannt ist das neunstrophige Gedicht *Wolfsbohne* von 1959, das Celan zu Lebzeiten nicht veröffentlichte und das erst 1997 aus seinem Nachlass publik wurde. Ihm fehlt die eindrucksvolle Verdichtung der eben genannten Texte, aber dadurch gibt es – wie Emmerich überzeugend erläutert – den Blick frei auf die persönliche Tragik des Dichters. Als Totenklage, ein »Kaddisch« (ähnlich wie »Todesfuge«) gilt es unverschlüsselt der »Mutter«, die »sie« (die Deutschen) in »Michailowska ... erschlugen« und die für den Dichter dennoch »die Unverlorene« bleibt. Die Klage wird zur Anklage nicht nur gegen die Täter von damals, sondern einen aktuellen ›Mittäter‹: »gestern kam einer von ihnen und/ tötete dich/ zum anderen Mal in/ meinem Gedicht.« Wer oder was ist hier gemeint? Der Kritiker Günter Blöcker, ehemals Wehrmachtssoldat und bis 1945 UFA-Dramaturg, hatte die Texte von Celans neuem Band *Sprachgitter* im Berliner *Tagesspiegel* als inhaltsleere »graphische Gebilde« ohne vollen »Klang« und ohne Wirklichkeitsbezug abgeurteilt und führt diesen Mangel auf »seine Herkunft« – er vermeidet das Adjektiv »jüdische« – zurück. Celan erlebt dies als Entwertung seiner Kunst, tiefste persönliche Kränkung und existenzielle Bedrohung, ja Vernichtung seiner Existenz(-berechtigung) gerade als »deutscher Dichter *jüdischer* Herkunft«. Denn seine Gedichte handeln, wie er in einem Protestschreiben an den Redakteur beim *Tagesspiegel* schreibt, von »Auschwitz, Treblinka, Theresienstadt, Mauthausen«, sie sprechen über »die Morde, die Vergasungen«. In einer

Mischung aus Empörung und Verzweiflung sucht Celan moralische und praktische Unterstützung bei befreundeten Kollegen und in der Presse – mit insgesamt mäßigem Erfolg. Kollegen, die gerade am Ende der 1950er-Jahre trotz ihrer literarischen Erfolge selbst handfeste Diffamierungen erlebten, der ›widerborstige‹ Böll, der ›Schmutzfink‹ Grass, mochten Celans Gekränktheit ebenso für übertrieben halten wie die geliebte Ingeborg Bachmann, die als avancierte Lyrikerin negative Kritik gewohnt war.

Der Vorfall aus dem Jahr 1959 steht aber nicht allein, sondern rückt in eine Reihe mit vielen früheren und späteren Situationen und Ereignissen, die Celans frühestes und tiefstes Trauma, die Ermordung seiner Eltern, stets neu aktualisierten: die Abfuhr bei der Gruppe 47 im Jahr 1952, die bösartige Intrige der Dichterwitwe Claire Goll, die den früheren Freund und Helfer hasserfüllt als angeblichen Plagiator von Texten ihres verstorbenen Mannes Ivan Goll verleumdete und verfolgte. Auch hier beklagte Celan – eher unzutreffend – mangelnde Unterstützung der kritischen Öffentlichkeit. Und selbst die Preisverleihungen, der Bremer Literaturpreis 1958 und der Büchnerpreis 1960, die »größtmögliche Anerkennung als einer der bedeutenden Autoren deutscher Sprache« (so Emmerich), führen zu Missverständnissen, Kränkungen und dem Abbruch bewährter Beziehungen und Freundschaften.

Mehr und mehr sieht Celan sich von einer dunklen Front der Ablehnung bedroht, die auf seine zumindest symbolische Vernichtung aus ist. Dabei geht es nicht mehr nur um einflussreiche konservative Kritiker wie Blöcker, H. E. Holthusen und Curt Hohoff, allesamt mit bemerkenswerter Nazivergangenheit, die ja nicht nur Celan, sondern auch den Autoren der Gruppe 47 ablehnend gegenüberstanden, sondern auch um einige dieser 47er selbst, bei denen über kurz oder lang Celans Misstrauen – gegen den Wehrmachtssoldaten Böll oder den »ehemaligen Hitlerjungen« Enzensberger – durchschlägt und ihn den Kontakt abbrechen lässt. Besonders schmerzhaft – für beide Seiten – ist der insofern typische Verlauf der engen Freundschaft zwischen Celan und dem Publizisten Rolf Schroers, die seit 1952 bestand und 1959 abbrach, wie Emmerich detailliert rekonstruiert.

So verfolgen wir über weite Strecken des Buches eine Kette von Unglücksszenarien und Beziehungskatastrophen, die auf kleineren und größeren Missverständnissen und – man muss das sagen – einer schwer nachvollziehbaren Verletzlichkeit des Dichters beruhen, die ihn im letzten Lebensjahrzehnt bei anhaltender dichterischer Produktivität in einen Zustand zunehmender Enttäuschung, Verbitterung, Verzweiflung und durch schwere psychische Krisen und Klinikaufenthalte hindurch Anfang 1970 offenbar zum Entschluss führten, seinem Leben ein Ende zu setzen.

In einer Nachbemerkung schreibt Emmerich, er habe dieses Buch nicht für die »kleine Community der Celan-Forscher« geschrieben, sondern für ein »breiteres Publikum«. Man kann nur wünschen, dass er mit dieser Absicht Erfolg hat; er selbst hat alles nur Mögliche dafür getan. Seine Darstellung hält eine wohltuende Balance zwischen philologischer Exaktheit und Diskretion, ja menschlichem

Mitgefühl, die sich in einer zugleich präzisen wie entspannten Erzählweise artikuliert und die auch dort auf polemische oder aggressive Töne verzichtet, wo sie naheliegen. Sie hebt das Thema »Celan und die Deutschen« auf ein neues Niveau von Sachlichkeit und Reflexion, das manche luftige Spekulation der bisherigen Forschung überflüssig macht. Sie zeichnet das persönliche Drama des Dichters Paul Celan mit einer bisher nicht gekannten Tiefenschärfe und wirft ein kritisches Schlaglicht auf den westdeutschen Literaturbetrieb der 1950er- und 1960er-Jahre. Dass die Lektüre gerade auch unter diesem historischen »Neigungswinkel« (ein Lieblingsausdruck Celans) deprimierend und verstörend wirken kann, besonders auf Leserinnen und Leser aus Emmerichs Generation, die sich so wie der Rezensent an manche der erwähnten Personen aus der Bundesrepublik der frühen Jahre noch lebhaft erinnern, soll nicht verschwiegen werden. Wolfgang Emmerich hat sich und uns das zugemutet: Trauerarbeit, die eben nicht nur befreit, sondern traurig (oder auch zornig) macht, aber noch längst nicht erledigt ist. Dafür sollten wir ihm dankbar sein.

Jochen Vogt

Wolfgang Emmerich: Nahe Fremde. Paul Celan und die Deutschen. Göttingen: Wallstein 2020, 400 S., 26,00 €.

Freiheitskampf im verheißenen Land

Ladislaus Ludescher präsentiert reichhaltiges Material zur deutschsprachigen Rezeption der Amerikanischen Revolution

Bei der vorliegenden Studie handelt es sich *prima vista* um ein beeindruckendes Unterfangen: Auf insgesamt 551 Textseiten, ergänzt durch mehrere Anhänge und eine CD-ROM (!), die eine 1948-seitige kommentierte Textsammlung enthält, bietet sie umfangreiche Ausführungen zur deutschsprachigen literarischen Rezeption der Amerikanischen Revolution im 18. Jahrhundert und verknüpft sie mit der übergreifenden Frage nach dem zeitgenössischen Amerikabild. An der Relevanz dieses Themas besteht kein Zweifel, diente doch Amerika vielen Literaten und Publizisten der Aufklärung als Projektionsfläche, als idealisiertes Gegenbild zu kontinentalen Zuständen, nach 1789 auch als Beispiel einer humanen ›Staatsumwälzung‹, deren Möglichkeit angesichts der französischen ›Terreur‹ zugleich als Argument für eine optimistische Anthropologie, ja geradezu als Legitimation des Aufklärungsoptimismus fungieren konnte. Anlass genug also, das reiche literarische und publizistische Korpus zu sichten und thesengeleitet zu analysieren.

Diesen Anspruch löst Ludeschers Monografie allerdings nur bedingt ein. Seine Ausführungen bestehen zu oft aus thesenschwachen Additionen ausufernder Textpassagen, deren Synthese dem Leser überlassen wird. Hingegen liegt eine unbestreitbare Leistung des Verfassers in der Zusammenstellung der umfangreichen Anthologie: Sie enthält Texte aus dem Zeitraum bis 1805, die einen thematischen Bezug zu Nordamerika aufweisen. Besonders hervorzuheben ist, dass Ludescher hierzu auch die in großer Zahl existierenden deutsch-amerikanischen Zeitschriften ausgewertet hat, die viele (zunächst meist religiöse, später auch patriotisch-politische) Gedichte enthalten. Die Anthologie ist übersichtlich nach thematischen Gesichtspunkten organisiert; innerhalb der einzelnen Gruppen – etwa zum Amerikanischen Unabhängigkeitskrieg oder zur Würdigung einzelner Personen – ist das Material wiederum nach Druckort (Amerika oder Europa) unterteilt, sodass sich bereits erste Einsichten in wesentliche Themen und Konjunkturen auf beiden Seiten des Atlantiks ergeben; den hier versammelten Texten ist eine breite literaturwissenschaftliche Rezeption zu wünschen. Äußerst hilfreich sind auch die minutiösen Angaben über Entstehungs- und Publikationskontexte sowie die inhaltlichen Kommentare und weiterführenden Literaturhinweise. Angesichts eines derart systematischen Vorgehens wirkt allerdings befremdlich, dass der Verfasser keine Angaben über seine Editionsprinzipien macht.

Während die Lyrikanthologie also einen weitestgehend positiven Eindruck hinterlässt, erreichen Ludeschers »Studien« kaum ein ähnliches Niveau. Was sich in der Anthologie als Stärke erweist, verhindert hier oftmals die klare Analyse. Über weite Strecken besteht die Monografie aus ermüdenden Paraphrasen der Primärtexte, die durch ausufernde (oftmals verzichtbare) Zitate aus thematisch verwandten Werken angereichert werden. Das fällt umso mehr auf, als sich Ludescher hier oftmals auf bereits vermessenem Terrain bewegt und sich seine Ausführungen über gut bekannte Werke der deutschsprachigen Literatur der Aufklärung und des Sturm und Drang mit pointierten Vorgängerstudien vergleichen lassen müssen, denen er vielfach wenig Neues hinzuzufügen vermag.

Dass insgesamt ein höheres Maß an methodologischer Reflexion vonnöten gewesen wäre, wird bereits in der knappen Einleitung deutlich. Sie demonstriert einerseits die eindrucksvolle Materialkenntnis des Verfassers, der einleitend gängige Amerikabilder des 18. und 19. Jahrhunderts zwischen Idealisierung und Abwertung skizziert, und zeigt andererseits, dass es ihm zum Teil an Problembewusstsein mangelt. So nimmt er sowohl Untersuchungszeitraum als auch Textkorpus gleichsam als gegeben an. Über die Textauswahl heißt es lediglich, es handele sich um Beispiele aus allen Gattungen, allerdings wird diese durchaus sinnvolle Entscheidung an keiner Stelle analytisch fruchtbar gemacht: Die Frage, was bestimmte Gattungen und Schreibverfahren bei der Formierung eines wie auch immer gearteten Amerikabilds jeweils leisten, wird ebenso ausgespart wie die, ob in bestimmten Gattungen thematische Präferenzen zu beobachten sind. So bleibt auch eine im Rahmen einer germanistischen Monografie wesentliche Problemstellung unberührt, nämlich die übergreifende Frage nach der (möglichen) Eigengesetzlichkeit fiktionaler Literatur. Diese Leerstelle wird auch durch die (zutreffende, aber weiter zu differenzierende) Feststellung, dass »schon [!] im 18. Jahrhundert ein Bewusstsein für die Frage nach dem Verhältnis von Fiktion und Realität in poetischen Texten herrschte« (S. 17), nicht kaschiert.

Des Weiteren fehlen Überlegungen zu Rezeptions- und Transferprozessen, die ja zumindest dem Titel zufolge im Fokus der Arbeit stehen. Wesentliche Fragen danach, wer überhaupt rezipiert und in welchen Kontexten, unter welchen Voraussetzungen, mit welchen Absichten das geschieht, wären aufzufächern gewesen, um überhaupt verständlich zu machen, welchen Stellenwert Amerika und die Amerikanische Revolution im Diskursfeld der deutschsprachigen Aufklärung einnehmen – dass es ›die‹ deutsche Rezeption nicht gibt, liegt eigentlich auf der Hand. Entscheidet man sich hingegen wie der Verfasser für das Prinzip der Addition, so ergibt sich beinahe zwangsläufig ein weitgehend homogenes Bild eines wahrscheinlich wesentlich heterogeneren Diskussionszusammenhangs.

In den Analysekapiteln nimmt der Verfasser ein erfreulich vielfältiges Textkorpus in den Blick: Auf eine Interpretation von Schubarts *Freyheitslied eines Kolonis-*

ten folgen mehr als 150 Seiten über Seybolds *Reizenstein* sowie ein umfangreiches Kapitel über Klingers Literarisierungen der Revolution in dem Drama *Sturm und Drang* sowie in den Romanen *Geschichte eines Teutschen der neusten Zeit* und *Der Weltmann und der Dichter*, ehe er sich den Amerikamotiven in Lenz' *Waldbruder*-Fragment zuwendet. Ein Schwerpunkt liegt ferner auf der Analyse deutsch-amerikanischer Lyrik in ihren verlegerischen Kontexten. Den Abschluss der Studie bilden umfangreiche Ausführungen über die Literarisierungen berühmter Amerikaner, genauer: von George Washington, Benjamin Franklin und dem Zauberkünstler Jacob Philadelphia, der allerdings, wie der Verfasser konzedieren muss, möglicherweise gar nicht aus Amerika kam (vgl. S. 544). Mit der Materialcollage zu Philadelphia endet Ludeschers Studie dann auch reichlich abrupt; ein Resümee der erarbeiteten Ergebnisse findet sich ebenso wenig wie ein Ausblick.

Ihre Stärken hat Ludeschers Studie, wie bereits angedeutet, in der Materialpräsentation. So sind dann auch die Kapitel über (gerade in der deutschen Germanistik) nur wenig beachtete Quellen am aufschlussreichsten, weil hier teilweise Neues geboten wird – weniger in der Deutung der ästhetisch teilweise recht schlichten lyrischen Texte als vielmehr in dem Hinweis darauf, dass hier untersuchenswertes Material vorliegt, das eine eingehendere Analyse verdient. Gleiches lässt sich über die Kapitel über Washington und Franklin sagen, die (ohne den Begriff zu verwenden) die literarische Konstituierung von amerikanischen Heroen der Aufklärung nachzeichnen. Gerade das Kapitel über den Kosmopoliten und *homo universalis* der Aufklärung Benjamin Franklin zeigt, wie literarische Texte (etwa das Versepos *Franklin, der Philosoph und Staatsmann* von Johann Jacob Meyen) Personen der Zeitgeschichte zu Idolen stilisierten.

Problematisch ist Ludeschers Studie immer dann, wenn sie sich genauer auf die Texte einlässt. Zwar gelingen zuweilen interessante Einblicke, etwa in die Funktion der Figur des ›jungen Mohren‹ in Klingers *Sturm und Drang* oder aber in der Wahrnehmung des Krieges in Lenz' *Waldbruder*, wo die Revolution als Möglichkeit des persönlichen Aufstiegs für europamüde Männer erscheint, insgesamt aber ist das hermeneutische Vorgehen des Verfassers von zwei Extremen geprägt: Es schwankt zwischen Nichtinterpretation und Überinterpretation. Zumeist referiert Ludescher inhaltliche Aspekte seines Textkorpus und bestätigt diese Paraphrasen durch lange Zitate, wodurch ein ermüdender Doppelungseffekt entsteht.

Hingegen zeigt Ludeschers Deutung von Schubarts *Freyheitslied* die bedenkliche Tendenz, durch ein assoziatives Verfahren dem Text Bedeutungsdimensionen abzuringen, die zuweilen weit hergeholt erscheinen. So begreift Ludescher die regelmäßige Form des Gedichts – es besteht aus abgewandelten Chevy-Chase-Strophen – »als Spiegelung der zeitgenössisch etablierten Kampfform in Reih und Glied« (S. 27), die Hebungen der Verse »korrespondieren mit einem Schritt bzw. dem Trommelschlag« (S. 28). Allerdings hat der Verfasser keine Antwort darauf, wie denn zu den metrisch abweichenden vierten Versen mit ihren markanten Doppelsenkungen marschiert werden könnte.

Ludescher liest den Text zu Recht als Sakralisierung der Freiheit. Allerdings übertreibt er, wenn er den General Putnam, dessen »silbernes Haar« wie ein »Pharusturm« schimmert (S. 24), als Verkörperung der Verbindung von Antike und Amerika (S. 44), als Übermenschen (S. 45), als »ideale[n] antike[n] Herrscher, wie etwa Augustus« (S. 47) sowie als Postfiguration von Jesus Christus begreift – zum einen wegen ihrer beider »Kontrolle eines heraufgezogenen Sturmes« (ebd.), zum anderen wegen Putnams silberner Haare, die Ludescher »an die Lumen Christi-Vorstellung« (ebd.) erinnert. Darüber hinaus werde Putnam auch »zu einer Art zweite[m] Moses, der sein Volk in die Freiheit führt« (S. 48). Doch nicht genug: Der staunende Leser erfährt, dass Putnam auch als »Postfiguration Simsons« gelten könne (S. 51). Die Verbindung geht auf die sechste Strophe des Gedichts zurück, wo die Rede davon ist, dass in Amerika der Altar der Freiheit flamme. Da im Buch der Richter Simsons Geburt durch den mit der Altarflamme aufsteigenden Engel angekündigt werde, ist der Befund für Ludescher klar, zumal auch die Haare beider Figuren wichtig seien. Diese Interpretation, die den schlichten appellativen Text mit einer Vielzahl von Assoziationsketten eher überfrachtet, erfolgt in demonstrativer Unkenntnis der Schubart-Forschung.[1] Wieso es sich bei dem Text um ein »prototypisches Beispiel der deutschen Begeisterung« handelt, wie die Kapitelüberschrift insinuiert, führt der Verfasser nicht näher aus.

Weitaus besser funktionieren die Kontextualisierungen in Ludeschers Interpretation von Seybolds Briefroman *Reizenstein* (1778/79), einem Text, der auch deshalb fasziniert, weil die letzten Bücher des Romans das glückliche Ende des Unabhängigkeitskriegs antizipieren und darüber hinaus eine utopisch-idyllische Alternative zur vermeintlichen Tyrannei des Kongresses entwerfen. Seybold leistet so, wie Dirk Göttsche bereits vor 20 Jahren herausgearbeitet hat, eine »gattungsgeschichtliche Innovation« in der »Vorgeschichte des zeitgeschichtlichen Erzählens«.[2]

Ludeschers Lektüre bietet gegenüber dieser (ihm unbekannten) Interpretation und der Deutung von Wynfrid Kriegleder, der *Reizenstein* für die Literaturwissenschaft wiederentdeckt hat,[3] wenig substanziell Neues, sie vermag aber überzeugend zu zeigen, in welchen zeitgenössischen Kontexten Reizensteins politische Vorstellungen (Ablehnung des Bündnisses mit Frankreich, Putsch gegen den vermeintlich tyrannischen Kongress mit dem Ziel, einen agrarischen Staat ohne Sklaverei zu errichten) zu verorten sind. Weshalb Ludescher die abschließenden

---

1 | Vgl. etwa den niveauvollen Sammelband, der Beiträge zu den wesentlichen Aspekten von Schubarts Gesamtwerk versammelt: Christian Friedrich Daniel Schubart. Das Werk. Hg. von Barbara Potthast. Heidelberg 2016.
2 | Dirk Göttsche: Zeit im Roman. Literarische Zeitreflexion und die Geschichte des Zeitromans im späten 18. und im 19. Jahrhundert. München 2001, S. 190.
3 | Vgl. Wynfrid Kriegleder: David Christoph Seybolds *Reizenstein*. Der erste deutschsprachige Roman über die amerikanische Revolution. In: Monatshefte 88 (1996), H. 3, S. 310–327.

Romanpassagen als Echo von Schnabels *Insel Felsenburg* versteht, wäre näher zu begründen. Zwar lassen sich gewisse Parallelen zwischen beiden Werken nicht leugnen, es erschiene aber mindestens ebenso lohnend, einen Blick auf andere Naturstandsutopien der 1770er-Jahre zu werfen – gerade bei dem von Seybold bekanntlich so hochgeschätzten Wieland dürfte man fündig werden. Einschlägig wäre hier besonders Frank Baudachs exzellentes Standardwerk,[4] das Ludescher nicht zur Kenntnis nimmt. Überhaupt fragt man sich, wieso der Verfasser den mutmaßlichen Prätext lediglich benennt und nicht versucht, den intertextuellen Bezug analytisch fruchtbar zu machen. So bleibt auch hier der Eindruck zurück, dass auf Basis von Ludeschers Informationen noch einiges an Forschungsarbeit zu leisten wäre.

Das Kapitel über Klingers *Sturm und Drang* addiert Forschungspositionen seit den 1890er-Jahren, um zu dem Fazit zu gelangen, der Text werde unterschiedlich gewertet. Die folgenden Überlegungen zeigen dann aber doch nachvollziehbar, dass Klinger den Amerikanischen Bürgerkrieg lediglich als Hintergrund für die Konflikte der Figuren verwendet. Auch die von Ludescher besonders hervorgehobene Figur des ›jungen Mohren‹ diene – wie das Drama überhaupt – letztlich nur dazu, »an die sensualistische Seite des Rezipienten zu appellieren« (S. 275).

Substanzieller wird die Amerikanische Revolution, besonders in Hinblick auf die in Deutschland zumeist scharf kritisierten Subsidienverträge und den sog. ›Soldatenhandel‹, in Klingers Romanen behandelt. Ludescher sieht in den Amerikamotiven der *Geschichte eines Teutschen der neusten Zeit* eine Umsetzung des rousseauistischen Erzählprogramms: An der Grenze der Zivilisation lasse sich noch naturnah leben, was im verderbten Europa nicht möglich sei. Damit spricht der Verfasser einen wichtigen Aspekt des Romans an, schenkt aber leider dem eigentlichen politischen Gehalt und vor allem der ästhetischen Faktur zu wenig Beachtung. Dass es sich bei der *Geschichte eines Teutschen* anerkanntermaßen um den ersten bedeutenden Zeitroman der deutschsprachigen Literatur handelt, erwähnt er zwar, baut aber auf diesen Befund nicht auf – die grundlegenden Ausführungen von Dirk Göttsche zu diesem Genre kennt er offensichtlich nicht.[5] Überdies bezeichnet Ludescher den aus heterodiegetischer Perspektive erzählten Text, der einige eingeschobene Briefe enthält, wiederholt als »Briefroman« (etwa S. 298); die grafische Darstellung der intertextuellen Bezüge lässt mit Fénelons *Aventures de Télémaque* und Goethes *Leiden des jungen Werthers* gerade die beiden wichtigsten und teilweise auch strukturprägenden Prätexte unerwähnt (S. 744), auf deren Bedeutung die Klinger-Forschung wiederholt verwiesen hat.

Diese kritischen Anmerkungen sollen aber nicht darüber hinwegtäuschen, dass Ludeschers Studie durch ihre schiere Materialfülle beeindruckt und viel-

---

4 | Vgl. Frank Baudach: Planeten der Unschuld – Kinder der Natur. Die Naturstandsutopie in der deutschen und westeuropäischen Literatur des 17. und 18. Jahrhunderts. Tübingen 1993.
5 | Vgl. Göttsche: Zeit im Roman, zu Klinger S. 244-255.

fach Anregungen zu einer vertieften Durchdringung des souverän ausgebreiteten Korpus bietet. Auch die zahlreichen Abbildungen und Grafiken im Anhang zeugen von der geradezu enzyklopädischen Arbeitsweise des Verfassers. Vielfach fassen sie die Ergebnisse prägnant zusammen, etwa in Hinblick auf Druckorte (S. 761) oder Publikationsorte (S. 762), etliche sind jedoch unnötig (Abbildung der Freiheitsstatue, S. 721, Abbildung des Leuchtturms von Alexandria, S. 723) oder schlichtweg skurril (Abbildung des Mondkraters Franklin, S. 774). Die Interpunktion ist leider oftmals fehlerhaft, was aber nicht allein dem Verfasser, sondern ebenso sehr dem renommierten Wissenschaftsverlag anzulasten ist, der auf ein gründliches Lektorat verzichtet hat.

Christopher Meid

Ladislaus Ludescher: Die Amerikanische Revolution und ihre deutsche Rezeption. Studien und Quellen zum Amerikabild in der deutschsprachigen Literatur des 18. Jahrhunderts. Berlin/Boston 2020 [Frühe Neuzeit 232], 805 S., 149,95 €

Authors / Autorinnen und Autoren

ASH, MIMI, is Film Research and Acquisitions Coordinator at Yad Vashem Visual Center. – E-mail: mimi.ash@yadvashem.org.il

BECKER, DR. ANDREAS, is Associate Professor at the Faculty of Letters, Keiō-University, Tokyo. – E-mail: becker.andreas@posteo.de

BÜSCHER, ANABEL, is a student of Literary and Media Studies at the University of Duisburg-Essen. – E-mail: anabel.buescher@stud.uni-due.de

DONAHUE, DR. WILLIAM COLLINS, is the Rev. John J. Cavanaugh, C.S.C., Professor of the Humanities at the University of Notre Dame and director of the Initiative for Global Europe at the Keough School of Global Affairs. – E-mail: William.C.Donahue.36@nd.edu

DOWDEN, DR. STEPHEN D., is Professor of German at the Brandeis University, Waltham (MA). – E-mail: dowden@brandeis.edu

FAISST, PD DR. JULIA, , is Professor of American Studies at the University of Regensburg. – E-mail: julia.faisst@ur.de

FREITAG, DR. FLORIAN, is Professor of American Studies at the University of Duisburg-Essen. – E-mail: florian.freitag@uni-duisburg-essen.de

FULWIDER, ANDREW, is a student of chemical engineering and German at the University of Notre Dame. – E-mail: atfulwider22@gmail.com

GORSKI, MARY, studied accounting and German at the University of Notre Dame, and is currently working as an accountant. – E-mail: mgorski2@alumni.nd.edu

GURR, DR. JENS MARTIN, is Professor of British and Anglophone Literature and Culture at the University of Duisburg-Essen. – E-mail: jens.gurr@uni-due.de

GUTZMER, DR. ALEXANDER, is Professor of Communication and Media at Quadriga University of Applied Sciences, Berlin. – E-mail: alexander.gutzmer@quadriga.eu

HAWKINS, DR. SPENCER, is Research Fellow at the University of Mainz. – E-mail: shawkins@uni-mainz.de

KLEIN, NORMAN M., is Professor of Critical Studies at the California Institute of the Arts, a media and urban historian as well as a novelist. – E-mail: nmklein@msn.com

KÖNIG, DR. CHRISTOPH, is Professor of German Literature at the University of Osnabrück. – E-mail: christoph.koenig@uni-osnabrueck.de

KOSTIAL, VERA K., is research associate at the Institute for German Literature, University of Duisburg-Essen. – E-mail: vera.kostial@uni-due.de

KUBALL, MISCHA, is a conceptual artist who lives and works in Düsseldorf. – E-mail: mischa@mischakuball.com

LENSING, DR. LEO A., is Emeritus Professor of Film Studies and German Literature at the Wesleyan University, Middletown (CT). – E-mail: llensing@wesleyan.edu

LÖRKE, DR. TIM, is Wissenschaftlicher Mitarbeiter at the Institute of German and Dutch Languages and Literatures, Freie Universität Berlin. – E-mail: tim.loerke@fu-berlin.de

MATTHEIS, DR. LENA, is Lecturer and Research Assistant in the Anglophone Studies Department at the University of Duisburg-Essen. – E-mail: lena.mattheis@uni-due.de

MEID, PD DR. CHRISTOPHER, is a researcher in German Literature at the University of Freiburg. – E-mail: christopher.meid@germanistik.uni-freiburg.de

MEIN, DR. GEORG, is Professor of German Literature and Theory at the University of Luxembourg. – E-mail: georg.mein@uni.lu

MEISENBACHER, BRIGID, is a student of Economics and Mathematics at the University of Notre Dame. – E-mail: bmeisenb@nd.edu

PARR, DR. ROLF, is a Professor of Literary and Media Studies at the University of Duisburg-Essen – E-mail: rolf.parr@uni-due.de

PROFIT, DR. VERA B., is Emeritus Professor of German and Comparative Literature at the University of Notre Dame. – E-mail: Vera.B.Profit.1@nd.edu

SATTLER, DR. JULIA, is an instructor in American Studies at TU Dortmund University. – E-mail: julia.sattler@tu-dortmund.de

TADAVARTHY, NAYA, is a student of Studio Art, German, and History at the University of Notre Dame. – E-mail: ntadavar@nd.edu

TWARGOSKI, MATT, studied history at the University of Notre Dame and is currently a law student at the University of Michigan. – E-mail: mtwargos@umich.edu

VOGT, DR. JOCHEN, is Emeritus Professor of German Literature at the University of Duisburg-Essen. E-mail: krimivogt@gmx.de